GRAHAM LORD

Leider sehen wir uns gezwungen,
Ihnen mitzuteilen...

GRAHAM LORD

Leider sehen wir uns gezwungen, Ihnen mitzuteilen…

(Sie sind gefeuert!)

ROMAN
AUS DEM ENGLISCHEN
VON
MIRIAM CARBE

GERD HAFFMANS
BEI ZWEITAUSENDEINS

Inhalt

ERSTER TEIL

ZWEITER TEIL

DRITTER TEIL

ERSTER TEIL

1. KAPITEL

Der Grufti

Peter Hallam stand in seinem dünnen Morgenmantel auf der Veranda, nippte an seinem Orangensaft und schnupperte die Morgenluft. Er seufzte vor Behagen. Es gab absolut nichts, was an einem solchen Tag schiefgehen konnte. Es war einer jener Tage, die einem für immer im Gedächtnis bleiben.

Es war acht Uhr früh an einem wunderschönen Sommersonntag, und die Morgendämmerung versprach jetzt schon einen atemberaubenden Tag. Über die Steinfliesen kam Fudge keuchend und schwanzwedelnd auf ihn zugetrottet. Die Luft war ruhig und klar wie ein Spiegel. Jezebel stolzierte über das kleine Rasenstück davon. Sie hielt ihren Schwanz so hoch wie ein Banner, während sie durch den Tau stakste. Am Spalier neben der Küchentür flirtete das Geißblatt mit der Rose und reizte sie mit seinem Duft. Das Sonnenlicht glitzerte purpurrot auf den Wasserlilien im Teich, färbte den fetten Goldfisch zart bronzefarben und glänzte auf den feuchten Spinnennetzen, die die Büsche miteinander verwebten.

Hallam atmete tief durch. Die Luft duftete süß nach Kiefern und Blättern. Am liebsten hätte er gesungen oder die ganze Welt umarmt. Wie schön es war, das Leben war so schön.

Fudge preßte seine feuchte Nase gegen Hallams Hände und leckte an seinen Fingern. In den Büschen hinter dem kleinen Treibhaus sah er Jezebel beim Schattenboxen mit einem Fliederbusch. *Womit nur habe ich soviel Glück verdient?* Er sah viel jünger aus als fünfundvierzig und fühlte sich auch so. Fremde wollten nicht glauben, daß er zwei große Teenager hatte. Er liebte seine Frau, und das schon seit zweiundzwanzig Jahren, und sie schliefen immer noch jeden Sonntagabend miteinander, und manchmal auch noch mittwochs. Er vergötterte seine sechzehn Jahre alte Tochter Susie und den Glanz, der von ihr ausging, wenn sie ihn anlächelte. Er genoß seine Arbeit, sein Golf- und Tennisspiel, Schwimmen, Gärtnern, die Pontoon- und Pokertreffs am Samstagnachmittag, den Wochenend-Lunch mit Freunden. Er beneidete niemanden, nicht einmal die Reichen, obwohl ihm klar war, daß er selbst wahrscheinlich nie reich sein würde. Wer brauchte schon Reichtum? Ihm genügte es, sein Auskommen zu haben. Dann war sein Haus also nichts Besonderes, nur ein gewöhnliches kleines Vorstadthäuschen, aber was machte das schon? Es war sein Heim. Seine engsten Freunde – Jim Donaldson, Pinky Porter, Bob Lambert – standen ihm so nah, wie es unter Freunden überhaupt möglich war. Seine Kollegen respektierten ihn, die Bekannten mochten ihn. Er brachte Menschen zum Lachen. Seine Frau war stolz auf ihn. Was konnte ein Mann mehr wollen? Dann war sein Tagesablauf also vorhersehbar? Na und? Das Familiäre, das Gewöhnliche des Ganzen gab ihm ein warmes und sicheres Gefühl. Das Leben war ein Geschenk, und er war dankbar dafür.

Natürlich gab es auch in Hallams Leben Mängel. Es war manchmal ein wenig schwierig, den verborgenen Charme seines finster dreinblickenden neunzehn Jahre alten Sohns Matthew angemessen zu würdigen, der vor zwei Jahren beschlossen hatte, nie mehr zu lächeln und statt dessen sein Leben dem Nichtstun zu weihen. Und dann gab es da noch Hallams Schwiegermutter, Jennys Mutter, Monica Partridge: eine zähe alte Schachtel, die mit ihren einundsiebzig Jahren die Energie einer Fünfzehnjährigen besaß. Sie war vor einem Jahr gekommen, um ein paar Wochen zu bleiben, und machte noch immer keine Anstalten, aus dem Gästezimmer wieder auszuziehen.

Aber was waren schon diese zwei kleinen Ärgernisse, verglichen mit Fortunas Großzügigkeit in allen anderen Belangen seines Lebens? In der ganzen Welt litten Männer unter dem Fluch von Ehefrauen, die sie nicht mochten, Chefs, die sie haßten, Berufen, die ihnen zuwider waren, Kollegen, die sie verabscheuten. Sie wurden gequält von wankelmütigen Freunden und treulosen Geliebten und Feinden, die ihnen das Leben zur Hölle machten. Millionen wurden täglich durch Einsamkeit, Depression und Schmerz gepeinigt, durch Armut, Hunger, Wirbelstürme und Krankheiten. Neunundneunzig Prozent der Bewohner der Erde würden ihn beneiden, wenn sie von seiner Existenz Kenntnis hätten. Warum also ging Gott so gnädig mit ihm um? Vielleicht war er in einem früheren Leben ein Heiliger gewesen, und dies war nun sein Lohn.

Er klopfte schnell auf Holz, auf den Gartentisch der Veranda, um die heidnischen Götter milde zu stimmen. Aber vielleicht schliefen die Götter noch an diesem lieblichen Sommertag.

Das Treibhaus blinzelte in die aufgehende Sonne. Jezebel tanzte hinter dem kleinen Komposthaufen hervor, stolzierte zur Veranda zurück und hinterließ dabei feuchte Pfotenabdrücke auf dem Rasen.

Es würde ein wundervoller Tag werden, vielleicht sogar ein wundervoller Sommer.

Er lächelte und tätschelte Fudge, kraulte seine seidigen Ohren und ging zurück in die Küche, um die Tiere zu füttern und einen ersten Tee zu kochen und als die Sonne über den Bäumen aufstieg, erwachten die heidnischen Götter und rieben sich die Augen und räkelten sich und grinsten, als führten sie Böses im Schilde.

Jenny schlief noch. Das überraschte ihn nicht. Am vergangenen Abend waren die Donaldsons und die Litherlands zum Essen gekommen, Jenny hatte fast den ganzen Tag mit Vorbereitungen zugebracht und anschließend hatten sie nach Mitternacht noch eine Stunde lang gemeinsam alles wieder aufgeräumt. Kein Wunder, daß sie erschöpft war.

Er betrachtete sie einen Moment lang und genoß es, daß sie von seiner Anwesenheit nichts wußte. Der Kern ihres Wesens war irgendwo anders, unerreichbar für ihn. Er sah sie an, voller Behagen am ruhigen Rhythmus ihres Atems. Sie ist noch immer so schön, dachte er, so unschuldig irgendwie, obwohl sie schon zweiundvierzig ist. Sie lag auf der Seite wie ein Kind, die eine Hand wie zum Segen neben den Kopf aufs Kissen gelegt: eine starke Hand mit tüchtigen Fingern, die aber seine Haut selbst jetzt noch, selbst nach zweiundzwanzig Jahren, zum Prickeln brachten, wenn sie ihn berührten. Das Alter fing allmählich an, Linien über ihre Stirn zu ziehen, Fältchen lauerten in ihren Augenwinkeln und winzige rote Äderchen flatterten wie Schmetterlinge über ihren Wangen. Aber warum sollte das einen Unterschied machen? Sie war noch immer die Frau, die er immer geliebt hatte, seit jenem ersten, überraschenden, kurzen Blickwechsel mit ihr, als ihm plötzlich ohne jeden Zweifel klar wurde, daß er den Rest seines Lebens mit ihr verbringen wollte. Ihr zerzaustes Haar lag dunkel und fein auf dem Kissen, und hier und da glitzerte es silbern zwischen den Strähnen. Er stellte die Teetasse sanft auf ihrem Nachttisch ab und beugte sich zu ihr hinunter. Er küßte sie auf den Mundwinkel, der feucht war. Er wollte in sie hineinsteigen, in ihren Körper, in ihren Kopf. Er wollte in ihre Träume klettern und ihre Phantasien mit ihr teilen. Sie roch köstlich. Er hatte ihren Geruch immer geliebt. Sie roch nach Glück.

Sanft stöhnend drehte sie sich auf den Rücken. »Pete?«

Er glättete ihre Stirn mit seinen Fingern. »Wen hast du denn sonst erwartet, wenn ich fragen darf?«

»Mmmmm«. Sie lächelte. »Wie nett.«

»Tee.«

»Wie reizend.«

»Genau wie du«, sagte er.

Ihre Lider flackerten. Sie sah ihn mit Augen an, die so weich und zerfließend waren wie Schokolade.

»Bleib, wo du bist«, sagte er. »Du mußt dich nicht beeilen. Es ist Sonntag. Ich bringe dir dein Frühstück ans Bett, und dann mache ich das für Monica und mich.«

Sie seufzte und lächelte. »Ich habe dich nicht verdient«, sagte sie.

Er sah sein Spiegelbild in ihren Augen. Er hoffte, daß er einmal vor ihr sterben würde. Er konnte den Gedanken an ein Leben ohne sie nicht ertragen. Aber genausowenig ertrug er die Vorstellung, daß sie allein und verletzlich sein könnte. Er versuchte, nicht daran zu denken: Der Tod würde sie beide noch früh genug finden, auch ohne daß er sich das ausmalte.

Er küßte ihre Lider.

Sie sah plötzlich gequält aus, als hätte sie gerade, wie Liebende es irgendwann können, seine Gedanken erraten.

»Ich liebe dich so sehr«, sagte er.

Susie war nicht zu Hause, sie verbrachte das Wochenende bei einer Schulfreundin auf dem Land; also trug er nur eine Tasse Tee für Monica in den ersten Stock, zusammen mit dem sonntäglichen Skandalblatt. Seine Schwiegermutter bestand darauf, daß es jede Woche ins Haus kam. Heute kreischte die riesige Schlagzeile von der heimlichen Affäre irgendeines armen Schauspielers mit der Frau seines besten Freundes. Warum sollte irgend jemand das lesen wollen? Wen ging das an, außer den drei oder vier Leuten, die es wirklich betraf? Wie sonderbar, daß die Zeitungen ausgerechnet an dem Tag am meisten Schmutz ausbreiteten, der eigentlich als heilig gelten sollte.

Die Treppen knarrten, als er hinaufstieg.

Er klopfte an Monicas Tür.

»Kuckuck!« rief sie von innen, wie immer. »Bist du das, Pete?«

Wen zum Teufel erwartet die alte Schachtel denn sonst?

Er öffnete die Tür und betrat ihr Zimmer. Es stank nach alten Ginschwaden und toten Stumpenstummeln. Monica saß im Bett mit einem Brett auf den Knien und arbeitete an einem Puzzle: eine winzige Person, die gerade einen weiteren Stumpen rauchte und einen Leopardenfellhut trug, der zu ihren Leopardenfellhandschuhen paßte. Ergänzt wurde ihre Aufmachung durch einen rosafarbenen Chiffonschal, der unterm Kinn eng zusammengebunden war, einem Stück Heftpflaster zwischen ihren Augenbrauen und der orangefarbenen Jacke eines Trainingsanzugs.

»Warum trägst du im Bett Hut und Handschuhe?« hatte er sie einmal gefragt.

»Für den Fall, daß ich nachts sterbe, natürlich«, hatte sie gesagt.

In Wirklichkeit brauchte sie das alles wahrscheinlich, um sich warm zu halten, wenn sie des Nachts mit Jezebel auf einem Besenstiel hoch über die Dächer ritt und auf silbernen Mondstreifen durch eisigen Windhauch fegte.

Der Chiffonschal, so hatte sie es einmal erklärt, diente dazu, das Kinn zu festigen und Hängebacken vorzubeugen; das Heftpflaster zwischen den Augenbrauen sollte die Stirn straffen und der Möglichkeit von Runzeln und Falten vorbeugen. Es schien sie nicht im geringsten zu beeindrucken, daß beide Maßnahmen erfolglos geblieben waren: Ihre Wangen und Stirnfalten waren genau so, wie man es bei einer Frau von 71 Jahren erwartete.

Sie strahlte ihn mit einem Ausdruck freudigen Erkennens an. »Du bist es!« rief sie ganz offensichtlich überrascht, als hätte sie statt dessen die Ankunft des Dalai Lama, einer Delegation japanischer Sumo-Ringer und der gesamten Blechbläserabteilung der Bostoner Philharmoniker erwartet.

Es wäre sinnlos, sie zu fragen, warum es sie immer wieder so erstaunte, ihn zu sehen. Hätte er es getan, würde sie wahrscheinlich mit einer völlig unerwarteten Antwort parieren. Einmal hatte er sie gefragt, warum sie Tesafilm über die Löcher der Steckdosen in ihrem Zimmer klebte. Sie hatte ihn angeschaut wie einen Schwachsinnigen: »Damit die Elektrizität nicht ausläuft, natürlich«, hatte sie gesagt.

»Morgen, Monica«, sagte er. »Tee. Und dein widerwärtiges Revolverblatt.«

Er gab ihr die Tasse und legte die Zeitung auf den Nachttisch neben den überquellenden Aschenbecher und das halbe Dutzend Fläschchen mit verschiedenen Pillensorten. Sie schluckte jeden Tag so viele Pillen – aufputschende und beruhigende, Herzbeleber und Blasendämpfer –, daß sie eine eigene Apotheke hätte aufmachen können.

»Drei Löffel?« fragte sie mißtrauisch.

»Für dich nehme ich immer drei Löffel«, sagte er. »Das weißt du doch. Es wundert mich nur, daß deine Zähne nicht völlig durchlöchert sind.«

»Ammenmärchen«, sagte sie.

»Was?«

»Solche Geschichten, daß Zucker schlecht für einen ist. Das ist Quatsch. Es wird immer soviel erzählt, was alles schlecht für dich sein soll: Zucker, Saufen, Rauchen, Fleisch, Sex. Mir hat das nie geschadet.«

Sie ließ ein dreckiges Lachen hören. Es klang wie ein startender Dieselmotor an einem kalten Morgen.

»Und was ist mit deinem Rinderwahnsinn«, sagte er.

Sie warf ihm einen ihrer Blicke zu. »Das wird durch angeheiratete Verwandte übertragen«, sagte sie.

Sie drückte ihren Stumpen aus und spähte mißtrauisch in ihre Teetasse. Sie schnüffelte daran, wie sie es immer tat.

Er verschränkte die Arme und beobachtete sie. »Ja, ein bißchen Rattengift habe ich heute beigefügt«, sagte er. »Gestern habe ich es mit Arsen versucht, aber das hat ja offensichtlich nicht gewirkt. Wenn du morgen immer noch da bist, versuche ich es mal mit Unkrautvertilger.«

Mit engelsgleicher Miene sah sie ihn an. Unter dem Rand ihres Leopardenfellhuts waren ihre blassen blauen Augen unergründlich und verwirrend durchscheinend, als hätten sie alles gesehen, was es auf dieser Welt zu sehen gibt. Sie lächelte liebenswürdig. »Du würdest es nicht wagen«, sagte sie.

»Ach nein? Und warum glaubst du das?«

»Ich würde zurückkommen und hier spuken.«

»Nur nachts«, sagte er. »Wenigstens hätten wir die Tage dann für uns.«

Sie setzte ein Märtyrergesicht auf. »Du solltest nett zu mir sein«, sagte sie. »Ich bin 74 Jahre alt.«

»Ich bin immer nett zu dir. Ich habe dir gerade eine Tasse Tee und die Sonntagszeitung gebracht, und jetzt bereite ich dir ein unvergeßliches Frühstück zu. Was könntest du dir mehr wünschen?«

»Ein Glas Champagner wäre nett.«

»Eine Million Pfund wäre auch nett. Und du weißt ganz genau, daß du erst 71 bist.«

»Es ist unhöflich, mit einer Dame über ihr Alter zu diskutieren.« Sie nickte in Richtung der Topfpflanze auf dem Tisch am Fenster. »Sag Hank guten Morgen.«

Er warf einen Blick durch den Raum. Der Kaktus saß trüb-
sinnig in einem Topf voller Kieselsteine auf dem Tisch. Seine
Stacheln sträubten sich. Er sah nicht glücklich aus.

»Mach dich nicht lächerlich«, sagte er.

»Na komm schon, Pete, sei kein Scheusal«, sagte sie. »Sei
nett zu ihm. Er kommt heute morgen nicht richtig hoch.«

»Angesichts seiner zahlreichen Erektionsmöglichkeiten
freut mich das eher.«

»Wie bitte?«

»Vergiß es.«

»Sei nett. Hank hat eine schlechte Nacht gehabt. Er
braucht Liebe.«

»Er braucht seine Heimat Arizona, wo er hingehört, statt
hier mit dir in einem miefigen, verrauchten Zimmer eingesperrt zu sein.«

Sie sah verletzt aus. »Sag nicht so furchtbare Dinge. Er liebt
mich. Das hat er mir gesagt. Ich habe ihn vor einem einsamen
Leben in der Wüste bewahrt.«

»Hat er dir auch gesagt, daß er jeden Morgen einen ernst-
haften Kater hat, weil du ihn jeden Abend mit Gin abfüllst?«

»Unsinn. Wer aus Arizona stammt, säuft alle untern Tisch.«

»Vielleicht doch nicht, wenn er nur einen halben Meter
mißt und täglich eine Drittelflasche Gin trinken muß.«

»Jetzt klingst du wie ein Spießer. Übertreib mal nicht!«

»Das tu ich nicht! Der Ginpegel in deinen Flaschen scheint
jeden Tag um zehn Zentimeter zu fallen.«

»Das liegt an der Hitze. Es handelt sich um Verdunstung.«
Sie schniefte und zog den Schal unter ihrem Kinn enger. »Ich
gebe Hank nur ein oder zwei Tropfen. Er muß ein bißchen
verwöhnt werden. Es ist unheimlich trocken, ein Kaktus zu
sein. Und ich muß ihn hier bei mir verstecken: Weißt du, er ist
auf der Flucht vor der Polizei.«

»Was um Himmels willen meinst du?«

»Hank. Er ist ein illegaler Einwanderer, oder nicht? Es gibt Gesetze, die verbieten, Kakteen illegal ins Land zu bringen. Ich habe ihn in einer Plastiktüte an der Paßkontrolle vorbeigeschmuggelt. Aber das reicht jetzt zum Thema Hank. Er wird noch ganz eingebildet, wenn wir soviel über ihn reden. *Pas devant le cactus.*«

»Ich wette, das ist keine echte französische Redensart.«

»O doch, Herr Neunmalklug: Ich habe sie von Brigitte.«

»Brigitte?«

»Bardot.«

»Du kanntest Brigitte Bardot?«

»Aber natürlich.«

»Ach, hör auf, Monica.«

»Ich kannte sie. In den Fünfzigern, in St. Trop. Wir waren die ersten, die oben ohne am Strand lagen.«

Wahr? Falsch? Wer konnte das sagen? Vielleicht nicht einmal Monica selbst.

Sie streckte ihre Hand nach einem Stück Papier auf ihrem Nachttisch aus. »Jetzt brauche ich ein wenig literarischen Rat«, sagte sie.

»Bitte nicht schon wieder einen Limerick.«

»Doch natürlich. Sie kommen mitten in der Nacht zu mir. Ich wache plötzlich auf, und in meinem Kopf ist ein neuer, ganz hübsch und nett: da-schickli-schickli-schum, da-schickli-schickli-schum, da-schickli-schum, da-schickli-schum, da-schickli-schum, da-schickli-schickli-schum.«

»Da sind die Limericks also so beschickert wie der Kaktus.«

»Wie witzig du bist.«

»Weißt du Monica, sie werden niemals veröffentlicht werden.«

»Natürlich werden sie das. Das Buch bringt mir noch ein Vermögen ein.«

»Niemals. Die meisten von deinen Limericks sind viel zu schmuddelig.«

»Unsinn, sie sind nur ein bißchen *risqué*. Aber das ist der ganze Sinn und Zweck von Limericks: Sie müssen frech sein, sonst funktionieren sie nicht. Jetzt hör dir mal den an und sag mir, wie du ihn findest.«

»Jetzt nicht, Monica. Ich habe zu tun. Ich habe sehr viel zu tun.«

»Quatsch, es ist Sonntag. Hör dir den an, und sag mir deine Meinung:

Ein junger Kerl namens Kraus
Probierte jedes Laster mal aus.
Mit Jungs wie mit Mädchen,
Mit Elektrogerätchen
Und kürzlich sogar mit 'ner Maus.«

Hallam lachte. »Das ist abscheulich«, sagte er.

Sie strahlte. Ihre Augen glitzerten. »Meinst du wirklich?«

»Ja. Aber du kannst so was nicht als Buch rausbringen, Monica.«

»Warum nicht?«

»Wir könnten den Nachbarn nie wieder in die Augen sehen.«

Sie strich über ihren Leopardenfellhut. »Scheiß auf die Nachbarn. Übles Pack. Ein bißchen Aufregung täte ihnen gut. Es gibt heutzutage viel zu viele Trübsalbläser, die mit langen Gesichtern rumlaufen, nicht rauchen, nicht trinken, nicht lachen, kein Fleisch essen, keinen Sex haben und keine schmutzigen Limericks lesen. Was sie brauchen, ist ein wenig Aufmunterung. Ich mache auch Clerihews, weißt du.«

»Was zum Teufel ist ein Clerihew?«

»Das sind zünftige kleine Vierzeiler über berühmte Leute,

die sich reimen, aber kein Versmaß haben. Ich habe gerade einen über die Queen gemacht.«

»Um Gottes willen, legst du es jetzt auch noch auf Majestätsbeleidigung an?«

»Bestimmt nicht. Die Royals wären begeistert. Hör zu...«

»Jetzt nicht, Monica.«

»Elisabeth die Zweite
nahm das Schicksal, wie's hereinschneite,
aber Phil, ihr griechischer Mann,
sah es als Unverfrorenheit an.«

»Monica! Du kannst das nicht veröffentlichen. Sie hängen dich wegen Landesverrat.«

»Sei so gut und sei kein Angsthase, Peter. Also, was krieg ich zum Frühstück?«

»Schinken und Ei? Pochierte Eier mit Toast? Rührei?«

Sie legte ihren Kopf auf die Seite wie ein kampfeslustiger Spatz und warf ihm einen scharfen Blick zu. »Ich nehme einen Bückling«, sagte sie triumphierend.

»Wir haben keine Bücklinge.«

Sie flirtete: »Könntest du nicht losgehen und welche kaufen?«

»Es ist Sonntag.«

»Der Pakistani hat sicher geöffnet.«

»Der hat keine Bücklinge.«

»Dann halt der Supermarkt.«

»Der macht erst um neun auf.«

Sie nickte entschlossen. »Dann warte ich eben bis neun.«

Hallam stöhnte. »Monica«, sagte er, »ich habe dich sehr, sehr gern, aber ich werde nicht an einem Sonntagmorgen in aller Herrgottsfrühe aus dem Haus gehen, zehn Minuten bis zum Supermarkt fahren und dann noch einmal zehn Minuten in der Schlange stehen, um dir einen Bückling zu kaufen.«

Sie zwinkerte ihm zu. »Du könntest zwei kaufen«, sagte sie mit affektiertem Lächeln. »Dann könnte ich den anderen morgen essen.«

»Es gibt pochierte Eier«, sagte er streng. »Und zwar in rund zehn Minuten.«

Sie seufzte. Gegen ihr Kissen gestützt, sah sie sehr klein aus. Der Leopardenfellhut war über eine der Augenbrauen gerutscht. »Ich bin nur eine arme alte Witwe, die niemand beschützt«, sagte sie.

»Ein Ei oder zwei?«

»Keiner liebt mich«, sagte sie.

»Ein Ei oder zwei?«

»Ich sollte tot sein, nehme ich an. Alle anderen sind es ja schon. Ich nehme zwei.« Sie nahm die Zeitung vom Nachttisch. »Ich bin gespannt, was meine Sterne heute sagen.«

»Ich nehme mal an, sie blinken dir zu«, sagte er.

Im Wohnzimmer waren die Vorhänge noch immer zugezogen, und ein stechender Geruch nach Schweiß und billigem Duft hing ölig in der Dunkelheit. Matthew schlief und schnarchte laut auf dem Sofa. Er hatte schulterlanges Haar, trug einen Ohrring, einen irgendwie räudigen Pelzmantel und einen Dreitagebart. In den Sechzigern hätte man ihn für einen Popmillionär halten können, aber jetzt sah er lediglich lächerlich aus. Zwei seiner Freunde hatten sich wie Föten in den Sesseln zusammengerollt. Sie rochen nach ungewaschenen Füßen.

»Es ist nur eine Phase«, hatte Jenny nervös behauptet, aber die Phase dauerte nun schon seit zwei Jahren an, und es gab keine Anzeichen, daß sie vorübergehen würde.

»Ich bin nicht schwul, versteht ihr?« hatte Matthew bei

einer Gelegenheit gesagt. »Es macht mir einfach Spaß, manchmal Mädchenklamotten zu tragen. Okay? Gott, ihr seid so verspießt.«

»Aber Matthew, du siehst so – doof aus.«

Matthew hatte ihn von oben bis unten gemustert. »Nicht halb so doof wie du mit deinem Anzug und deiner Krawatte.«

Hallam öffnete die Vorhänge. Die Sonne stach in den Teppich. Er schob einige der Fenster hoch. Eine Brise frischer Luft flatterte über die Fensterbank und zog sich rasch wieder zurück. Das Zimmer war von abgelegten Kleidern übersät: einige Dufflecoats, eine Unterhose, drei Socken, drei fleckige Turnschuhe, ein Pullover, eine Schirmmütze, außerdem gab es einen Comic und zahlreiche aufgerissene Verpackungen von Süßigkeiten. Auf dem Sofatisch fanden sich mehrere schmutzige Tassen und Teller, ein Messer im Butter-Marmeladen-Mantel, ein Belag aus Toastkrümeln, zwei klebrige braune Kaffeeflecken, ein hartes Stück altes Kaugummi und eine schartige Sammlung verhornter gelber Fußnägel.

Matthew bewegte sich auf dem Sofa und furzte. Über seine Kinnstoppeln war Lippenstift geschmiert. Lieber Gott, dachte Hallam, welche Frau, die halbwegs zurechnungsfähig war, würde Matt küssen wollen? Sogar eine Nymphomanin mit eingeschränkter Sehfähigkeit würde vor dem Geruch zurückschrecken.

»Tee«, sagte Hallam.

Matthew öffnete ein Auge, schloß es wieder und grunzte. »Tee«, brummelte er. »Du liebe Güte!« Er ließ wieder einen fahren. »Hau ab«, murmelte er, »und mach die verdammten Vorhänge zu.«

Hallam atmete tief durch. Er hatte noch nie zu Gewalttätigkeit geneigt, aber eines Tages würde Matthew zu weit gehen.

»Ich wäre dir dankbar, wenn du auf dein Benehmen achten könntest, wenn du mit mir sprichst«, sagte er.

Matthew schnaubte und rollte sich so herum, daß Hallam nur noch seinen Rücken sah.

»Ich mache jetzt Frühstück«, sagte Hallam. »Pochierte Eier auf Toast. Wenn deine Freunde und du etwas wollen, erwarte ich euch in etwa zehn Minuten am Eßtisch. Wenn nicht, steht bitte auf und verlaßt diesen Raum bis neun Uhr, und zwar in einem sauberen und ordentlichen Zustand. Hier sieht es aus wie im Schweinestall, Matt. Du hast dein eigenes Zimmer, in dem du schlafen kannst.«

»Ach, sei nicht so verdammt anal«, knurrte Matthew. »Es ist nur ein bißchen unordentlich.«

»In Zukunft veranstaltest du deine Unordnung gefälligst woanders. Ich meine es ernst, Matt. Zehn Minuten, das muß reichen.«

Hallam verließ den Raum und ging in die Küche, um Frühstück zu machen.

Einen Moment lang war es im Wohnzimmer still.

»Spießiger Idiot«, sagte Matthew.

Hallam servierte Jenny das Frühstück im Bett: Eier, Toast, Marmelade, Orangensaft, ein Apfel, noch eine Tasse Tee.

Sie setzte sich auf und protestierte, als er das Tablett auf ihre Knie stellte.

»Du hast es verdient«, sagte er. »Du bist gestern den ganzen Tag herumgewirbelt. Du hast dir keine Pause gegönnt. Jetzt entspann dich mal.«

Er aß mit Monica am Küchentisch. Sie trug scharlachroten Lippenstift, ausgeblichene Jeans, hellrote Turnschuhe und ein gelbes T-Shirt, auf dem eine geballte Faust und der Slogan ALTE KÖNNEN'S BESSER aufgedruckt war. Sie roch nach Nikotin und Mottenkugeln, aber sie aß wie immer, als hätte es die letzten Monate nichts zu essen gegeben. Verbissen kaute sie an ihrem täglichen Sandwich mit rohen Zwiebeln und

schob dann die Eier und den Toast hinterher, als müßte sie
auf dem Bau Steine schleppen. Wie konnte jemand, der so
klein war, soviel essen? Mit ihrem Appetit hatte sie nie Probleme. Eigentlich hatte sie überhaupt nie mit irgendwas Probleme, obwohl sie auch wie ein Bauarbeiter rauchte und
trank. Wie kommt es, daß manche Leute gegen alle Regeln
verstoßen und trotzdem soviel Energie haben, fragte sich
Hallam. Wahrscheinlich nahm sie seit Jahren eine Überdosis
Hormonpillen. Manchmal fühlte er sich schon erschöpft,
wenn er sie nur ansah.

Die Sonne goß Gold über den Küchenboden und versprach einen perfekten Tag. Die Luft draußen war absolut
unbewegt, als warte der Morgen auf etwas. Aus dem Wohnzimmer drang schweres Schweigen, plötzlich pointiert
durch ein polterndes Schnarchen. Hallam beschloß, Matt
und seinen skrofulösen Freunden noch einmal zehn Minuten zu geben, dann würde er sie aufscheuchen und zum Teufel jagen.

Er haßte es, den strengen Vater spielen zu müssen.
Warum mußte das so sein, warum wurde er gezwungen, den
Kinderschreck zu geben? Warum verstanden Matt und seine
Freunde nicht, daß sie einfach kein Recht hatten, das ganze
Haus zu besetzen und jedes Zimmer in eine Müllhalde zu
verwandeln? Und warum waren sie immer so *verärgert*, als
hätte die Welt sie reingelegt und wäre ihnen etwas schuldig?
Matt und Susie waren so verschieden, daß man kaum glauben konnte, daß sie die gleichen Eltern hatten. Manchmal
fragte sich Hallam, ob Matthew vielleicht das traurige Resul-
tat einer unappetitlichen Affäre war, die Jenny vor zwanzig
Jahren mit einem notorischen Verbrecher oder einem Land-
streicher gehabt haben mochte. Welche andere Erklärung
konnte es geben? Susie dagegen war ein ständiges Vergnügen: immer lächelnd und vergnügt und bemüht, andere

Menschen glücklich zu machen. Susie war eine exakte Kopie von Jenny. Wenn Susie ihn anlächelte, ging die Sonne auf.

Monica schob ihren Teller weg, goß sich eine zweite Tasse Kaffee ein, zündete noch einen Stumpen an und nahm einen kräftigen Schluck von ihrem üblichen Morgenmix aus Port und Brandy, den sie täglich zum Frühstück trank, »um Durchfall zu vermeiden«. Hallam hat nie gefragt ob's wirkt.

Sie blies eine Rauchwolke aus. »Und wo ist die Hausherrin«, erkundigte sie sich.

»Bitte?«

»Die Dame des Hauses. Deine innig geliebte Ehefrau.«

»Sie frühstückt im Bett.«

»O je. Ist sie krank?«

»Nein, sie veranstaltet ein lieg-in.«

Monica machte ein gummiartiges Geräusch mit den Lippen. »Weißt du, du bist viel zu gut zu ihr«, sagte sie und stieß noch mehr Rauch aus.

»Was?«

»Du verwöhnst sie. Frauen schätzen das nicht, weißt du. Wenn ihre Ehemänner zu nett zu ihnen sind, werden sie mißtrauisch.«

»Jetzt übertreib mal nicht, Monica. Ich hab ihr nur das Frühstück ans Bett gebracht.«

»Frauen glauben, ihre Männer gehen fremd und fühlen sich schuldig und versuchen das zu kompensieren, indem sie besonders nett sind. Oder sie kommen auf die Idee, sie könnten einen Waschlappen geheiratet haben, und das ist sogar noch schlimmer.«

»Was für ein Blödsinn!«

Monica rümpfte die Nase. »Du siehst also«, sagte sie, »du kannst nicht sagen, ich hätte dich nicht gewarnt. Frauen brauchen jemanden, der sie beherrscht. Sie hassen es, angebetet zu werden.«

Sie nahm sich den Freizeitteil der zweiten Sonntagszeitung, raschelte durch einige der Seiten, war einen Moment lang still und stieß dann einen Freudenschrei aus.

»Hör dir das an!« sagte sie. »Mein Horoskop! ›Diese Woche wird ihre starke, dominante Persönlichkeit alle Hindernisse aus dem Weg räumen.‹«

Hallam schaute verdrossen. »Das sind ja traurige Aussichten.«

»Werd nicht frech. Hier, hör dir das an: ›Du hast das Potential, das Universum herauszufordern und dein Schicksal zu ändern. Alle deine Wünsche werden in Erfüllung gehen.‹

»Es sei denn, du willst Bücklinge zum Frühstück«, sagte er. »In dem Fall wird man dir sagen, daß du selbst in den See springen mußt.«

Sie warf ihm einen schmachtenden Blick zu.

»Wer schreibt eigentlich diesen astrologischen Mist?« sagte er. »Das sind wahrscheinlich die gleichen Leute, die auch Sinnsprüche und Witze für die Weihnachts-Knallbonbons fabrizieren. Warum versuchst du dich nicht selbst daran, Monica? Du könntest Knallbonbons mit schmutzigen Limericks und diesen Cleri-Dingern machen. Du könntest einen neuen Trend kreieren: Schmuddel-Knallbonbons fürs Weihnachtsfest. O ja! Und pornographische Weihnachtslieder: ›Ihr Kinderlein, kommt alle stark und gleichzeitig‹; oder so.«

Monica rümpfte die Nase. »Du hast kein Herz«, sagte sie. »Du tust mir leid.«

Sie wandte sich wieder ihrer Zeitung zu, paffte an ihrem Stumpen, kippte ihren Kaffee runter und gackerte plötzlich los. »Dein Horoskop ist furchtbar«, sagte sie. »Hör dir das an...«

Er stand auf. »Ich höre mir überhaupt nichts an«, sagte er, »und schon gar nicht diesen Hokuspokus. Ich bin weg.« Er stellte die schmutzigen Teller ins Spülbecken. »Ich gehe Tennis spielen«, sagte er.

Sie sah von ihrer Zeitung auf. »Dann kommst du ja bei der Apotheke vorbei.«

»Es ist Sonntag, Monica.«

»Es ist Sonntag*morgen*«, korrigierte sie ihn. »Sonntagmorgens haben sie immer auf. Für Notfälle.«

Er seufzte. »Okay, okay. Um welchen Notfall handelt es sich denn? Was soll ich dir besorgen?«

»Danke Peter. Wie reizend, mir das anzubieten. Ich brauche eine Hämorrhoiden-Salbe.«

»Heilige Kuh, ich gehe nicht in die Apotheke, um danach zu fragen. Die denken doch . . .«

»Stell dich nicht an«, sagte sie. »Ich brauche sie nicht für meinen Hintern, es geht um meine Augen.«

»Bitte, wie?«

»Sie ist das Beste gegen Falten und Tränensäcke unter den Augen. Sie sorgt dafür, daß die Haut sich zusammenzieht, verstehst du, und dadurch wird sie gestrafft.«

»Um Gottes willen, ist das nicht gefährlich? Ich meine, ist in dem Zeug nicht Kortison oder so was drin? Wenn du . . .«

»Jetzt hör aber auf, sei doch nicht so ein Weichei«, sagte sie ungeduldig. »Warum hat jedermann heutzutage solche *Angst* vor allem und jedem? Lieber Herr im Himmel, wenn wir immer alles vermeiden wollten, das ein klein bißchen gefährlich sein könnte, wären wir alle schon längst tot. Wir würden gar nicht aus unseren Betten kommen. Wie deine kostbare Ehefrau.«

Matthew tauchte plötzlich in der Tür auf, immer noch in seinem alten Pelzmantel, mit Bartstoppeln, trüben Augen und barfuß. Sein Haar war lang und verfilzt, als hätte er es seit Wochen nicht gewaschen.

»Mann, hier stinkt's vielleicht«, sagte er und fächelte mit

der Hand vor seiner Nase. »Mußt du wirklich so viel paffen, Omi?«

»Ja.«

»Aber das ist ekelhaft.«

»In meinem Alter, Matthew, mußt du alles tun, um dir die Bakterien vom Leib zu halten«, sagte sie. »Tabak killt Bakterien besser als alles andere.«

»Aber dich killt er auch.«

»Bisher nicht, und ich habe auch nicht vor, mich von ihm umbringen zu lassen. Außerdem soll Rauchen einen vor Alzheimer bewahren.«

»Nur, weil Rauchen dich umbringt, bevor du alt genug bist, Alzheimer zu kriegen«, sagte Hallam.

»Und Brandy zum Frühstück«, sagte Matt und verzog das Gesicht. »Brandy ist sowieso widerlich, aber dann noch zum *Frühstück*.«

Monica reckte kämpferisch ihr Kinn vor. »Brandy ist ausgezeichnet für die Arterien«, sagte sie, »außerdem gut gegen Durchfall.«

»Ach ja?«

»Ja, klar. Jedenfalls hat Graham Greene mir das erzählt.«

»Graham Greene?« sagte Hallam. »Der Schriftsteller?«

»Natürlich. Welcher denn sonst? Der gute Graham.« Sie seufzte und ein kleines privates Lächeln huschte über ihr Gesicht. »Das sind schöne Erinnerungen.«

»Du kanntest *Graham Greene*?«

»Sehr gut sogar.«

»Du hast ihn bisher nie erwähnt.«

»Warum sollte ich? Man läuft doch nicht rum und tratscht über seine berühmten Freunde. Das wäre vulgär.«

»Du nennst ständig Namen von berühmten Leuten, die du angeblich mal kanntest.«

»Das tue ich nicht.«

»Doch, das tust du. Letzte Woche sagtest du, du hättest Laurence Olivier gekannt.«

»Ja, natürlich kannte ich ihn. Laurence war ein großartiger alter Kumpel. In Dorking.«

»*Dorking*? Was zum Teufel hat er denn in Dorking gemacht?«

»Larry wurde in Dorking geboren«, sagte sie. »Ich war jahrelang mit ihm befreundet. Und mit Viv.«

»Viv?«

»Vivien. Leigh. Seine Frau.«

»Da siehst du, du bist schon wieder dabei. Und letzten Monat sagtest du, du kennst Francis Bacon.«

»Ja, aber nicht den Philosophen, Peter, nur den Maler.«

»Natürlich kanntest du den verdammten Philosophen nicht, Monica. Nicht einmal du bist antik genug dafür. In Herrgottsnamen, der Philosoph starb vor über dreihundert Jahren.«

»Na bitte, dann paßt es ja.«

»Apropos Bacon, gibt es Schinken zum Frühstück«, sagte Matthew.

»Du erwartest ernsthaft, daß wir glauben, du hättest Francis Bacon gekannt?«

»Aber warum denn nicht?«

»Ein Schinkenbrötchen wäre klasse«, sagte Matthew.

»Wie hast du ihn denn dann kennengelernt?«

»In Soho, in den Fünfzigern. Wir haben uns gemeinsam im French, Swiss und Colony Club die Kante gegeben, zusammen mit Dylan Thomas, Dan Farson, Jeff Bernard und den allen. Und mit Muriel Belcher. Die gute alte Muriel, was war sie doch für eine Schlampe.«

»Um Gottes willen, also jetzt kommt auch noch Dylan Thomas ins Spiel?«

Sie sah ihn mit diesen blassen, durchdringenden blauen

Augen an. Sagte sie die Wahrheit? Log sie? Oder phantasierte sie? Ließ ihr Erinnerungsvermögen nach? Und wie wollte er das je herausfinden?

»Ja«, sagte sie, »und er hat auch ein Gedicht für mich geschrieben.«

Er schüttelte den Kopf und ging zur Tür.

»He«, beschwerte sich Matthew, »wo bleibt mein Frühstück?«

»Das steht noch draußen auf der Weide«, sagte Hallam.

»Aber du hast gesagt, daß du Frühstück machst. Mit Schinken.«

»Das habe ich auch getan, und zwar vor einer halben Stunde.«

»Reizend. Das ist ja wirklich reizend. Also muß ich mir alles selbst machen, oder wie?«

»Aber nein. Wir können nun wirklich nicht wollen, daß dir solche Umstände entstehen. Ich bin mir sicher, deine Großmutter würde es dir liebend gerne zubereiten.«

Sie raschelte mit der Zeitung und nahm sich ein weiteres Gläschen Port mit Brandy. »Darauf würde ich nicht bauen«, sagte sie. »Und vergiß die Hämorrhoiden-Salbe nicht.«

»Du hast Hämorrhoiden?« sagte Matthew. Er kratzte sich im Schritt. »Ich dachte, so etwas hätten nur Schwule.« Er kicherte. »He, Oma, du bist doch nicht etwa schwul?«

Sie schaute von ihrer Zeitung auf und taxierte ihn kalt: »Nein, Matthew, ich bin nicht schwul, aber wenn alle Männer aussähen wie du, wäre ich es.«

Hallam grinste.

»Dann ist aufs Frühstück eben geschissen«, sagte Matthew. »Ich wollte eh nichts essen.«

Hallam blieb in der Tür stehen. »Monica«, sagte er, »wenn du vorhast, Jenny beim Lunch zu helfen, nimm nicht allzuviel von den Fledermausaugen und den Froschzungen.«

»Ich nehme nie Frosch«, sagte sie, »ich war schon immer der Ansicht, daß Eidechsenmilz wesentlich wirkungsvoller ist.«

Der Himmel war wolkenlos, als Hallam die drei Meilen bis zum Tennisclub fuhr. So früh am Sonntagmorgen waren die Straßen fast leer, die Bäume üppig. Er liebte diese Tageszeit, speziell an den Wochenenden, wenn die Leute noch in ihren Betten lagen und die Welt frisch war und einem allein gehörte. Eine sanfte Brise fächelte über seinen nackten Arm, als er ihn aus dem Fenster an der Fahrerseite heraushängen ließ. Auf der Haut fühlte sich das Metall bereits warm an. Ein Hund nahm ein Sonnenbad auf dem Bürgersteig. Das Lachen eines Kindes drang durch eine Hecke. Was konnte an einem Tag wie diesem schiefgehen? Als das Auto schwungvoll in die Club-Einfahrt fuhr und die Reifen über den Kiesweg zu den Tennisplätzen knirschten, summte er vor sich hin: »*Oh, what a beautiful morning. Oh, what a beautiful day!*« Die Blumenbeete vor dem Clubhaus schimmerten weiß und gelb. Die Stufen strahlten in tiefem Rot.

O Gott, es ist gut, am Leben zu sein, dachte er.

Pinky Porter hatte seine Ankunft beobachtet, kam so rosig wie eh und je aus dem Clubhaus und winkte mit seinem Schläger. »Phantastischer Tag«, rief er.

»Wundervoll.«

»Du bist ein bißchen spät dran, Pete.«

»Sorry. Schwiegermutter.«

Pinky schaute betreten. »Oh, na gut«, sagte er. »dann sage ich nichts. War ein gutes Spiel gestern nachmittag.«

»Nur weil du die Bank gehalten hast. Wieviel hast du am Ende gewonnen?«

»Ungefähr sechzig Pfund.«

»Die Hälfte davon vom armen Charlie, nehme ich an, du

verfluchter Glückspilz. Ich denke mal, nächste Woche wird es eher auf ein harmloses Canasta hinauslaufen.«

Sie spielten anderthalb Stunden lang Tennis – 6-4, 6-7, 3-0 – und mußten dann aufhören, als vier Leute kamen und den Platz für ein Doppel reklamierten. Es gab Tage, an denen mit Hallams Spiel alles blendend lief, und dies war einer davon: Sein Aufschlag war schnell, weit und tief, seine Volleys sicher, seine mörderische Rückhand drosch so gerade und gezielt über die Seitenlinie wie irgend möglich. Aufgewärmt durch die sportliche Anstrengung schienen seine Muskeln förmlich zu singen. Sein Blut frohlockte in der perfekten Harmonie von Körper und Geist. Seine Haut prickelte. Ehrlicher Schweiß perlte seinen Rücken hinunter. Es fühlte sich gut an, feucht und gelöst zu sein.

»Ein gutes Spiel«, keuchte Pinky, der nun eher braunrot als rosa war, als sie zum Clubhaus zurückliefen. »Verdammt noch mal, du wirst immer besser! Wie zum Teufel kannst du *besser* werden, wenn du älter wirst?«

»Es ist nur einer dieser Tage, wo alles stimmt.«

»Unsinn. Du wirst tatsächlich *besser*.« Pinky verzog das Gesicht. »Und ehrlich gesagt, das kotzt mich an.«

Sie duschten, schwammen zwanzig Minuten im Club-Pool, duschten noch einmal, zogen sich an und schlafften dann auf der Terrasse bei ein paar frühen Bieren ab, in Korbsesseln unter einem großen weißen Sonnenschutz. Der Club war nun voller Mitglieder und Lärm und Gelächter, die Sonne stand hoch und machte Stummelschatten. Pinky hatte zu seiner normalen Farbe zurückgefunden, rosig wie ein Elefant auf einer Kinderzimmertapete. Er flirtete mit der Bardame, begrüßte Barry Whites Frau mit einem Kuß und einem etwas zu langem Klaps auf den Hintern, blinzelte einem der Mädchen im Clubhaus zu und folgte einem anderen mit den Augen, als sie in ihrem knappen

weißen Röckchen und Spitzenhöschen zu den Plätzen hinüberging.

Pinky schlürfte einen Schluck Bier und schüttelte den
Kopf. »Es ist eine verdammte Tragödie«, sagte er.

»Was denn?«

»All diese tollen Frauen überall auf der Welt, die zu bumsen
wir keine Zeit haben.«

»Man kann nicht sagen, daß du zu kurz gekommen bist«,
sagte Hallam. »Du hast mehr Häschen gehabt, als zu Ostern
in den Schaufenstern stehen.«

»Das meine ich nicht. Es ist nur so eine furchtbare *Verschwendung*.«

Wie schaffte er das eigentlich? Es war einfach Enthusiasmus: Pinky liebte *es* und die Frauen, und das reichte aus; soviel
hingebungsvollem Eifer konnten sie einfach nicht widerstehen. Er war viermal verheiratet gewesen und viermal geschie-
den, jedesmal wegen seiner Schürzenjägerei. Immerhin war
die letzte Scheidung so erfolgreich gewesen, daß er nun der
glückliche Empfänger monatlicher Unterhaltszahlungen seiner reichen vierten Exfrau war und deswegen natürlich einer
erneuten Heirat extrem zögerlich gegenüberstand. Er war so
scharf auf Frauen, daß es ihm gleichgültig war, wie sie aussa-
hen. »Was soll ich denn tun?« sagte er. »Sie laufen mir einfach
nach.« Er konnte einen Monat damit verbringen, das häßlich-
ste aller Mädchen mit extremer Hartnäckigkeit zu verfolgen,
und am Ende gaben sie immer nach. Und er war auch großzügig. Es gibt nichts, was Frauen mehr abschreckt als Geiz, und
Geiz konnte man Pinky nun wirklich nicht nachsagen. Es war
erst ein Jahr her, daß er sich tausend Pfund von Hallam
geliehen hatte, um irgendeinen verärgerten Gläubiger auszu-
zahlen, der angefangen hatte, ernsthafte Drohungen auszu-
stoßen. Anschließend war er für das Wochenende mit
Norman Litherlands aufregender 32 Jahre alter Nichte

nach Monte Carlo geflogen. Zunächst war Hallam wütend gewesen: nicht daß er gefürchtet hätte, er würde sein Geld nie zurückbekommen – natürlich würde er das, Pinky war ein guter alter Freund –, aber er hatte das Gefühl, reingelegt worden zu sein. Und Pinky hatte ihm das Geld immer noch nicht zurückgegeben. Vielleicht war es Zeit, ihn mal wieder daran zu erinnern. Immer wenn er das Thema darauf gebracht hatte, hatte Pinky ihn um ein oder zwei weitere Wochen Aufschub gebeten. »Cashflow, alter Junge«, hatte er immer gesagt. »Aber nächsten Monat bestimmt, großes Indianerehrenwort.« Aber aus dem nächsten Monat war immer der übernächste und der überübernächste geworden, und Pinky durfte kaum schlecht bei Kasse sein, wenn man bedenkt, wieviel Unterhalt seine Exfrau ihm überwies. Es war Zeit, daß er das Geld zurückzahlte.

Aber nicht jetzt. Nicht heute. Warum sollte man so etwas zur Sprache bringen an einem Tag, der so schön war? Er war zu perfekt, um über Geld zu sprechen. Auf Hallams Haut glühte die Erinnerung an Anstrengung, Sport und kaltes Wasser nach. In seinen Muskeln pochte eine herrliche Erschöpfung. Das Bier schmeckte wie von einem Gott gebraut. Jetzt nicht. Ein andermal.

»Noch eine Halbe?« sagte Pinky.

Hallam leerte sein Glas. »Aber immer«, sagte er.

O Gott, es ist verdammt wundervoll, am Leben zu sein.

Auf dem Heimweg hielt er bei der Bank, um einen Scheck einzulösen – wie sonderbar es war, daß die Banken nun sonntags geöffnet hatten –, und dann schaute er noch in der Apotheke vorbei, um Monicas Hämorrhoiden-Salbe zu kaufen. Zu Hause angekommen parkte er das Auto in der Garage, und als er den Weg zur Vordertür hinaufging, konnte er sie in ihrem Zimmer hören, wo sie laut ihre alten Pop-

Schallplatten abspielte, die verkratzten, knisternden Hits der sechziger: die Beatles, The Who, die Rolling Stones. Als er die Vordertür erreichte, konnte er sie zur Musik singen hören, mit verwirrend rauher Stimme: *I can't get no. I can't get no. I can't get no. Satisfaction. Satisfaction. SatisFACTION. SATISFACTION!*

Hallam grinste: Der arme alte Hank hatte sich wahrscheinlich in seinen Topf geduckt.

Jenny war in der Küche, bereitete das Mittagessen zu und sah in einem leichten Sommerkleid einfach wunderbar aus. Ihre Beine schienen endlos lang zu sein.

Er schlich sich von hinten an und schlang die Arme um sie.

Sie schrak zusammen. »Gott, hast du mich erschreckt.«

Er drängte sich an ihren Rücken, spürte ihren Hintern sanft gegen seine Lenden, berührte ihre Brüste und küßte ihren Nacken.

»Sie sehen wundervoll aus, Mrs Hallam«, sagte er.

Sie lächelte. »Sie sehen selbst auch nicht so schlecht aus, Mr Hallam«, sagte sie, »und jetzt geh weg, oder wir kriegen nie etwas zu essen.«

»Na und? Du reichst mir.«

»Geh weg.«

Er goß drei Gläser Weißwein ein und nahm eins zusammen mit der Hämorrhoiden-Salbe hoch zu Monica. Dann setzte er sich draußen in die Hollywoodschaukel neben dem Goldfischteich mit dem respektablen Sonntagsblatt auf dem Schoß, während Fudge ihm im Schatten vor den Füßen lag. Matthew und seine Freunde waren verschwunden, vermutlich wie immer ins Fitness-Studio, wo sie Stunden damit verbrachten, ihre Körper zu kasteien. Hallam hörte nie auf, darüber zu staunen, daß Matt und seine Freunde, obwohl sie so schmuddelig und unordentlich waren, dennoch mit solchem Eifer trainierten und sich fit hielten. Mit beeindruckender Selbstdisziplin stemmten sie stundenlang Gewichte, machten Liegestütze, rannten, sprangen und gaben sich als entschiedene Gegner von Rauchen, Trinken, Drogen und Fleisch – mit Ausnahme von Schinken und Speck, die, befand Matt, eigentlich gar kein Fleisch waren. Dennoch lehnten sie jede andere Form von Disziplin oder Autorität ab und schienen die Hälfte ihres Lebens schlafend zu verbringen, während die andere Hälfte daraus bestand, eine Müllspur hinter sich her zu ziehen. Ihr Leben hatte zwei Seiten, die völlig auseinanderklafften. Neuerdings gab es eine ganze Generation von jungen Menschen, die äußerlichen Schmutz mit innerer Reinheit verbanden – ganz anders als Monica, deren Körper makellos rein war, während ihr Geist einer Kloake ähnelte.

»*I can't get no*«, brummte Monica oben. »*I can't get no. I can't get no.*«

Hallam lächelte.

Satisfaction.

Ja.

Er saß in der Sonne und fragte sich, ob er jemals in seinem Leben glücklicher gewesen war. Es schien unmöglich.

Um halb zwei servierte Jenny eins seiner sommerlichen Lieblingsgerichte draußen auf der Terrasse: kalter Lachs mit Salat und Frühkartoffeln, eine Schale Erdbeeren, eine Flasche gekühlten Viognier, einen sahnigen Brie, der über die ganze Käseplatte zerfloß; das Mittagessen war so gut, daß es sogar Monica fast eine halbe Stunde lang zum Schweigen brachte.

Anschließend verschwand Monica zum Mittagsschlaf in ihrem Zimmer. Jenny setzte sich ins Wohnzimmer und blätterte die Sonntagsbeilage der Zeitung durch und Hallam lag auf dem Sofa und beobachtete das Sonnenlicht auf ihrem Haar, bis auch er einschlief, gewärmt von Wein, Geborgenheit und dem Gefühl der Zufriedenheit.

Irgendwo summte eine Biene. Im Schlaf klang das für ihn wie das Summen der Götter.

Mehr als eine Stunde später wachte er auf und sah, daß Jenny ihn beobachtete.

Er blinzelte und räkelte sich. »Einen Penny für deine Gedanken«, sagte er.

Sie schüttelte den Kopf. »Nein. Nichts.«

»Na komm schon. Warum so traurig?«

»Traurig? Ich bin nicht traurig.« Sie erhob sich aus dem Sessel. »Eine Tasse Tee?«

»Aber immer.«

Später wusch er den Wagen, mähte das Gras und dann jäteten Fudge und er ein wenig Unkraut. Fudge schnüffelte in den Blumenbeeten wie ein Trüffelhund, während die Sonne begann, in Richtung Fluß hinunterzugleiten und blasse Schatten über das kleine Rasenstück zu werfen. Um sieben kam Susie von ihrem Wochenendausflug zurück und umarmte ihn fest und lachte, und er fühlte sich wieder vollständig. Er schenkte Abenddrinks ein; einen Wodka Lemon für Jenny, Gin Tonic für Monica, eine Cola für Susie, einen Famous Grouse für sich selbst. Alle vier saßen sie dann draußen, und Fudge und Jezebel lagen ausgestreckt und sich aalend auf der Terrasse, und sie redeten und redeten, bis die Sonne von der größten der Kiefern verschluckt wurde. Von Matthew war immer noch weit und breit nichts zu sehen. Manchmal verschwand er für zwei oder drei Tage am Stück, übernachtete bei Freunden, ließ sich auf deren Sofas nieder und machte anderen Leuten das Leben zur Hölle. Jenny war nie glücklich über diese Ausflüge, die ohne Vorwarnung stattfanden und nie erklärt wurden, und sie machte sich immer Sorgen um Matt, aber Hallam fand, daß diese plötzlichen Verflüchtigungen zu seinen charmantesten Eigenschaften gehörten.

Um acht servierten Jenny und Susie eine gekühlte Vichyssoise, ofenwarmes französisches Weißbrot, ein Käsesoufflé, eine Schüssel frischer Pfirsiche, zwei Flaschen roten Chateau Timberlays, und nach dem Abendessen hörten sie sich CDs an – Celine Dion, Phil Collins, Annie Lennox –, während sie eine Partie Canasta spielten. Hallam beobachtete sie hinter seinen Karten: Jenny ganz ernst, Susie grinsend und Gesichter ziehend, Monica verschlagen aussehend, während sie die Karten wiederholt zwischen ihren Händen hin und her schob; seine Familie, seine engsten Freunde; sogar Monica, die alte Hexe.

Was für ein Glück ich habe, dachte er. Vergiß das bloß nie.

Sie gingen um zehn zu Bett und kurz danach ging der Mond auf. Von Matthew und seinen Freunden gab es noch immer kein Lebenszeichen.

Hallam seufzte, als er ins Bett schlüpfte. Er nahm Jennys Hand. »Was für ein rundum gelungener Tag«, sagte er.

Sie schlang ihre Beine um seine. »Jetzt fehlt nur noch eines, um ihn noch gelungener zu machen«, flüsterte sie.

Er genoß die Art, wie sie sich liebten, wie sie gemeinsam von einer Woge von Zuneigung, Lust, Freude und Erinnerung getragen wurden. Er liebte die Art, wie sie ihn berührte, wie sie sich anfühlte, die Wärme, ihren Geruch, wie sie ihn küßte, wie sie wimmerte. Er liebte es, wie sie ihm das Gefühl gab, wieder fünfundzwanzig und zu allem imstande zu sein.

Auf dem Höhepunkt schrie sie auf.

Sie waren eingeschlafen, als das Telefon klingelte.

Hallam tastete nach dem Lichtschalter neben dem Bett. *Leck mich!* Verschlafen sah er auf die Uhr: 23.02.

Er griff nach dem Hörer: »Ja?«

»Pete?«

»Ja?«

»Jim.«

Donaldson.

»Ja, Jim?«

Jim zögerte. »Pete? Habe ich dich geweckt?«

»Ja.«

»Verdammt, tut mir leid. Ich wußte nicht... Es ist erst elf...«

Hallam stützte sich im Bett auf. »Macht nichts« sagte er. Er rieb sich die Augen. »Jetzt bin ich wach.«

»Verdammt, das tut mir leid. Ich hätte ja bis zum Morgen gewartet, aber ich dachte, du solltest es so bald wie möglich wissen.«

Hallam setzte sich auf. »Was wissen? Schlechte Neuigkeiten?«

Jenny bewegte sich in der anderen Hälfte des Bettes. »Wer ist dran?« murmelte sie.

»Keine... *schlechten* Nachrichten. Nicht direkt...«

»Was heißt das?«

»Es ist nur...«

»Ja?«

»Was ist denn?« sagte Jenny.

»Das bleibt jetzt unter uns«, sagte Jim, »aber ich finde es fairer, wenn du Bescheid weißt, bevor du morgen ins Büro gehst. Andy Unwin ist entlassen worden.«

»Was?«

»Andy. Bertie hat mich gerade angerufen.«

»Heilige Kuh! Wieso das denn?«

»Wer soll das wissen? Ist heutzutage so üblich, nehme ich an. Zu alt, schätze ich. Er wird nächste Woche siebenundfünfzig. Sie denken wahrscheinlich, daß er es hinter sich hat. Hat er ja vielleicht auch. Ich bin gleich morgen früh zu einer Dringlichkeitssitzung der Direktoren bestellt worden. Mulliken hat bereits einen neuen Geschäftsführer ernannt, ein einunddreißig Jahre altes Wunderkind namens Skudder.«

»Einunddreißig!«

»Sie stellen sie heutzutage direkt nach dem Kindergarten ein.«

»Wer zum Teufel ist das?«

»Jason Skudder. Viel weiß ich nicht über ihn. Bisher war er bei Fitzgerald and Parsons als eine Art Wunderkind-Krisenmanager. Er soll ein ziemliches Arschloch sein, heißt es. Rücksichtslos, ohne Prinzipien. Bertie sagt, Skudder will jeden loswerden, der über fünfundvierzig ist.«

Ein heidnischer Trommelwirbel echote durch Hallams Unterbewußtsein.

»Anscheinend sagt Skudder, daß alle über fünfundvierzig es hinter sich haben. Er nennt sie Gruftis.«

Hallam zögerte. »Sie? Was soll das heißen, *sie*. Ich bin selber fünfundvierzig.«

Auf der anderen Seite war es still.

»Mein Gott«, sagte Jim. »Stimmt, bist du. Hatte ich vergessen.«

»Also was zum Teufel heißt das für mich?«

»Du siehst nicht einmal wie vierzig aus«, sagte Jim. »Du siehst aus, als wärst du paarunddreißig. Dir passiert nichts. *Natürlich* passiert dir nichts.« Er klang herzlich. »Für dich gibt es kein Problem. *Natürlich* gibt es für dich kein Problem. Mach dir keine Gedanken. So, ich muß jetzt. Ich will dir deinen Schönheitsschlaf nicht nehmen. Tut mir leid, daß ich dich geweckt habe, aber ich dachte, du solltest das wissen.«

»Ja. Danke, Jim. Danke.«

»Wir sehen uns morgen im Büro.«

Hallam legte den Hörer wieder auf.

»Was ist denn?« sagte Jenny. »Ärger?«

»Nein, nein«, sagte Hallam. »Nichts, gar nichts. Nur eine Sitzung morgen früh. Schlaf einfach weiter.«

Er schaltete das Licht aus und legte seinen Kopf aufs Kissen. Unverständlicherweise pochte sein Herz, als wäre er gerade eine Meile gerannt.

Gruftis. Er nennt sie Gruftis.

Sie?

Nicht sie. Uns.

Etwas schien sich in der Dunkelheit zu bewegen, das stumme Klacken eines Hufs auf Stein, ein Schatten, der über das Fenster huschte.

Er drehte sich im Bett herum und schob sich zu Jenny und nahm sie in die Arme.

»Ich liebe dich so«, sagte er, aber sie war schon eingeschlafen.

Irgendwo in seiner Einbildung glaubte er eine ferne Stimme zu hören, die ihn rief.

Andy Unwin war als Frühaufsteher bekannt und deswegen hatte Hallam auch keine Hemmungen, ihn um sieben Uhr anzurufen, um ihm sein Mitgefühl über die plötzliche Trennung von der Firma auszudrücken.

»Das ist wirklich nett von Ihnen«, sagte Unwin unbeschwert, »aber für Mitleid gibt es keinen Grund.«

Er klang erstaunlich vergnügt. Er klang wie ein Mann, der gerade einen dicken Scheck bekommen hat. Und das hatte er wahrscheinlich auch.

»Ich hatte eh vor, es bald ein wenig ruhiger angehen zu lassen«, sagte er. »Jetzt kann ich jeden Tag Golf spielen. Keine endlosen drögen Sitzungen und idiotischen Memoranden von Willie Mulliken mehr. Nur noch achtzehn Löcher jeden Tag und ausgedehnte Faulenzermahlzeiten. Ich freu mich drauf.«

»Wir werden Sie vermissen.«

»Nett von euch, aber da glaube ich nicht dran. Niemand ist unersetzlich. Aber passen Sie auf sich selbst auf, Peter, das ist alles. Man hat mir gesagt, daß dieses Skudder-Arschloch ein bösartiger, hinterhältiger Bastard ist. Sei vorsichtig.«

»Bin ich.«

Unwin lachte leise. »Skudder«, sagte er. »Ungewöhnlicher Name. Deutsch, nehme ich an, oder skandinavisch. Fies jedenfalls. Skudder, ein wenig Skunk, ein bißchen Natter. Sehr passend, falls die Gerüchte alle stimmen. Das heißt nicht, daß Sie sich Gedanken machen müssen. Dafür sind Sie in Ihrem Job viel zu gut. Sogar ein kompletter Bastard wie Skudder würde es nicht wagen, Sie loszuwerden. Die Direktoren würden auf die Barrikaden gehen. Sie würden es nicht zulassen.«

»Andy...«

»Ja?«

»Danke... wissen Sie... für alles. Im Lauf der Jahre. Es war ein Privileg, mit Ihnen zu arbeiten.«

»Nett, daß Sie das sagen. Das beruht auf Gegenseitigkeit. Ich hatte Glück, Sie zu meinen Mitarbeitern zu zählen. So, jetzt muß ich wirklich gehen. Caroline will, daß ich sie für ein paar Wochen in die Karibik entführe, damit wir über den Schock hinwegkommen.«

»Gute Idee. Ich beneide Sie.«

»Sie regt sich über die ganze Sache ziemlich auf, wissen Sie. Seltsam, nicht? Mir ist es total egal, aber sie nimmt es ziemlich mit. Ich nehme an, Frauen mögen es, die Frau des Geschäftsführers zu sein – es gibt ihnen einen gewissen Status. Wie dem auch sei, ich muß die Tickets festzurren. Mulliken will mir in einem Monat ein Abschiedsessen ausrichten, also vielleicht sehen wir uns dann. Bis dahin, viel Glück. Und versuchen Sie, auch auf dem Rücken Augen zu haben.«

Matthew und zwei seiner Freunde waren irgendwann in der Nacht zurückgekehrt und schliefen wieder im verdunkelten Wohnzimmer, durch das Schnarchgeräusche rollten. Wer waren diese Leute? Er kannte nicht einmal ihre Namen. Als Matthew eines Abends einmal drei von ihnen nach Hause gebracht hatte, hatte er sie nach ihren Namen gefragt. Matthew hatte gekichert: »Markus, Lukas und Johannes«, hatte er gesagt. Aber wer zum Teufel sie auch sein mochten, warum hatten sie kein eigenes Heim? Warum konnten sie nicht losziehen und irgendeiner anderen Familie auf die Nerven fallen? Und wie schafften sie es, Arbeitslosenhilfe zu kassieren und dabei keinerlei Anstrengungen zu machen, einen Job zu kriegen? Heutzutage erwartete man doch von den Arbeitslosen, daß sie ein Jobsuch-Vertrag unterschrieben, in dem sie versprachen, sich aktiv um Arbeit zu bemühen und auch was die Art der Arbeit anging, nicht allzu wählerisch zu sein. Und sie mußten ihre Bemühungen fortlaufend belegen können. Und wenn sie nach sechs Monaten Arbeitslosigkeit immer noch keinen Job hatten, sollten sie Umschulungskurse besuchen. Die schlechte alte Zeit, in der es Schnorrern möglich gewesen war, jahrelang von Arbeitslosenunterstützung zu leben, sollte eigentlich vorbei sein, aber trotzdem war es Matthew und seinen Freunden gelungen, große Schlupflöcher im System zu finden. Wie kamen sie damit durch, hatte er Matt einmal gefragt. Matt hatte gegrinst und sich mit den Fingern gegen die Stirn getippt. »Köpfchen«, hatte er gesagt.

Und warum kamen sie immer wieder hierher zurück, um den Kühlschrank zu leeren und das Haus in eine Müllhalde zu verwandeln? Hallam öffnete die Tür und spähte in den Raum. Es stank nach säuerlichen Kochgerüchen, kaltem erstarrten Curry, dem süßlichen Hauch von etwas Krankem. Es sah aus wie im Obdachlosenasyl. Schattenhafte Gestalten waren über die Stühle drapiert, eine lag zusammengerollt auf dem Boden, der von fallen gelassenen Kleidungsstücken so übersät war wie der Teetisch von halbvollen chinesischen Takeaway-Schachteln, leeren Sprudeldosen, dreckigen Bechern. Matt lag wie immer auf dem Sofa, aber diesmal steckte ein verwahrlostes Wesen an seiner Seite. Männlich? Weiblich? Wer vermochte das zu sagen? Die jungen Leute sahen für Hallam heute alle gleich aus, als wären sie Vertreter einer anderen Rasse.

Hallam mußte wirklich mal ein Machtwort sprechen: Was zuviel war, war zuviel. Aber nicht jetzt. Er mußte zur Arbeit. Er hatte jetzt keine Zeit für einen Streit mit Matthew. Er duschte, rasierte sich und fuhr eine Stunde früher als sonst ins

Büro, wobei er Jenny nur sagte, daß Unwin entlassen worden sei. Warum sollte sie sich unnötig aufregen? Noch gab es nichts wirklich Besorgniserregendes.

Er *war* gut in seinem Job, verdammt gut, also warum sollte irgend jemand ihn entlassen wollen? Aber es gab andere Leute in seiner Abteilung, die durchaus Angriffsflächen boten. George Pringle war beinahe fünfzig und die arme alte Elsie Benson war vierundfünfzig und das typische Opfer: Schon ihr schlaffer Gang gemahnte an einen Gang zum Schafott. Dennoch waren beide von unschätzbarem Wert für die Abteilung: Das Wissen, das sie im Lauf von dreißig Jahren über die Firma erworben hatten, war erstaunlich und jeder von ihnen konnte jede Akte innerhalb von wenigen Minuten auftreiben. Er mußte sie beschützen. Wenn nötig, würde er kämpfen, um sie zu behalten.

Aber wer würde sich für *ihn* einsetzen, wenn es wirklich heftig werden sollte? Gute Männer in den Vierzigern wurden heutzutage überall im Land entlassen, um jüngeren Platz zu machen, und wie gut sie ihre Arbeit machten, schien niemanden zu interessieren. Jüngere Mitarbeiter waren wesentlich günstiger – ihre Gehälter und Nebenkosten waren niedriger, ihre Ansprüche und Erwartungen bescheidener, ihre Rentenbeiträge wesentlich geringer – und der Umstand, daß sie auch viel weniger wußten, schien nebensächlich zu sein. Chefs waren heutzutage froh, hocherfahrene, hart arbeitende Angestellte mittleren Alters zu entlassen, um jeden von ihnen durch ein paar billige, unerfahrene Jungs zu ersetzen. Eins plus eins heißt nicht mehr zwei. In der Welt moderner Firmenbuchhaltung ist $1 + 1 = 1$.

Einige der Direktoren würden vielleicht versuchen, ihn zu schützen, wenn Skudder begänne, die mittleren Jahrgänge auszusortieren, aber wie erfolgreich würden sie damit sein? Jim Donaldson würde für ihn eintreten, selbstverständlich:

Jim war ein alter Freund. Aber wer sonst? Amanda Young? Vielleicht. Paul Rampton? Möglich. Bertie Small? Kaum. Und außer denen ... die anderen würden alles tun, was man ihnen sagte, wenn sie Angst hatten, ihre eigene Stelle sei bedroht. Hallam machte sich keine Illusionen: Wenn der neue geschäftsführende Direktor ihn loswerden wollte, konnte er schon heute abend seine Sachen packen.

Auf dem Parkplatz waren schon alle Firmenwagen der Direktoren versammelt: Jims Rover, Amandas Clio, Berties kleiner Mercedes, Pauls Granada. Auf Andy Unwins Platz neben dem Eingang des Gebäudes stand ein Newcomer: ein dunkelgrüner, handmontierter Morgan mit einem breiten polierten Lederriemen über der Motorhaube. Der Wagen des neuen Geschäftsführers. Ein Morgan. Natürlich. Typisch.

Hallam schnappte sich seine Aktentasche und stürzte, zwei Stufen auf einmal nehmend, die Eingangstreppe hinauf. Direkt hinter der Drehtür saß der Pförtner in einem Glaskasten und sah so düster aus wie eine ältliche unterbeschäftigte Nutte in Amsterdam.

»Morgen, Mr. Hallam«, sagte er.

»Morgen, Ron.«

Der Pförtner kam aus seinem Glaskasten hervor, er bewegte sich seitlich wie eine Krabbe. »Haben Sie den neuen Chef schon getroffen, Sir?«

»Noch nicht. Ist er schon da?«

Ron nickte. »Is vor ner halben Stunde gekommen, Sir«, sagte er eifrig. »Mann! Hab ich noch nie gesehen, so was.«

»Ja?«

»Junger Kerl, nich älter als paarnddreißig, aber ne Glatze, Sir, so jung und kahl wien Bleßhuhn, wie einer von diesn Skinheads. Und mitm Umhang mit roter Borte und mitm Spazierstock mit silbernem Griff.« Er saugte an seinen Zähnen wie ein Klempner, der gleich einen völlig überzogenen

47

Kostenvoranschlag machen möchte. »Un mit ner Fliege, Sir, der trägt ne Fliege.«

»Ah!«

Ron senkte die Stimme und lehnte sich vertraulich vor. »Ne gepunktete Fliege, Sir!« sagte er mit Ekel. »Un ne passende Weste. Ne gelbe, gepunktete Fliege un Weste, un alles.«

»Danke, Ron.«

Ron warf einen Blick über seine Schulter. »Un sprechn tut er auch nich richtig, ne? Nich wien Gentleman.«

»*Danke*, Ron.«

»Danke, Sir.«

Hallam lief die Treppen zum zweiten Stock hinauf und bog linkerhand in den Flur zu seinem Büro ab. Einunddreißig Jahre. Ein grüner Morgan. Und ein Umhang, verdammt noch mal, und ein Spazierstock mit silbernem Griff. Das klang nicht gut. Und eine gelbe gepunktete Fliege und eine dazu passende Weste. Das klang überhaupt nicht gut.

Die Tür zu seinem Büro war nicht abgeschlossen.

Er runzelte die Stirn. Seine Tür war nachts immer abgeschlossen, und nur er, Doreen und die Sicherheitsleute hatten den Schlüssel.

Er stieß die Tür auf.

Sie war schon da und kauerte auf den Fersen vor einem Aktenschrank.

»Doreen!« sagte er. »Was machst du denn so früh schon hier?«

Sie stand auf und lächelte. »Guten Morgen, Peter«, sagte sie vergnügt. »Ich dachte, du brauchst mich hier vielleicht schon ein bißchen früher als sonst, wegen der Ankunft des neuen Chefs und so.«

Er starrte sie an. »Du wußtest es? Du wußtest von Skudder?«

»Nun ... ja.«

»Woher zum Teufel wußtest du es?«

Sie errötete.

»Seit wann?« sagte er.

»Gestern morgen. Ich bekam einen Anruf. Ein Freund.«

»So, so.«

»Sollte es ein Geheimnis sein?«

Hallam ließ seine Aktentasche auf seinen Schreibtisch fallen. »Wohl kaum«, sagte er mit einer Spur Verärgerung in der Stimme. »Jeder scheint es gewußt zu haben, nur ich nicht.«

»Hätte ich dich anrufen sollen?« fragte sie besorgt. Sie war so eifrig darauf bedacht, ihm alles recht zu machen. Sie war immer eine hervorragende Sekretärin gewesen. »Das tut mir leid«, sagte sie. »Ich dachte, du wüßtest es schon längst.«

»Macht nichts«, sagte er. Er schüttelte den Kopf. »Es ist ja kein Grund zur Aufregung. Es ist nur…«, er lachte, »ein wenig komisch, das ist alles. Da bin ich der Leiter der Verkaufsabteilung und jeder andere im Haus, vom Laufburschen bis zur Putzfrau scheint vor mir zu wissen, daß der Geschäftsführer entlassen wurde. Ich nehme an, die Telefonistinnen wissen schon seit Wochen alles darüber. Der Nachtwächter hat wahrscheinlich bei der Auswahl des neuen Geschäftsführers ein Wörtchen mitgeredet.«

Sie kicherte. Sie hatte ein nettes Kichern: Es machte ihn glücklich, es zu hören, es klang wie Wasser, das aus der Spüle hinuntergurgelte. Sie waren jetzt seit beinahe zwanzig Jahren zusammen. Es war fast wie eine Ehe.

»Tut mir leid, daß ich ein bißchen mürrisch war«, sagte er, »und danke, daß du so früh reingekommen bist. Du hast völlig recht. Heute wird es viel zu tun geben, und ich weiß es zu schätzen, daß du schon da bist. Hast du ihn schon gesehen? Diesen Skudder?«

»Ja. Ich bin ihm vor zehn Minuten auf der Treppe begegnet.«

»Und?«

»Er ist vollkommen kahl.«

»Das habe ich gehört.«

»Ich habe noch nie jemanden so Kahles gesehen. Weißt du, was ich meine?«

»Nein.«

»Also, da ist nirgends auch nur die Spur von einem Haar. Sein Schädel ist wie eine Billardkugel. Er glänzt. Er ist von geradezu aggressiver Kahlheit. Und er trägt eine gelbe Fliege und eine gelbe Weste.«

»Ich weiß.«

»Zuerst dachte ich, er wäre der neue Laufbursche. Er spricht wie ein aufgedonnerter kleiner Depp aus der White-chapel-Gegend, lauter Knacklaute, keine Hs und Gs und verschluckte Silben. Weißt du, statt Flasche sagt er Flasch' statt arg sagt er Arsch. Dann lobte er mich dafür, daß ich so früh im Büro bin, und da wurde mir plötzlich klar, wer er sein mußte. Sein Lob war so übertrieben, es war ziemlich peinlich. Er wollte wissen, wie ich heiße, wo ich lebe, ob ich verheiratet bin, wieviel ich verdiene, für wen ich arbeite, was ich von dir denke, was ich von Andy Unwin hielt, einfach alles.«

»Verflucht noch mal!«

»Er hat sogar gefragt, warum ich vor dir bei der Arbeit bin.«

»Oh, toll.«

»Ich sagte ihm, ich hätte letzte Nacht nicht gut geschlafen. Er hat sogar gefragt, ob ich rauche.«

Sie zog eine Grimasse.

»Du mochtest ihn also nicht?«

Sie zögerte.

»Mir haben sich die Fußnägel hochgerollt«, sagte sie. »Er lächelt zuviel. Er lächelt wie ein Mann, der überhaupt keinen Humor hat.«

Hallam versuchte den ganzen Tag Dinge zu erledigen, aber es war schwierig, in der von Gerüchten und Gegengerüchten geschwängerten Atmosphäre, die das ganze Haus durchzog, etwas Neues anzufangen. Eine unbehagliche Stille zog wie Nebelschwaden durch die Korridore, als die Direktoren den neuen Geschäftsführer hinter den geschlossenen Türen des großen Konferenzraums im dritten Stock trafen. Im restlichen Gebäude sprachen Leute mit gesenkter Stimme, als wären sie in der Kirche.

Die Entlassungen begannen kurz vor der Mittagszeit. Nathan Solomons mußte als erster gehen. Um elf Uhr zweiundfünfzig wurde er herbeizitiert, um elf Uhr achtundfünfzig war er draußen. Nathan war einundfünfzig. Er war außerdem Jude. Vielleicht hatte Skudder nicht nur was gegen Ältere, sondern war auch noch Antisemit.

Jim Donaldson rief an und benutzte ein Telefon außerhalb des Gebäudes. Er sprach schnell und flüsterte fast. »Nathan hat mich gerade angerufen. Er kann kaum glauben, was ihm passiert ist. Es war alles so schnell vorbei, daß er gar keine Zeit hatte, es zu begreifen. Hast du ihn gehen sehen? Skudder bestand darauf, daß die Sicherheitsleute ihn aus dem Haus bringen.«

»Das ist doch nicht dein Ernst!«

»Doch, allerdings. Zwei Sicherheitsmänner standen vor Skudders Büro, und sobald Nathan herauskam, nahmen sie ihn in die Mitte und brachten ihn zum Fahrstuhl und aus dem Gebäude. Man hätte denken können, er sei ein Verbrecher. Er hätte genausogut in Handschellen sein können. Skudder hat ihm nicht einmal erlaubt, seinen Schreibtisch zu räumen oder sich von irgend jemandem zu verabschieden.«

»Mein Gott! Warum Nathan?«

»Was man von Fitzgerald und Parsons hört, ist, daß Skudder Juden haßt, genau wie jeden über fünfundvierzig, Schwar-

ze, Krüppel, Homosexuelle und Männer mit Bärten. Er be-
zeichnet sie in aller Öffentlichkeit als Itzig und Jidd. Er hat
Nathan nicht mal einen Grund für seine Entlassung genannt,
er hat ihm nur gesagt, daß er große Pläne für die Firma hat,
und da passe er nicht rein.«

»Verflucht noch mal! Ich hoffe, er hat eine anständige Abfindung bekommen.«

»Sechs Monatsgehälter, mehr nicht.«

»Sechs Monate! Und das nach all den Jahren, die er hier
war?«

»Das ist das Maximum, das rechtlich möglich ist, egal wie
lange du bei einer Firma warst. Es sei denn, du hast einen
besseren Vertrag – sonst ist das alles, was dir ein Arbeitgeber
zahlen muß.«

»Ja, und was ist mit Nathans Vertrag? Er muß doch einen
gehabt haben?«

Donaldson war einen Moment lang still.

»Jim?«

»Er hat sich nie um einen Vertrag gekümmert. Als er vor
achtundzwanzig Jahren in die Firma kam, hat man ihm nie
einen angeboten, und er hat Andy und dem vorherigen Geschäftsführer vertraut, deshalb hat er auch nie Druck gemacht.«

»Um Himmels willen. Der arme Teufel.«

»Nathan sagte, Skudder bestand sogar darauf, daß er die
Schlüssel zu seinem Firmenwagen sofort aushändigen sollte.«

»Das ist eine Unverschämtheit. Was für ein Bastard. Also
wie ist er denn, dieser Skudder? In Fleisch und Blut?«

»Ein Energiebündel: kleiner Mann, völlig kahl, superemp-
findlich. War nie auf der Uni und haßt jeden, der dort war.
Spricht wie ein Gangster aus dem East End. Stolziert umher
wie ein Gockel. Schlägt sich immer wieder die Faust in die
Handfläche. Knackt permanent mit den Fingerknöcheln.

Das ist ein Asso, Peter. Benimmt sich wie ein Straßenhändler, einer dieser Yuppies aus der Thatcher-Ära.«

»Teufel auch! Wie können es solche Leute so weit bringen?«

»Weil sie völlig skrupellos sind und keinerlei Moral kennen. Sie schaffen es, indem sie jeden niedertrampeln, der sich ihnen in den Weg stellt. Sie werden nie durch Prinzipien oder Anständigkeit behindert, also werden sie von den Banken und Buchhaltern geliebt: Sie liefern Resultate. Sie ruinieren das Leben und die Karrieren anderer Leute, aber sie reduzieren die Nebenkosten und schaffen Gewinne. Eigentlich sind sie Bankrotteure, aber was sie ruinieren, sind Menschen. Und warum sollten die Banken sich auch nur ein Jota für Menschen interessieren? Alles was sie interessiert, ist was unterm Strich steht. Es ist wohl sogar so, wie Bertie mir sagte, daß es die Banken waren, die schließlich darauf bestanden haben, Andy Unwin zu entlassen und durch Skudder zu ersetzen. Anscheinend halten die Banken Skudder für brillant. Und vielleicht ist er das ja. Wer weiß? Aber nach dem Treffen mit ihm habe ich das Gefühl, ich muß mich in die Badewanne legen.«

»Und wer wird als nächster gefeuert?«

»Er hat eine Liste von etwa zwölf Leuten . . .«

»Bin ich drauf?«

Jim zögerte. »Ich weiß es nicht.«

»Hör auf, Jim. Sag es mir einfach.«

»Wirklich. Ich weiß es nicht. Ganz ehrlich. Versprochen. Er hat nur ein halbes Dutzend Namen mit uns besprochen, darunter Nathan und Bill Collins.«

»Warum Bill?«

»Er ist neunundvierzig.«

»Also geht es wirklich ums Alter.«

»Wer kann sagen, worum es geht? Vielleicht geht es nur

darum, daß ein kämpferischer junger Mann mit den Muskeln spielt und uns zeigt, wer der Boss ist. Ich *glaube*, dir passiert nichts. Okay? Ehrlich. Ich bin mir sicher, daß dir nichts passiert. Er erwähnte deinen Namen, aber nur nebenbei, und drei von uns setzten sich für dich ein. Ich ging die letzten Verkaufszahlen durch, aber er kannte sie schon und schien beeindruckt zu sein. Ich bin sicher, daß alles in Ordnung geht, Pete. Wirklich.«

Um Viertel vor eins rief Skudders Sekretärin an, um zu sagen, daß Hallam nicht zum Mittagessen rausgehen solle, da Skudder ihn in der Mittagspause in sein Büro bestellen würde. Hallam sagte sein Mittagessen mit Joe Roberts ab und begnügte sich statt dessen mit einem schleimigen Käsesandwich im Büro und einem »Kaffee«, der wie der Polystyrol-Becher schmeckte, aus dem er ihn trank. Anderthalb Stunden lang zappelte er an seinem Schreibtisch herum, unfähig, sich auf etwas einzulassen, unfähig, sich zu konzentrieren, trommelte mit den Fingern, spielte mit dem Kugelschreiber, starrte aus dem Fenster. Ihn quälten düstere Vorahnungen. Nach Nathans Weggang mußten in rascher Folge Bill Collins, Mike Jenkins, Belinda Daniels, Asoke Gupta und Mary Wheeler gehen. Sie waren alle Ende vierzig oder fünfzig und wurden alle von den Sicherheitsmännern aus dem Gebäude begleitet, ohne daß man ihnen erlaubte, noch einmal zurück in ihr Büro zu gehen, um ihre Schreibtische zu räumen. Eben noch hatten sie Titel, Gehalt, Status, Spesenkonten, Firmenwagen besessen, und im nächsten Moment waren sie »frühpensioniert« und fuhren mit dem Bus nach Hause. Warum sollte nicht er der nächste sein? Er versuchte es positiv zu sehen: Wenn es hart auf hart kam, würden sie ihm zumindest eine anständige Abfindung geben müssen. Oder etwa nicht? Nach vierundzwanzig Jahren in der Firma? Er müßte zwei Jahresgehälter bekommen, mindestens. Auf jeden Fall. Vielleicht sogar drei?

Wenigstens hatte er einen Vertrag, anders als Nathan, der arme Teufel. Und es würde im Grunde eine Erleichterung sein, eine Pause einzulegen, einen anständigen Urlaub mit Jenny zu machen, vielleicht in der Karibik wie die Unwins; sich zum ersten Mal seit Jahren richtig zu erholen; drei oder vier Monate nicht zu arbeiten, die eigenen Ziele neu zu überdenken. Und es würde für ihn kaum schwierig werden, einen neuen Job zu finden, wenn er wieder ins Berufsleben zurückkehren wollte. Natürlich nicht. Er war ziemlich gut in seinem Beruf. Das sagte jeder.

Den Nachmittag verbrachte er in einer Art Betäubung, und noch immer kam kein Anruf aus Skudders Büro. Von Skudder selbst war nichts zu sehen. Er saß wie eine unsichtbare Gottheit hinter den Türen von Andy Unwins Büro und kam nicht einmal zum Mittagessen heraus. Von oben hieß es, daß er noch kein einziges Mal herausgekommen sei, nicht einmal um die Direktorentoilette zu benutzen. »Der Mann ist ein Zombie«, sagte Dave Gordon, als er hereinkam, um mit Hallam über die Exportzahlen zu sprechen. »Er muß nicht mal pissen.« Im ganzen Haus war die Atmosphäre bis zum Anschlag gespannt. Gerüchte wurden gesät, wuchsen, vermehrten sich und wurden monströs. *Wie ist er? Hast du ihn schon gesehen? Weiß irgend jemand irgend etwas über ihn? Ist er verheiratet? Kinder? Stimmt es, daß nach seinem Weggang von seiner letzten Arbeitsstelle die Mitarbeiter trunken vor Glück in den Pub gegenüber einfielen und alles leertranken, was die Regale zu bieten hatten, jede verfügbare Flasche Champagner und dann noch jede Flasche Wein? Und wie ist er wirklich?*

Von den Sicherheitskräften hieß es, daß sie alles, was sie auf den Schreibtischen der Entlassenen fanden, in große schwarze Plastiksäcke packten, die sie versiegelten, um sie später in Skudders Büro abzuliefern. Eine Frau aus der Buchhaltung sagte, sie habe gehört, das habe Skudder auch schon bei seiner vorherigen Stelle so gehalten; und dann habe er dort die ersten vierzehn Tage damit verbracht, sich persönlich durch alles durchzuwühlen, um irgendeinen Beweis für Nachlässigkeit oder Untreue zu finden, der es ihm erlauben würde, sich aus Abfindungsansprüchen der Gefeuerten herauszuwinden. Es hieß, Skudder habe angewiesen, daß der Inhalt jedes Mülleimers im Gebäude Abend für Abend geleert, etikettiert und zu ihm gebracht werden solle. Jemand aus der Versandabteilung streute das Gerücht, daß Skudder in seinem früheren Büro alle Telefone verwanzt habe und gerne nach dem Zufallsprinzip Gespräche mithöre. Einer der Fahrer berichtete, daß ein Cousin des besten Freundes des unmittelbaren Nachbarn seiner Schwester vor zwei Jahren für Skudder gearbeitet und herausgefunden habe, daß der sogar in den Damentoiletten Sicherheitskameras installiert habe.

Ein paar Männer um die dreißig wurden am späten Nachmittag entlassen und durch die Sicherheitsleute aus dem Gebäude eskortiert. Zum erstenmal verspürte Hallam einen Hoffnungsschimmer. Vielleicht blieb er von Skudders bösem Blick verschont. Wenn Skudder ihn hätte entlassen wollen, dann hätte er das sicher getan, bevor er sich einiger verhältnismäßig Junger entledigte? Oder nicht? Das wäre plausibel. Vielleicht war die Gefahr – zumindest fürs erste – gebannt. Vielleicht waren auch Elsie und George erst einmal sicher. Vielleicht würde doch alles gutgehen.

Skudder ließ ihn endlich rufen, als es schon fast sechs Uhr war. Obwohl Hallam ausreichend darauf vorbereitet gewesen war, einen Mann mit völlig haarlosem Kopf zu treffen, war er doch ziemlich schockiert über das Ausmaß von Skudders Kahlheit. Es war eine unerbittliche, unversöhnliche Glatzköpfigkeit, scharf und düster durch die sonderbar eckigen Formen von Skudders Schädel. Es gab nichts Weiches und

sanft Gerundetes an Skudders Schädel, keine warmen Ro-
satöne. Skudders Schädel war bedrohlich. Er senkte sich zur
Mitte hin in einen konkaven Hohlraum und stand nach hinten weg, und über jeder Schläfe thronte ein schiefer Knochen. Es gab keinerlei Spuren von Augenbrauen oder Stop-
peln, nichts als glattes, fahlweißes Fleisch. Er hatte überhaupt
keine Wimpern: Seine Lider flatterten auf und ab wie bei
einer Eidechse. Seine Ohren waren sehr klein und schmal
und ganz ohne Ohrläppchen, die Stirn ragte tief über seine
Augen vor, und die Neonbeleuchtung des Büros wurde von
ihr mit einer besonderen Bösartigkeit widergespiegelt. Dadurch sah Skudder mindestens so alt aus wie Hallam. Kein
Wunder, daß er es verabscheut, ältere Menschen um sich zu
haben, dachte Hallam. Sie erinnern ihn zu sehr an ihn selbst.
Und doch waren Skudders Augen zweifelsohne die eines
jungen Mannes: In ihnen leuchtete eine kalte Energie, ein
Mißtrauen und eine Verachtung, die nur ein junger Mann so
aufrechterhalten kann. Skudders Augen waren die eines
Hassenden.

»Skudder«, hatte Andy Unwin gesagt, »ist ein ungewöhnlicher Name: ein wenig Skunk, ein bißchen Natter.« Und ein
wenig Schauder; wie ein knochiges Nagetier, das durch die
Kanalisation huscht.

Skudder rekelte sich im großen schwarzen Ledersessel hinter Andy Unwins Schreibtisch, lässig gekleidet in Hemdsärmeln und scharlachroten Hosenträgern. Er hatte die gelbe gepunktete Fliege und die passende Weste über Bord geworfen
und trug nun eine gestreifte Fliege, die verdächtig nach den
Farben einer exklusiven Schule oder eines vornehmen Clubs
aussah. Eton? Balliol? The Guards? Sicher nicht: Skudder sah
ganz und gar nicht wie die Sorte Mann aus, die jemals zu einer
exklusiven Schule oder einem exklusiven Club gehört hätten.
Er hätte der Leiter eines Bestattungsinstituts sein können

oder ein Marktschreier in einem Vergnügungspark oder ein Rausschmeißer in einem schäbigen Nachtclub. Vielleicht hatte er aber auch einfach die Gewohnheit, zum Entlassen immer die gleiche, ganz spezielle Fliege anzuziehen, so wie die grausamen Richter von früher, die ein kleines Tuch aus schwarzer Seide auf dem Kopf zu tragen pflegten, wenn sie ihr Todesurteil verkündeten.

Skudder sprang aus Andy Unwins Sessel auf und hüpfte um den Schreibtisch herum auf Hallam zu. Er war erstaunlich klein und lächelte sehr breit. Sein Lächeln erreichte fast die Breite seines ganzen Gesichts, wobei er alarmierend starke und weiße Zähne zeigte. *Er lächelt zuviel,* hatte Doreen gesagt. *Er lächelt wie ein Mann, der überhaupt keinen Humor hat.* Er hüpfte ununterbrochen von einem Fuß auf den anderen, als hätten seine Schuhe Sprungfedern.

»Pee, Pee«, sagte er und ließ das ›t‹ in ›Pete‹ mit einem prägnanten Knacklaut aus. Er drückte Hallams Rechte fest zwischen beiden Händen und sah ihm, wobei er hochschauen mußte, tief in die Augen: »Härvorragnd.«

Ein klotziger Goldring drückte gegen Hallams Finger.

»Guten Tag, Mr. Skudder.«

»Nee, nee! Nennse mich Jyson, *bitte!* Oder Jyce. Alle, die wo mich kennen, nennen mich Jyce.«

Skudders Augen waren nahezu farblos. Er roch stark nach einem schweren Rasierwasser.

»Tut mir leid, dasse so lang gewartet ham, Käptn«, sagte er.

»Sie hatten heute sicher eine Menge zu tun«, sagte Hallam.

Skudder starrte zu ihm hoch. Seine blassen Augen schienen keinen Grund zu haben. Er zuckte die Schultern. »Yeah«, sagte er langsam. »Yeah! Se ham recht, das hatte ich. Wo Se recht ham, hamse recht. Ich war megabusy. Naja, Müßichgang is aller Laster Anfang, eh? „Schuften" schändet nich.«

Er sprach das Wort „Schuften", als stünde es in Anführungszeichen und nahm gleichzeitig zwei Finger von jeder Hand in die Höhe und malte umgekehrte Kommas in die Luft.

Er ballte die Fäuste und ließ die Fingergelenke knacken: Es waren Geräusche wie Pistolenschüsse. »Ich war *mega*busy«, wiederholte er. »Yeah! Aber ich war auch megascharf auf ein face-to-face-meeting mit Ihnen, Pee. Ich hab so viel über Se gehört. Se warn fast die erste Person, die wo Bertie Small heute morgen bei der Sitzung Worte drüber gemacht hat. Yeah! Warnse! Bertie sagte, Se warn einer der wenjen unschätzbarn, ›völlig unersetzlichn‹ Typen untern Mitarbeitern.«

Er hob seine Finger erneut und malte Anführungszeichen, um die Wörter »völlig unersetzlich«. So sahen sie einer Anschuldigung ähnlicher als einer Wahrheit, als hätte Skudder sie nicht einen Moment lang ernst genommen.

»Drei annere Direktoren stimmten zu«, sagte Skudder, nickte kraftvoll und lächelte so sehr, daß seine Lippen sich zurückrollten und ein wutrotes Zahnfleisch und die starken Zähne freilegten. »Yeah, volle Kanne. Drei von ihnen sagtn, Se warn ›völlig unersetzlich‹.«

Warn unersetzlich? Aber jetzt nicht mehr?

»Paul Dingsda hat auchn ›Loblied‹ aufse gesungn«, sagte Skudder, wieder mit den Fingern in der Luft. »Wie heißter nochma?«

»Paul Rampton.«

»Genau. Spezi von Ihn, he?«

»Nicht besonders. Wir sind gute Kollegen.«

Skudder starrte ihn mißtrauisch an und grinste dann plötzlich. »Klasse«, sagte er und schlug seine rechte Faust mit lautem Knall in seine linke Handfläche. »Plus Tim Brothers sagte, Se warn klasse in Ihrm Job. Plus Mandy Young auch noch.«

Und Jim natürlich. Was war mit Jim?

Skudder lachte. »Einen Moment hab ich gedacht, Se müssn se alle bestochen haben, Ihr ›Loblied‹ zu singn.«

Er rieb Daumen und Zeigefinger gegeneinander wie ein Geizhals, der die Stärke einer Banknote ertastet und lachte erneut wie ein Maschinengewehr: »*Ack-ack-ack-ack.*«

Dann hörte Skudder auf zu lachen und schielte statt dessen lüstern. »Hätt nix dagegn, es ihr zu besorgn, dieser Mandy Young. Nich schlecht, eh?« Er machte eine Faust, beugte den Ellbogen und stieß den Arm nach oben. Er zwinkerte. »Tolle Titten, eh? Nich verkehrt. Hätt auch nix dagegn, es ihr mit der Zunge zu besorgen, eh? Was is mit Ihnn?«

»Nun, sie ist ... ziemlich attraktiv, finde ich.«

»*Ziemlich?*« Skudder starrte ihn an. »Sindse ne Schwuchtel?«

»Nein.«

Skudder beäugte ihn argwöhnisch. »Yeah, okay«, sagte er, »die warn alle voller Lob über Ihre Arbeit, alle drei von deen.«

»Das ist sehr freundlich von ihnen.«

Jim nicht?

Skudder legte die Stirn in Falten. »*Freundlich* von ihnen? Was soll das heißen, ›freundlich‹ von ihnen? Hamse nich die Wahrheit gesagt?«

»Nun, ich hoffe es ...«

»Wenn die Ihnn nurn Gefalln getan ham, Pee ...«

»Nein, ich meine ... Nun, ich denke, ich mache meine Arbeit gut. Ja. Natürlich.«

»Supa. Ich mags, wenn einer seinn Wert kennt. Sei stolz auf deine Leistungen. Klappern gehört zum Hanwerk. Die Direktoren hamse so gelobt, daß Ihre Ohrn ›geklingelt‹ ham müssen. Von daher hab ich mich ächt auf das Meeting gefreut. Setzense sich. Setzense sich. So. Genau. Klasse!«

Skudder hüpfte um den Schreibtisch herum zurück in Andys Sessel und ließ sich daran mit Aplomb nieder. Er legte seine Füße auf den Tisch und stellte dabei die harten Sohlen eines Paars schwarzer Schuhe mit Stahlkappen aus. Er türmte die Finger der einen Hand auf die der anderen.

Er betrachtete Hallam abschätzend.

»Sindsen Jud?« fragte er plötzlich.

»Nein.«

»Würdnse eh nich zugebn.«

»Aber ja. Warum sollte ich das verschweigen.«

Skudders Gesicht war undurchdringlich. »Peter«, sagte er. »Guter jüdischer Name, das. Wie Simon Petrus, dem wo se das Ohr abgeschnittn ham.«

Hallam zuckte die Schultern. »Vielleicht ursprünglich. Möglich. Ich kenne mich da nicht aus.«

Skudder starrte ihn an. Er knackte mit seinen Knöcheln. »Hallam«, sagte er. »Klingt wie Allah.«

»Das ist moslemisch.«

»Yeah. Hallam. Klingt auch wie Halal, wie diese jüdischn Metzger.«

»Das sind auch Moslems. Araber, keine Juden. Halal ist moslemisch.«

Skudder lehnte sich vor. »Se wissn wohl viel über Judn und Moslems?«

»Eigentlich sehr wenig.«

Skudder starrte ihn an, rollte seinen Kugelschreiber in den Fingern und schien dann eine Entscheidung zu treffen. Er lächelte breit und griff nach einem silbernen Zigarettenkistchen auf seinem Schreibtisch. Er schnickte es auf und schob es zu Hallam herüber.

»Fluppe?« sagte er. »Greifense zu.«

Hallam schüttelte den Kopf. »Nein, danke. Ich rauche nicht.«

»Zigarre?«

»Ich rauche überhaupt nicht. Danke.«

Skudder nickte feierlich, klatschte dann mit seiner Faust in die Handfläche, warf seinen kahlen Kopf zurück und stieß erneut ein rasselndes Lachen aus: »Ack-ack-ack-ack-ack.«

»Ich mach nurn ›advocatus diaboli‹, Käptn«, sagte er und krallte wieder mit zwei Fingern jeder Hand in die Luft. »Ich ›teste mal aus‹. Jyson Skudder haßt Rauchen, verstehnse. Raucher haßt er auch. Er mußte sie bei seiner letzen Firma ›freisetzn‹. Kannich mit Rauchern arbeiten – unordentliche Leute, schmuddelig. Also, wollt nurma sehn, ob ichse ›überführn‹ kann.«

Er kicherte noch einmal – ack-ack-ack-ack – und hob seine rechte Hand, Handfläche nach vorne gewandt, die Finger und den Daumen weit gespreizt wie ein Mann, der gleich einen Eid ablegen will. *Warum muß er ständig mit seinen Armen und Fingern herumwinken.* Man könnte meinen, wir führten hier eine Scharade auf. Oder nähmen an einem Fernsehratespiel teil. Hallam hätte sich überhaupt nicht gewundert, wenn Skudder plötzlich seine Hand auf die Seiten einer aufgeschlagenen Bibel gelegt und gleichzeitig die Finger der anderen Hand heimlich gekreuzt hätte.

Skudder boxte mit einer Faust in die Luft und zeigte mit dem Zeigefinger auf ihn. »Se ham bestandn, Pee. Gut gemacht! Raffiniert! Gut gemacht, Pete! Se ham den Test mit ›fliegenden Fahnn‹ bestandn. Klasse! Genau! Wow! Erzähln-se mir alles über sich. Und ich mein alles. Ich willse kennenlernn, Pee. Ich will, daß wir Freunde wern.«

»Nun, ich . . .«

Wo anfangen? Skudder hatte seinen Personalbogen natürlich schon gesehen. Er wußte vermutlich alles über ihn. Was sollte das also? Um ihm ein Bein zu stellen? Um ihn zu einer indiskreten Enthüllung zu verlocken?

»Nun, ich bin verheiratet . . .«

»Großartig!« sagte Skudder. »Klasse! Ich persönlich kann Schwuchteln nich ausstehn.«

»Ich habe zwei Kinder, einen Jungen und ein Mädchen, neunzehn und sechzehn. Ich spiele Tennis und Golf...«

»Supa! Wir müssen ma ein Match spielen. Wie lang sinse hier?«

Hallam räusperte sich. »Vierundzwanzig Jahre«, sagte er.

Skudders Augen waren wie Laserkanonen. Er stieß einen Pfiff aus. »Jemine!« sagte er. »Viernzwanzig! Nie dran gedacht, ma woanners hinzugehn?«

»Eigentlich nicht. Ich habe mich hier immer sehr wohl gefühlt.«

Skudder starrte ihn an. »Viernzwanzig Jahre! Verflucht nochma! Se müssn älter sein als se aussehn. Wie alt sinse, Pee?«

»Wie alt?«

»Yeah. Wie ›alt‹?«

In Skudders Augen glitzerte eine ganz besondere Verachtung, als er seine Finger um das Wort *alt* krallte. Er mußte die Antwort schon kennen, der verschlagene kleine Fiesling. Natürlich kannte er sie schon. Es stand ja in der Personalakte.

»Ich bin fünfundvierzig.«

Skudder warf ihm ein breites Grinsen zu und schlug sich mit der Faust gegen die Handfläche. »Ein ›Grufti‹!« sagte er jovial und mit krallenden Fingern. »Verflixt!«

»Wie bitte?«

»Se sinn ›Grufti‹«, sagte Skudder und breitete die Arme weit aus, während Lichtreflexe über seinen kahlen Kopf tanzten und über die Ecken seines Schädels sprangen. »Gruftis‹ sin alte Leute, die wo über vierzig sin, verstehnse, so wie Sie. Se sinn ›Grufti‹. Danach die ›Hängebackn‹ beginn mit fünfzig. Und alle über sechzig... Wollnse das Wort für Leute, die wo über sechzig sin, wissn?«

»Ja, bitte.«

Skudder schlug seine Hände zusammen. »Grabflüchter‹«, kreischte er. »Ack-ack-ack-ack-ack.«

»Grabflüchter.«

»Yeah. Großartig, nich wah? ›Grabflüchter‹! Klasse! Ack-ack-ack-ack-ack.«

Skudder stand auf und kam um den Schreibtisch herum. Er legte seinen Arm um Hallams Schulter und brachte ihn zur Tür. »Ich maagse, Pee«, sagte er und klopfte ihm auf die Schulter. »Ich maagse sehr. Un ich respektier Ihre Fähigkeitn. Yeah. Volle Kanne. Wir wern gut zusammenarbeitn, das weiß ich jetzt schon. Plus, ich hoffe, daß wir auch sonst mal ne gute Zeit ham, wenn wir als Freunde was unternehm. Man muß nich gleichalt sein, um Freunde zu sein. Natürlich nich. Ich kenn viele Leute, die wo Freunde ham, die wo Gruftis sin. Yeah. Plus, Se ham ne große Zukunf hier.«

»Danke, Mr Skudder.«

Skudder sah ihn ernst an. »Jyce, bitte«, sagte er. »Nennse mich Jyce.«

»Jyce.«

»Großartig! Supa! Klasse!«

Sie hatten die Tür erreicht. Skudder umfaßte Hallams Schultern, als wolle er ihn gleich auf beide Wangen küssen. Er sah zu ihm auf und starrte ihm fest ins Auge. Sein Lächeln war so breit wie schon die ganze Zeit. »Eins noch«, sagte er, »es gibt da was, worüber wir sprechn müssn, Käptn. Ihre Sekretärn. Doris.«

»Doreen.«

Er wischte das mit der Hand weg. »Doreen, Diana, Doris, schlagmichtot. Also hörnse zu, Pee: Die steht zu sehr auf Se.«

»Wie bitte?«

»Ich glaub, se fährt total auf Se ab. Se sin zu nett zu ihr, zu freunlich. Ich trafse heut morn auf der Treppe, unse sprach über Se mit funkelnden Augn. Hätt ich nich gewußt, daß Se glücklich verheiratet sin, hätt ich gedacht, Se besorgens ihr. Steckn ihn ihr rein, eh.«

64

Er machte erneut eine Faust und winkelte seinen Ellbogen an.

»Volle Kanne. Es is immer ziemlich schwierig, wenn die Sekretärn dich mag. Viel besser, wennse Angst vor dir hat.«

»Angst?«

»Klar. Einzige Art, dasse vernünftig arbeitn is, wennse Angst ham. Mach ihr das Lebn schwer. Machn Riesenaufstand von Zeit zu Zeit. Lasse inner Mittagspause arbeitn. Lasse Überstundn machen. Mach ihr ne Höllenangst. Bringse zum Weinn.«

»Sie zum Weinen bringen«, sagte Hallam.

»Ja. Klar. So holnse das Beste aus ihr raus – harte Arbeit, echtn Gegnwert, echtn Respekt. Vielleicht sollt ich Se ma auf einn von diesn Management-Motivations-Kursen schickn. Yeah, gute Idee. Se nenntse auch Pee. Also, das is nich angesagt, mein Sohn, das is überhaupt nich angesagt. Das is ganz ne schlechte Nachricht. Se sollte Se Sir oder Mr Hallam nennn. Mit Vornam wirds zu vertraulich. Se glaubn, Peter isn christlicher Vornam, yeah?«

»Soweit ich weiß, ja.«

»Okay. Also, se bildn sich nämlich was ein, wennse ihnn erlaubn, Se mit christlichm oder jüdischem oder was auch immer Vornam anzuredn. Nehmn sich was raus. Hamse mich verstandn?«

»Sie zum Weinen bringen«, sagte Hallam.

»Supa! Se hams! Supa! Ich seh schon, Se wern einer meiner wichtigsten Männer. Ich seh das schon.« Skudder ließ noch einmal ein breites Grinsen aufblitzen, klopfte dann Hallam auf die Schulter und öffnete die Tür. »Wennse mich sehn wolln, dann kommnse bitte jederzeit. Jyson Skudders Tür is immer offen. Kommnse mit alln Problehm zu mir. Jyson Skudders Geschäft sin Menschen, so isses nämlich. Un Se könnn mir alles sagn, Pee, auch wennses ›beleidignd‹ findn oder ›kritisch‹. Jyson Skudder wird nich beleidigt sein, das versprech ich Ihnn. Wir könnn nur zusammn arbeitn, wenn wir völlig offen mitnanner sin. Yeah? Ich will das Gefühl ham, dasse mir ›vertrauensvoll‹ sagn, wasse denkn, wann immer Ses für nötig haltn. Yeah? Okay?«

»Das ist sehr freundlich von Ihnen. Danke.«

»Jyce. Bitte. Jyce.«

»Jyce.«

»Genau! Großartig! Supa!«

Er nahm Hallams Rechte zwischen seine beiden Hände. Der klotzige Ring drückte gegen Hallams Finger.

»Es warn Supatreffn«, sagte Skudder. »Wir beidn wern ne Menge Spaß ham.«

»Nur eines noch«, sagte Hallam. »Als Leiter der Verkaufsabteilung wüßte ich gern, ob Sie planen, jemanden zu – äh – jemanden aus meiner Abteilung zu entlassen.«

Skudder warf ihm ein noch breiteres Grinsen zu. »Se wolln jemandn feuern? Supa! Gebnse mir einfach den Nam von dem Typn un ich werfn gleich morgn früh zum ›altn Eisn‹.«

»Nein, nein«, beeilte sich Hallam zu sagen. »Ich hab da niemanden im Hinterkopf. Ich wollte nur wissen, ob Sie selbst vorhaben, sich von irgend jemandem zu trennen.«

Skudder sah enttäuscht aus. »In diesem Moment nicht«, sagte er. Dann erschien ein leuchtendes Lächeln auf seinem Gesicht. »Aber es is ja noch viel Zeit. Ich hab vor, hiern paar Jährchen zu verbringn.« Er klopfte Hallam auf die Schulter. »Un jetzt verschwindense zu Ihrer schönen Frau, Käptn«, sagte er. »Swarn langer Tag.«

Vor Skudders Büro wurde es Hallam plötzlich heiß. Sein Gesicht brannte. Schweiß rann wie ein dünner Wasserfall der Erleichterung seinen Rücken hinunter. Er ging in die Herrentoilette im zweiten Stock, beugte sich über das Waschbecken und spritzte sich mehrmals kaltes Wasser ins Gesicht.

Es würde letztlich alles gut gehen. Sie hatten recht mit Skudder, mit allem, was sie über ihn sagten. Er war ein roher, skrupelloser, bigotter kleiner Proll, aber wenigstens war Hallams Job weiterhin gesichert. Und Elsie und George waren weiterhin gesichert. Und die Dinge würden sich einspielen. Er würde einen Weg finden, mit Skudder zusammenzuarbeiten. Er würde immer einen Weg finden, mit jedem zusammenzuarbeiten: Es war nur eine Frage der Zeit, des anständigen Verhaltens und der Diplomatie. Dann würden Skudder und er gut miteinander auskommen. Warum auch nicht? Sie hatten beide die gleichen Ziele: gutes Management, Erhöhung der Verkaufszahlen, den Erfolg der Firma. Er würde Skudder nie mögen. Er würde ihm immer mißtrauen. Aber wer sagte denn, daß man den Chef mögen muß oder ihm auch nur trauen? Wenn er es richtig anfing, würde alles gutgehen.

Skudder nahm den Hörer ab.

»Wir müssn auch Hallam loswerdn«, sagte er. »Hallam. Mitm H. Der Verkaufsleiter. Na, der arme alte Scheißer hats hinner sich, oder? Fünfunvierzig, festgefahrn, dummer alter Sesselfurzer, hat von nix ne Ahnung. Hatn Anschluß verlorn. Yeah, weiß ich, aber er wird Ärger machn. Außerdem isser vielleicht ein Jud, glaub ich.«

Skudder hörte ein paar Momente zu.

»Okay, Käptn«, sagte er. »Also könnn wirn nich einfach rausschmeißn, jetzt noch nich. Auch gut. Also bringn wir ihn dazu, daß er kündigt. Machen ihm das Lebn zur Hölle. Stelln ihn kalt.«

Skudder gackerte. »Ack-ack-ack-ack-ack. Er kriegt die Maxwell-Behandlung.«

Monica war im Flur und telefonierte, als Hallam an diesem Abend nach Hause zurückkehrte. In dem engen Raum hing der Dunstschleier ihres Stumpen. Als Hallam durch die Tür kam, stand sie ganz am Ende des Flurs, zwei Meter vom Telefonapparat entfernt, mit einer Zigarette in der einen Hand und dem Hörer in der anderen. Die Schnur war so langgezogen, daß die Spiralen fast vollständig geglättet waren. Eines Tages würde sie die Schnur aus dem Telefon reißen. Großer Gott: Wie oft hatte er ihr schon gesagt, daß es keinen Unterschied machte, ob die Schnur in Spiralen lag oder nicht? Sie weigerte sich immer noch, ihm zu glauben. »Es ist doch ganz klar« sagte sie. »Wenn die Schnur immer rundherum und rundherum geht, muß deine Stimme auch immer rundherum gehen. Folglich kann dich die Person am anderen Ende nicht richtig hören.«

»Es funktioniert aber einfach nicht so, Monica.«

»Beweis es mir.«

Was die Sache noch schlimmer machte, war, daß ihre bescheuerten Theorien von einer gräßlichen Logik waren. Wenn sie Radio hören wollte – sie bestand immer noch darauf, es als »Rundfunkgerät« zu bezeichnen –, öffnete sie immer das Fenster, »um den Empfang zu verbessern«. Wenn er einen Einwand wagte, wurde sie trotzig. »Es ist doch vollkommen offensichtlich«, sagte sie. »Wie kannst du nur so beschränkt sein? Wie sollen denn die Rundfunkwellen durch Glas gehen, häh? Erklären Sie mir das mal, Herr Neunmalklug.«

Gute Frage. Wie *können* Radiowellen durch Glas gehen? Und durch Backsteine, Ziegel, Zement?

Vor einigen Monaten hatte sie anderthalb Tage geschmollt, weil er sich geweigert hatte, die Bäume im hinteren Teil des Gartens zu fällen. Sie hatte darum gebeten, »um den Fernsehempfang zu verbessern«: Sie war überzeugt, daß »blättrige Schatten« über den ganzen Bildschirm flackerten. Wenn sie jetzt fernsah, hatte sie sich angewöhnt, eine rote Golf-Schirmmütze zu tragen, »um die Äste auszublenden, die im oberen Feld des Bildschirms herumschwanken«.

An diesem Abend trug sie ein orangefarbenes T-Shirt mit der Aufschrift ANTIKES MONUMENT, ausgeleierte grüne Leggings und hellgrüne Turnschuhe. Sie zwinkerte ihm zu und machte ein angeregtes Zeichen mit nach oben gerecktem Daumen, als er durch die Tür kam und tippte sich mit den Raucherfingern mehrfach an den Mund, als wolle sie signalisieren, daß sie gern einen Drink hätte. Als er sie ansah, fühlte er sich plötzlich erschöpft. *Fünfundvierzig? Ich fühl mich wie neunzig.*

»Ja«, erzählte sie dem Telefon eifrig. »Purple Heather im Zwei-dreißig-Rennen in York, und Mulligatawny im Vier-Fünfzehn in Newbury. Kannst du dir das vorstellen? Dreiundneunzig Pfund vierzig nach Steuern. Dreiundneunzig Pfund! Ich lade sie heute abend alle zum Chinesen ein, um zu feiern.«

Hallam schloß die Augen. Nein. Bitte nicht. Nicht heute abend. Ich bin total geschafft.

Sie warf ihm ein Grinsen zu und reckte erneut den Daumen nach oben. Er bückte sich unter der Telefonschnur hindurch und schlüpfte ins Haus. Immerhin hatte sie mit einer Sache absolut recht: Ein Drink war eine verdammt gute Idee. Ein großer Drink. Ein sehr großer Drink sogar.

Jenny saß im Wohnzimmer in einem Sessel und schaute

sich die Fernsehnachrichten an. Wie frisch sie aussah, wie sauber und unbefleckt, ein schönes, duftendes Gegengift zu all der Schmuddligkeit, zu den Intrigen und hinterhältigen Attacken der Büropolitik. Dies war seine Oase, und sie war seine Fata Morgana. Er lächelte sie an. Allein sie anzusehen, erleichterte sein Herz. Er beugte sich hinunter und küßte sie.

»Du siehst müde aus«, sagte sie.

»Ich bin total geschafft.«

»Schlechter Tag?«

»Sehr lustig war's nicht.«

Sie stand auf. »Komm, gib mir dein Jackett und setz dich«, sagte sie. »Ich hol dir einen Drink und dann erzähl mir alles. Das Übliche?«

»Das wäre wundervoll. Und die Kampfhenne will auch einen.«

»Wer hätte das gedacht.«

Er entledigte sich mit Erleichterung seines Jacketts und der Krawatte. »Ist Susie zu Hause?«

»Ja. Sie kommt gleich runter. Sie macht ihre Hausaufgaben.«

Susie. Er lächelte. Jenny und Susie: Wie könnte ein Mann mehr Glück haben?

Jenny nahm sein Jackett und die Krawatte, um sie in den Schrank zu hängen. Auf dem Bildschirm glotzte ihn ein ernstes Gesicht an und hielt eine Tirade über Saddam Hussein und die neuste Krise im Irak. Hallam hatte in den letzten Jahren soviel über Saddam Hussein und den Irak erfahren, daß es für mehrere Leben reichte. Er wollte von beiden nie wieder etwas hören. *Saddam, du nervst.* Er griff nach der Fernbedienung und schaltete den Fernseher aus.

Ein zischendes Geräusch.

Stille.

Wonne. Er schloß die Augen.

Skudder.

Noch war es nicht ausgestanden, oder? So einfach war es nicht. Nur weil er seinen Job behalten hatte, nur weil George und Elsie noch nicht entlassen worden waren, hieß das nicht, daß das Problem erledigt war. Die Probleme begannen jetzt erst. Wenn er ernsthaft darüber nachdachte: Wie sollte er denn tatsächlich mit einem Mann wie Skudder zusammenarbeiten? Er pflegte, vorschnelle Urteile über Menschen, die er gerade erst kennengelernt hatte, zu vermeiden. Er hatte die Behauptung, der erste Eindruck sei meistens richtig, immer für Unsinn gehalten. Aber schon nach nur einem Treffen wußte er, daß Skudder einer der unangenehmsten Männer sein mußte, die er je getroffen hatte. Er war flach, vulgär, bigott, skrupellos, brutal. Skudder konnte Saddam Hussein wahrscheinlich noch Nachhilfeunterricht geben. Wie also sollte Hallam je mit ihm zusammenarbeiten? Skudder hatte gerade zwölf Mitarbeiter an einem einzigen Tag entlassen, zwölf *gute* Leute, ausgezeichnete Mitarbeiter, ohne Grund, ohne mit der Wimper zu zucken, ohne Bedenken. Und wo stand geschrieben, daß damit schon Schluß war? Vielleicht war jetzt Schluß mit den Rausschmissen, aber warum sollte mit der gedankenlosen Gemeinheit Schluß sein? Jeder Tag konnte ein erneutes Beispiel für Skudders Skrupellosigkeit bringen, ein weiteres moralisches Dilemma, noch eine Herausforderung an die Integrität aller. Wie lange könnte Hallam ein solches Regiment ertragen, ohne den Mund aufzumachen? Selbst wenn Skudder ihn in Frieden seine Verkaufsabteilung leiten ließe – und warum sollte er ihn in Frieden lassen? – wie sollte Hallam es schaffen zu ignorieren, was anderswo in der Firma passierte? Wie könnten sowohl er als auch sein Gewissen überleben? Für beide würde kein Platz sein.

»Mama lädt uns zum Chinesen ein«, sagte Jenny, reichte ihm einen wundervoll großen, dunklen Scotch und setzte sich aufs Sofa. »Sie hat wieder beim Pferderennen gewonnen.«

Hallam nahm einen Schluck. »Ah«, sagte er, »ein Trank für die Götter.«

Er lehnte sich im Sessel zurück und schloß die Augen. »Das ist diesen Monat schon das dritte oder vierte Mal, daß sie gewonnen hat, stimmt's?«

»Das fünfte.«

»Großer Gott. Wie macht sie das bloß?«

»Sie verbringt jeden Morgen eine Stunde oder mehr damit, die Pferderennen-Seiten in den Zeitungen zu lesen, hört sich die Wetttips im Radio an und studiert Infos in irgendso einem Pferdebuch, das sie bei sich im Zimmer hat. Sie setzt nie mehr als ein Pfund, aber sie wird tatsächlich langsam ziemlich gut. Heute hatte sie einmal zwanzig zu eins und einmal fünf zu eins.«

Hallam gluckste. »Naja, schön für sie. Ich muß aber gestehen, daß ich nicht weiß, ob ich es schaffe, heute abend noch mal rauszugehen, Jen. Es ist sehr großzügig von ihr, und ich will ja nicht undankbar wirken, aber der Gedanke an ein chinesisches Essen ...«

»O je. Sie freut sich so sehr darauf.«

»Ja, aber um ehrlich zu sein ... Weißt du, ich bin schon normalerweise kein Chinesenfan, und heute ...«

Sie legte ihre Hand auf seinen Arm. »Sie muß heute abend wirklich rauskommen. Es ist der Jahrestag von Papas Tod.«

Er zog eine Grimasse. »O verdammt. Das tut mir so leid. Ich hätte es wissen sollen. Ich hatte es vergessen.«

»Also von daher ...«

Hallam seufzte.

»Es ist jetzt vier Jahre her, aber trotzdem ...«

»Natürlich.«

»Sie vermißt ihn immer noch furchtbar, weißt du.«

73

»Natürlich tut sie das.«

»Sie zeigt es nicht. Sie ist furchtbar tapfer. Aber tief drinnen ...«

»Ich weiß, Jen. Ich weiß.«

Wirst du mich auch so vermissen, wenn ich tot bin? Ich hoffe es. Nein, tue ich nicht. Ich hoffe nicht. Doch, schon. O Gott.

Sie lächelte. »Es ist mir sogar gelungen, Matt zu überreden, heute abend mitzugehen.«

Jesus, Maria und Josef! Das hat mir noch gefehlt.

Jenny sah ihn mit einer Art Sehnsucht an. »Wir haben nicht oft die Möglichkeit, alle zusammen als Familie auszugehen. Ich glaube, wir waren schon seit fast zwei Jahren nicht mehr alle zusammen weg. Also verstehst du ... Pete?«

Ihre Augen waren voller Hoffnung, überflutet von Erinnerungen: Matt als kicherndes dickes Baby, Matt als magerer kleiner Junge mit großen Ohren und knochigen Knien, Matt, als er noch zu lächeln pflegte. Welche Nostalgie. So eine kleine Bitte. Wie konnte er da nein sagen.

»Ja, klar. Klar komme ich mit. Es tut mir leid, ich war ein bißchen ... naja, du weißt schon.« Wie könnte ich da nein sagen? Indem ich ein Arsch wäre, so ginge es. Indem ich zur Abwechslung völlig egoistisch wäre. Ich sollte das mal probieren. Skudder würde nie ja sagen, wenn er eigentlich nein meinte. Das ist der Grund, warum Leute wie Skudder geschäftsführende Direktoren werden und Leute wie ich nicht.

Sie beugte sich zu ihm rüber und drückte seine Hand. »Du bist so süß, Peter. Danke.«

Süß? Skudder würde abgehen wie eine Rakete, wenn irgend jemand ihn ›süß‹ nennen würde.

Er lehnte sich im Sessel zurück und gähnte laut.

»Entschuldigung.«

»Du armer Liebling.«

»Gib mir nur zehn Minuten, um den Drink zu genießen und wieder zu mir zu kommen, dann bin ich dabei.«

»Oh, es tut mir so leid, Liebling. Dein schlechter Tag. Erzähl mir davon. Was ist passiert? Wie ist der neue Boss?«

Hallam seufzte. »Nun, er ist ein absolutes Arschloch, muß ich leider sagen. Er ist einer der widerlichsten Leute, die ich in meinem ganzen Leben getroffen habe.«

»O je, das klingt gar nicht nach dir, Pete. Warum? Was hat er getan?«

Er nahm einen tiefen Schluck Whisky. »Er hat heute zwölf Leute gefeuert.«

»Zwölf!«

Hallam schnippte mit den Fingern. »Einfach so. Zwölf. Jetzt schon. An seinem ersten Tag. Ohne irgendeine Rechtfertigung. Einfach so. Raus.«

»Zwölf! Du bist —«

»Keine Angst, Jen, mich nicht. Ich hatte vor einigen Stunden ein Meeting mit ihm, und es ist okay. Ich habe noch einen Job. Er scheint mich zu schätzen.«

»Das will ich aber auch hoffen.«

»Aber Nathan Solomons ist gegangen, und Bill und Mike und Belinda Daniels, Asoke Gupta, einige andere. Es war offen gesagt ein verdammt schrecklicher Tag.«

»Nein, wie furchtbar. Arme Annie. Und Laura. Ich muß sie anrufen.«

»Es war wie im Gefängnis zu sitzen und zu hören, wie die Verurteilten im Todestrakt einer nach dem anderen zum Galgen geführt werden. Und nicht einer von ihnen gab einen Ton von sich, das ist das Schreckliche daran. Nicht einer von ihnen schrie auf oder brüllte oder stritt sich herum. Sie gingen schweigend. Das macht es noch viel schrecklicher. Sie gingen, als wären ihnen die Zungen herausgeschnitten worden.«

»Ääh!«

Hallam setzte sich plötzlich auf. »Mir ist gerade etwas aufgefallen«, sagte er. »Er hat keine Ohrläppchen, Skudder, überhaupt keine Ohrläppchen. Nicht mal die kleinste Ausbuchtung. Seine Ohren gehen einfach gerade in seinen Hals über. Ich hab mal irgendwo gelesen, daß Leute ohne Ohrläppchen meistens Psychopathen sind. Großer Gott!«

»Irre!« rief Monica und kam in den Raum. »Wißt ihr, was absolut irre ist?«

Irre? Ja allerdings, seine Gedanken. Er mußte zur Besinnung kommen.

Im China-Restaurant war es fast leer. Die Beleuchtung war viel zu hell. Zwei junge Paare saßen an weit entfernten Tischen und sahen sich verdrossen an oder schauten auf die rote Stofftapete, die mürrische Mandarine und grämliche Drachen darstellte. Die Wände waren mit Seidenbildern von steilen schneebedeckten Bergen, Büffeln und Reisfeldern und chinesischen Dschunken dekoriert. Aus dem blechernen Lautsprecher über der Tür kamen mißtönende Geräusche, die vage orientalisch klangen. Ein Paar roter und grüner Lampions hing an jedem Ende des winzigen Bambus-Tresens. In der Ecke neigte sich eine spindeldürre Gummipflanze in Richtung Ausgang, als hoffte sie zu entkommen.

»Na, ist es nicht nett hier?« sagte Monica strahlend. Alles an ihr strahlte: zu dem orangefarbenen T-Shirt, den grauen Leggings und den grünen Turnschuhen trug sie nun einen orangefarbenen Anorak und die rote Schirmmütze. Guter Gott, dachte Hallam, sie sieht aus wie eine kleine Ampel. Aber sogar das ist ein besserer Anblick als Matt. Matt sieht aus, als wäre er gerade aus einem Müllschlucker geklettert. Susie ist hübsch wie immer – sauber, gesund, *glücklich* –, aber Matt sieht aus, als hasse er die ganze Welt.

Ein junger orientalischer Kellner näherte sich ihnen und verbeugte sich leicht.

Woher weiß ich, daß er jung ist? Sie sehen alle gleich aus, egal wie alt sie sind. Sie sehen alle so glatt aus, sogar in älteren Jahren. Sie sehen alle aus wie frisch geschlüpft. Meinetwegen könnte der Kellner genausogut fünfzig sein. Er könnte alt genug sein, um auf Skudders Abschußliste zu stehen. Verfluchter Skudder. Ich muß aufhören, an Skudder zu denken. Wir haben hier doch eine Familienfeier zu Ehren von Monica und ihren Gewinnen im Pferderennen. Es soll vergnügt zugehen.

»Hallo«, sagte Monica vergnügt.

Der Kellner starrte sie ausdruckslos an. »Harro?«

»Ich habe reserviert«, sagte Monica.

»Pitte?«

»Ich habe angerufen.«

»Lufen?«

»Ja, telefonisch.«

»Telly Fonsch.«

»Vor etwa einer Stunde.«

Der Kellner konsultierte ein Auftragsbuch mit müden, vollgekritzelten Blättern, das auf dem Tresen lag, und fuhr mit den Fingern die Seiten entlang. Er legte die Stirn in Falten und schüttelte leicht den Kopf, wie um ihn von einigen Blockaden zu befreien. Er schaute wieder oben auf der Seite nach und ging mit seinem Finger langsam nach unten.

»Kein Lufen«, sagte er.

»Was?«

»Kein Leseviel. Kein Hallo. Kein Telly Fonsch. Nul Glütze.«

»Grütze«, sagte Monica. »Ich hatte eigentlich gehofft, wir könnten etwas von dieser guten Ente bekommen, die Sie mit Eierkuchen machen.«

Er schaute verblüfft: »Eielkuch?«

Hallam unterbrach: »Könnten wir den Tisch dort drüben haben«, sagte er. »Den großen?«

»Oh. Ja. Tisch.« Der Kellner ging vor ihnen her und geleitete sie unter ständigem Verbeugen und Heranwinken zum Tisch hin. »Tisch. Ja. Sie kommen, Miss Glütze. Mr Glütze. Alle Glütze. Sie leselvielt.«

Monica gab ein röhrendes Lachen von sich. »Miss Glütze! Kein Lufen, Glütze.« Sie polterte vor Heiterkeit. »Das ist ja zum Schreien! Er dachte, ich heiße Lufen. Als ich gesagt habe —«

Matthew seufzte theatralisch. »Okay, Omi, wir haben's kapiert, ja? Wir haben es längst kapiert. Er gibt keinen Grund, ihn zu verhöhnen, weil er Ausländer ist.«

»Verhöhnen?«

»Nur weil er nicht besonders gut Englisch spricht.«

»Ich habe nicht gehöhnt. Es war nur —«

»Ich nehme an, du sprichst auch nicht besonders viel Mandarin, oder?«

»Matt«, sagte Hallam.

»Oder Kanton-Chinesisch, was das betrifft.«

»Es reicht, Matt«, sagte Hallam.

»Es ist einfach rassistisch«, sagte Matthew. »Die Imperialistenmentalität. Ich hasse sie. Kultureller Kolonialismus. Es ist abstoßend. Und fremdenfeindlich. Du hältst ihn einfach für ein lustiges kleines Schlitzauge, stimmt's? Nur weil er etwas gelb ist und seine Augen etwas flacher sind als deine und er nicht viel Englisch spricht. Nun, ich freue mich, dir mitteilen zu dürfen, daß deine Zeit um ist. Die Welt hat sich verändert. Nur weil er wenig Englisch spricht, heißt es nicht, daß er nicht genau soviel wert ist wie du.«

»Ja natürlich, Matt«, sagte Monica, »aber ich —«

»Hör auf zu nerven«, sagte Susie, »und laß Omi in Ruhe. Ich fand es lustig, Omi.«

Matthew betrachtete Susie voller Verachtung. »Das war klar«, sagte er. »Es weiß doch jeder, daß du eine ausgewachsene Faschistin bist.«

»Bin ich nicht!«

»Doch, bist du. Du bist gegen Einwanderung –«

»Nur gegen zu viel davon.«

»Nur wenn sie nicht weiß sind, meinst du. Du haßt Arbeitslose.«

»Nur so faule Schnorrer wie dich.«

»Das reicht jetzt, alle beide«, sagte Hallam.

»Du bist gegen die Selbstbestimmung von Kindern«, sagte Matthew.

Susies Gesicht rötete sich. »Ich denke einfach nicht, daß Kinder genug wissen, um Schulen und solche Sachen zu organisieren«, sagte sie.

»Natürlich denkst du das nicht. Du bist ja sogar für die Todesstrafe.«

»Nur für wirklich schlimme Verbrechen.«

»Wie was?«

»Wie Kindesmißbrauch oder Kindermord.«

Matthew schüttelte langsam den Kopf. »Ich kann nicht fassen, was du da sagst«, sagte er. »Man könnte meinen, wir leben noch im Mittelalter. Hast du dir nie überlegt, daß die Vergewaltiger und Mörder Hilfe brauchen könnten? Verständnis? Beratung?«

»Du bist verrückt«, sagte Susie mit glühendem Gesicht. »Und schlecht bist du auch.«

Matthew betrachtete sie mit herablassendem Gesichtsausdruck. »Du bist einfach eine reaktionäre Nazi-Schnepfe, und das weißt du auch.«

»Das reicht nun wirklich, Matt«, sagte Hallam.

Matt warf ihm einen arroganten Blick zu. Sogar sein langes verfilztes Haar strahlte Verachtung aus. »Sagt wer?«

»Ich sage das.«

»Ich fasse es nicht, daß du so was sagst.«

»Was?«

»Diesen paternalistischen Scheiß. ›Wer sagt das?‹ – ›Ich sage das.‹ Ich bin jetzt neunzehn, *Vater*, ist dir das noch nicht aufgefallen? Ich habe das Wahlrecht. Du kannst mich nicht mehr rumkommandieren.«

»Hör auf, Matt«, sagte Jenny. »Heute abend wollen wir mal eine glückliche Familie sein.«

»Das will ich sehen.«

Jenny sah aus, als würde sie gleich losheulen.

Warum mußt du immer alles verderben, du kleiner Blödmann? Klein? Er ist jetzt ein Meter neunundachtzig. Irgendwas muß geschehen mit Matt. So kann es nicht weitergehen.

Ein adretter kleiner chinesischer Herr, makellos in einem feschen grauen Anzug, erschien plötzlich neben dem Tisch. Er rieb sich die Hände und lächelte. »Guten Abend«, sagte er mit perfekter Aussprache. »Willkommen in unserem bescheidenen Etablissement. Wie kann ich Ihnen behilflich sein?«

»Alles in Butter«, sagte Monica vergnügt vom großen runden Tisch aus. »Alles ist schlicht phantastomatisch.«

Sie bestellten eine Flasche Weißwein und mehr als ein Dutzend Gerichte, die sie untereinander teilten – Frühlingsrollen, geschnetzelte Ente mit Eierkuchen, Huhn mit Cashewnüssen, Schwein mit Soja, Rindfleisch mit Sojasprossen, gebratener Reis, verschiedene vegetarische Gerichte. Matthew blickte sie finster an, aß nur das Gemüse und trank Wasser. Die Atmosphäre war gespannt.

»Ich fasse es nicht, daß ihr immer noch Fleisch eßt«, sagte er, »und euch mit Alk vergiftet. Und das heutzutage.«

»Jetzt nicht, Matt«, sagte Hallam.

»Wißt ihr, wie sie die Enten umbringen?«

80

Jenny warf ihm einen flehenden Blick zu. »*Bitte*, Matt.«

Er zuckte die Schultern. »Wie ihr wollt. Wenn ihr euch der Wahrheit nicht stellen wollt.«

»Ich hab neulich beim Friseur einen guten Witz gehört«, sagte Monica entschlossen.

Matt seufzte und rümpfte die Nase. Die anderen sahen sie an: Was auch immer die Stimmung heben könnte.

»Erzähl, Omi«, sagte Susie.

Monica lachte gurgelnd. »Nun, es schien, daß Petrus mal in Urlaub gehen sollte, und so war niemand im Himmel da, um in seiner Abwesenheit die Himmelspforte zu bewachen, und da meldete sich Jesus freiwillig.«

»Blasphemie«, sagte Matthew.

Monica beachtete ihn nicht. »›Was muß man machen?‹ fragte Jesus. ›Nun‹, sagte Petrus. ›Du sitzt hier einfach bei der Anmeldung, und immer wenn Leute kommen, stellst du ihnen ein paar Fragen nach ihrem Leben, und wenn du denkst, sie haben es verdient, reinzukommen, schließt du die Himmelspforte auf, läßt sie die Anmeldung unterschreiben und dann schickst du sie ins Magazin zum Flügel abholen.‹«

»Gottlosigkeit«, sagte Matthew.

Monica räusperte sich. Es klang, als würde ein Loch ausgegraben. Sie nahm einen Schluck Wein. »Also geht Petrus in Urlaub, und Jesus übernimmt seinen Dienst für ein paar Wochen, und am dritten Tag kommt dieser alte Mann an die Himmelspforte und bittet um Einlaß. ›Und wer bist du?‹ fragt Jesus.

›Ich bin nur ein armer alter Zimmermann‹, sagt der alte Mann mit zittriger Stimme, ›aber ich habe zu meiner Zeit wirklich Wundersames erlebt.‹

›Ach ja‹, sagt Jesus. ›Was denn zum Beispiel?‹

›Nun‹, sagt der alte Zimmermann. ›Ich hatte einmal einen erstaunlichen Sohn. Er wurde auf ganz besondere Weise geboren und er war ganz und gar anders als jedermann sonst auf der Welt. Er machte eine große Wandlung durch, obwohl er Löcher in Händen und Füßen hatte. Und obgleich ich ihn vor vielen Jahren verlor, ist sein Geist doch lebendig und lebt für immer fort. Überall auf der Welt erzählen Menschen sich seine Geschichte.‹

Da entriegelte Jesus die Himmelspforte, machte sie weit auf und umarmte den alten Mann mit Tränen in den Augen. ›Vater!‹ rief er aus, ›es ist so lange her.‹

Der alte Mann tritt einen Schritt zurück und starrt ihn an. Er runzelt die Stirn, nimmt seine Brille ab, putzt sie, setzt sie wieder auf, schaut Jesus befremdet an und sagt: ›Pinocchio?‹«

Einen Augenblick lang herrschte Schweigen, und dann brachen Hallam, Jenny und Susie in Gelächter aus.

»Das ist Frevel«, sagte Matthew verärgert. Seine Augen blitzten.

»Sehr schön, Monica«, sagte Hallam glucksend. »Wer sagt denn, daß Frauen keine Witze erzählen können.«

Matthew schlug sich dreimal mit der Faust gegen die Stirn. »Ich *fasse* es nicht, daß ihr alle dachtet, das sei komisch.«

»Komm schon, Matt, natürlich war das komisch.«

»Absolut nicht. Es war blasphemisch. Und böse.«

»*Böse?*«

»Böse. Der Name des Herrn wurde mißbraucht, und der Witz verspottet einen einfachen alten Zimmermann, einen traurigen Mann, der einen schmerzlichen Verlust erlitten hat und sehbehindert ist, einen alternden Pensionär aus der Arbeiterklasse. Ich fasse es nicht, daß ihr alle einfach dasitzt, euren ekelhaften Alk runterschluckt und eure ekelerregenden Tierkadaver kaut und so einen armen alten unterprivilegierten Kerl verhöhnt.«

»Großer Gott.«

»Oh, Matt.«

»Matt.«

»Werd erwachsen, Matt«, sagte Susie. »Jesses.«

»Da haben wir's wieder«, sagte Matt heftig. »*Jesses*. Denkst du überhaupt darüber nach, wo das Wort Jesses herkommt? Tust du natürlich nicht. Du denkst überhaupt nicht nach, oder? Gut, ich sage es dir: Es ist eine Verballhornung von *Jesus,* so sieht's nämlich aus. Jedesmal wenn du Jesses sagst, bist du blasphemisch und mißbrauchst den Namen des Herrn.«

Sie betrachteten ihn schweigend. Es schien, als gäbe es nichts mehr zu sagen.

»O Matt«, sagte Jenny sanft. Sie hatte Tränen in den Augen.

»Seit wann bist du denn plötzlich so religiös geworden«, fragte Susie.

»Ich bin nicht religiös. Ich kann nur einfach verdorbene bourgeoise Zyniker wie euch nicht ausstehen, die sich über den Glauben anderer Leute lustig machen.«

»Verdorben?« fragte Susie erregt. »Du mußt gerade was sagen, hängst den ganzen Tag rum und schnorrst Stütze.«

»Das muß ich mir nicht anhören.« Er stieß abrupt seinen Stuhl zurück und stand auf, stand drohend über ihnen, ein aufragendes Monument des Grolls. Warum ist er immer so *wütend?* dachte Hallam. Mit seinen schlackernden unordentlichen Kleidern, dem langen verfilzten Haar und den wilden Augen sah er aus wie ein Prophet aus dem Alten Testament.

»Ich halte es nicht aus, mit Leuten zusammenzusitzen, die sich über anderer Menschen Rasse und Glauben lustig machen«, sagte Matthew streng. »Ich gehe. Ich bleibe hier keinen Moment länger mit einem Haufen höhnischer, blasphemischer, verwöhnter, neofaschistischer Mittelschichtskannibalen sitzen. Ich bin weg.«

Er drehte sich um und marschierte zur Tür. Sie beobachteten, wie er ging, Empörung vom Scheitel bis zur Sohle.

»Dann hau doch ab«, knurrte Monica mit plötzlicher Heftigkeit. »Und mach dir keine Sorgen um die Rechnung: Die geht auf mich, du armseliges kleines Arschloch.«

Der winzige Kellner hastete zur Tür, um sie zu öffnen. Matthew drehte sich um, sah zu ihm herunter und beugte sich plötzlich zu einer innigen Umarmung nieder.

»Wir sind nicht alle so wie die«, sagte er laut. »Wir sind nicht alle Rassisten. Und es tut mir leid wegen der Opiumkriege. Und wegen Shanghai. Und wegen Hongkong. Ich möchte mich dafür entschuldigen.«

Er umarmte den Kellner erneut, setzte ihn nieder und marschierte aus dem Restaurant, wobei er die Tür zuknallen ließ. Der Kellner nickte der geschlossenen Tür zu, glättete seine Ärmel, zupfte sein Jackett zurecht und wischte sich den Staub vom Kragen. Er strich sich über die Hosen. Er wirkte vollkommen gelassen.

Was sind das doch für erstaunliche Leute, dachte Hallam. Er hatte irgendwo gelesen, daß man in Peking in den zwanziger Jahren Dutzende von chinesischen Rebellen in Reih und Glied hinknien ließ, um sie zu köpfen, und daß diejenigen, die nur noch ein paar Sekunden zu leben hatten, hell auflachten, als sie das verrückte Spektakel der abgeschlagenen Köpfe ihrer Kameraden sahen, die in den Staub rollten. Wie kann Matt behaupten, daß solche Leute nicht anders sind als wir? Was ist das für ein moderner Wahnsinn, der die Wahrheit nicht nur negiert, sondern für unmoralisch hält?

Der feine kleine Besitzer tauchte aus dem Nichts neben ihrem Tisch auf und rieb sich die Hände. Sein Gesicht war sehr besorgt.

»Was kann ich für Sie tun?« fragte er angstvoll. »Ist da etwas nicht in Ordnung?«

Monica schob ihren Teller weg und griff nach einer Zigarre.

84

»Ja«, sagte sie, »da ist allerdings etwas nicht in Ordnung. Im Unterschied zu Ihnen, scheint mein Enkel nicht sehr erpicht darauf zu sein, seine Ahnen zu verehren.«

Der Abend wurde angenehmer. Es ist immer viel besser, wenn Matt nicht da ist, dachte Hallam und strengte sich an, Monica einen vergnügten Ausgehabend zu verschaffen. »Dann erzählen Sie uns mal, Miss Grütze«, sagte er, »wie schaffen Sie es bloß, dauernd bei Pferderennen zu gewinnen?«

Sie gickelte. »Ich frage immer Hank.«

»*Hank?*«

»Natürlich. Wen sonst? Alle aus Arizona sind genial im Umgang mit Pferden, wißt ihr, und Hank ist da keine Ausnahme. Als er klein war und draußen in der Wüste lebte, pflegte er die Cowboys vorbeigaloppieren zu sehen, und so wurde er ein ausgezeichneter Kenner von Pferdefleisch.«

Susie kicherte.

Monica betrachtete sie kühl. »Du denkst, ich bin bekloppt, stimmt's?«

Susie kicherte erneut. »Nein Omi, nicht bekloppt, nur süß und lustig.«

Monica lehnte sich zu ihr und drückte ihr die Hand. »Danke, Liebes. Ich nehm das einfach mal als Kompliment. Nun, heute liefen zahlreiche gute Pferde, die ich als potentielle Sieger eingeschätzt hab – Purple Heather, Mulligatawny, Popocatapetl im Zwei-fünfundvierzig in Ascot, Sherpa Tensing im Drei-fünfundzwanzig in Ayr – also stellte ich Hank aufs Fensterbrett, so daß er sehen konnte, wie das Wetter draußen war, und dann setzte ich mich zu ihm und las ihm den Namen von jedem möglichen Sieger vor, ganz langsam, damit ich sehen konnte, ob er reagierte. Er zuckte mit keinem Stachel, als ich Sherpa Tensing und Popocatapetl sagte, aber als ich Purple

Heather und Mulligatawny sagte, zitterte er jedesmal ein bißchen. Also wußte ich, daß sie gewinnen würden.«

Hallam betrachtete sie. »Faszinierend«, sagte er.

Sie blickte scharf zurück. »Du glaubst mir nicht.«

»Im Gegenteil«, sagte er, »ich glaube dir jedes Wort. Du
fragst einen Kaktus nach Wetttips? Aber ja. Ich glaube dir jedes einzelne Wort. Absolut.«

Sie schniefte. »Jetzt lachst du mich aus.«

»So was würd ich nie tun!«

»Und überhaupt«, sagte sie energisch, »erinnerst du dich,
was gestern in meinem Horoskop stand? ›Alle deine Wünsche
werden in Erfüllung gehen‹, hieß es.«

»Außer Bücklingen zum Frühstück.«

Sie grinste. »Alles außer Bücklingen, du sagst es. Und jetzt,
bevor wir alle zur Ranch zurücklatschen, wie Hank sagen
würde, habe ich einen neuen Limerick, den ich gerne an euch
ausprobieren möchte.«

Nicht schon wieder, Monica. Nicht jetzt. Nicht hier. Aber
nein, sei nett. Es ist ihr Abend. Sei nett zu ihr.

»Okay«, sagte sie. »Und der geht so:

Die junge bezaubernde Gloria
Vögelte Sir Gerald du Maurier
Und dann noch sechs Mann,
Dann war der Sir wieder dran
Und dann die Band vom Waldorf-Astoria.«

»Mutter!«, sagte Jenny. »Also wirklich!«

Susie verbarg prustend den Mund mit den Händen und
begann dann zu kichern. Hallam lachte. Es war wirklich ziemlich witzig. Und raffiniert: die Reime, die Skandierung. Aber
er lachte vor allem, weil der Limerick so ganz und gar Monica
entsprach. Sein Ort war ihre verklärte Dreißiger-Jahre-Welt,

in der Mädels Gloria hießen und Kerle Sir Gerald und Hotels noch ihre eigene Big Band hatten. »Hervorragend«, sagte er und klatschte.

»Und ich habe noch ein alternatives Wiegenlied geschrieben«, sagte sie.

Nicht jetzt, Monica. Bitte. Nicht schon wieder.

»Nur das eine, ich versprech's. Es geht so:

Geh ich in mein Kämmerlein,
will mich verlustieren,
steht ein bucklig Männlein da,
fängt gleich an zu stieren.«

Susie gluckste. Hallam lachte, gegen seinen Willen. Es war nicht so, daß das Ding besonders komisch war, eigentlich lachte er, weil Monica so absurd und empörend war. Und indem er über ihre Witze lachte, dankte er ihr für ihre Großzügigkeit und rettete den Abend. Matthew war eine Wolke, die sich schon verzogen hatte. Fürs erste.

»Ernsthaft, Mami«, sagte Jenny, »du hast die allerschmutzigste Phantasie.«

Monica winkte mit der Zigarre. »Alle alten Frauen haben eine schmutzige Phantasie, Liebling«, sagte sie. »Das wird bei dir nicht anders sein, wart's nur ab. Meine eigene Mutter wurde ziemlich widerlich, als sie erst mal die siebzig erreicht hatte. Ich nehme an, es liegt daran, daß alte Frauen am Ende die Wahrheit über Sex begreifen – was für ein unheimlich großes Theater das doch war, um furchtbar wenig.«

»Furchtbar wenig?« sagte Hallam. »Ich würde nicht von mir auf andere schließen, Miss Grütze.«

»Peter!« sagte Jenny.

Monica stieß ihr Kiesellachen aus. »Männer! So stolz auf das bißchen Knorpel.«

»Mami!«

»Man darf also davon ausgehen, daß du auch eine intime Bekannte von Sir Gerald du Maurier warst, oder nicht?« sagte Hallam.

Monica lächelte liebenswürdig. »Leider nein. Ich war erst sieben, als er starb. Aber ich kannte seine Tochter Daphne sehr gut.«

»Daphne du Maurier? Die Schriftstellerin? Du kanntest sie?«

»Natürlich. Als ich in Cornwall lebte. Sie erzählte mir einmal, sie wäre eigentlich lieber Schäferin.«

Ich glaube kein Wort davon.

»Und was ist mit der Band des Waldorf-Astoria?« sagte er. »Kanntest du die auch?«

»Peter!« sagte Jenny. »Du bist ja genauso schlimm wie sie.«

Monica betrachtete sie beide mit ihren blassen blauen Augen. Sie warf ihnen ein winziges Lächeln zu. »O nein, das ist er nicht«, sagte sie.

Hallam hatte beim Abendessen nicht mehr als zwei Gläser Weißwein getrunken, aber er hatte eine unruhige Nacht. Sein Schlaf war unbeständig und bruchstückhaft und mehrfach wachte er jäh auf und war schweißgebadet. Ihm war übel, er hörte Stimmen und träumte wieder und wieder, daß ein buckliges Männlein mit zehntausend chinesischen Kellnern einen Hügel erklomm, begleitet von der Band des Waldorf-Astoria, deren Mitglieder alle keine Hosen trugen. Warum taten so viele Engländer so, als würden sie chinesisches Essen mögen? Es mochte in China äußerst wohlschmeckend sein, aber wenn man es in einem englischen Restaurant aß, fühlte man sich so seekrank wie nach einer Fahrt auf einer chinesischen Dschunke. All dieser gebratene Dreck mit Geschmacksverstärker, der sich die ganze Nacht zwischen seinen Rippen einlagerte: kein Wunder, daß ihm übel war.

Er erwachte mit Kopfschmerzen, schluckte ein paar Aspirin und fuhr mit düsteren Vorahnungen zur Arbeit.

Skudder.

Während er fuhr, versuchte er optimistisch zu sein und sich davon zu überzeugen, daß er das Problem übertrieben habe. Konnte Skudder wirklich so schlecht sein, wie er ihm am letzten Abend vorgekommen war? Sicher nicht. Skudder mußte nach seinem langen ersten Tag im Büro auch ziemlich müde gewesen sein: Er war ganz offensichtlich nicht in Bestform gewesen. Und wie auch immer, es hatte wenig Sinn, sich über Skudders Ernennung zum geschäftsführenden Direktor aufzuregen, selbst wenn er überhaupt nicht die Sorte Mann war, die Hallam selbst ausgewählt hätte. Skudder war ernannt worden und damit hatte es sich; es war sinnlos, darüber zu jammern. Und vielleicht brauchte die Firma wirklich einen unverfrorenen, kraftvollen, skrupellosen Mann an der Spitze. Vielleicht waren sie unter Andy Unwin alle ein wenig in Alltagstrott verfallen, ohne es zu merken. Vielleicht mußten sie ein wenig wachgerüttelt werden. Vielleicht waren sogar einige der Entlassungen notwendig gewesen. Mike Jenkins zum Beispiel: Man mußte zugeben, daß er seit Jahren keine vernünftige Idee mehr gehabt hatte. Und die gute alte Mary Wheeler: Sie war immer ein wenig mitgeschleppt worden. Vielleicht war es richtig, daß sie gehen mußten.

Und war es wirklich so wichtig, wie Skudder sprach? Kaum noch jemand spricht heutzutage Queen's English, dachte Hallam, nicht einmal die Königliche Familie. Nicht einmal Oxford-Studenten sprechen noch Oxford-English. Und wie konnte man überhaupt sagen, daß Hallams Version des Englischen »besser« war als die Skudders? Es war vermutlich nur Snobismus, so zu denken. Das Englische wandelte sich im Lauf der Jahrhunderte und paßte sich immer wieder neu an. Hallams Mitte-des-Zwanzigsten-Jahrhunderts-Mittelschichtsversion hatte wenig Ähnlichkeit mit dem Englisch Shakespeares oder Chaucers. Verdammt noch mal: Nachdem Shakespeare ein paar Jahre in London gelebt hatte, hatte sein Akzent vielleicht genauso geklungen wie der Skudders.

Hallam fuhr auf den Parkplatz und stellte seinen Cavalier auf dem üblichen Platz ab. Skudders Morgan stand bereits auf Andy Unwins altem Parkplatz neben dem Eingang. Nun, das war etwas, das man Skudder zugute halten konnte: Er fing früh an; er scheute sich offensichtlich nicht vor Arbeit. Er verdiente Kooperation. Er verdiente es, eine Chance zu bekommen.

Hallam griff nach seiner Aktentasche, sprang die Stufen hinauf und beschloß den Versuch zu unternehmen, tolerant zu sein und ohne Reibungen mit Skudder zusammenzuarbeiten. Skudder war der neue Chef, und wenn das Hallam nicht paßte, dann konnte er jederzeit woanders einen neuen Job finden. Finde dich ab oder halt die Klappe. Er mußte versuchen, sein Bestes zu geben, alles andere wäre unehrenhaft.

»Morgen, Mr. Hallam«, sagte der Portier, als er durch die Drehtür kam.

»Morgen, Ron.«

Der Portier schlängelte sich aus seiner Kabine und nahm seinen verschwörerischen Ton an. »Heut sindse rosa, Sir.«

»Rosa?«

»Die Fliege vom Chef, Sir, un die Weste. Hellrosa, Sir. Dachte, das solltense wissen. Vorwarnung.«

»Gut. Danke, Ron.

»Ich dank *Ihnen*, Sir.«

Er lief die Treppen hoch.

Warnung? Warum sollte Rosa eine Warnung sein? War das irgendeine Art Arbeiterschicht-Sprichwort? *Rosa Fliege am Morgen bringt Kummer und Sorgen?*

Die Tür zu seinem Büro war wieder nicht verschlossen.

Sonderbar. War sie schon wieder vor ihm da? Sonst kam sie selten so früh.

»Doreen?«

Sie räumte ihren Schreibtisch leer und stopfte Papiere und Notizbücher in eine Plastiktasche. Ihr Gesicht war blaß und angespannt.

Er ging auf sie zu. »Doreen? Was ist los? Was machst du da?«

Ihre Augenränder waren gerötet.

»Was ist los?«

»Ich bin ins Schreibbüro versetzt worden«, sagte sie.

»*Was?*«

Sie schob ihm ein Stück Papier hin, den Computerausdruck eines internen E-Mail-Memos. Hallam nahm es. »Was ist das?«

»Mein Marschbefehl«, sagte sie bitter. »Skudder scheint zu glauben, daß du keine Sekretärin mehr brauchst.«

Er las das Memo ungläubig.

Memorandum

An: Doreen Jones, Verkaufsapteilung, Angestellte
            Stufe   Zwei
Von: Jason Skudder, Geschäftsführer
Betreff: Ihre Arbeitsbedingungen
Datum: 9. Juni

(1) Aufgrund der derzaitigen Reorganisation der Firma ist es nicht länger erfoderlich, daß Sie für Mr Peter Hallam, Verkaufsleiter, arrbeiten.

(2) Sie werden sich auf der Stelle zu ihrem neuem Arrbeitsplatz im Schreibbüro begeben, wo Sie in Zukunft allen Mitarbeitern zur Verfügung stehen, denen sie zugeteilt werden.

(3) Mr Halla'ms Sekretariatsarrbeiten werden in Zukunft
von Fall zu Fall von jeder Angestellteneinheit erledigt, die ihm
vom Personalchef zugeteilt wird.

(4) Ihr derzaitiger Arrbeitsplatz in Mr Hallams Büro wird
umgewanndelt in einen Manager-Arrbeitsplatz und Mr Hallams neuem stellvertretenden Verkaufsleiter Mr Shane Gorman zugeteilt, der seine Arrbeit in der Firma nächste Woche
aufnimt.

Hallam starrte auf das Memo. Wenn irgend jemand ›umgewanndelt‹ werden müßte, dann war das Skudders Sekretärin.
Wer immer sie sein mochte, ihre Rechtschreibung und Tipp-
künste waren grauenhaft. Und wer zum Teufel war Shane
Gorman, der »neue stellvertretende Verkaufsleiter«? Skudder
hatte nicht das Geringste darüber gesagt. Wie konnte er es
wagen, ohne jegliche Rücksprache einen stellvertretenden
Verkaufsleiter einzustellen?

»Das muß ein Irrtum sein«, sagte er. »Wir kümmern uns da
gleich drum.«

Er ließ seine Aktentasche auf seinen Schreibtisch fallen
und verließ den Raum. Forsch erklomm er die Treppen und
ging entschlossen durch den Flur zum Büro der Personalchefin. Es war erst kurz nach acht, aber fast alle waren schon bei
der Arbeit. Der Geruch von Angst hing in den Fluren.

Die Personalchefin blickte nervös auf. Er hielt ihr das
Memo vors Gesicht. »Fiona . . .«

Sie zuckte zusammen. »Ich weiß. Tut mir leid, Peter. Es . . .«

»Was zum Henker geht hier vor?«

»Das ist Mr. Skudder. Er sagt, du brauchst keine eigene Sekretärin mehr.«

»Das sagt er also, ja? Darum kümmern wir uns gleich. Ich hatte immer eine Sekretärin. Zweiundzwanzig Jahre lang. Ich komm ohne Sekretärin überhaupt nicht zurecht.«

»Das habe ich ihm auch gesagt. Er hat mich fast angespuckt. Er sagte, wenn du deinen Job nicht ohne Sekretärin erledigen kannst, dann würde er jemanden finden, der das kann.«

»*Das* hat er gesagt?«

»Ja. Er sagte, jetzt wo wir alle Computer haben, bräuchtest du nur ab und zu eine Hilfe aus dem Schreibbüro.«

»Ab und zu eine Hilfe? Verflucht, Fiona, Doreen arbeitet wie ein Pferd. Du kennst sie doch – kommt immer früh, geht immer spät. Sie ist die beste und fleißigste Sekretärin im ganzen Haus.«

»Ich weiß, aber –«

»Wie soll ich denn zurechtkommen, wenn ich nur dann und wann für ein, zwei Stunden eine Aushilfe habe?«

»Ich weiß, Peter, aber was soll ich machen? Er ist der Chef.«

»Sogar sein verdammtes Memo ist analphabetisch.«

»Ich weiß. Er hat zwei Mädchen von Fitzgerald und Parsons mitgebracht, die nun seine Sekretärinnen sind.«

»Zwei? Warum braucht er zwei? Was ist mit Barbara?«

»Sie wurde gestern abend entlassen.«

»Du meine Güte, das ist eine Schande. Ich spreche mit Mulliken.«

Fiona sah ängstlich über ihre Schulter. *Heilige Kuh, man könnte meinen, sie lebe in einem Polizeistaat.* Sie senkte die Stimme. »Ich würde das an deiner Stelle nicht tun, Peter. Percy Langan ist gestern abend zu Mulliken gegangen, um gegen die Entlassung von Bill Collins zu protestieren, und Skudder hat ihn später zu Hause angerufen und ihm gesagt, er müsse heute gar nicht mehr kommen, weil er auch entlassen sei.«

»Grundgütiger.«

»Ich habe den Fehler gemacht, anzudeuten, daß Recht-schreibung und Interpunktion seiner Sekretärinnen nicht ganz den Normen entsprächen, und ich dachte, er würde mich gleich beißen. Er hat geknurrt wie ein wütender Hund. Er sagte, ich sei rückständig, niemand interessiere sich heut-zutage noch für Rechtschreibung und Interpunktion. Er sagte, ich sei altmodisch, hätte es hinter mir. Er fragte mich, wie alt ich sei.«

»Guter Gott.«

Sie sah ihn flehentlich an. »Ich weiß, es wird nicht einfach sein, Peter, aber bitte bausch es nicht so auf. Ich werde alles dafür tun, daß du auch ohne Doreen den Rücken frei hast.«

Sie sah verängstigt aus. Er erinnerte sich daran, was Doreen ihm einmal über Fiona gesagt hatte: eine alleinerzie-hende Mutter, die mit zwei kleinen Kindern in einer winzigen Wohnung irgendwo draußen in einem Vorort lebte; ein Ex-Mann, der nie genug und nie pünktlich Unterhalt zahlte; mor-gens und abends je eine Stunde zur Arbeit pendeln; all die Kosten und Schuldgefühle, weil sie Kinderbetreuung bezah-len mußte, damit sie ihren Lebensunterhalt bestreiten konnte. Wie konnte er daran denken, von ihr zu verlangen, daß sie sich Skudder widersetzte, und sei es nur für ein oder zwei Stunden.

»Es tut mir leid, Fiona«, sagte er. »Ich wollte nicht so hitzig werden. Schau, am besten kommt Doreen jetzt für ein oder zwei Stunden zu dir, bis ich mit Skudder reden kann, um das zu klären. Aber bitte beleidige sie nicht damit, daß du sie mas-senhaft Kassetten abtippen läßt oder so was. Dafür ist sie viel zu gut. Sie ist jetzt seit einem Dutzend Jahren oder länger Chefsekretärin: Man kann sie nicht einfach zurück ins Schreibbüro mit sechzehn und siebzehn Jahre alten Mädchen stoßen.«

Fiona wirkte erleichtert. »Danke, Peter«, sagte sie.

»Noch eins«, sagte er. »Was hat es mit diesem Shane Gorman auf sich? Dieser Typ, den Skudder hier als meinen Stellvertreter reinbringt?«

Sie zuckte die Schultern. »Frag mich was leichteres. Ich weiß überhaupt nichts über ihn.«

»Aber als Personalchefin mußt du doch . . .«

»Ich glaube, das bin ich bald nicht mehr.«

»Was? Denk doch nicht so, Fiona. Du bist . . .«

»Ich glaube, ich bin zum Abschuß freigegeben«, sagte sie. »Die Art, wie er mich angeschaut hat. Voller Verachtung. Die Art, wie er mir gesagt hat, ich hätte es hinter mir. Ich bin erst achtunddreißig, aber er sah mich an, als wäre ich eine alte Frau. Ich weiß, ich sehe ein wenig älter aus als ich bin. Das liegt an – all den Sorgen – und ich habe etwas Stress.«

Sie biß sich auf die Lippen und griff nach einem Taschentuch.

»Damit käme er nicht durch«, sagte er ermutigend.

»Doch, käme er«, sagte sie. »Und ich sage es sehr ungern, Peter, aber ich glaube, auch du bist zum Abschuß freigegeben. Es ist ganz offensichtlich, daß er jeden über vierzig loswerden will.«

»Warum ist er mich dann noch nicht losgeworden? Oder Elsie Benson? Oder George Pringle?«

Sie putzte sich die Nase. »Ihm ist das Geld für Abfindungen ausgegangen, deshalb kann er George oder Elsie nicht loswerden, bevor er die Bank überredet hat, noch etwas mehr auszuspucken. Aber abgesehen davon, sind das nur kleine Fische, mit denen kann er sich Zeit lassen. Aber du – du hast einen richtig fetten Zweijahresvertrag. Du bist zum Rausschmeißen zu teuer: Er müßte dir zwei Jahresgehälter zahlen. Es sei denn, natürlich, er schafft es, dich in eine Position zu manövrieren, in der er behaupten kann, daß du dich irgendeiner Pflichtverletzung schuldig gemacht hast oder grober Unfähigkeit oder

Fahrlässigkeit. Dann kann er dich feuern, ohne dir einen Penny zu zahlen. Oder, die andere Möglichkeit wäre; er macht dir das Leben so schwer, daß du von selbst kündigst.«

»Er wird mich nicht dazu bringen zu kündigen, das schwör ich dir.«

»Da würde ich mich nicht drauf verlassen«, sagte sie. »Skudder ist ein Tier. Da würde ich mich ganz und gar nicht drauf verlassen.«

In Skudders Vorzimmer saßen zwei neue Sekretärinnen, beide Anfang zwanzig, beide auffallend gutaussehend: die eine mit schwarzen Haaren und den dunkelsten blauen Augen, die man sich vorstellen konnte, die andere ein krauser Rotschopf mit einer Haut wie Milch und Sahne. Der Rotschopf kaute Kaugummi und las ein Hochglanzmagazin. Sie warf ihm einen desinteressierten Blick zu und schaute weg.

Er lächelte das dunkelhaarige Mädchen an. »Hallo«, sagte er. »Ich bin Peter Hallam, der Verkaufsleiter.«

»O yeah?« Sie hatte einen kleinen silbernen Knopf in ihrem linken Nasenloch und einen winzigen blauen Delphin auf die Rückseite ihres zarten Handgelenks tätowiert. Ihre Augen waren vom tiefsten Blau, das er je gesehen hatte, aber sie sah durch ihn hindurch, als wäre er aus Glas.

Wann hören Mädchen auf, dich richtig anzuschauen? dachte er. Dich *wahrzunehmen*? Wenn du vierzig wirst? Verfluchte Fünfundvierzig?

Ein uniformierter Wachmann saß in Bereitschaft auf einem Stuhl neben der Tür, die zu Skudders Büro führte. Warum um alles in der Welt brauchte Skudder einen Wachmann vor seinem Büro? Der Rotschopf starrte aus dem Fenster und kaute Kaugummi, sie schob ihn langsam im Mund hin und her wie ein Schaf, das die letzten Tropfen Flüssigkeit aus einem Grashalm zieht. Wozu zwei Sekretärinnen? Andy

Unwin war immer mit einer ausgekommen. Barbara. Arme Barbara: ebenfalls gefeuert.

»Mr Skudder ist heute nicht zu sprechen«, kündigte das dunkelhaarige Mädchen an. Sie klang gelangweilt. Sie war wirklich unglaublich hübsch.

Hallam lächelte. »Ich muß ihn ganz dringend sehen, bitte«, sagte er, »wenn es irgendwie möglich ist.«

Sie betrachtete ihn mit mildem Amüsement, als nehme sie ihn nun zum ersten Mal wahr. »Ich habs grad gesagt«, sagte sie. »Ich sagte, er is nich zu sprechen, oder? Jyce sagte ausdrücklich, keine Störung.«

»Wann wird er denn dann Zeit haben, bitte?«

Sie seufzte fast unmerklich, ein zartes Geräusch wie ein raschelndes Blatt. Sie wandte sich ihrem Computer zu, klickte die Maus ein paarmal und schaute auf den Bildschirm. Ihre Finger waren weiß und zerbrechlich wie Porzellan.

»Nächste Woche Freitagnachmittag«, sagte sie. »Halb sieben.«

»Freitag! So lange kann ich nicht warten. Ich bin sein Verkaufsleiter, um Himmels willen. Ich muß ihn viel früher sehen als Freitag.«

Sie zuckte mit den Schultern. »Is alles dicht. Freitag halb sieben. Ja oder nein?«

»Nein«, sagte Hallam.

Sie zuckte mit den Schultern. »Wie Sie wollen.«

Beruhige dich. Es hat keinen Sinn, sich aufzuregen. Das Mädchen kann nichts dafür. Sie macht nur ihren Job.

Er lächelte sie an. »Hören Sie zu«, sagte er, »ich wäre Ihnen wirklich sehr verbunden, wenn Sie Mr Skudder, wenn Sie ihn nächstes Mal sehen, sagen könnten, daß ich wirklich vor nächstem Freitag mit ihm sprechen muß. Am besten heute irgendwann, wenn es irgendwie möglich ist. Es ist wirklich ziemlich dringend. Ich wäre Ihnen sehr verbunden.«

Sie machte eine Kopfbewegung, die ihr schwarzes Haar um ihr perfektes Gesicht tanzen ließ. »Am besten schicken Sie ihm dann ein Memo«, sagte sie.

»Ein Memo?«

»So ein Memorandium. Hamse noch nie von Memorandiums gehört?«

»Memoranda. Doch, natürlich habe ich das.«

»Na also.«

»Ein Memo, nur um nach einem Termin zu fragen?«

»Yeah.«

»Wenn ich das täte, könnte ich ihm ja jeden zweiten Tag Memos schreiben und um Treffen bitten.«

»Jyce mag Memorandiums.«

»Aber sprechen Sie nicht selbst heute irgendwann mit ihm? Könnten Sie ihm das nicht schnell für mich ausrichten?«

»Er mag Memorandiums am liebsten.«

Hallam versuchte es bei der anderen Sekretärin. Sie kaute träge und blätterte durch das Magazin. »Entschuldigen Sie bitte.«

Sie schaute auf. »Was is?«

»Könnten *Sie* vielleicht Mr. Skudder etwas von mir ausrichten, bitte?«

Sie dachte darüber nach. »Nee«, sagte sie. »Melody is Jyces Sekretärin Nummer eins. Is ihre Sache.«

Melody. Natürlich, so mußte sie heißen.

»Verstehe«, sagte Hallam angestrengt. »Nun, vielen herzlichen Dank euch beiden für die großartige Hilfe. Ich weiß das wirklich zu schätzen.«

Nun werde ich sarkastisch. Ich bin *nie* sarkastisch.

»Hört mal, wenn eine von euch die Möglichkeit hat, sagt ihm bitte, daß ich ihn wirklich sehen muß«, sagte er. »Hallam ist mein Name, Peter Hallam. Ich bin der Verkaufsleiter.«

Er wandte sich ab und ging zur Treppe.

»Na, das isser im Moment«, sagte Melody, »zumindest bis Shine kommt.«

Hallam saß an seinem Computer und entwarf ein sehr vernünftiges Memo an Jason Skudder. Es war kühl und rational. Es erläuterte, daß der reibungslose Ablauf in der Verkaufsabteilung einer effizienten Vollzeitsekretärin bedurfte und daß Doreen diese Stelle exzellent ausgefüllt habe und sehr engagiert sei. Außerdem erkundigte er sich höflich nach der Ankunft des neuen stellvertretenden Verkaufsmanagers, Shane Gorman, und nach der Natur seiner Aufgaben.

Melody feilte ihre Fingernägel. Sie waren winzig und vom blassesten Rosa. Sie sah auf. Ihre Augen verschlangen ihn. »Sie schon wieder«, sagte sie.

Er lächelte. »Ja. Ich schon wieder.«

»Was wollnse denn?«

»Hier ist das Memo für Mr Skudder.«

Er überreichte es ihr.

Sie blickte ihn an. Sie schüttelte den Kopf. »He, ich faß es nich«, sagte sie. »Wollnse mich verarschn?«

»Wie bitte?«

»Wollnse mich verarschn un schickn Jyce ein Memo auf *Papier*?«

»Entschuldigung?«

»Sinse taub?«

»Ich weiß nicht, was —«

»Wissnse irgendwas, Opa?«

Opa?

»Kein Mensch schickt mehr *Papier*-Memorandiums. Wo warnse denn die letzten zwanzig Jahre. Sie hättn Jyce ein *Computer*-Memorandium an seine E-mail schickn solln, nich eins, wo auf Papier gedruckt ist. Wissense wie man'n Computer benutzt?«

»Natürlich weiß ich das.«

»Na, viele Alte wissen nich wies geht.«

»Ich bin kein vollkommener Idiot, wissen Sie.«

Melody kicherte. »Dann üben Sie also erst, ja?«

Das andere Mädchen sah von seinem Magazin auf und gluckste. »Der war gut, Mel«, sagte sie.

Hallam lächelte. »*Touché*«, sagte er.

Sie sahen ihn ausdruckslos an. »Sie ham was?«

»Schon gut.«

Er drehte sich um und ging.

In ihren Augen bin ich nur eine dröge alte Drohne ohne Sinn für Humor, dachte er, völlig uninteressant, schon lange jenseits von Gut und Böse, ohne jegliche Leidenschaft. Für die bin ich bloß ein dummer alter Langweiler.

Er verspürte plötzlich ein nagendes Gefühl des Verlusts.

Als er sich in Richtung Treppe entfernte, drifteten ihm ihre Stimmen durch den Korridor nach.

»Fiesa alter Sesselfurzer«, sagte das rothaarige Mädchen. »Nerviger alter Idiot.«

»Keine Angst, der is nich mehr lang da«, sagte Melody. »Jyce gibt ihm nen Arschtritt.«

Am Mittwochmorgen gab es noch immer keine Antwort auf Hallams Memo. Auch nicht am Mittwochnachmittag oder am Donnerstag. Hallam rief Skudders Büro am Donnerstag sechsmal an, nur um sich sagen zu lassen, Skudder sei »in einer Besprechung« oder »bei einem wichtigen Mittagessen« oder »im Gespräch auf der anderen Leitung« oder »im Gespräch mit einem Kunden« oder »im Gespräch mit dem Bankmanager« oder »immer noch im Gespräch mit dem Bankmanager«. Er schickte Skudder eine zweite E-Mail und bat dringend um eine Unterredung. Er hinterließ bei beiden Sekretärinnen Skudders Nachrichten. Es half alles nichts. Skudder, geschützt

von seinem persönlichen Wachmann und seinen zwei Super-
miezen war so stumm und unnahbar wie ein Trappistenabt.

Hallam stellte fest, daß sich ohne Doreens Hilfe alarmierende Papierstapel auf seinem Schreibtisch türmten. Er
versuchte, sich Doreen für ein paar Stunden aus dem
Schreibbüro auszuleihen, um sich der Flut entgegenzustellen,
aber der unsichtbare Skudder überhäufte sie mit soviel
Zusatzarbeiten, die immer sofort erledigt werden mußten,
daß sie keine Minute Zeit hatte. Hallams Telefon schien permanent zu klingeln, aber es war niemand da, um die Anrufe
für ihn entgegenzunehmen. Fiona schickte ihm eine junge
schwarze Aushilfe namens Charity, die ihm am Nachmittag
ein paar Stunden helfen sollte, aber obwohl sie heiter und zuvorkommend war, wußte sie einfach nicht, wo sich was befand. Wie sollte sie auch? Und nach zwei Stunden wurde sie
abberufen, um jemandem in der Buchhaltung zu helfen.

Doreens Schreibtisch stand leer und verloren in der Ecke
seines Büros. Seine Verwaistheit kam Hallam wie ein Vorwurf
vor. Konnte er wirklich nichts tun, um sie vor der Schmach
des Schreibbüros zu retten? War er wirklich so schwach und
machtlos? Er schämte sich für sich selbst.

Er rief Jim Donaldson an, um ihn um Rat zu bitten. Jims
Sekretärin klang zögernd und distanziert. »Ich fürchte, Mr
Donaldon ist in einer Besprechung«, sagte sie.

»Würden sie ihm bitte sagen, er soll mich anrufen, wenn er
Zeit hat.«

»Ich fürchte, er ist den ganzen Tag in Besprechungen.«

»Vielleicht könnte er mich dann heute abend zu Hause anrufen.«

»Vielleicht.« Sie klang, als zweifle sie daran.

Hallam legte den Hörer auf.

Also meidet mich jetzt sogar mein bester Freund. Nein, sicher nicht: Jim nicht. Nicht *Jim*.

Jim rief ihn um halb acht zu Hause an. »Tut mir leid wegen heute, Pete«, sagte er, »aber wir müssen verflucht vorsichtig sein. Die Telefone in den Büros sind verwanzt.«

»Du machst Witze.«

»Das ist mein absoluter Ernst. Es war nahezu das erste, was Skudder veranlaßte, als er kam. Du darfst mich nie wieder im Büro anrufen, es sei denn, es geht wirklich ums Geschäft. Wenn du mich persönlich sprechen willst, dann warte, bis wir beide daheim sind. Skudder hört Gespräche nach dem Zufallsprinzip ab – und bei dir schneidet er jedes einzelne mit.«

»Das kann ich nicht glauben.«

»Das solltest du aber besser, Pete, das kann ich dir nur raten. Er hat eine Sicherheitsfirma von außen angeheuert, die im Gebäude auf Streife geht, und sie wühlen jeden Abend deinen Papierkorb durch.«

»Das glaub ich nicht.«

»Ist aber leider wahr. Willkommen in der modernen Firmenwelt. Sie ist definitiv mittelalterlich: Diese Sicherheitsleute von Skudder sind wie eine private Feudalarmee im Mittelalter und niemandem außer Skudder zu Treue verpflichtet.«

»Zum Teufel, Jim. Was mache ich denn jetzt? Er macht es mir jetzt schon äußerst schwierig, überhaupt Arbeiten zu erledigen. Er hat mir Doreen weggenommen, er weigert sich, mich zu sehen, er beantwortet nicht mal meine Memos.«

»Genau so funktioniert es. Alles, was du machen kannst, ist den Kopf einziehen, deinen Job so gut machen, wie du kannst, es dir nicht zu nahe gehen zu lassen und hoffen, daß die Gewitterfront irgendwann vorbeizieht. Wenn du es lange genug aussitzt, wird er sich einem lohnenderen Opfer zuwenden. Mach einfach die Luken dicht.«

»Aber es ist fast unmöglich, meine Arbeit zu erledigen.«

»Um Gottes willen, laß das bloß Skudder nicht wissen, das

ist genau das, was er hören will. Er sucht doch nur einen Grund, dich zu feuern, ohne dir eine Abfindung zu zahlen. Wenn du ihm erzählst, du schaffst es nicht, deine Arbeit zu machen, dann sagt er, du seist der Tätigkeit nicht mehr gewachsen, und es gibt nichts, was irgendeiner von uns tun könnte, um dich zu retten.«

»Aber als ich am Montag mit ihm geredet hab, erzählte er mir, wie sehr er meine Arbeit schätzt.«

Jim stieß ein zynisches Lachen aus. »Das ist alles Teil dieser Technik«, sagte er. »Sie nennen es die Maxwell-Behandlung, zu Ehren dieses alten Arschlochs, Robert Maxwell, dem Schutzheiligen aller fiesen Chefs. Erst lullen sie dich ein, geben dir ein falsches Gefühl von Sicherheit. Dann nehmen sie dir alle Unterstützung weg, so daß es für dich immer schwieriger wird, deinen Job richtig zu machen. Dann stellen sie immer unmöglichere Anforderungen, und am Schluß, wenn du es nicht schaffst, ihren Zielsetzungen und Abgabeterminen gerecht zu werden – *Bingo!* – dann behaupten sie, du seist völlig ineffizient oder faul oder beides, und schon bist du draußen. Dann hast du ihnen den Vorwand gegeben, den sie brauchen. Und dann gute Nacht.«

»Verdammte Hacke.«

»Du solltest das lieber glauben, Pete. Hier geht's zur Sache. Und dieser neue sogenannte ›Stellvertreter‹ von dir: Man hat mir gesagt, er sei ein gefährlicher kleiner Mistkerl. Bei Fitzgerald and Parsons war er Skudders Bürospion und Arschkriecher. Du wirst verdammt vorsichtig sein müssen, wenn er den ganzen Tag in deinem Büro sitzt, alles mithört und weitergibt.«

»Heilige Kuh, Jim! Kannst du denn da gar nichts machen? Du und die anderen Direktoren? Wie wär's denn, wenn ihr Willie Mulliken sagt, was da vorgeht?«

»Er weiß es schon. Tony ist zu ihm gegangen.«

»Und?«

103

»Willie sagt, die Leitung muß leiten dürfen.«

»Guter Gott, das ist nicht Leitung, das ist ein Terror-regime.«

»Willie sagt, daß Skudder das Vertrauen der Bank hat und man ihm die Möglichkeit geben muß, die Veränderungen durchzuführen, die er für nötig hält.«

»Also genießt keiner von uns irgendeinen Schutz?«

»Nur dein Vertrag, Pete. Das ist alles, was zwischen dir und mir und dem Arbeitsamt steht.«

»O toll. Einfach wunderbar. Nach all den Jahren.«

Jim zögerte einen Moment. »Pete . . .?«

»Ja?«

»Ähm . . . wenn wir im Büro sind . . .«

»Ja?«

»Wir sollten am besten . . . weißt du, ich denke, wir müß-ten . . . um unsere Beziehung dort sozusagen . . . nun geschäft-lich zu halten, weißt du.«

»Was willst du mir sagen?«

Jim hustete. »Nun, ich – ich glaube, es wäre für keinen von uns besonders gut, wenn Skudder glaubt, daß wir Freunde sind.«

»Jim?«

»Für unser beider Wohl. Fürs erste. Bis sich alles beruhigt hat.«

Das war's, dachte Hallam in einem Moment plötzlicher Einsicht. Das Ende einer wunderbaren Freundschaft. Ich bin ein Aussätziger. Er hat Angst, von mir besudelt zu werden. Er hat mich aufgegeben. Jim Donaldson, einer meiner ältesten Freunde. Er wird mich fallenlassen.

»Du hast Ärger im Büro, stimmt's?« sagte Jenny.

Sie saßen nach dem Abendessen im Wohnzimmer und schauten fern. Matthew war ausgegangen wie immer, Susie saß in ihrem Zimmer über den Hausaufgaben, und Monica war zur Abwechslung einmal früh ins Bett gegangen.

Jenny griff nach der Fernbedienung und knipste den Fernseher aus. »Du schaust gar nicht zu«, sagte sie. »Du hast gar nicht wahrgenommen, was in den letzten zehn Minuten gelaufen ist. Na komm schon, Peter, sag es mir. Irgendwas stimmt nicht bei der Arbeit. Was ist los?«

»Nichts.«

»Natürlich ist da was. Das merke ich doch. Mein Gott, wir sind lange genug verheiratet. Ich *weiß* es. Was ist es?«

Er starrte auf den leeren schwarzen Fernsehbildschirm. Er hatte sie beschützen wollen, sie vor Aufregung bewahren. Er hatte immer versucht, sie zu beschützen. Aber natürlich mußte sie es erfahren. Sie hatte ein Recht, es zu erfahren.

»Ich glaube, ich sollte aufgeben«, sagte er.

Ihr Gesicht gefror. »Aufgeben? Was denn?«

»Den Job.«

»Den *Job*? Wovon um alles in der Welt sprichst du?«

»Ich bin vielleicht zu alt dafür geworden, Jen. Vielleicht bin ich zu lange im alten Trott geblieben.«

»Zu *alt*? Wovon in Herrgottsnamen sprichst du? Du bist *brillant* in deinem Beruf. Jeder sagt das. Sogar der neue Chef. Wie heißt er noch mal?«

»Skudder.«

»Hat er nicht gesagt, wie gut du bist? Am Montag?«

»Ja.«

»Na also.«

»So einfach ist es nicht. Und seit Montag hat sich einiges geändert. Es ist für alle ziemlich deutlich geworden, daß er es auf jeden über vierzig-plus abgesehen hat. Der einzige Grund, warum er mich noch nicht entlassen hat, ist, weil ich einen Zweijahresvertrag habe. Das ist der einzige Schutz, den ich habe.«

»Und den willst du wegwerfen, indem du kündigst? Du mußt verrückt sein.«

»Es ist nur eine Frage der Zeit, Jen. Sogar Fiona Wilson rechnet damit, daß er entschlossen ist, in den nächsten paar Jahren jeden über vierzig loszuwerden.«

»Das kann er nicht machen.«

»Klar kann er das. Wer soll ihn dran hindern?«

»Es gibt Gesetze gegen so etwas, oder? Diskriminierung. Diskriminierung aufgrund des Alters.«

»Die gibt es nicht.«

»Die *muß* es geben.«

»Nein. Es ist nicht erlaubt, jemanden zu feuern, nur weil sie eine Frau ist oder schwarz oder behindert oder Mormone, aber aufgrund des Alters kannst du feuern, wen du willst.«

»Das kann nicht wahr sein.«

»Ist es aber.«

»Das ist eine Schande.«

»Und selbst wenn es ein Gesetz dagegen gäbe, wie könntest du beweisen, daß du deine Stelle nur deshalb verloren hast, weil du zu alt warst? Skudder würde einfach jedem Arbeitsgericht erzählen, daß du gefeuert wurdest, weil du nicht gut warst. Es wäre fast unmöglich nachzuweisen.«

Sie war jetzt besorgt. Das sah ihm nicht ähnlich. Hallam war normalerweise so positiv und optimistisch.

»Kündige nicht«, sagte sie. »Bitte, Pete. Sitz es aus.«

»Das sagt Jim auch.«

»Er hat recht. Ist er auch in Gefahr?«

»Noch nicht. Er ist erst vierundvierzig. Bei ihm wird es wohl noch ein oder zwei Jahre gutgehen. Vielleicht bleibt Skudder nicht einmal so lange. Diese Firmenhaie verwüsten oft alles, was sich in Sichtweite befindet, ein paar Jahre lang und ziehen dann weiter, um woanders alles in Schutt und Asche zu legen.«

»Um so mehr Grund, die Sache auszustehen.«

»Ich weiß nicht, ob ich das kann. Es geht im Büro jetzt schon ziemlich ätzend zu. Da liegt ein Geruch in der Luft. Angst. Und was bringt das, einen Job zu haben, in dem du es haßt, morgens zur Arbeit zu gehen? Was macht es für einen Sinn, irgendwo zu bleiben, wo du nicht erwünscht bist? Ich würde schnell genug eine andere Stelle finden.«

»Natürlich würdest du das, aber darauf kommt es nicht an. Wenn du kündigst, heißt das, du hast aufgegeben. Du hast in deinem ganzen Leben noch nie aufgegeben. Warum solltest du kündigen, nur weil irgendein kleiner Idiot zum Geschäftsführer gemacht wurde? Du bist schon seit vierundzwanzig Jahren da! Es ist dein Leben. Du hast dich da mit Leib und Seele eingebracht. Es ist genausogut deine Firma wie seine. Es ist viel *mehr* deine Firma als seine.«

Hallam nahm ihre Hände in die seinen. »Wenn ich bleibe, macht er mir das Leben zur Hölle«, sagte er. »Er wird mir unlösbare Aufgaben geben. Er wird mich unentwegt beobachten und immer auf eine Schwachstelle hoffen. Jeden Morgen zur Arbeit zu gehen, wird entsetzlich sein. Die Spannung und der Stress werden furchtbar. Das Büro wird die Hölle sein, monatelang, vielleicht sogar jahrelang. Ist es all das wirklich wert?«

»Du schaffst es, Liebling.« Sie drückte seine Hand. »Du bist ein Kämpfer. Du warst schon immer ein Kämpfer. Du gibst nicht auf. Bitte gib nicht auf.«

Sie kam und kniete neben seinen Knien auf dem Boden. Sie legte ihren Kopf in seinen Schoß. Er strich ihr übers Haar. So schönes Haar. Manchmal dachte er, er kenne jede einzelne Strähne.

Sie hatte recht. Natürlich hatte sie recht. Warum sollte ein kleiner Emporkömmling wie Jason Skudder seine Karriere ruinieren und alles unterminieren, was er für die Firma getan hatte? Er war es, der den kleinen Fiesling noch verabschieden würde.

»Es könnte ziemlich garstig werden«, sagte er. »Es könnte sein, daß ich bis spät in die Nacht arbeiten muß und an den Wochenenden und jeden Abend haufenweise Papierkram nach Hause bringe. Ohne die Hilfe Doreens wäre es —«

Ihre Augen leuchteten auf. »Ich helf dir!« sagte sie eifrig. »Ich kann tippen. Ich kann lernen, mit einem Computer umzugehen. Ich kann Akten ordnen und katalogisieren. Telefonate erledigen. Was immer du willst.«

Er lehnte sich vor und küßte sie. Das ist das einzige, was wirklich zählt: diese Frau, diese Familie, dieses Heim, diese Art zu leben. Skudder wird mir das nicht alles wegnehmen. Niemals. »Mein Gott, ich liebe dich«, sagte er.

»Okay«, sagte Skudder. »Jetzt werden wir ›die Schrauben anziehen‹.«

Er krallte seine Finger in die Luft.

»Also nehmen wir ihm als nächstes den Firmenwagen, dann sein Büro. Setzen ihn raus ins Großraumbüro der Verkaufsabteilung, wo er dann mit all den Idioten zusammensitzt. Kürzen sein Budget auf nix runter. Lassen ihn nach Stechuhr arbeiten. Sagen ihm, daß er nur eine halbe Stunde Mittagspause haben kann. Geben ihm lauter bescheuerte Aufgaben. Lassen ihn am Wochenende arbeiten. Machen ihm das Leben schwer. Machen ihn zur Sau, wenns immer geht.«

»Gut gedacht, Chef«, sagte Shane Gorman. »Genau wie wirs mit dem Neger bei F and P gemacht ham.«

»Genau so«, sagte Skudder.

Er lachte: »Ack-ack-ack-ack-ack.«

»Supa«, sagte er. »Ack-ack-ack-ack-ack.«

Am Montagmorgen gab es einen schlimmen Unfall auf der Autobahn und Hallam kam eine halbe Stunde zu spät zur Arbeit.

Ein dicklicher junger Mann saß an seinem Schreibtisch: tief gebräunt, lockiges Haar, Anfang zwanzig, mit zu eng zusammenstehenden scharfen schwarzen Augen, einem dünnen schwarzen Schnurrbart und einem Goldkettchen um den Hals. Sein Hemdkragen war offen, die Ärmel waren lässig aufgerollt und gaben den Blick frei auf eine riesige goldene Armbanduhr an dem einen Handgelenk und eine dicke Goldkette am anderen.

»Sie müssen Shane Gorman sein.«

»Sehr schafsinnig, mein lieber Watson«, sagte Gorman mit einer verwirrenden Falsettstimme. »Und Sie müssn Shylock Holmes sein.«

Als er aufstand, war er kleiner, als Hallam erwartet hatte, höchstens um die ein Meter sechzig, und gab ihm die Hand.

»Peter Hallam.«

»Hi, Pete.«

Gormans Händedruck war lasch, seine Handfläche weich und feucht. Hallam hätte sich am liebsten die Finger abgewischt. »Willkommen an Bord«, sagte er. »Ich hoffe, Sie werden sich hier wohl fühlen. Sie sind ja wunderbar gebräunt. Waren Sie im Urlaub?«

Gorman lächelte geziert. »Ja, ich und mein Freund kommen grad aus den Seeschellen zurück.«

»Von den Seychellen?«

»Exakt. Drei Wochen. Warnse dies Jah schon im Urlaub?«

Hallam klemmte seinen Regenschirm in den Ständer neben seinem Schreibtisch. »Noch nicht. Wir fliegen im September für vierzehn Tage nach Portugal.«

»Is das alles? Nur einmal im Jah?«

»Nun, ja, ich fürchte schon. Wir sind zu fünft, also ...«

»So könnt ich nich lebn«, sagte Gorman. »Ich würd zum Tier wern, wenn ich nur einn Urlaub im Jah hätte. Ja, zum Tier würd ich wern. Ich hab ne origenitale Schwäche fürs Reisen, hab ich nämlich. Es erweitert den Horizont, verstehnse? Oh, yeah, ich un mein Freund ham in der ganzn Welt Reisn gemacht. Mir ham Monica in Südfrankreich gemacht, und Italien und Cäcilien, wos diesen Edna-Vulkan gibt. Plus, mir warn Skifahren in Schammernicks.«

»Schammernicks?«

»Des is in Frankreich, is das, in den Alpen, neben diesm Mont Blonk.«

»Chamonix.«

»Yeah. Richtig. Plus, mir ham die Serviette-Union vorn paar Jahn gemacht – Moskau, Roter Platz – bevor dieser Maurice Jelzin kam.«

Großer Gott: Und das ist der Mann, von dem Skudder glaubt, er solle mein Stellvertreter sein, vielleicht sogar mein Nachfolger.

»Faszinierend«, sagte Hallam und näherte sich seinem Schreibtisch. »Wir müssen uns mal in Ruhe über Ihre Reisen unterhalten. Aber fürs erste sollten wir mal mit der Arbeit anfangen. Ihr Schreibtisch ist der dort drüben.«

Gorman schaute auf Doreens Schreibtisch und verzog das Gesicht.

»Nee, ich find den hier besser«, trällerte er, »mit meim Rücken zum Fenster.«

»Ich fürchte, das ist meiner.«

»Ich muß den Rücken zum Fenster ham. Wegen meinn Augn.«

»Was ist denn mit Ihren Augen?«

»Ich hab sensibile Augn. Sie vertragn zuviel Helligkeit nich. Ich muß das Licht hinner mir ham.«

»Dann drehen wir Ihren Schreibtisch zur Wand«, sagte Hallam fest, setzte sich an seinen Schreibtisch und öffnete seine Aktentasche.

»Das geht auch nich«, quengelte Gorman. »Ich hab Klosterphobie.«

»Nur davon, daß Sie zur *Wand* schauen?«

»Yeah. Ich krieg Panikattacken. Die überfalln mich einfach. Ich krieg Herzrasant.«

»Dann ziehen wir Ihren Schreibtisch von der Wand weg und drehen ihn auch weg vom Licht. So sollte es gehen.«

Gorman schaute zweifelnd. »Dann hab ich keine Aussicht«, flötete er.

»Nun, das tut mir sehr leid, Shane«, sagte Hallam und öffnete energisch seine Aktentasche, »aber einen besseren Vorschlag habe ich nicht. Und jetzt sagen Sie mir mal, was Sie hier eigentlich genau machen sollen. Ich habe immer noch keine Ahnung, worin Ihre Tätigkeit bestehen soll. Wissen Sie das?«

»Klar. Kein Problem.« Gorman näherte sich besorgt Doreens Schreibtisch und ließ sich daran nieder, als könne das Möbel ihn jederzeit anfallen. »Jyce war heut morgn schon aufn Schwätzchen da. Mir sin alte Kumpels, ham schon bei Fitzgerald and Parsons zusammengearbeitet. Er kam vor ner halben Stunde rein, um Ihnn Anweisungen in bezug auf meine Stelle zu gem, nur, Sie warn nich da. Er warn bißchen angepißt, dasse nich da warn, um ehrlich zu sein.«

»Ein Unfall auf der Autobahn hat mich aufgehalten.«

»Yeah? Jyce sagte, Sie werdn faul.«

»Ach, hat er das gesagt?«

»Yeah. Er mag keine Unpünktlichkeit, mag Jyce gar nich. Mit Jyce passense besser auf: Der is hart wien Ständer, is der. Er hat gesagt, ich soll Ihnn ausrichten, daß er erwartet, daß Sie jedn Tag Punkt acht Uhr dreißig an Ihrm Schreibtisch sind.«

»Ach tatsächlich, sagte er das? Und was hat er Ihnen über Ihre Stelle gesagt?«

»Nun, er hat seine Meinung geännert. Er will nich mehr, daß ich stellvertretender Verkaufsleiter bin, sondern ich soll assozialisierter Verkaufsleiter sein, so daß ich dann direkt an ihn berichte, nich Sie.«

»Ich verstehe. Und was genau impliziert das?«

»Wie meinen, Ehrwürden?«

»Was genau sind die Aufgaben eines assoziierten Verkaufsleiters?«

»Na, genau was Sie auch machen. Er hat mirn paar Sachen gegeben, mit denen ich anfangn soll.«

»Ach ja? Und die wären?«

Gorman sah verschlagen aus. »Kann ich nich sagen. Tut mir leid, Ehrwürden, das is vertraulich.«

In Hallam begann es zu kochen. Vertraulich? Wie konnte die Arbeit des assoziierten Verkaufsleiters vorm Verkaufsleiter geheimgehalten werden?

»Vertraulich?« sagte er. »Vor *mir*?«

»Des hat Jyce so gesagt.«

»Ich glaube, darüber sollte ich mit Mr. Skudder sobald wie möglich sprechen. Zum Beispiel jetzt.«

»Oh, heut werdnsen nich erwischn«, trällerte Gorman mit gewinnendem Lächeln. »Er is grad weg, um den Bankmanager zu treffn, un er kommt den ganzen Tag nich zurück. Da hättense heut morgen früher reinkommen müssn. Er warn bißchen angepißt von Ihnen, um ehrlich zu sein.«

Hallam rief Skudders Büro an.

»Yeah?«

»Melody?«

»Yeah. Wer da?«

»Peter Hallam.«

»Wer?«

»Peter Hallam, Leiter der Verkaufsabteilung.«

»Oh, Sie schon wieder. Was wollnse denn?«

»Ich *muß* Mr. Skudder so schnell wie möglich sprechen. Es ist dringend.«

»He, nich schon wieder. Hörnse, Sie ham schon einen Termin Freitag nächste Woche.«

»Ich *muß* ihn vorher sprechen.«

Sie seufzte dramatisch. »Hörnse, ich habs gesagt, er is proppenvoll. Er kann nix machen bis Freitag nächster Woche.«

»Es ist wirklich dringend, Melody –«

Sie wurde laut. »Jetz hör ma her, Opa, wennse nich aufhörn, mich zu nerven, sag ich Jyce, dasse mich belästign. Okay? Er mags nich, wenn Leute seine Sekretärinnen belästign. Okay? Un tschüß.«

Sie knallte den Hörer auf.

Eine Sekretärin. Nur Skudders Sekretärin. Aber sie knallt den Hörer auf, wenn ich anrufe. Hier hat sich etwas fundamental geändert und ich stehe nicht mehr dafür gerade.

»Ich hab's gesagt, stimmt's?« quiekte Gorman. »Jyce rödelt zur Zeit tierisch rum. Er hat mehr zu tun als der Schatzkanzler un der Ätzbischof von Canterbury zusammengenommen.«

Hallam schickte noch eine weitere E-Mail an Skudder, in dem er höflich, aber entschlossen auf einem Treffen vor Ende der Woche beharrte. Er verbrachte den Rest des Morgens damit, einen Berg von Papieren und banalen Kleinigkeiten zu durchpflügen, die normalerweise Doreen erledigt hätte.

Diese Situation war unerträglich. Und Doreen: Wie kam das arme Mädel damit zurecht? Er mußte sie irgendwann aus dem Schreibbüro rausbekommen, irgendwie.

Gorman arbeitete den ganzen Morgen stumm an Doreens Schreibtisch, starrte auf seinen Computermonitor, rief Dateien auf und studierte sie eingehend. *Was zum Teufel hat er vor?* Ab und zu machte er ein lautes saugendes Geräusch durch die Zähne, druckte sich ein Dokument aus und verschloß es sorgsam in seiner obersten Schublade. Ein oder zweimal sah Hallam ihn beim Betrachten des Bildschirms affektiert lächeln. *Was zum Teufel hat er vor?*

Kurz nach zwölf grunzte Gorman, stand auf, räkelte sich und griff nach seinem Jackett.

»Okay, ich bin beim Mittagessen«, sagte er.

Hallam sah auf seine Uhr. »Schon?«

»Yeah.«

»Bei uns ist zwischen eins und halb drei Mittagszeit.«

Gorman guckte blasiert. »Ich habn Termin mit nem wichtign neuen Kunden. Der trinkt vorm Mittagessen immer gern ne Buddel Schampus. Freund von Jyce.«

»Wie heißt er?«

Gorman tippte sich mit dem Zeigefinger gegen den Nasenflügel. »Kann ich nich sagen, oder? Jyce sagt, es muß vertraulich bleim.«

Hallam lehnte sich vor, die Ellbogen auf seinem Schreibtisch, die Fäuste geballt. Seine Fingerknöchel waren weiß. »Daß ich das richtig verstehe«, sagte er. »Sie, der stellvertretende Verkaufsleiter...«

»Assozialisierter Verkaufsleiter.«

»...assoziierte Verkaufsleiter gehen zum Mittagessen mit einem wichtigen neuen Kunden, aber der Geschäftsführer erlaubt Ihnen nicht, mir, dem Verkaufsleiter, zu sagen, wer dieser Kunde ist. Richtig?«

»Genau erfaßt, Ehrwürdn. Wir sehn uns. Wenn jemand nach mir fragt, ich bin so gegen halb vier, Viertel vor vier zurück.«

Dreieinhalb Stunden fürs Mittagessen!

Gorman zwinkerte. »Is am annern Ende der Stadt, wissense«, sagte er, »un mein Firmenwagen is noch nich da.«

Also bekommt er außerdem noch einen Firmenwagen, ja? So schnell. An seinem ersten Tag. Nur die Mitglieder der Geschäftsleitung und die Abteilungsleiter bekommen Firmenwagen.

Hallam konnte nicht an sich halten: Er mußte es wissen. »Was für einen Wagen bekommen Sie denn?«

Gorman lächelte affektiert. »TVR Griffith fünfhundert«, sagte er. »Kommt nächste Woche. Opalsilber, offenes Verdeck, cremefarbene Ledersitze, Moareerverkleidung, getönte Scheiben, Allufelgen, Servuslenkung, beheizte Sitze, Air-Condischuning – alles dran. Brandneu, in jungfräulichem Zustand.«

Meine Güte: ein Griffith 500? Der kostet – wieviel? Achtunddreißig, neununddreißigtausend. Verflucht noch mal: ein Firmenwagen für fast 40 000 Pfund. Sex auf Rädern.

»Was für einen Wagen ham Sie denn?« sagte Gorman.

»Einen Cavalier.«

Gorman starrte ihn an. Er zog eine Grimasse. »Einen Cavalier? Verdammte Scheiße, damit würd ich nich fahrn. Damit würd ich bestimmt nicht fahrn. Da müssense ma mit Jyce drüber redn. So, ich muß jetzt. Mahlzeit oder Bonn Affentitt, wie die Froschfresser in Monica sagn.«

Ein Griffith 500? Und dreistündige Champagner-Mittagessen? Wenn Skudder sich weigert, mich zu treffen, *muß* ich zu Mulliken gehen und ihn mit dem konfrontieren, was hier vor sich geht. Etwas muß geschehen, bevor es zu spät ist.

Nachdem Gorman zum Mittagessen gegangen war, rief Hallam Doreen im Schreibbüro an. Sie klang mitgenommen.

»Wie geht's denn so«, sagte er.

»Es ist schrecklich«, sagte sie mit gesenkter Stimme. »Dieser Bastard läßt mir von Fiona die ganzen wirklich lausigen Tätigkeiten aufbürden: lange unverständliche Kassetten abtippen, Briefe immer wieder umschreiben, obwohl sie völlig in Ordnung sind, Arbeiten, die ich abends mit nach Hause nehmen muß. Das macht mich wahnsinnig, Peter. Ich weiß nicht, wie lange ich das noch aushalten kann. Ich kann nicht mehr schlafen ...«

»Hör zu, Dor«, sagte er, »tu nichts Unüberlegtes. Noch nicht. Ich versuche Skudder zu treffen und alles zu klären.«

»Da hättest du aber Glück«, sagte sie.

Er wanderte den Flur hinunter, um sich in der Verkaufsabteilung zu zeigen. Das Großraumbüro war ungewöhnlich ruhig. Normalerweise lag dort ein gleichmäßiges Summen von Geschäftigkeit und Scherzen in der Luft, aber heute war die Belegschaft schweigend über ihre Computer gebeugt. Es roch nach Angst. Sogar Keith Smith schien an seinem Schreibtisch neben dem Haupteingang festgewachsen zu sein: Keith, der Spaßmacher, der immer eine geistreiche Bemerkung oder einen Witz auf den Lippen hatte, Keith, der fast jeden schon damit zum Lachen bringen konnte, daß er ihn mit seinem Gesichtsausdruck, dem wilden Haar und diesen großen heraustretenden, feuchten Augen ansah. Heute war er still. Er sah verdrießlich aus.

Hallam blieb an seinem Schreibtisch stehen. »Was macht die Kunst?« fragte er. »Ihr seid alle ganz schön still heute.«

Keith lehnte sich zurück, schob seinen Stuhl vom Schreibtisch weg und fuhr mit den Fingern durch den Dschungel seiner Haare. Er seufzte.

»Das können Sie laut sagen, Bwana. Es geht hier neuerdings zu wie im Leichenschauhaus. Keiner wagt zu atmen. Alle haben Angst.«

»Wovor?«

»Rausgeschmissen zu werden. Etwas falsch zu machen. Einfach nur Skudder aufzufallen. Gott, das ist ein häßlicher Unhold, oder? Ich meine, ich weiß, daß ich selber nicht gerade ein Ölgemälde bin, aber diese Fresse ist schon preisverdächtig. Steck ihn in einen Schönheitswettbewerb mit Quasimodo, King Kong und dem Elefantenmensch, und Skudder käme auf Platz vier. Und dieser Schädel von ihm: Teufel noch mal, wenn er um Mitternacht über den Friedhof wandern würde, mit dem Mond im Rücken, würden alle Leichen aufstehen und die Hände über den Kopf heben.«

Hallam lachte.

Keith rollte seine riesigen Augen. »Es ist nicht komisch, Bwana. Es ist eine Tragödie. Hier gab es eine tolle Arbeitsatmosphäre, dank Ihnen und Andy Unwin, aber damit ist es vorbei. Die Leute hassen es jetzt, zur Arbeit zu kommen. Jeder kommt eine halbe Stunde zu früh und abends haben sie Angst, nach Hause zu gehen, weil man ihnen ja Nachlässigkeit vorwerfen könnte. Die Leute sitzen rum bis acht, halb neun und tun so, als würden sie arbeiten. Kein Wunder: Skudder kam heute morgen rein und sah Mary und Donna, die sich gerade Kaffee an der Maschine holten, und natürlich unterhielten sie sich auch ein bißchen, während sie warteten, daß der Kaffee rauskommt, aber Skudder ging ab wie eine Rakete. Um ein Haar hätte er die Erdatmosphäre verlassen. Und seine Sprache! Jesus! »Sofort zurück an eure Scheiß Work Station, ihr Scheißschlampen«, schrie er. »Und wenn ich eine von euch noch einmal beim Scheißtratschen erwische, dann seid ihr draußen.« Jesus, man hätte meinen können, er hätte sie erwischt, wie sie hinterm Aktenschrank jemandem

einen blasen. Und überhaupt, seit wann ist denn ein Schreibtisch eine verdammte ›Work Station‹?«

»Er war heute hier? Skudder? Heute morgen?«

Keith nickte. »Ja, klar.«

»Wann war das?«

»Vor anderthalb Stunden, vielleicht zwei.«

»Verdammt. Mir haben sie gesagt, er wäre den ganzen Tag
nicht da.«

Keith betrachtete ihn voller Mitgefühl. »Auch Sie?«

Hallam nickte. Keith konnte man vertrauen. Ein guter
Mann. Loyal.

»Oh, Mann. Dann können wir gleich alle einpacken und
nach Hause gehen.«

So kann es nicht weitergehen. Man kann von Leuten
nicht erwarten, daß sie unter solchen Bedingungen ihr
Bestes geben. Etwas mußte getan werden, um die Moral zu
heben.

Er hob die Stimme, klatschte zweimal in die Hände und
wandte sich an den ganzen Raum. »Würdet ihr bitte alle hier-
herkommen?« sagte er.

Sie drehten sich um und schauten ihn an. Seine Leute.
Zweiundzwanzig Menschen. Sie brauchten ihn. Sie waren
von ihm abhängig.

»Ja, hierher, bitte. So. Ja. Genau. Ich habe euch etwas zu sagen.«

Sie verließen ihre Schreibtische und scharten sich um ihn.
Sie standen im Kreis um Keith' Schreibtisch. Hallam wartete,
bis sie alle in Hörweite waren: George Pringle, der verängstigt
aussah und älter als seine neunundvierzig Jahre; Elsie Benson
so nervös wie eine Maus; und die Jüngeren, ebenfalls
besorgt – Ian Forbes, Molly Unwin, Paul Yallop, Leila Roberts, Bill, Simon, Mary, Donna, gute Leute, alle miteinander,
wie sie da standen. Sie hatten das nicht verdient. Sie hatten

verdient, gehegt, gepflegt und ermutigt zu werden, nicht eingeschüchtert und schikaniert.

Hallam räusperte sich und nickte. »Ich will nur eines sagen«, sagte er und sah dabei nacheinander einige von ihnen an. »Ich weiß, daß ihr euch alle wegen der Umstrukturierung Gedanken macht, und das ist ganz natürlich. Vieles hat sich ganz schnell geändert und ein paar Leute mußten gehen, und so etwas ist immer unangenehm. Aber ich bin froh, sagen zu können, daß niemand aus dieser Abteilung gegangen ist – ganz zu Recht, denn ihr macht eure Sache alle sehr gut –, und ich will euch versichern, daß auch in Zukunft keiner von euch gehen muß. Mr. Skudder hat mir das ganz kategorisch zugesagt. Also macht euch keine Gedanken: Keiner hier, keiner von euch, muß mit einem Rausschmiß rechnen. Eure Stellen sind alle sicher, solange ich hier bin. Ich gebe euch mein Wort. Dies ist ein Versprechen. Also, gehen wir wieder an die Arbeit, und zwar mit genausoviel Spaß wie bisher. Arbeit kann hart und anstrengend sein – sie sollte hart und anstrengend sein –, aber sie sollte auch Spaß machen.«

Sie starrten ihn an.

Sie glauben mir nicht. Ich bin mir nicht sicher, ob ich mir selbst glaube. Aber es mußte getan werden. Etwas mußte getan werden.

Keith fing freundlicherweise an zu klatschen und sechs oder sieben von ihnen nahmen es auf und spendeten ihm kurz Applaus.

»Also, gehen wir wieder an die Arbeit«, sagte er. »Und wenn einer von euch Probleme hat, egal, was für welche, kann er immer zu mir kommen, und ich will versuchen, sie zu lösen. Meine Tür steht euch immer offen.«

Sie starrten ihn an. Zwei oder drei lächelten. Andere sahen noch immer besorgt aus. Elsie spielte zwanghaft mit einem

Knopf ihrer Strickjacke. Georges linkes Augenlid zuckte unkontrollierbar.

»Okay«, sagte Hallam. »Das wollte ich euch sagen. Das ist
alles.«

Sie glauben mir kein einziges verdammtes Wort.

Zum Mittagessen traf er Rupert Johnson im Pub zum Frosch
im Tümpel, Ecke Darwinstraße: anderthalb Pint Bier für jeden, ein paar Käsesandwiches mit Chutney, das anregende
Stimmengewirr eines City-Pubs zur Mittagszeit, die Entspannung, eine Stunde lang mit jemandem zu plauschen, der woanders arbeitete und nichts vom Albtraum Skudder wußte.

Er kehrte um zwei ins Büro zurück und stellte fest, daß
Skudder seine beiden letzten Spesenanträge zurückgeschickt
hatte. Die Formulare lagen in seinem Eingangskörbchen,
und fast jeder zweite Punkt war mit Rotstift durchgestrichen.
Seine Anträge waren ohne jegliche Erklärung um mehr als die
Hälfte gekürzt worden. *Wie konnte er es wagen?* Jeder einzelne
Punkt war absolut gerechtfertigt, natürlich war er das: Er
hatte noch nie im Leben bei den Spesen getrickst. Wie *konnte*
er es wagen? Er mußte Skudder sobald wie möglich sprechen.
So konnte es nicht weitergehen.

Er machte seinen Computer an. Über der Kopfzeile des
Bildschirms blinkte eine Nachrichtenzeile und informierte
ihn, daß in der internen E-Mail-Box eine Nachricht auf ihn
warte. Er rief sie auf. Melodys hübsche inkompetente Handschrift war von der ersten bis zur letzten Zeile zu spüren:

Memorandum
An: Peter Hallam, Verkaufsleiter
Von: Jason Skudder, Geschäftsführer
Betreff: NEUERUNGEN IN IHRER ABTEILUNG
Datum: 15. Juni

(1) Mr. Shane Gorman ist mit sofortiger Wirckung zum Assoziierten Verkaufsleiter bestellt und nur mir gegenüber wai-
sungsgebunden.

(2) Aus Gesundheitlichen Begründungen werden sie die
Wok Stations mit Mr. Gorman tauschen, so daß er nicht mehr
ins Licht kucken muß.

(3) Sie hören sofort auf, meine Sektärinnen zu beläsdigen.
Sie betreten das Büro meiner Sektärinnen nicht mehr, es sei
denn, ich will Sie sehn.

(4) Warum waren Sie nicht in Ihrem Büro an diesem Morgen, als ich kam, um sie zu sehen? In der Zukunft sind sie jeden Tag spätestens 8.29 an ihrer Wok Station. Ich kontroliere.

(5) Ich stelle fest, ihre Arrbeit türmt sich auf ihrer Wok
Station. Das ist gegen die Firmenfilosofhie. Ich erwarte ihre
Wok Station jeden Abend aufgeräumt, bevor Sie das Büro
verlassen. Arrbeit, die in den Bürostunden nicht gemacht
wurde, muß daheim gemacht werden.

JS

Hallam starrte auf das Memo. Er scrollte den Bildschirm hinunter und las es noch einmal. Er konnte es kaum glauben. Er
las es ein drittes Mal.

Wie *konnte* er es wagen?

Hallam stand auf. Sein Herz hämmerte. Sein Gesicht im
Spiegel neben dem Garderobenständer war blaß und angespannt.

Ruhig. Sei ganz ruhig. Das letzte, was ich jetzt brauche, ist
ein Herzinfarkt. Wie ironisch das wäre: Skudder wäre mich
gratis losgeworden.

Er grub seine Fingernägel in die Handflächen. Der scharfe
Schmerz lenkte ihn von seiner Wut ab.

Das Telefon klingelte. Er nahm den Hörer ab.

»Pete?«

Sid Thomas, der Leiter des Fuhrparks. Er hatte Sid immer gemocht: guter Mann, nette Ehefrau, spielte anständig Golf, unterhielt auf Kindergeburtstagen mit Zaubertricks.

»Sid?«

»Es ist mir sehr unangenehm, Pete«, sagte Sid. »Aber Skudder sagt, du brauchst keinen Firmenwagen mehr. Ich muß die Schlüssel haben. Ich hab das Gefühl, hier steht alles auf dem Kopf.«

Hallam nahm zwei Stufen auf einmal, rannte die beiden Treppen zum obersten Stockwerk hinauf und eilte mit Riesenschritten über den Flur zu Skudders Büro.

Er stieß die Tür zum Vorzimmer auf.

»He«, sagte Melody. »Sie dürfn hier nich rein.«

Er ging zu Skudders Bürotür. Der Wachmann stand auf und stellte sich vor die Tür, um ihm den Weg zu versperren.

»Lassen Sie mich bitte rein«, sagte Hallam.

»Es tut mir leid, Sir. Ich habe meine Anweisungen.«

»Ich bin der Verkaufsleiter. Ich muß Mr. Skudder sprechen.«

»Es tut mir leid, Sir. Mr. Skudder sagte, keine Besucher bis sechs. Er ist in einer Besprechung.«

Melody warf ihm wütende Blicke zu. »Jyce sagte besonders, daß Sie nich reinkommen dürfn«, sagte sie.

»Auch gut«, sagte Hallam. Er setzte sich aufs Sofa und nahm eine Zeitschrift vom Glastisch. »Dann setze ich mich hierher und warte bis sechs oder wie lange es auch immer dauern mag, bis er rauskommt.«

»Dafür wernse Ärger kriegen«, sagte Melody befriedigt. »Jyce wird das gar nich gut findn, bestimmt nich.«

Hallam sah sie an und lächelte. »Halt die Klappe, Süße«, sagte er.

Er saß mehr als zwei Stunden lang im Warteraum und blätterte Magazine und ein paar Zeitungen durch. Melody verschwand für eine Viertelstunde in Skudders Büro und Hallam konnte hören, daß drinnen hastig konferiert wurde. Als sie herauskam, schaute sie selbstgefällig drein. »Dafür sinse dran«, sagte sie.

Hallam schaute aus dem Fenster. Menschen arbeiteten auf mehreren Stockwerken im Gebäude gegenüber. Jedes Fenster war der Rahmen um irgendein Drama, irgendein Gelingen, irgendein Unglück. Diejenigen, die dahinter saßen, waren sich der anderen über und unter ihnen nicht bewußt. Wie klein sie von hier aus alle aussehen, dachte er, wie trivial ihre Hoffnungen und Ängste und ihr endloses Ringen um Status doch sind. Wir sind nur moderne Höhlenmenschen, das ist alles. Jeder von uns ist eingepfercht in eine düstere Höhle am Hang eines steilen Berges und merkt nicht, daß draußen die Sonne scheint und die Luft frisch und frei ist.

Er studierte die häßlichen modernen Gemälde an der Wand. Er warf einen Blick auf Melody. Sie war wirklich erstaunlich hübsch: Eine Schande, daß sie so ein kleines Miststück war. Er warf einen Blick auf das andere Mädchen: auch nicht schlecht. Offenbar hatte Skudder einen sicheren Geschmack für schöne Frauen. Ihre Haut war wie milchige Seide. Zu schade das mit ihrer Stimme. Immer wenn sie den Hörer abnahm, klang sie wie eine quakende Ente.

Er blickte auf seine Uhr. Er verschränkte die Arme und ließ sie wieder sinken. Er kreuzte die Beine und stellte sie wieder nebeneinander. Die Minuten zogen sich hin. Über dem Eingang tickte laut eine Uhr. Immer mal wieder klingelte das Telefon. Der Wachmann hörte nicht auf, sich zu räuspern und auf seine Armbanduhr zu schauen.

Um Viertel nach sechs summte die Sprechanlage. Melody hob ab. »Okay, Jyce. Richtig. Yeah. Geil.«

Sie legte auf, machte ihren Computer aus und begann, ihren Schreibtisch aufzuräumen. »Komm schon, Liz«, sagte sie. »Er sagt, wir können gehen.«

Die Frauen verschwanden über den Flur in der Damentoilette. Hallam beäugte den Wachmann.

Von jetzt an jeden Moment. Endlich.

Nach sechs oder sieben Minuten kehrten die Sekretärinnen zurück. Sie nahmen ihre Mäntel und Handtaschen. Melody lächelte dem Wachmann zu.

»Okay, Steve«, sagte sie. »Du kannst jetzt auch gehn.«

Sie sah mit Verachtung auf Hallam. »Und du auch, Opa«, sagte sie.

»Ich gehe nirgendwo hin, bis ich Skudder gesehen habe.«

Sie lachte unfreundlich. »Der is schon weg«, sagte sie und lachte noch einmal. »Er trifftse am Freitag, es sei denn, Sie spieln hier weiter den Idiotn.«

Natürlich. Wie verdammt dämlich von mir. Der andere Ausgang.

Er hatte vergessen, wie unangenehm es war, in der Hauptverkehrszeit mit der Bahn zur Arbeit und zurück zu fahren. Auf dem Vorplatz zur nächsten Station herrschte ein Gedränge von Tausenden von Pendlern, die sich durch die Barrieren vorwärts drängelten und schubsten und sich per Ellbogen ihren Weg zum Rand der Bahnsteige bahnten. Männer und Frauen drückten und rempelten gegeneinander wie Schweine auf dem Weg zum Schlachthaus. Bis Hallam in den Zug einsteigen konnte, waren die Sitze schon alle besetzt, und er mußte fünfundvierzig Minuten stehen, eingekeilt zwischen einer fetten Frau, die nach Knoblauch stank und unentwegt schnaufte, hustete und ihn mit ihrem Schirm stach, und der schwitzenden, nackten Achselhöhle eines riesigen behaarten Mannes, der eine Weste trug, aber kein Hemd und wie ein Schimpanse mit einer Hand am Haltegriff hing. Irgendwo im überfüllten Wagen rasselte und stampfte der harte metallische Beat eines Discman unentwegt. Der Zug bewegte sich wie eine zögernde Schildkröte, hielt oft ohne ersichtlichen Grund und ruckte, wann immer er anfuhr, so daß alle stehenden Passagiere sich an irgend etwas festkrallen mußten, das sie davor bewahrte, auf dem Gang durcheinandergekegelt zu werden.

Und es gibt Leute, die das jeden Tag machen, dachte er. Zweimal am Tag, fünf Tage die Woche. Das ist das zwanzigste Jahrhundert. Das ist Zivilisation.

Er war verschwitzt, müde und gereizt, als er nach einem fünfzehnminütigen Fußweg von der Bahnstation zu Hause ankam. Sein Rücken war naß, sein Hemd und Anzug feucht und zerknittert, seine Krawatte verdreht.

Ich kann das nicht täglich zweimal machen. Jedenfalls nicht lange. Jetzt im Sommer ist es vielleicht nicht so schlimm, aber im Winter... Ich bin zu alt für diesen ganzen Käse, für all dies Drängeln und Schubsen und Rempeln. *Zu alt?* Ja: alt. Vielleicht hat Skudder recht.

»Kuckuck!« rief Monica, als er die Eingangstür aufschloß. »Bist du das, Peter? Kuckuck!«

So wahr mir Gott helfe, wenn sie heute abend noch einen Limerick rezitiert, beiße ich sie in die Knöchel und erdrossle sie anschließend. Langsam.

Sie saß im Wohnzimmer und schaute sich eine wüste Game Show an, feuerte die Kandidaten an, rauchte und nippte an einem Kristallbecher Gin Tonic, in dem riesige Eiswürfel klirrten. Sie trug Jeans, ein weißes T-Shirt mit der Aufschrift SENIORENBEFREIUNGSFRONT und die rote Schirmmütze.

Sie schaute auf. »Du *bist* es, Peter!« rief sie aus. »Wie nett!«

»Hallo, Miss Grütze.« Er wand sich aus seinem Jackett. »Wen hast du denn sonst erwartet? Cary Grant?«

»O nein, mein Lieber, doch nicht Archie. Du hättest nicht Archie sein können – er ist seit über zehn Jahren tot. Sein richtiger Name war Archie, weißt du, Archibald Leach.«

»Ach hör auf, Monica.«

»Es stimmt«, sagte sie. »Er stammte aus Bristol. Ich habe ihn in Hollywood gut gekannt.« Sie lächelte vor sich hin und nippte an ihrem Gin. »Sehr gut sogar.«

Cary Grant? Was für ein Unsinn. Wie konnte sie glauben, damit durchzukommen, die verlogene alte Flunder? Nun, eigentlich war es einfach: Die meisten Leute, die sie angeblich gekannt hatte, waren tot. So konnte niemand tatsächlich beweisen, daß sie log. Vielleicht war das einer der wenigen Vorteile des Älterwerdens: Man konnte die dollsten Flunkereien über sein Leben erzählen.

»Wenn ich nur noch etwas länger in Hollywood geblieben wäre«, sagte sie, »hätte er mich, glaube ich, geheiratet.«

»Ich brauche einen Drink«, sagte er, »und zwar einen sehr großen.«

Susie sprang die Treppe herunter, kam ins Wohnzimmer wie ein frischer Windstoß, lächelte übers ganze Gesicht und umarmte ihn. Ihre Augen glänzten. »Hi, Dad«, sagte sie und küßte ihn auf die Wange. Sie umarmte ihn noch einmal. »Schön, daß du wieder zu Hause bist.«

Sie liebt mich. Sie liebt mich wirklich: diese entzückende Kindfrau, diese schöne Person, die immer Gelächter und Wärme ausstrahlt. Wie habe ich sie dazu gebracht, mich zu lieben? Ich habe nie darum gekämpft. Womit habe ich sie verdient? Und Jenny.

»Oma hat heute schon wieder beim Pferderennen gewonnen. Ist das nicht toll?«

»Sehr gut, Miss Grütze«, sagte Hallam.

»Es war keine Überraschung«, sagte Monica. »In meinem Horoskop stand ja, daß ich ein wenig Glück haben würde.«

»Wo ist Matt?«

Susie zuckte die Schultern und warf ihre Haare zurück. »Weggegangen.«

»Wohin?«

»Wen schert's«, sagte Monica. »Ich hätte gegen ein weiteres kleines Drinkchen nichts einzuwenden, wenn du eh auf dem Weg dorthin bist.«

Er nahm ihr Glas.

»Du bist ein süßer Junge«, sagte sie, »trotz all der Gerüchte.«

Schon wieder süß. Süß. Ich will nicht süß sein, ich will so ein rücksichtsloses Schwein sein wie Skudder.

Monica griff in den Ärmel ihres Sweaters, holte ein Taschentuch hervor und wollte sich die Nase putzen, als sie plötzlich innehielt und es anstarrte. Sie runzelte die Stirn. »Also warum habe ich mir da einen Knoten reingemacht?«

»Um dich an etwas zu erinnern?«

»Das ist klar«, sagte sie, »aber woran wollte ich mich erinnern? Ich hab's vergessen. Guter Gott: noch ein kleines Seniorenerlebnis. Willkommen Onkel Alz Heimer.«

»Vielleicht solltest du lieber ein bißchen mehr rauchen. Und einen weiteren Knoten ins Taschentuch machen, der dich daran erinnert, woran du dich erinnern wolltest.«

Sie warf ihm einen scharfen Blick zu. »Werd nicht frech«, sagte sie.

Sie sammelte auch Garnreste und Gummibänder und Büroklammern, Pappstücke, alte Umschläge und Schmierpapier und hortete sie in Regalen und Schränken; nichts davon würde je wieder ans Tageslicht kommen.

Jenny war in der Küche und zauberte wunderbare Gerüche nach Kräutern und Gewürzen. Er küßte sie.

»Hallo, Liebling«, sagte sie. »Ich habe den Wagen gar nicht gehört.«

Ich erzähle ihr noch nichts über den Wagen. Warum sollte sie sich unnötig aufregen? Wenn ich ihr erzählte, was passiert ist, hieße das, ich hätte es akzeptiert und den Kampf aufgegeben, und das wäre katastrophal. Ich habe es nicht akzeptiert. Ich kann und werde es nicht akzeptieren. Wenn es nötig wird, gehe ich weg und verklage diesen Typ.

»Er ist kaputt. Er ist in der Werkstatt. Ich mußte den Zug nehmen.«

»O nein. Wie lange wird das dauern?«

»Zwei oder drei Tage. Sie müssen ein Ersatzteil bestellen.«

»Was ist denn kaputt?«

»Keine Ahnung. Irgendwas Technisches. Du kennst mich doch.«

Sie lachte und umarmte ihn. »Willst du morgen meinen nehmen?«

»Das wäre nett. Bist du sicher, daß du ihn nicht brauchst?«

»O verdammt. Mir fällt gerade ein: Ich habe versprochen, Paula und Ginny morgen zum Benefizessen beim Roten Kreuz zu fahren.«

»Macht nichts, Liebling. Kein Problem. Es wird mich nicht umbringen, wenn ich morgen noch mal den Zug nehme.«

»Bist du sicher? Es tut mir wirklich leid.«

Sie wandte sich wieder zum Herd.

»Ansonsten hattest du einen schönen Tag?« fragte sie. »Bei der Arbeit, meine ich?«

»War okay.«

»Oh, das freut mich wirklich, Liebling. Ich habe mir solche Sorgen um dich gemacht. Um uns alle. Weißt du, weil du übers Kündigen gesprochen hast. Das hat mich erschreckt. Was sollten wir machen, wenn du das tun würdest? Wovon sollten wir leben?«

»Ich würde natürlich eine andere Stelle finden. Aber soweit wird es nicht kommen.«

»Du siehst müde aus. Ich mach dir einen Drink. Das Übliche?«

»Das wäre toll. Bitte. Aber zuerst muß ich unter die Dusche. Ich bin klatschnaß nach der Zugfahrt.«

»Ich mach dir einen. In einer halben Stunde gibt es Abendessen.«

Das ist es. Das ist das, was wirklich wichtig ist: meine Frauen, meine Familie, mein Heim. Das ist mein Hafen. Nichts, was Skudder tun könnte, kann all das hier ändern.

Ein teuflisches, heidnisches Lachen drang aus dem Fernseher.

Als er oben war, schaute er Cary Grant in Chambers Biographischem Lexikon nach, bevor er sich auszog, um unter die Dusche zu gehen. »Grant, Cary«, hieß es dort, »ursprünglich Archibald Leach (1904-1986). Amerikanischer Filmschauspieler englischer Herkunft, geboren in Bristol.«

Der Fernseher lachte erneut.

»Es tut mir so leid, Pete«, hatte Sid Thomas gesagt, als er kam, um die Autoschlüssel zu holen.

»Es ist ja wohl nicht deine Schuld. Aber kannst du mich das Auto nicht behalten lassen, bis ich Skudder am Freitag treffe?«

Sid war es sichtlich unangenehm. »Ich wünschte, ich könnte das, aber meine Stelle steht auf dem Spiel. Er hat mich schon angebrüllt, als ich Gormans neuen Firmenwagen beanstandet habe. Weißt du, was er bekommt? Einen Griffith 500.«

»Davon habe ich gehört.«

»Einen Griffith 500! Es ist eine Affenschande. In diesem Laden geht es drunter und drüber. Es tut mir so leid, Pete. Und hast du die neuesten Gerüchte gehört? Es heißt, Skudder stellt seine Geliebte als neue Personalchefin ein.«

»Aber das ist doch Fionas Job.«

»Nicht mehr. Er hat sie zur stellvertretenden Personalchefin degradiert.«

»Aber das kann er nicht machen.«

Sid sah ihn an. »Wer soll ihn daran hindern?«

Ich zum Teufel. Ich werde ihn verdammt noch mal daran hindern. Ich werde um einen Termin bei Mulliken bitten und diesen ganzen Spuk beenden.

»Ich werde ihn verdammt noch mal daran hindern«, sagte Hallam.

Sid sah ihn traurig an. »Ich wünschte, ich könnte dir glauben«, sagte er.

Hallam kam aus der Dusche, rieb sich kräftig trocken und fühlte sich erfrischt. Er schlang sich ein Handtuch um die Hüften und konsultierte sein Filofax. Mulliken, Willie. Er griff nach dem Telefon auf dem Nachttisch und wählte die Nummer.

»Mulliken.«

»Mr. Mulliken. Hier spricht Peter Hallam.«

»Hallam?«

Heilige Kuh, er erinnert sich nicht einmal an mich.

»Verkaufsleiter.«

»Ah ja, natürlich. Hallam. Was kann ich für Sie tun.«

Er atmete tief durch.

Da mußt du jetzt durch. Percy Langan wurde bereits entlassen, weil er sich bei Mulliken beschwert hat, aber einer muß es tun. Einer muß diesem Verfall entgegentreten.

»Ich muß Sie dringend sprechen, Sir«, sagte er. »Morgen früh, wenn das möglich ist.«

»Worum geht es denn?« sagte Mulliken mit einer Spur Verärgerung in der Stimme.

Verdammt. Vielleicht habe ich ihn mitten beim Abendessen erwischt.

»Ich kann das am Telefon nicht richtig erklären«, sagte Hallam. »Es ist ... ähm ... vertraulich. Es gibt Leute ...«

Noch eine Lüge.

»Es ist dringend, Sir. Es tut mir leid, daß ich Sie belästige, aber...«

»Nun gut, aber es muß früh sein. Halb acht. Ich habe um acht eine Besprechung. Ja?«

»Halb acht. Gut.«

»In meinem Büro in der Southery Street.«

»Gut. Ja. Ich werde da sein. Und vielen Dank.«

»Ich hoffe, es geht nicht um Jason Skudder«, sagte Mulliken und legte auf.

»Warst du das am Telefon?« sagte Jenny. »Ich hab es tuten gehört.«

»Nur ein kurzer Anruf. Geschäftlich. Jim Donaldson.«

Noch eine Lüge. Warum lüge ich? Um sie zu beschützen. Damit sie aufhört, sich Sorgen zu machen, bevor es wirklich nötig ist. Aber früher habe ich nie gelogen. Jetzt hat Skudder mich auch schon zum Lügner gemacht. Skudder macht aus mir jemanden, den ich überhaupt nicht mag.

Er zog sich an, ging hinunter, nahm sich seinen Drink und setzte sich ins Wohnzimmer. Der Fernseher war jetzt aus.

»Ich habe einen wundervollen neuen Limerick für dich«, sagte Monica.

Er nahm den 6-Uhr-32-Zug in die City. Es war wieder ein wunderschöner Morgen, und der Zug war um diese Tageszeit nicht annähernd so überfüllt. Die Fahrgäste gehörten sichtlich einer anderen sozialen Schicht an als diejenigen, die in der Rush-Hour pendelten. Es waren Arbeiter im Blaumann, Botenjungen, Putzfrauen: Menschen, die ihr Leben nicht zusammengepfercht in Büros wie Legehennen verbrachten. Es wurde mehr gelächelt als im Mittelschichtsgedränge, es gab mehr Witze, Geplänkel, Gelächter. Die Leute wirkten glücklicher und gelöster.

Vielleicht gibt es mehr Wärme am unteren Ende der Pyramide.

Während der Fahrt in die Stadt probte er, was er Mulliken sagen würde und versuchte es mit verschiedenen Ansätzen. Keiner davon kam ihm richtig gut vor. Die meisten klangen eher jämmerlich, als wäre er ein greinender Sechsjähriger, der über den Spielplatz plärrt: »Papa, Papa, dieser furchtbare Junge hat mein Spielzeug weggenommen und läßt mich nicht mehr mitmachen.«

Um Mullikens Büro in der City zu erreichen, mußte er zwei Busse nehmen und wurde immer unsicherer. Es war weit oben in einem Bürohochhaus und hatte die übliche Ausstattung des wirtschaftlichen Erfolgs: riesige Fenster, einen überwältigenden Blick über den Fluß, dicke weiße Teppiche, große polierte Holzschreibtische, teure Gemälde, ein offener Kamin, in dem Flammen zwischen ein paar kleinen Holzscheiten flackerten, ein riesiger Fernseher, echte Antiquitä-

ten und eine elegante Sekretärin mit kristallklarer Aussprache. Sogar ihr Lächeln wirkte echt.

»Mr. Mulliken erwartet Sie, Mr. Hallam«, sagte sie.

Sein Herz klopfte. Warum bin ich so nervös? Er ist der
Vorstandsvorsitzende, ein anderes menschliches Wesen. »Ich
hoffe, es geht nicht um Jason Skudder«, hatte er gesagt.

Mulliken saß in Hemdsärmeln an seinem Schreibtisch. Er
war einer dieser gepflegten, schlanken Männern Ende
fünfzig, die geradezu lächerlich fit und unglaublich teuer
aussehen: 1200-Pfund-Anzug, 300-Pfund-blau-gestreiftes-
Hemd, 90-Pfund-Krawatte, 850-Pfund-Schuhe, 75-Pfund-
Frisur. Sogar der diskrete Hauch des Aftershaves deutete auf
einen Mann hin, vor dem sich der Bankdirektor bis zum Boden verneigt. Es war wahrscheinlich dreißig Jahre her, daß
Willie Mulliken zuletzt hinter einem Zug oder einem Bus
hergehechelt war.

Mulliken erhob sich und kam hinter seinem Schreibtisch
hervor. »Hallam«, sagte er mit seidiger Stimme. »Schön, Sie
wiederzusehen. Wie lange ist es her? Zwei Jahre? Drei? Und
wie geht es Ihrer schönen Frau? Jenny. Und den Kindern?
Matthew? Susan?«

Ich hatte auch einmal eine genau so effiziente Sekretärin
wie Sie, und ich will sie wiederhaben.

Mulliken kam auf ihn zu und schüttelte ihm die Hand.

Seine Handflächen waren weich, aber fest, seine Fingernägel makellos maniküt. Er bot Hallam einen Sessel am Kamin
an und setzte sich in den Sessel gegenüber.

»Ich hoffe, Sie nehmen mir nicht übel, daß ich Ihnen keinen Kaffee anbiete. Ich habe diese verfluchte Besprechung
um acht. Also, um was geht's denn? Wo liegt das Problem?«

Womit anfangen? Was sage ich? Ich habe es alles immer
wieder geprobt und weiß noch immer nicht, wie ich es am
besten angehe.

»Ich fürchte, es geht doch um Jason Skudder«, sagte er.

Mullikens herzlicher Gesichtsausdruck verschwand. Eine Wolke zog hinter seinen Augen vorbei. Er verschränkte die Arme. Ein Paar eleganter Platin-Manschettenknöpfe blinkte im Sonnenlicht. *Er will es nicht wissen. Er wird nicht einmal zuhören.*

»Fahren Sie fort.«

Hallam schluckte. Seine Kehle war trocken. »Es geht mir nicht um Persönliches«, sagte er. »Nun, jedenfalls nicht ausschließlich.«

Mulliken starrte ihn an.

»Was ich sagen will, ist, daß ich sehr ernsthaft davon überzeugt bin, daß ich wegen des Wohlergehens der gesamten Firma zu Ihnen komme. Ich bin sicher, was ich Ihnen sagen will, würde neunzig Prozent der Belegschaft unterstützen, wenn nicht von mehr.«

Ich muß Mulliken in die Augen schauen. Ich habe nur diese eine Chance. Er muß mich ernst nehmen. Er muß mir glauben.

Er sah Mulliken in die Augen. »Ich bin sicher, daß Mr. Skudder sich letztendlich als eine exzellente Personalentscheidung entpuppen wird, aber —«

»Was aber?« Mullikens Ausdruck war kalt.

Es klingt alles so jämmerlich. So schwach.

»Ich glaube wirklich, daß er einen Fehlstart hingelegt hat«, sagte Hallam. »Er ist erst seit knapp über einer Woche bei der Firma, hat aber schon fast zwanzig Leute entlassen.«

»Totes Holz.«

»Nun, ja, einige von ihnen vielleicht —«

»Das hat er gesagt.«

Das ist ja klar, daß er das sagt, oder?

»Es ist nicht nur das, es geht um die ganze Atmosphäre in der Firma. Sie war früher so ein glücklicher Ort, aber jetzt . . .«

»Was?«

»Jetzt ist sie . . . nun, sie ist unglaublich unglücklich.«

»Wir leiten keinen Ferienclub, Hallam.«

»Nein, natürlich, aber . . . die Moral hat unglaublich gelitten. Skudder schüchtert die Leute ein. Er schikaniert sie. Er schlägt wild um sich. Alle haben Angst, ihre Stelle zu verlieren.«

Mulliken sah auf seine Uhr. »Das passiert nicht, wenn die Leute etwas taugen.«

Er will es nicht wissen. Es interessiert ihn einen Dreck.

»Nun, vielleicht sollte ich etwas konkreter werden und Ihnen ein Beispiel nennen«, sagte Hallam.

Mulliken betrachtete ihn. »Sie, nehme ich an.«

»Ja.«

Mullikens Nasenflügel zuckten. »Da habe ich ja richtig geraten.«

Ich habe einfach schlechte Karten. Ich komme nicht weiter.

»Ich bin jetzt seit fünfzehn Jahren Verkaufsleiter, aber innerhalb weniger Tage nach seinem Antritt hat Skudder mir meine Sekretärin, meinen Firmenwagen und mein Spesenkonto genommen und es mir damit nahezu unmöglich gemacht, meine Arbeit zu tun. Er weigert sich, mit mir zu sprechen oder wenigstens meine E-Mails zu beantworten. Außerdem hat er über meinen Kopf hinweg einen jungen Mann reingebracht, der keinerlei Ahnung vom Geschäft hat, aber offensichtlich mein Vorgesetzter sein soll.«

Mulliken zog an seinem Ohr. Die Geste wirkte entsetzlich abweisend. »Also *geht* es um Persönliches«, sagte er. »Sie hegen offensichtlich einen besonderen Groll gegen Skudder.«

»Nun, nein, keinen Groll. Ich denke nur —«

»Ich dachte, Sie sagten, Sie kämen wegen des Wohls der Firma zu mir.«

»Nun, das ist auch so.«

»Mir scheint, daß Sie eher damit beschäftigt sind, über Ihre eigenen kleinen Probleme mit dem neuen Management zu klagen.«

»Nein, das ist –«

Mulliken fixierte ihn. »Hören Sie mir zu, Hallam. Ich werde Ihnen einen Gefallen tun und diesen Besuch Skudder gegenüber nicht erwähnen. Sollte er davon hören, wäre er zweifellos sehr wütend – und das zu Recht –, daß Sie es für richtig hielten, zu mir zu kommen und sich hinter seinem Rücken zu beschweren. Wenn Sie eine bestimmte Beschwerde vorbringen wollen, dann schlage ich vor, daß Sie den angemessenen Weg und die vorgeschriebene Beschwerdeprozedur wählen: erst zum Personalchef, dann zum Personaldirektor und zum Schluß, falls nötig, zu Skudder selbst.«

»Aber das wäre –«

Mulliken hob die Hand. »Unterbrechen Sie mich nicht, Hallam. Was Sie nicht machen, wenn Sie eine lumpige persönliche Beschwerde haben, ist zum Vorstandsvorsitzenden zu gehen und mir die Zeit zu stehlen. Guter Gott, ich habe Besseres zu tun, als mir Ihr Gejammer anzuhören.«

Hallam stand auf. »Wenn das Ihre Meinung von mir ist, werde ich Ihnen nicht länger die Zeit stehlen.«

»Das freut mich zu hören.«

Ich kann es so nicht enden lassen. Das ist unsere letzte Chance: meine einzige Chance. Wenn ich Mulliken verliere, kann ich genausogut aufgeben.

»Sie sind offensichtlich nicht bereit, wenigstens einmal zu bedenken, ob Skudder seine Mitarbeiter nicht mit mehr Rücksichtnahme behandeln, sie ermutigen sollte.«

Mulliken stand auf und glitt zu seinem Schreibtisch zurück.

»Die Leitung muß leiten dürfen.«

»Genau der Meinung bin ich auch«, sagte Hallam verzwei-

137

felt. »Und da ich der Verkaufsleiter bin, sollte ich die Verkaufsabteilung leiten dürfen.«

Mulliken saß hinter seinem Schreibtisch. »Und Skudder leitet die Firma und ist von daher auch ermächtigt, den Verkaufsleiter zu leiten, egal wie lange der schon für das Unternehmen arbeitet. Die Zeiten haben sich geändert, Hallam. Die Welt da draußen ist jung heutzutage, und wir aus der älteren Generation müssen akzeptieren, daß wir bereit sein müssen, junge Talente willkommen zu heißen, notfalls sogar ihnen Platz zu machen und zurückzustecken, damit sie die Zügel übernehmen können.«

Du selbstgefälliges altes Arschloch: Wann hast du schon mal für jemanden zurückgesteckt?

»So sieht es nun mal aus, und es hat keinen Sinn, sich darüber aufzuregen. Das sind die *Fakten*, Hallam. Jungen Männern muß man ihren eigenen Kopf lassen. Skudder ist ein energiegeladener, einfallsreicher junger Mann, der mit exzellenten Empfehlungen, einem hervorragenden Werdegang und ein paar sehr guten Ideen zu uns kommt. Glauben Sie, ich hätte ihn ernannt, wenn dem nicht so wäre?«

»Natürlich nicht, aber —«

»Nichts aber, Hallam. Vielleicht ist Skudder ein bißchen schroff oder sogar rücksichtslos, aber schwierige Zeiten verlangen eine rücksichtslose Vorgehensweise. Wie Sie selbst bereits sagten, ist er erst seit knapp über einer Woche bei uns: Man muß ihm Zeit geben, sich einzuleben und zu zeigen, was er kann. Nun muß ich in eine Besprechung. Auf Wiedersehen, Hallam.«

Er bot ihm nicht die Hand.

»Er wirft jeden über fünfundvierzig raus. Findet auch das Ihre Zustimmung?«

Mulliken starrte ihn an. Seine Augen waren außergewöhnlich klar.

Aber dennoch sieht er einfach nichts.

»Wie alt sind Sie, Hallam?«

»Fünfundvierzig.«

»Hat Skudder Sie rausgeworfen?«

»Nein.«

»Also kann es nicht sein, daß er jeden über fünfundvierzig rauswirft.«

»Noch nicht, aber er versucht, mich loszuwerden, mich rauszuekeln.«

Mulliken seufzte und schaute erneut auf seine Armbanduhr. »Ich kann mich nicht länger mit Ihnen herumstreiten, Hallam«, sagte er. »Wir haben bereits genug Zeit vergeudet, und ich habe in fünfzehn Minuten eine wichtige Besprechung. Wenn Sie ein persönliches Problem haben, müssen Sie es beim Personalchef vorbringen.«

»Das wäre totale Zeitverschwendung. Skudder hat gerade einen neuen ernannt, seine Freundin.«

Mulliken sah scharf auf. »Ist das wahr?«

Hallam zögerte.

»Sie haben Beweise?«

»Nein. Keine klaren Beweise, nein. Ich habe nur gehört —«

Mullikens Gesicht rötete sich. »Sie sollten mit Ihren verleumderischen Anklagen ausgesprochen vorsichtig sein, Hallam. Kommen hierher und rauben mir die Zeit mit wilden Beschuldigungen und albernem Getratsche. Gehen Sie jetzt, Hallam, und schätzen Sie sich äußerst glücklich, daß ich beschlossen habe, Skudder nichts von diesem Gespräch zu erzählen.«

Hallam nickte. »Es tut mir leid, daß Sie nicht bereit sind, mir zuzuhören«, sagte er, »vielen Dank, daß Sie mich empfangen haben. Und ich möchte nur noch eines sagen. Wenn man Skudder erlaubt, sich so zu benehmen wie bisher, wird er das Unternehmen ruinieren. Nicht einer Ihrer Angestellten wird fähig sein, in der derzeitigen Atmosphäre sein Bestes zu geben. Die guten Leute werden gehen, und die, die bleiben, werden ein schreckensstarrer inkompetenter Haufen sein. Eines Tages werden Sie Ihre Weigerung, mich ernst zu nehmen, bedauern.«

Mulliken starrte ihn an.

»Gehen Sie jetzt, Hallam«, sagte er.

So, jetzt sind wir ganz auf uns gestellt, ohne Wehr und Waffen, keinerlei Unterstützung. Jetzt heißt es, jeder Mann für sich und zum Teufel mit Frauen und Kindern.

Gorman saß an Hallams Schreibtisch, als er in seinem Büro ankam. Er hämmerte in Hallams Computertastatur.

»Weg da!« sagte Hallam.

Gorman sah trotzig aus. »Nein«, quiekte er. »Jyce hats gesagt. Ihre Sachen hab ich alle rausgeräumt. Aus den Schubladn.«

»Weg da, Gorman! Das ist seit Jahren mein Schreibtisch.«

Gorman verschränkte nervös die Arme. »Nein. Und Jyce hat gesagt, wennse Ärger machn, soll ich den Sicherheitsdienst rufn und die schmeissnse ganz ausm Haus.«

Guter Gott. Wie Kleinkinder und all das wegen eines Schreibtischs. Und es ist nur ein Schreibtisch. Warum sollte ich deswegen eine Szene machen? Es ist nur ein verdammter Schreibtisch. Es gibt andere Wege, damit umzugehen. Skudder. Am Freitag. Irgendwie muß ich Skudder überreden, Vernunft anzunehmen.

»Jyce is vor ner halbn Stunde hier gewesn«, sagte Gorman. »Er hatn paar Papiere auf Ihre Work Station da drübn gelegt.«

»Das ist ein Schreibtisch, Gorman, keine Work Station. Was zum Teufel ist eine Work Station?«

Gorman schniefte. »Er war echt angepißt, dasse wieder zu spät sin.«

Ein ein Meter hoher Papierstapel lag auf Doreens Schreibtisch. Auf dem obersten Blatt lag eine Nachricht, in kindlicher Handschrift auf ein gelbes Post-it-Label gekritzelt. »Hallam:«, lautete sie, »Dringend: Kümmern Sie sich heute drum. JS.« Und dann, unterstrichen: »Schon wieder zu spät. Warum? Ich habe Ihre Entschuldigungen satt.«

Einen Moment lang drohte er, in einer Woge der Verzweiflung zu ertrinken. Es gab jetzt nichts mehr als Rebellion oder Kapitulation. Er lud den neuen Papierstapel auf einem anderen Stapel ab, der auch von Skudder gekommen und noch von gestern übriggeblieben war. Er würde in dieser Woche nie durch alles durchkommen, nicht zusätzlich zu all den anderen Dingen, nicht einmal, wenn er sechzehn Stunden am Tag arbeitete, nicht einmal, wenn er die Papiere jeden Abend mit nach Hause nähme.

Komm zurück, Doreen, ich ertrinke.

»Skudder kümmert mich einen Dreck«, sagte er und setzte sich an Doreens Schreibtisch.

»Er was?«

»Sie hams gehört.«

»Sie fahrn den Karren richtig inne Tinte, Kumpel, wennse so weitermachen«, quiekte Gorman. »Sie kriegn bei ihm lebenslange Zwangsarbeit.«

Hallm zog den neuen Papierstapel zu sich heran. Bis jetzt hatte ihm seine Arbeit immer Spaß gemacht, aber zum erstenmal in seinem Erwerbsleben fühlte er sich einer Sache nicht gewachsen. Er ging die Papiere mit wachsender Verwirrung durch. Keines davon hatte irgendwas mit seiner Arbeit oder mit der Verkaufsabteilung zu tun. Es ging um Planung, Produktentwicklung, Finanzprognosen, Zielsetzungen. Was sollte er Skudders Meinung nach mit dem ganzen Zeug machen? Es ergab keinen Sinn. Natürlich tat es das: Skudder erwartete, daß er davon verunsichert würde, stolpern würde, zögern und Fehler machen. Diese Befriedigung gönnte er Skudder nicht.

Er verbrachte den Morgen damit, sich langsam durch den unmöglichen Papierhaufen zu arbeiten, rief Kollegen an, wenn er nicht weiterwußte und gab die Dokumente an die Abteilungen weiter, in denen sie bearbeitet werden sollten.

Um zwölf Uhr fünfzehn ging Gorman zu einem frühen Mittagessen.

»Noch ein neuer Kunde?« sagte Hallam.

Gorman grinste affektiert. »Ne, Jyce nimmt mich mit ins Ritz, um meine Ankunft zu feiern.«

»Wie unheimlich nett von ihm. Ich dachte, er wäre furchtbar beschäftigt diese Woche, keine Zeit für gar nichts.«

»Für mich hat er immer Zeit, Hochwürdn. Er un ich sin alte Kumpels.«

Nachdem Gorman gegangen war, rief Hallam Doreen im Schreibbüro an.

»Kannst du sprechen?« fragte er.

»Nein.«

»Doreen? Bist du es?«

Schweigen.

»Doreen?«

Sie hatte aufgelegt. *Doreen.*

Gormans Telefon klingelte.

Er ignorierte es. Warum sollte er rangehen? Laß das verdammte Ding klingeln.

Nach einem halben Dutzend mal Läuten beruhigte das Telefon sich wieder und ein paar Sekunden später klopfte es an der Tür. Doreen steckte ihren Kopf zur Tür herein.

»Ist er weg?«

»Gorman? Ja.«

»Zum Mittagessen?«

»Ja.«

Sie kam schnell herein und machte die Tür zu. Sie war hibbelig.

Ihr fiel auf, wo er saß. »Was um alles in der Welt machst du an meinem Schreibtisch?« fragte sie.

»Ich wurde umgesetzt. Skudder.«

»Also wer...«

»Gorman.«

»O nein. O Peter, es tut mir so leid. Skudder muß verrückt sein.«

Sie warf einen nervösen Blick über ihre Schulter. »Hör mal, ich muß mich beeilen. Es tut mir leid, daß ich bei deinem Anruf aufgelegt habe, aber Skudder hat mir verboten, irgendwas mit dir zu tun zu haben. Ich darf nicht einmal mit dir sprechen. Und dein Telefon wird abgehört.«

»Das habe ich gehört. Ich kann es immer noch nicht glauben.«

»Das solltest du aber. Stan Norman vom Sicherheitsdienst hat es mir gesagt. Und nimm dich vor Gorman in acht. Er ist Gift. Er bleibt abends länger, nachdem du gegangen bist. Er wühlt sich durch deinen Schreibtisch, deine Aktenordner, deinen Papierkorb, was immer er finden kann. Er versucht etwas zu finden, womit er dir ein Bein stellen kann, egal was.«

»Aber das ist lächerlich.«

»Nein, Dick Johnson hat ihn gestern abend hier drin gesehen. Dick machte Überstunden, ging draußen im Flur vorbei, sah das Licht hier drin, guckte durch den Glaseinsatz und da war Gorman, saß an deinem Schreibtisch – genau dort – und vor ihm ausgebreitet lag der ganze Müll aus deinem Papierkorb, und er las alles durch.«

»Verflucht noch mal.«

»Und was noch wichtiger ist, auch deine Schubladen waren geöffnet.«

»Wäre Dick bereit, das zu protokollieren? Es zu bezeugen?«

»Natürlich nicht. Komm schon, Peter, wie könnte er? Er wäre keinen Tag länger hier, wenn er das täte. Jetzt, wo Fiona degradiert worden ist.«

»Ich hab's gehört. Eine Affenschande. Wie ist denn die Neue? Man sagte mir, sie sei Skudders Geliebte?«

Doreen lachte säuerlich. »Dawn Francis. Das würde mich nicht überraschen. Sie ist fast so häßlich wie er: kleine Augen, fieser schmaler Mund, gerümpfte Nase. Sie sieht aus, als würde sie jeden hassen. Die sind füreinander geschaffen.«

Sie sah eilig auf die Uhr. »Ich gehe besser«, sagte sie. »Ich habe einen Berg von Zeugs zu erledigen.«

»Hör mal, bleib dabei, Dor«, sagte er. »Kopf hoch. Laß dich nicht unterkriegen. Wir stehen das gemeinsam durch. Werd bloß nicht schwach. Okay?«

»Ich versuch's.«

Sie öffnete die Tür einen kleinen Spalt, schob ihren Kopf raus, prüfte, ob im Flur die Luft rein war und war verschwunden wie ein Phantom.

Was hat Skudder mit uns allen gemacht?

Kleine Flammen der Wut begannen in Hallams Hinterkopf hochzuzüngeln. Wie konnte selbst ein Mann wie Skudder Menschen so behandeln? Wie konnte er in den Spiegel schauen? Wie konnte er nachts schlafen? Das hatte nichts mehr mit Firmenleitung zu tun. Ja, die Zeiten hatten sich geändert und die Bürokultur hatte sich gegenüber dem, was sie in den Siebzigern und frühen Achtzigern mal gewesen war, sogar erheblich verändert. Damals hatte sich das Machtgleichgewicht zu sehr zugunsten der Arbeitnehmer und ihrer Gewerkschaften verschoben, aber jetzt waren es die Arbeitgeber, die einseitig alle Macht ausübten. Normale Mitarbeiter waren heutzutage kaum bessergestellt als feudale Leibeigene. *Vielen Dank, Lady Thatcher.* Was war aus all den Versprechungen von Arbeitszeitverkürzung und mehr Freizeit geworden?

Jeder, der noch eine Stelle hatte, arbeitete härter und länger denn je. Viele hatten kaum Zeit für ihre Ehepartner und ihre Familien. Neun von zehn waren absolut gestresst und total unglücklich. All die wundersamen arbeitssparenden Neuerungen – all diese Computer, Modems, Fax- und Kopiergeräte – hatten das Leben kein bißchen erleichtert, sie hatten einfach nur viele arbeitslos gemacht. Und die Angst vor der Arbeitslosigkeit hat einen ganz neuen Schlag brutaler Arbeitgeber hervorgebracht, eine ganze Rasse von Skudders.

Sie müssen bekämpft und zurückgedrängt werden, dachte Hallam grimmig. *Wir dürfen sie damit nicht durchkommen lassen.*

Fünf vor vier kam Gorman vom Mittagessen zurück, sein Gesicht glühte vor Alkohol und Selbstzufriedenheit. Er lächelte vor sich hin. Er warf einen Blick auf Hallam und grinste blasiert. Er schwankte leicht, als er zu Hallams altem Schreibtisch hinüberging.

Hallam beachtete ihn nicht.

Gorman setzte sich an den Schreibtisch, gab einen tiefen Seufzer von sich, rülpste, schaltete den Computer an, rief eine Datei auf und starrte sie mit glasigem Blick an.

Er ist betrunken. Fast vier Stunden für ein mittägliches Besäufnis – mit Skudder, aber trotzdem behauptet Skudder, so beschäftigt zu sein, daß er nicht einmal fünf Minuten Zeit für seinen Verkaufsleiter findet. Jetzt endlich habe ich die Botschaft verstanden: Es bringt nichts, Skudder am Freitag oder irgendeinem anderen Tag zu treffen. Es gibt offensichtlich nicht die geringste Aussicht auf einen Kompromiß. In diesem Krieg gibt es keinen Waffenstillstand, und Gefangene werden nicht gemacht. Einer von uns muß gehen – und nach dem Gespräch mit Mulliken ist klar, daß ich das sein werde. Es ist nur noch eine Frage des Wie und Warum und Wann. Ich werde kündigen müssen, vielleicht klage ich wegen Mobbings. Meine Stelle hat man mir weggenommen und statt dessen Gorman gegeben. Das ist Mobbing, zweifellos.

Es war wieder eine höllische, überfüllte, schweißtreibende Heimfahrt mit dem Zug an diesem Abend, aber kaum war er zu Hause und nippte in der Dämmerung auf der Terrasse an seinem abendlichen Scotch, da löste sich Hallams Entschlossenheit zu kündigen und Skudder wegen Mobbing zu verklagen in Luft auf.

Es war ein wunderschöner Sommerabend voller Vogelgesang, Balsam für die Seele. Er und Monica saßen auf der Terrasse und genossen den Frieden der länger werdenden Schatten. Jenny und Susie sangen bei der Zubereitung des Abendessens zusammen in der Küche *Happy Days Are Here Again*, Monica löste Kreuzworträtsel und schwelgte in einem großen Gin Tonic, Fudge lag Hallam zu Füßen, und Jezebel pirschte sich am Ende des Gartens an irgend etwas heran. Matt war wieder für ein paar Tage verschwunden. Wie konnte Hallam daran denken, all das aufs Spiel zu setzen? Alles, wofür er gearbeitet hatte? Wie könnte er das Leben aller hier zerstören, nur um seinen Stolz zu retten?

Nein, es war nicht nur Stolz. Natürlich nicht. Es ging um viel mehr. Ernsthafte Grundsätze spielten dabei eine Rolle und das Leben und die Karrieren anderer Menschen. Aber was würde geschehen, selbst wenn er einen Gerichtsprozeß gegen Skudder gewinnen würde? Bestenfalls erhielte er nicht mehr als die maximalen elf- oder zwölftausend Pfund Abfindung vor einem Arbeitsgericht, und bis zum Prozeßbeginn könnte es Monate dauern. Und obwohl es stimmte, daß er am Ende zwei Jahresgehälter bekommen könnte, wenn er Skudder vors Zivilgericht brächte und auf Einhaltung seines Vertrages klagte, wären die Prozeßkosten enorm, und es gäbe immer noch das Risiko, daß er verlieren könnte und Skudders Kosten auch noch tragen müßte. Und monate-, vielleicht sogar jahrelang würden ihn endlose Treffen mit Rechtsanwälten, zusätzliche Arbeit und ständige Sorge belasten. Und in der Zwischenzeit hätte er all den Stress mit der Suche nach einem neuen Job, vielleicht sogar mit dem Umzug in ein anderes Haus.

Brauchte er diesen ganzen Zirkus wirklich? Wäre es nicht besser, eine Weile abzuwarten, zu versuchen, Skudder irgendwie zur Vernunft zu bringen und die Situation doch noch zu retten, vielleicht Kompromisse einzugehen? Hallam hatte sich immer mit seiner Ruhe und Kompromißbereitschaft gebrüstet, mit seiner Fähigkeit, den Mittelweg zu finden. Und es war idiotisch, die Dinge überstürzen zu wollen. Schließlich war es erst zehn Tage her, daß der Albtraum begonnen hatte. Die Situation würde sich bald beruhigen. Und was war mit den Mitarbeitern der Verkaufsabteilung? Sie waren von Hallam und seinem Schutz abhängig. Wie konnte er einfach weggehen und sie im Stich lassen? Welche Art Führungsqualität wäre das?

Besser noch ein oder zwei Wochen warten, dachte er, Skudder, wie vereinbart, am Freitag treffen, wenn nötig um Entschuldigung bitten, ihn weich stimmen, versuchen, zu irgendeiner Art Übereinkunft zu kommen. Ja. Auf jeden Fall. Warte da noch ein bißchen ab.

»Dreizehn Buchstaben, fängt mit T an«, sagte Monica. »Nicht allzu wohlriechendes Schmieröl der Inspiration.«

»Transpiration?« sagte Hallam und leerte sein Glas. »Wollen wir uns den Rest teilen?«

Sie betrachtete ihn durch ihre Halbmond-Brillengläser. »Ist der Oberrabbiner beschnitten?« fragte sie zurück.

Er grinste. »Ich gehe davon aus, daß du ihn auch sehr genau kennst.«

Sie leerte ihr Glas. »*So* genau nun auch wieder nicht«, sagte sie.

Er nahm ihr Glas.

»Ich habe einen neuen Limerick«, sagte sie.

Er seufzte. »Oh, sag an.«

Warum nicht? Es bereitet ihr Vergnügen.

»Der geht wie folgt«, sagte sie:

»Ein Mathe-As namens Renge
Hatte 'n hexagonales Gehänge.
Die Eier mal zwei
Plus der Schwanz hoch die drei
Ergaben 'ne leere Menge.«

Er lachte. Er konnte nicht anders. »Du bist wirklich unmöglich«, sagte er.

Sie strahlte.

Es war wirklich ein wunderschöner Abend. Warum etwas überstürzen. Besser noch ein oder zwei Wochen warten und schauen, wie sich die Dinge entwickeln.

Am nächsten Morgen kam Hallam früh zur Arbeit und saß schon kurz nach acht an seinem Schreibtisch. Von Gorman war weit und breit nichts zu sehen. Er war wahrscheinlich noch im Bett und kurierte seinen Kater aus.

Um fünf vor neun klingelte sein Telefon. Es war Doreen. »Ich bin entlassen«, sagte sie.

Er spürte das Adrenalin durch seine Adern schießen. »Nein!«

»Ja.«

»Verdammt noch mal.«

»Dieses Miststück Dawn Francis hat mich gestern zu dir reingehen sehen. Sie hat mich abends angerufen und mir gesagt, daß ich heute nicht mehr kommen soll. Vorsätzlicher Ungehorsam, sagte sie. Großer Gott, sie haben nicht mal den Mumm, es dir ins Gesicht zu sagen.«

»Bist du jetzt zu Hause?«

»Ja.«

»Ach, Dor...«

»Mach dir keine Sorgen«, sagte sie. »Ich finde leicht was Neues. Und ehrlich gesagt, bin ich verdammt froh, da weg zu sein. Aber was für Schweine das sind. Ich sorge mich um dich.«

»Das brauchst du nicht. Ich kann schon auf mich aufpassen. Gott, ich fasse es nicht.«

»Ich auch nicht, ehrlich gesagt. Noch nicht. Wir haben so lange zusammengearbeitet.«

»Hör zu, komm doch am Sonntag zum Mittagessen.«

»Da kann ich nicht. Ich fahre zu meiner Familie.«

»Na, dann vielleicht nächstes Wochenende. Ich bitte Jenny, dich anzurufen. Wir machen bald was aus.«

»Das wäre schön.«

»Und, Dor...«

»Ja.«

»Es tut mir so leid. Du bist eine erstklassige Sekretärin. Sie sind verrückt. Geisteskrank.«

»Danke. Und du bist ein erstklassiger Boss.«

Er legte den Hörer auf.

Doreen. Wie konnten sie das tun? Jahrelanges Engagement und Erfahrung einfach rausgekickt, als wäre das nichts als Müll. Es war absurd. Selbstzerstörerisch. Es war kriminell.

Zehn nach neun rief Gormans Mutter an, um zu sagen, daß er heute nicht zur Arbeit kommen würde.

Er lebt also tatsächlich noch bei seiner Mutter?

Ihre Stimme klang nach der Weinerlichkeit einer ständig Enttäuschten. »Es ist sein Bäuchlein«, sagte sie.

Das glaube ich gern.

»Mein armer Shane. Er ist schon immer ein Opfer seines Bäuchleins gewesen, schon als er noch ein Baby war. Und Migräne. Er bekommt entsetzliche Migräne.«

Klar kriegt er die.

»Und sein Herz. Er bekommt entsetzliches Herzflattern. Es ist wirklich besorgniserregend, aber der Arzt sagt, in seinem Alter sei das normal. Wachstumsschmerzen. Und sein Fußpilz. Und seine Hämorrhoiden. Er ist nie wirklich gesund gewesen, nie wirklich.«

»Ich bin beglückt, das zu hören«, sagte Hallam.

»Wie bitte?«

»Ich bin bedrückt, das zu hören.«

»Oh. Ja. Nun.«

Fünf vor halb zehn rief George Pringle aus einer benachbarten Telefonzelle an, um zu sagen, daß er und Elsie Benson gerade entlassen worden waren. »Diese neue Personalchefin«, sagte er, »diese rattengesichtige Person, Skudders Weibsstück. Sie hat uns heute morgen zu sich gerufen und gesagt, daß wir der Arbeit nicht mehr gewachsen sind.«

Hallam war wie betäubt. »Aber Skudder hat versprochen, niemanden aus der Verkaufsabteilung rauszuschmeißen.«

»Ich weiß, das hatten Sie gesagt.«

O Gott, das Versprechen, das ich ihnen allen gemacht habe. Ich habe sie im Stich gelassen. Ich habe ihnen gegenüber versagt und das Versprechen gebrochen.

»Sie nennen es nicht Entlassung«, sagte Pringle, »sie nennen es Frühpensionierung, deswegen haben sie nicht einmal die einmonatige Kündigungsfrist eingehalten. Sie haben noch nicht mal unsere Pension erhöht.«

Also hat Skudder einen Weg gefunden, sie loszuwerden, ohne daß es ihn einen Pfennig kostet.

»Ich kann nicht glauben, was ich da höre.«

»Unsere Renten werden winzig sein, Mr. Hallam. Ich bin nicht mal fünfzig und Elsie ist erst vierundvierzig, deshalb haben unsere Rentenansprüche nicht annähernd genügend Zeit gehabt, so anzuwachsen, daß wir davon leben könnten.«

»Wo ist Elsie jetzt?«

»Sie ist hier bei mir in der Telefonzelle.«

»Ich mache das nicht mit«, sagte Hallam. »Ich spreche mit Skudder. Jetzt. Ich rufe euch beide später zu Hause an.«

»Sie sagte, wir wären nutzlos. Das Mädel. Sie sagte, wir gehörten in ein Museum.«

Hallam ließ den Hörer auf die Gabel fallen und stand von seinem Schreibtisch auf. In seinem Kopf drehte sich alles. Ihm wurde heiß. Sein Gesicht brannte. Man durfte Skudder nicht erlauben, damit durchzukommen. Das war eine Kriegserklärung. Das war eine vorsätzliche Provokation: Leute aus seiner Abteilung zu entlassen, ohne ihn wenigstens zu konsultieren, ohne Vorwarnung.

Er sprang entschlossen die Treppen zum obersten Geschoß hoch und schritt durch den Korridor der Geschäftsleitung zu Skudders Büro.

Er ging brüsk an Melodys Schreibtisch vorbei. Skudder war zur Abwechslung offensichtlich einmal da: Sein Mantel hing an einem Haken hinter der Tür und sein Stock mit dem silbernen Griff lehnte in der Ecke an der Wand.

»Hier!« sagte sie. »Sie! Was ...?«

Der Wachmann saß mit der grimmigen Miene eines mittelalterlichen Wasserspeiers kerzengerade auf dem Lehnstuhl vor Skudders Büro. Aber es war nicht einer von Skudders Wachleuten von draußen: Es war Ron, der Portier des Personaleingangs. Manchmal braucht man ein bißchen Glück.

Morgen, Mr. Hallam. Morgen, Ron. Heute isses ne rosa Schleife und Weste, Sir. Ach, rosa sind sie? Danke, Ron. Ich danke Ihnen, Sir.

Hallam nickte ihm zu, als er auf Skudders Tür zumarschierte. »Hallo, Ron«, sagte er. »Ein wunderschöner Morgen. Er erwartet mich.«

Ron blinzelte, zuckte, zögerte, und Hallams Hand war am Türgriff, und die Tür war offen.

Er betrat Skudders Büro, schloß die Tür und schloß hinter sich ab. Er ließ den Schlüssel in seine Tasche gleiten.

Draußen konnte er Melodys gedämpfte Stimme hören, die wie eine Elster in der Brunftzeit schrillte.

»Hier, Ron! Der kann da nich rein, nich mit Jyce. Mensch, Ron, der is mit *Jyce*, du blöder alter Wichser.«

Skudder sah von seinem Schreibtisch auf. Er trug ein schwarzes Hemd, eine knallbunte Fliege mit passender Weste und sprach gerade am Telefon. Er winkte herrschaftlich zu Hallam hinüber, scheuchte ihn weg, befahl ihm, den Raum zu verlassen, als wäre er irgendeine jugendliche Dienstmagd.

Verdammt noch mal, ist er häßlich. Ich habe vergessen, wie häßlich er doch ist.

Skudders kahler, unebener Schädel ragte ihm so glänzend und drohend wie eine Handgranate entgegen. Seine Haut war so blaß wie das Fleisch eines toten Fischs – als ob er nie ans Licht ginge. Seine Augen brannten vor Haß unter seinen fehlenden Brauen.

Diese Häßlichkeit ist überhaupt nicht physisch. Es gibt viele Männer, die kahl und nicht gerade schön sind, aber trotzdem sehr angenehm wirken. Aber dieser Skudder ist anders: Diese Häßlichkeit brodelt und sprudelt von irgendwo tief innen herauf.

Hallam schlenderte durch Skudders Büro zur zweiten Tür, verschloß diese ebenfalls, ließ den zweiten Schlüssel in seine Tasche gleiten. Er wanderte zurück zu Skudders Schreibtisch und ließ sich dort auf einer Ecke nieder.

Skudder warf ihm wütende Blicke zu.

Hallam lächelte liebenswürdig. »Hallo, *Jyce*«, sagte er. »Schöner Tag heute.«

»Einen Moment«, sagte Skudder in den Hörer. Er schaute zu Hallam auf. »Verfickt noch ma, was soll das hier gebn?«

»Ich habe den Termin für unser Treffen am Freitag verlegt. Und zwar nach vorne. Auf jetzt.«

Skudders Gesichtsausdruck war feindselig. Seine Fliege und Weste glühten wie ein Dutzend Regenbögen in einem Gewittersturm.

»Es gibt hiern Problem«, sagte er ins Telefon. »Ich rufe Sie zurück.« Er knallte den Hörer auf.

Er preßte den Summer der Sprechanlage. »Mel?«

Die Sprechanlage knisterte. Ihre Stimme klang zittrig. »Es tut mir echt so leid, Jyce, der is einfach —«

»Wie ist er reingekommen?«

»Der is einfach vorbeigestürzt —«

»Was is mit dem Sicherheitstyp?«

»Ron. Er is einfach an ihm vorbeigegangn.«

»Sag Ron, er soll ma lieber sofort hier reinkommn und diesen Irren rausschmeißn, wenn er seinen Job behaltn will.«

»Ja, Jyce. Tut mir echt so leid, Jyce. Ich —«

»Hör auf zu greinen, verflucht noch ma, und schaff diesn Irren hier raus.«

Er ließ den Hebel der Sprechanlage zurückschnalzen und starrte Hallam böse an. Er ballte die Fäuste und ließ seine Knöchel knacksen. Seine Augen glitzerten vor Haß. Wie die Augen eines Piraten, dachte Hallam. Alles, was ihm fehlt, ist ein Messer zwischen den Zähnen. Er ist ein Firmenkorsar, ein Halsabschneider, der uns alle über Bord gehen lassen will.

»Dafür krieg ich Se dran, Hallam«, sagte er. »Verfickt noch ma, was solln das gebn?«

»Ach, heißt es jetzt ›*Hallam*‹«, sagte Hallam und ahmte Skudder nach, indem er die Hände hob und mit den Fingern

Gänsefüßchen in die Luft krallte, »heißt es jetzt nicht mehr ›Pee‹«?

»Verpissense sich, Hallam. Sie fangn an, mir auf die Eier zu gehn.«

Am Türgriff wurde gerüttelt. Gedämpfte Stimmen drangen von der anderen Seite herein.

»Jyce?« sagte Melody kläglich. Ihre Worte klangen wie durch Baumwolle gesprochen. »Der hat die Tür abgeschlossn.«

»Dann brecht das Schweineding auf«, brüllte Skudder.

Er stand hinter seinem Schreibtisch auf, sein Gesicht war blaß, sein Kopf glänzte. Seine Augen zuckten von Hallam zur Tür und wieder zurück.

Er hat Angst! dachte Hallam. *Meine Güte, er hat Angst vor mir. Er glaubt, ich würde ihn schlagen, ihn verprügeln vielleicht.*

Ein warmes Gefühl flutete durch seine Adern, eine Empfindung von Macht. Er wußte, daß er – nur wenige Momente lang – zu allem fähig war.

»Das wars, Hallam«, sagte Skudder mit sich vor Wut überschlagender Stimme. »Das is Ihr Ende hier. Keiner nimmt sich mit Jyson Skudder so was raus, *no way*. Sie sind draußn.«

Hinter der Tür war noch mehr Gemurmel zu hören. Jemand flüsterte heiser. Dann begann das Murmeln erneut.

»Brecht die Scheißtür auf!« brüllte Skudder.

Er tanzte vor Wut durch den Raum und trommelte mit den Fäusten gegen die Tür. »Holt nen Rammbock! Holt nen Bohrer! Holt nen verfickten Schraubenzieher und hebt die Scharniere aus!«

»Das könnn wir nich, Jyce«, sagte Melody klagend auf der anderen Seite der Tür. »Die Scharniere sin auf deiner Seite der Tür.«

»Oh, Scheiße.«

»Setzen Sie sich«, sagte Hallam freundlich, »oder Sie bekommen einen Infarkt. Beruhigen Sie sich. Ich werde Sie nicht attackieren. Ich will nur ein ›kleines Schwätzchen‹, und dann bin ich weg.«

Skudder sah gehetzt aus. Er ballte die Fäuste. Er blickte wild um sich. »Sehr richtig, Sie sin weg«, sagte er bösartig. »Machense sich da keine Sorgn. Sie sin weg un unterwegs zum verfickten Arbeitsamt.«

Er umrundete vorsichtig seinen Schreibtisch und setzte sich wieder in seinen Stuhl. Er nahm den Hörer ab und rief bei der Zentrale an. »Ruft die Polizei«, sagte er. »Ich hab nen beschissnen Irren in meim Büro.«

Hallam glitt von der Schreibtischkante und ging um den Schreibtisch herum auf Skudder zu.

Skudder schrumpfte in seinem Stuhl. Er sah verängstigt aus. »Sie sin gefeuert«, sagte er.

Hallam zuckte die Schultern. »Klar, da müssen wir nicht drüber reden. Aber für dieses Vergnügen werden Sie bezahlen müssen, Süßer. Ich habe einen Zweijahresvertrag.«

Skudder lachte dreckig. »Jetzt nich mehr, *Süßer.* Der is null un nichtig, wennse wegn arbeitsvertragswidrigem Verhaltn fliegn, un das hier is grob vertragswidrig – mißachtn meine Anweisungn, brechn in mein Büro ein, störn meine Bespre- chung, verweigern meine Anweisungn. Von mir kriegense nen Scheißdreck, *Süßer.*«

Hallam lachte. Der fröhliche Klang seines Lachens über- raschte ihn. Ihm machte das Ganze tatsächlich Spaß.

»Ich rede nicht von mir«, sagte er. »Ich kann schon für mich sorgen. Nein, ich spreche über die Leute in meiner Abteilung, die Sie heute so unfair gefeuert haben – meine Sekretärin, Doreen, und Elsie Benson, George Pringle.«

Skudder feixte. »Na un, was wollnse dagegn tun?«

Hallam lächelte ihm zu. »Wenn Sie sie nicht wieder einstel- len«, sagte er freundlich, »dann mache ich Sie fix und fertig, Skudder. Ich bringe alle, die Sie gefeuert haben, zusammen, und wir nehmen uns den besten Anwalt der Stadt und werden Sie verklagen bis aufs letzte Hemd, *Jyce*, mein Freund. Wir verklagen Sie nicht nur als Geschäftsführer dieses Unternehmens, sondern auch persönlich, als Privatmann. Wir bringen Sie um den letzten Pfennig und dann noch um ein bißchen mehr. Wir quetschen Sie aus, bis auf Ihrem Konto nur noch eine leere Menge übrig ist, und dann quetschen wir Sie noch mal aus. Okay, ›*Süßer*?«

Skudder lächelte wie ein Krokodil. »Versuchenses nur, Hallam. Sie kommen nich weit. Jyson Skudder kennt seine Gesetze.«

»Darauf würde ich mich nicht verlassen. In der Zwischenzeit will ich nur auf eine Frage eine Antwort. Ich finde leicht einen anderen Job, Doreen auch, aber warum wurden Elsie Benson und George Pringle entlassen?«

»Beschissne Gruftis. Hams hinter sich.«

»Sie sind verdammt gut in ihrem Job.«

»Hams hinter sich. Hattens nie vor sich.«

»Sie haben mir versprochen, daß niemand aus meiner Abteilung entlassen wird. Sie haben mir Ihr Wort gegeben.«

Skudder starrte ihn an. Dann feixte er. Er ließ seine Knöchel knacken. »Da hab ich wohl gelogn, oder?« sagte er.

Hallam sah ihn an. Er schüttelte den Kopf. »Was für ein Kotzbrocken«, sagte er.

Er drehte sich um und ging zur Tür. »Wir sehen uns vor Gericht«, sagte er.

Er schloß die Tür auf, öffnete sie, ging hinaus ins Vorzimmer und schloß Skudders Tür hinter sich wieder zu. Melody und Liz starrten ihn voller Grauen an. Ron stand gebannt.

Es tut mir leid wegen Ron: Ihn schicken sie jetzt sicher auch in die Wüste. »Es tut mir leid, Ron«, sagte er.

Hallam schlenderte quer durchs Vorzimmer zum Müllschlucker in der Ecke und warf die Schlüssel zu Skudders beiden Bürotüren hinein. Sie klirrten harmonisch gegen die innere Metalleiste des Schachts – es klang, als würde eine Stalltür verriegelt – und fielen dann fünf nachhallende Stockwerke tief in ewige Vergessenheit.

»Hier!« sagte Melody. »Das könnense nich tun!«

»Ich habe es bereits getan.«

»Wie soll Jyce rauskommen?«

»Versuchen Sie es doch mal mit der Feuerwehr? Oder wie wär's mit der städtischen Schädlingsbekämpfung? Abteilung Nagetiere?«

Skudder hämmerte von innen gegen seine Bürotür. »Laßt mich raus!« brüllte er. »Dich krieg ich, Hallam! Wache! Faßt ihn! Nehmt ihn fest! Die Polizei is im Anmarsch!«

Hallam nickte Ron und Liz herzlich zu und winkte ihnen mit den Fingern ein kleines Wiedersehen hinüber.

»Man sieht sich«, sagte er.

Ich bin frei, dachte er. *Endlich. Und es fühlt sich verdammt wundervoll an.*

ZWEITER TEIL

Hallam genoß es in vollen Zügen, daß er Skudder und den ganzen Stress im Büro los war. Wie einfach es am Schluß gewesen war, sich von allem zu trennen, und das trotz der vierundzwanzig Jahre. Niemand muß als Gefangener leben: Du gehst einfach auf und davon. In diesem Juli war das Wetter phantastisch, und Hallam aalte sich in der Wärme. Ein goldener Tag folgte dem anderen, und er genoß die Leere dieses wunderbaren Sommers, die Tatsache, daß jeder Tag frei von Terminen und Verantwortlichkeiten war und er einfach tun konnte, wozu er Lust hatte. Jeden Tag erwachte er mit einem Lächeln, und jeden Tag dankte er dem heidnischen Gott des Mutes, daß er ihm die Kraft verliehen hatte, wegzugehen. Wäre er noch länger an seiner Stelle geblieben, dann wäre er mittlerweile geduckt und unglücklich, fürchtete jeden neuen Tag und haßte sich selbst. Dadurch, daß er gegangen war, hatte er seine Würde und Integrität gewahrt.

Jeden Morgen ging er in den Club, um Tennis zu spielen und zu schwimmen, und dort traf er ein Dutzend anderer Männer zwischen vierzig und Ende fünfzig, die auch frei über ihre Zeit verfügen konnten und ohne Bedauern auf ihr Berufsleben zurückblickten. Einige von ihnen waren betriebsbedingt freigestellt worden, andere gefeuert, manche waren in Frührente gegangen, aber alle waren dem drögen Büroleben mit einer satten Abfindung oder einer Pension entronnen, mit der es sich gut leben ließ.

Keiner schien unter dem Nichtstun zu leiden: Alle waren ausgelassen wie Schuljungen, die den Unterricht schwänzen.

Hallams einziger Wermutstropfen war Jenny. »Du hast versprochen, du würdest nicht kündigen«, sagte sie. Ihre Stimme zitterte. Ihre Lippen waren verkniffen. »Du hast versprochen, daß du da bleibst und kämpfst.«

»Ich weiß, Jen, aber es war am Ende unmöglich.«

»Du hast früher immer gesagt, das Wort unmöglich gibt es nicht.«

»Ich habe mich geirrt. Das gibt es doch. Es war unmöglich zu bleiben, nachdem Skudder Doreen, Elsie und George gefeuert hatte.«

»Warum?«

»Na komm schon, Jenny. Ich hatte ihnen versprochen, ihre Stellen seien sicher. Ich hatte ihnen mein Wort gegeben. Ich war ihr Chef, um Himmels willen.«

Ihr Gesicht war angespannt. »Also ist das Versprechen, das du ihnen gegeben hast, mehr wert als das Versprechen an mich?«

»Natürlich nicht. Aber von mir wurde erwartet, daß ich sie schütze.«

»Es wird auch erwartet, daß du mich schützt. Und Susie. Und Matt. Und wie willst du deine geliebten Mitarbeiter denn schützen, wenn du einfach weggehst?«

»Sie haben mir vertraut, und ich habe sie im Stich gelassen. Also mußte ich für sie eintreten, als Skudder sie gefeuert hat. Es geht dabei ums Prinzip, Jen. Kannst du das nicht verstehen?«

Sie lachte höhnisch. »Prinzip! Das sagen die Leute immer, wenn sie eigentlich etwas anderes meinen.«

Er streckte die Hand aus und berührte ihren Arm. »Komm schon, Jen, sei vernünftig.«

Sie schüttelte seine Hand ab. Ein Schaudern lief ihm über den Rücken. Das sah ihr nicht ähnlich. Wie war es möglich, daß sie es nicht verstand. Es war doch ganz eindeutig.

»Du weißt einfach nicht, wie es in der Firma war«, sagte er. »Du kannst dir die entsetzliche Atmosphäre, die Feindseligkeit, die Aggressivität nicht vorstellen. Es war wie ein Schlangennest.«

Sie sah ihn ohne Zuneigung an. »Viele Leute müssen in Jobs arbeiten, die sie hassen. Sie schaffen es. Sie finden sich damit ab. Sie laufen nicht einfach vor ihrer Verantwortung davon.«

Er starrte sie traurig an. *Tu das nicht. Ich liebe dich.* »Ich fasse es nicht, was du da sagst, Jen.«

»Vielleicht hattest du es die ganzen Jahre viel zu leicht.«

»Wie bitte?«

»Es war doch immer ein bißchen lässig unter Andy Unwin, oder?«

Er spürte eine plötzliche Vorahnung. So hatte sie noch nie mit ihm gesprochen. »Was du da sagst, ist fürchterlich, Jen. Und falsch. Das kannst du nicht wirklich denken.«

Ihre Augen waren kalt. »Ich dachte, du hältst mehr aus. Du hast gesagt, du stehst es durch. Statt dessen hast du klein beigegeben.«

»Verflucht, sie haben mir vertraut – George, Elsie, Doreen.«

»Und man sieht ja, was sie davon hatten.«

Plötzlich war er verärgert. Warum mußte er sich das anhören? Zu wem hielt sie eigentlich.

Sie war jetzt bitter. So hatte er sie nie gesehen. Sie war auch verängstigt: Er konnte die Unsicherheit in ihren Augen sehen. Sein Ärger schmolz. Arme Jenny: Natürlich machte sie sich Sorgen. Er war arbeitslos. Die Basis ihres Lebens war erschüttert. Jenny brauchte Sicherheit und Beruhigung.

Er streckte erneut seine Hand aus.

Sie drehte sich weg.

Stoß mich nicht weg, Jen. Nicht jetzt. Nicht deswegen.

»Wie sollen wir leben, wenn du keine Stelle hast? Woher soll das Geld kommen? Wie sollen wir denn künftig die Raten zahlen? Was sollen wir essen?«

»Mach dir keine Sorgen, Liebling. Ich finde einen neuen Job, und die Ratenzahlungen übernimmt die Versicherung, und bis dahin haben wir ein paar tausend in der Bausparkasse.«

»Wieviel?«

»Fünfzehn-, sechzehntausend.«

»Damit werden wir nicht weit kommen.«

»Komm schon, Jen. Sei nicht so negativ.«

Sie starrte ihn an. »Du hattest es versprochen«, sagte sie und drehte sich weg.

Sie versteht überhaupt nichts. Ich hätte mit einer Fremden sprechen können. Jenny, wo bist du?

Ein Schatten strich über sein Glück.

Jim Donaldson rief ihn am gleichen Abend zu Hause an. »Mein Gott, Pete«, sagte er, »das war wirklich mutig von dir.«

Hallam sagte nichts.

Wo zum Teufel warst du, als ich dich gebraucht habe? Da hast du den Kopf eingezogen und dich unterm Bett verkrochen.

»Daheim auf der Farm giltst du jetzt als Held.«

»Das bezweifle ich.«

»Es stimmt aber. Du bist für deine Angestellten eingetreten. Die Leute sind beeindruckt.«

»Nicht so sehr, daß irgendeiner von ihnen einen Finger rührt.«

Es gab ein unbehagliches Schweigen.

»Wird bei dir alles okay sein?« sagte Donaldson. »Finanziell?«

»Es sollte für mich nicht allzu schwierig sein, etwas Neues zu finden.«

»Natürlich nicht.«

»Und ich verklage Skudder wegen Mobbings und rechtswidriger Entlassung. Da sollten am Ende doch mindestens ein paar Jahresgehälter rausspringen. Plus Schadensersatz, wenn ich halbwegs Glück habe.«

Donaldson zögerte. »Darauf würde ich mich nicht verlassen«, sagte er. »Mobbing vor Gericht zu beweisen, ist höllisch schwer. Und teuer. Und Skudder wird behaupten, daß *du* weggegangen bist. Er wird behaupten, daß du nie tatsächlich entlassen wurdest.«

»Doch, wurde ich. Heute morgen in seinem Büro. Fünf Minuten bevor ich ging, sagte er, ich sei gefeuert.«

»Gibt es Zeugen?«

Hallam dachte nach. »Nein.«

»Da hast du's. Und so oder so wird er wahrscheinlich behaupten, daß du dich arbeitsvertragswidrig verhalten hast und wer weiß was sonst noch, und es ist gut möglich, daß das Gericht ihm recht gibt. Er könnte sogar seinerseits *dich* verklagen, weil du gegangen bist, ohne die Kündigungsfrist einzuhalten.«

»Verflucht, daran hatte ich nicht gedacht.«

»Wenn ich dir einen Rat geben darf«, sagte Donaldson mit einer aalglatten Stimme voller Besorgnis und Versöhnlichkeit: »Laß jeden Gedanken an ein juristisches Nachspiel fallen. Es ist tierisch teuer, fast unmöglich zu beweisen, unglaublich riskant, und es könnte dazu führen, daß Skudder zurückschlägt und dich verklagt. Es könnte damit enden, daß du nicht nur deinen Job verlierst, sondern auch noch ein Vermögen.«

»Also soll ich einfach gar nichts tun? Schlicht in den Sonnenuntergang reiten ohne irgendeine Abfindung? Ohne einen Pfennig, nach vierundzwanzig Jahren?«

»Es ist hart, das weiß ich, aber heutzutage . . . Die Dinge haben sich geändert, Pete. Das Gesetz ist nicht mehr auf deiner Seite.«

Und ihr verfluchten Rechtsanwälte auch nicht. Warum versuchst du, mir das auszureden? Weil du Skudders Justiziar bist und immer noch auf seiner Gehaltsliste stehst. Und du mußt Skudder in den Arsch kriechen, weil du dich selbst immer mehr den fünfundvierzig näherst. Weil du zu Skudder hältst, nicht zu mir.

»Skudder hat dir gesagt, du sollst mich aushorchen, stimmt's?« sagte Hallam. »Rausfinden, was ich vorhabe.«

»Mach dich nicht läch —«

»Nun, du kannst deinem Kotzbrocken von Chef ausrichten, daß ich ihn verklagen werde, bis seine verdammte Fliege sich im Kreis dreht.«

»Ich würde das nicht —«

»Und, Jim?«

»Ja?«

»Du bist ein treuloser Kerl. Ich will nie wieder etwas mit dir zu tun haben.«

Als er den Hörer aufknallte, sah er Jenny in der Tür stehen. »Das war Jim?« sagte sie.

»Ja.«

»Aber er ist dein bester Freund.«

»War.«

»Warum *war*?«

»Er hat mich im Stich gelassen. Er hätte mich unterstützen sollen.«

Sie starrte ihn an und schüttelte den Kopf. »Bist du verrückt geworden?« sagte sie. »Du wirst alle Freunde brauchen, die du haben kannst.«

»Solche Freunde nicht.«

Sie sah ihn mit so etwas wie Geringschätzung an. Sie streckte ihre Hand aus, die Innenfläche nach oben gedreht wie ein Bettler. »Ich brauche noch etwas mehr Geld«, sagte sie.

Hallam rief bei verschiedenen Geschäftskontakten an, um zu streuen, daß er zur Verfügung stünde, falls sie von einer passenden Stelle hörten. »Guter Gott«, sagte Harry Formby, »Sie werden bestimmt innerhalb von ein oder zwei Wochen von irgendwem eingekauft. Die müssen verrückt sein, Sie gehen zu lassen.« Er schrieb an Tom Roberts von Perkins and Lloyd und an Donald Sanderson von Postlethwaite King, dann lehnte er sich zurück und wartete darauf, daß die Angebote reinkamen.

Er suchte einen auf Arbeitsrecht spezialisierten Rechtsanwalt auf, den ihm Pinky Porter empfohlen hatte und der versprochen hatte, zu untersuchen, ob Mobbing und rechtswidrige Entlassung in seinem Fall in Frage kämen, wenn er einen ausführlichen Bericht darüber schriebe und so viele beweisträchtige Dokumente wie möglich herbeischaffen könnte.

»Du bist doch wahnsinnig«, sagte Jenny. »Zweihundertfünfzig Pfund pro Stunde.«

»Das bekommen wir zurück. Er hat für einen von Pinkys Freunden hundertfünfundsiebzigtausend wegen rechtswidriger Entlassung rausgeholt.«

»Ich nehme aber nicht an, daß der einfach so weggegangen ist, oder?«

Komm zu mir zurück, Jen. Bitte. Komm zurück von wo immer du bist.

Er rief Doreen an, um zu erfahren, wie sie zurecht kam. »Mir geht es gut«, sagte sie vergnügt. »Ich habe schon eine neue Stelle, bei Flanders and Charles.«

»Phantastisch, Dor. Ich hab's gewußt. Gut gemacht!«

»Und du?«

»Noch nicht. Aber es ist ja noch früh am Tag.«

»Ja.«

Er rief George Pringle und Elsie Benson an und fühlte sich

schuldig. Er hatte sie beide im Stich gelassen. Er hatte sie nicht schützen können.

»Es tut mir so leid«, sagte Hallam.

»Es ist nicht Ihre Schuld«, sagte Elsie.

»Skudder hatte es mir versprochen.«

»Ich weiß. Es ist nicht Ihre Schuld.«

Aber er hatte das Gefühl, daß dem doch so war. Skudder hatte die drei entlassen, um ihn zum Kündigen anzustacheln, da war er sicher. Ihre Verbindung zu ihm hatte ihnen das Genick gebrochen.

»Ich versuche, Arbeitslosengeld zu bekommen«, sagte George Pringle hoffnungslos, »aber sie sagen, es steht mir nicht zu, weil das Unternehmen sagt, ich wäre freiwillig in Frührente gegangen. Ich habe versucht zu erklären, daß es nicht freiwillig war, aber die hören gar nicht zu. So ein arroganter junger Mann beim Arbeitsamt sagte mir, ich solle wiederkommen, wenn ich fünfundsechzig bin. Ich weiß nicht, wie ich über die Runden kommen soll. Wer stellt einen Mann in meinem Alter ein?«

»Irgendwas wird klappen«, log Hallam. »Du wirst schon sehen.«

Es tut mir leid, George. Es tut mir so furchtbar leid.

Er begann, wieder zu lesen: Bücher, nicht nur Zeitungen. Er verbrachte jeden Tag ein oder zwei Stunden an den wunderschönen Sommernachmittagen im Garten, und während die Abendpendler drängelten und schubsten, um in ihre Züge einzusteigen, oder im Stau festsaßen und Kohlenmonoxid-Dämpfe einatmeten, schenkte er sich seinen abendlichen Scotch ein und hörte Musik.

Er strich die Besenkammer: Jenny hatte ihm damit seit Ewigkeiten in den Ohren gelegen. Er begann, beim Einkaufen und der Hausarbeit zu helfen, erledigte die körperlich schwereren Aufgaben und bot an, gelegentlich zu kochen, aber Jenny schien seine ständige Anwesenheit im Haus nicht zu passen. »Ich mache das wirklich lieber selbst«, sagte sie mit dünnen Lippen. »Konzentrier du dich besser darauf, einen neuen Job zu finden. Wäre es nicht langsam Zeit, daß du stempeln gehst?«

Er verlor die Fassung. »Stempeln? Verflucht, Jen, das käme für mich im Leben nicht in Frage.«

»Und warum nicht?«

»Nun, das ist nicht für Leute wie mich gedacht.«

»Leute wie dich? Was ist an dir so Besonderes.«

Ach Gott, Jen, das hättest du mich vor sechs Monaten nicht gefragt.

»Ich würde mich schämen. Es wäre ein Eingeständnis, das ich versagt habe. Und Stempeln ist wirklich für Leute, die sich nicht selbst helfen können. Leute, die wirklich keine Stelle finden können. Leute, die hilflos oder behindert sind oder keine Ausbildung haben. Und natürlich für Faulpelze und Schnorrer wie Matt; aber nicht für Leute wie mich.«

Ihre Augen blitzten. »Mein Gott, du bist ein arrogantes Arschloch. Also du bist Mr. Perfect und Matt ist nur ein Faulpelz und Schnorrer, ja?«

»Na komm schon, Jen, du weißt genau, daß er das ist. Glaubst du wirklich, daß er ernsthaft Arbeit sucht? Matt kennt die Bedeutung dieses Wortes gar nicht. Gott weiß, wie er damit durchkommt; den offiziellen Vorschriften nach müßte er eigentlich ständig unterwegs auf der Suche nach Arbeit sein, aber er liest nicht mal die Anzeigen in der Zeitung. Es reicht ihm völlig aus, hier rumzulungern und alle vierzehn Tage seine Arbeitslosenhilfe abzuholen und Leute wie uns zu verhöhnen, die versuchen, ihren Lebensunterhalt zu verdienen.«

Sie hätte ihn beinahe angespuckt. In *dieser* Form hatte er ihre Lippen noch nie gesehen. »Dann denkst du also, du bist was Besseres als alle anderen, ja?«

Das ist einfach lächerlich. »Nicht besser, Jen, aber privilegierter – besser ausgebildet, selbstbewußter, weniger verzweifelt.«

»Du solltest aber verdammt noch mal verzweifelt sein. Es ist jetzt schon über einen Monat her, und du hast immer noch keine Stelle. Wie lange, glaubst du, können wir so weitermachen? Wieviel länger wird das Geld noch reichen?«

Etwas stach in sein Herz.

Wie kannst du nur solche Dinge zu mir sagen? Oh, Jenny, meine Jen, was ist mit uns passiert? »Ich versuche es, Jen. Ich tue, was ich kann.«

»Nun, das scheint nicht zu reichen, oder?«

Oh, Jenny, nein.

»Du könntest ja wenigstens hingehen und Arbeitslosengeld beantragen, und *ein bißchen was* nach Hause bringen. Es *steht dir zu,* um Himmels willen. Du bist arbeitslos, also kriegst du Stütze. Da ist nichts Peinliches dabei. Dafür ist es gedacht. Gott weiß, du hast im Lauf der Jahre genug Arbeitslosenversicherung bezahlt.«

»Das ist nicht für Leute wie uns«, sagte er.

»Wenn du das noch einmal sagst...«

»Es ist für Leute, die sich nicht selbst helfen können. Leute wie wir sollten auf eigenen Füßen stehen, nicht den anderen Steuerzahlern zur Last fallen.«

»Mein Gott, du bist ein Snob. Also erwartest du, daß wir hungern, nur weil du zu stolz bist, um Hilfe zu bitten?«

»Wer hungert hier?«

»Wir, wir alle – wenn du nicht bald etwas unternimmst.«

»Warum ist Mami so gemein zu dir?« sagte Susie.

»Das meint sie nicht so, Suze. Sie macht sich nur Sorgen, das ist alles. Das ist ganz natürlich. Im Moment kommt überhaupt kein Geld rein.«

»Du *findest* eine neue Stelle, Daddy, oder nicht?«

»Natürlich finde ich eine. Es mag noch ein paar Wochen dauern, aber dann ist alles gut.«

Monica zeigte sich unerwartet großzügig. »Ich könnte ein bißchen mehr zur Haushaltskasse beitragen«, sagte sie eines Abends, »falls das was hilft.«

Er drückte ihre Hand. »Das ist nett von dir«, sagte er, »und vielen Dank für das Angebot, aber du zahlst jetzt schon mehr als genug.«

»Nun, wenn du irgendwann etwas brauchst —«

»Danke, Monica. Das ist wirklich lieb von dir, aber ich brauche nichts. Irgendwas wird sich bald auftun, da bin ich sicher.«

Aber als die Wochen vergingen und der Juli in den August überging, begann er sich weniger sicher zu fühlen. Es war sinnlos, jetzt irgend jemanden wegen einer Stelle anzusprechen: Die Leute nahmen ihren Sommerurlaub und dachten an alles andere als an Neueinstellungen. Er würde wahrscheinlich bis Mitte September warten müssen, vielleicht sogar bis Oktober. Und was alles noch schlimmer machte, war, daß die Versicherung sich weigerte, seine monatlichen Ratenzahlungen für das Haus zu übernehmen. Sie argumentierten, sie seien nicht zuständig, da er nicht entlassen oder freigestellt worden sei, sondern aus eigenem Entschluß die Firma verlassen habe. Es schien vernünftig, den Familienurlaub in Portugal zu streichen, obwohl das hieß, daß er seine Anzahlung verlor. Jennys Gesicht war danach noch grimmiger. Das Schweigen dehnte sich länger denn je.

Das schlimmste war, daß der Arbeitsrechtler der gleichen Ansicht war wie Jim Donaldson. »Ich würde Ihnen auf keinen Fall dazu raten«, sagte er, nachdem er Hallams Bericht gelesen hatte. Er war einer dieser großen, dünnen, schwermütigen Männer des Rechts mit der düsteren Ausstrahlung eines Leichenbestatters. »Um ehrlich zu sein, glaube ich, daß Sie über-

haupt nicht prozessieren sollten. Sie sind viel zu früh weggegangen. Hätten Sie sechs Monate gewartet und dann einen
viel längeren Katalog der Demütigungen und Verstöße gegen
Ihren Vertrag auflisten können, dann hätten Sie wesentlich
bessere Chancen. So, wie es steht, würde die andere Seite einfach argumentieren, daß Sie schnell überreagiert haben, und
dieser Skudder war klug genug, keine seiner Beleidigungen
schriftlich zu fixieren. Sie würden sagen, daß ein neuer Geschäftsführer selbstverständlich das Recht hat, Änderungen
vorzunehmen, und daß Ihr Vertrag vorsieht, daß Sie flexibel
sein müssen, was Ihre Tätigkeit und Veränderungen in Ihren
Arbeitsbedingungen angeht. Sie würden argumentieren, daß
Sie Ihren Vertrag gebrochen haben, indem Sie so schnell gegangen sind und ohne den Beschwerde- oder Schlichtungs-
weg ausprobiert zu haben. In der Tat würde ich sagen, daß die
eine ausgezeichnete Chance hätten, *Sie* wegen Vertragsbruchs
zu belangen.«

»Ich fasse es nicht«, sagte Hallam. »Wollen Sie mir wirklich
sagen, daß Skudder das selbstverständliche Recht hatte, mich
wie Dreck zu behandeln, meine Arbeitsbedingungen nahezu
vollständig zu verändern, meine Sekretärin, meinen Firmenwagen und mein Spesenkonto zu streichen, sich zu weigern,
mit mir zu sprechen und mich jemand anderem unterzuord-
nen?«

»Vielleicht nicht. Das müßte ein Gericht entscheiden.
Aber eins ist absolut sicher: Sie selbst hatten nicht das Recht,
Ihren Vertrag zu brechen, indem Sie plötzlich weggehen,
ohne Fristen einzuhalten und ohne vorher durch die interne
Beschwerdeprozedur gegangen zu sein.«

»Also was soll ich Ihrer Meinung nach tun?«

Der Rechtsanwalt schenkte ihm ein knappes Lächeln. »Gar
nichts«, sagte er, »und einfach beten, daß die *Sie* nicht verklagen.«

Verdammte Juristen. Welcher Idiot hat behauptet, die britische Justiz sei die beste der Welt?

»Was ist mit den anderen, die er gefeuert hat? Könnten wir die alle zusammenbringen und als Gruppe klagen?«

»Es wäre sehr dumm von Ihnen, wenn Sie sich überhaupt auf einen Prozeß einlassen. Wer das Schwert nimmt, wird durch das Schwert umkommen.«

Hallam dachte darüber nach, fluchte, nickte.

Er griff nach seinem Scheckbuch. »Zweihundertfünfzig Pfund?« sagte er.

»Pro Stunde. Drei Stunden. Also sind es siebenhundertfünfzig.« Der Jurist lächelte dünn. »Plus Mehrwertsteuer«, sagte er.

Die Tage vergingen. September. Jeden Tag wartete er mit Beben auf die Post, weil er auf das gefürchtete Schreiben, das ihn des Vertragsbruchs anklagte, wartete, aber es kam nicht. Vielleicht hatte Skudder noch immer Angst vor ihm, dachte er. Vielleicht war ihnen klar, daß er auch gewinnen könnte, wenn Sie ihn vor Gericht brachten.

Aber warum sollte Skudder auch Kosten und Ärger des Klagens auf sich nehmen? Es ergäbe keinen Sinn. Er wollte mich weghaben, und ich bin weg. Skudder hat wahrscheinlich schon vergessen, wie ich heiße.

Hallam rief erneut Harry Formby und Tom Roberts an.

»Tut mir leid, alter Junge«, sagte Harry, »bis jetzt noch nichts, aber es kann nicht lange dauern, bis einer anbeißt. Ich habe die Sache in Umlauf gebracht. Da wird sich was ergeben. Diese Dinge brauchen ihre Zeit. Sie werden schon sehen.«

»Es gibt ein paar Haken und Ösen«, sagte Tom. »Ein paar von den Typen, mit denen ich gesprochen habe, sagten, Sie wären großartig, aber sie suchen jemanden ... nun, der weniger teuer ist, nicht ganz so erfahren.«

Sie meinen jünger.

»Jemanden, der sie nicht ganz soviel kosten würde.«

Jünger.

»Jemanden, der die derzeitige Hackordnung nicht so durcheinanderbringen würde.«

Ja. Jemand jüngeren.

»Trotzdem, Kopf hoch. Es ist ja erst drei oder vier Wochen her, nicht wahr?«

»Fast elf.«

»Guter Gott. Das war mir gar nicht klar. Trotzdem, es ist ja noch viel Zeit.«

Aber die Zeit und die Ersparnisse wurden knapp.

Er rief drei weitere ehemalige Geschäftsfreunde an und schrieb noch einem halben Dutzend anderen. Er wartete. Sie antworteten. Kein Glück. Er begann die Stellenangebote in der Fachpresse und dann die in den allgemeinen Zeitungen durchzugehen, aber die meisten Anzeigen waren offenkundig nur an Bewerber zwischen fünfundzwanzig und fünfunddreißig gerichtet. Vierzig wurde nie erwähnt, von fünfundvierzig ganz zu schweigen. Vierzig war ein Schimpfwort geworden. Wie kommt es, daß das erlaubt ist, dachte er. Es war illegal, Geschlecht, Rasse oder Religion von potentiellen Angestellten zum Kriterium zu machen, aber niemand hinderte dich daran, das Alter zu spezifizieren. Er strich ein paar Anzeigen an, in denen das Alter nicht erwähnt wurde und ging zu ein paar Bewerbungsgesprächen, aber sobald er den Raum betrat, konnte er schon die Ablehnung auf den Gesichtern der Gesprächspartner sehen: *Mein Gott, er muß fast vierzig sein. Wir müßten hohe Beiträge in seinen Rentenfonds einzahlen. Er wird nur ein paar Jahre bei uns sein, bevor er in Pension geht. Er weiß wahrscheinlich mehr als wir. Wie würde er sich einfügen? Zu alt.*

Der Sommer starb, und der Herbst begann die versteckten feuchten Ecken des Gartens zu verdunkeln, die Blätter abzuzupfen und sie als braune Masse über den Rasen zu kleistern. Hallams Optimismus schmolz dahin. Seine Ersparnisse verringerten sich mit alarmierender Geschwindigkeit.

Er begann, sich Sorgen zu machen, und es war keine Hilfe, daß in Jennys Augen kalte Anklage stand. Es erschreckte ihn zu merken, wie schnell sie sich von ihm entfernt hatte und wie tief die Kluft zwischen ihnen nun war. Er begann, an seinen Ausflügen in den Club zu sparen: Es wurde zu teuer. Wenn er doch mal wegen einer gelegentlichen Tennispartie mit Pinky Porter hinging, stahl er sich hinterher davon, ohne noch für einen Drink in der Bar zu bleiben, damit er keine Runde ausgeben mußte. Eines Samstags kam er auf die tausend Pfund zu sprechen, die Pinky ihm noch immer schuldete.

»Tut mir leid, alter Junge«, sagte Pinky. »Ich bin diesen Monat selbst ein bißchen knapp. Pamela ist mit meinem Unterhalt ein paar Monate im Rückstand. Gott weiß, wovon ich ihrer Meinung nach leben soll, wenn sie nicht rechtzeitig meine Alimente zahlt.«

Und was war mit den vierzehn Tagen Ferien in Florida mit diesem Flittchen letzten Monat?

»Nächsten Monat auf jeden Fall«, sagte Pinky. »Oder spätestens an Weihnachten. Versprochen.«

Hallam versuchte, auch zu Hause weniger zu trinken, aber es war schwer, einem oder zwei Glas pro Abend zu widerstehen, als die Herbstabende mit plötzlicher Schwermut herandämmerten und sich lange Nächte vor ihm erstreckten. Nach und nach reduzierte er auch die Besuche bei Mike Gregorys regelmäßiger Kartenrunde am Samstagnachmittag: Er konnte es sich nicht mehr leisten, zu verlieren. Und jedes Mal, wenn er eine weitere Nische seines Lebens schloß, blieb ihm mehr Zeit, um sich Sorgen zu machen.

Warum schrieb niemand, warum rief keiner an? Wo blieben die Headhunter? Irgend jemand, irgendwo mußte ihn doch sicher brauchen? Wie konnte er mit fünfundvierzig schon jenseits von Gut und Böse sein? Es war absurd: Er war voller Energie, Ideen, Enthusiasmus. Vielleicht sollte er eine eigene Firma gründen, vielleicht sollte er sich selbständig machen. Aber wie sollte er das tun, ohne jegliche Ersparnisse, ohne jegliches Kapital? Und was für eine Firma könnte er in seinem Alter gründen? Vielleicht hatten sie am Ende doch recht. *Zu alt. Hat's hinter sich. Auf den Müllhaufen.*

Um fit zu bleiben, begann er nun täglich lange Spaziergänge machen. Er trotzte selbst den nassen und stürmischen Nachmittagen und fing an zu merken, daß, wann immer er ausging, die Nachbarn ihn nicht mehr zu sehen schienen. Früher hatten sie immer ein höfliches Lächeln und einen Gruß über die Gartenhecke ausgetauscht, aber wenn er nun vorbeikam, schienen sie beschäftigt zu sein oder gerade in die andere Richtung zu schauen. Gute Manieren? Der Wunsch, nicht neugierig zu wirken? Schamgefühl? Wer konnte das sagen? Nur die vergnügte westindische Familie am Ende der Straße grüßte ihn weiterhin, als sei nichts geschehen. Vielleicht wußten sie gar nicht, *daß* etwas geschehen war. Warum sollten sie auch? Der Vater, ein Mann mittleren Alters namens Junior, war immer in der Einfahrt und arbeitete an irgendeinem zerbeulten alten Auto und schenkte ihm jedesmal ein breites Grinsen und ein leutseliges Hallo, wenn er vorbeikam. Und wenn Juniors Kinder – Winston, Everard, Wilhelmina – zu Hause waren, rannten sie die Straße hinunter hinter ihm her, umtanzten ihn und zwitscherten wie Vögel. Doch die anderen Nachbarn waren stumme Schatten, die im Hauseingang verschwanden.

Ich bin ein Aussätziger. Sie wollen nicht infiziert werden. Und wie könnte ich ihnen das vorwerfen? Ich habe Doreen und Elsie und George infiziert. Vielleicht ist Versagen ansteckend.

»Du mußt Arbeitslosengeld beantragen«, sagte Jenny. »Du mußt deinen kostbaren Stolz runterschlucken, ob du willst oder nicht.«

Er sah sie mit unglücklichen Augen an.

Halt mich fest, Jen. Umarme mich. Bitte. Ich brauche dich. Besonders jetzt.

Sie drehte sich weg.

»Ich weiß«, sagte er. »Ich weiß.«

Das Arbeitsamt war ein verrußtes vierstöckiges viktorianisches Gebäude, das in einer trüben Seitengasse kauerte, als hoffte es, nicht gesehen zu werden. *Geht mir genauso*, dachte Hallam. Um zu vermeiden, daß er erkannt würde, hatte er sich entschlossen, keinen Anzug zu tragen. Statt dessen hatte er sich angezogen wie im Urlaub, mit hellen Sommerhosen, einem Hemd mit kurzen Ärmeln, Mokassins und dunkler Brille.

Was tue ich hier? Ich: der klassische Mittelschichtsmann, so vorsichtig, so beständig, gegen alles versichert außer gegen Dummheit. Ich hätte nie gedacht, daß es je so weit kommen würde.

Er spähte durch den Haupteingang und fand sich in einem fremden Land wieder: Ein riesiger schmutziger Raum mit einem schwarzen Linoleumboden, cremefarbenen Wänden, die von Nikotin ocker gefärbt waren und acht langen Schlangen arbeitsloser Menschen, die langsam auf acht verglaste Schalter am anderen Ende zuschlurften, wo acht Angestelle Anträge und Unterschriften bearbeiteten. Auf der gegenüberliegenden rechten Seite standen drei Leute an einem Fenster an, das mit EINKOMMENSERKLÄRUNG gekennzeichnet war.

Nur drei ehrliche Leute in dem ganzen Laden und sonst Dutzende von Lügnern.

Hie und da sahen einige der Arbeitslosen sauber und anständig aus, aber die meisten waren schmuddelig und verschlampt, als hätten sie längst jeden Respekt vor sich selbst verloren. Die Männer waren unrasiert und die Frauen unordentlich in T-Shirts, Jogginganzügen, Anoraks und Turn-schuhen. Eine trug sogar flauschige verdreckte rosafarbene Pantoffeln. Zigarettenrauch hing schwer in der Luft, und mehrere Männer tranken aus Bierdosen oder Flaschen mit Apfelwein.

Um zehn Uhr morgens betrunken. Wie um alles in der Welt können sie das von ihrem Arbeitslosengeld bezahlen? Und was *tue* ich hier?

Er stellte sich bei der kürzesten Schlange an. Vor ihm schwatzten ein paar Männer auf Spanisch oder Italienisch. Weiter vorne in der nächsten Schlange schien eine ganze Fa-milie von Griechen drauf und dran zu sein, handgreiflich zu werden.

Vielleicht sind alle Ausländer. Vielleicht bin ich hier der einzige Engländer.

Er schlurfte mit den anderen vorwärts und betete, daß ihn keiner sah, den er kannte. Wie würdelos war dieses Betteln um Almosen, dieses Eingeständnis des Versagens. Am Kopf der Schlange schrie eine hysterische Frau einen indischen An-gestellten auf Französisch an. Er sah sie an, als wäre er taub.

Hallam brauchte zwanzig Minuten, um an den Kopf der Schlange zu gelangen.

»Zum ersten Mal hier?« sagte der indische Angestellte. »Tut mir leid, Kumpel, falscher Schalter. Sie müssen zur Seitentür herumgehen und sich ein Stockwerk höher anmelden.«

Wieder draußen fand er um die Ecke eine Tür mit dem Schild: ANMELDUNG NEUE KLIENTEN.

Also sind die Arbeitslosen jetzt »Klienten«, ja? Welche Wunder sich doch heute mittels der Sprache vollbringen las-sen.

Er stieg eine schäbige Treppe zum ersten Stock hinauf und öffnete die Tür. Der Empfangsraum war unerwartet freund-lich mit bequemen Stühlen und einem Teppichboden in der sanften Farbe von Haferschleim. Es sah dem Gemeinschaftszimmer eines heiteren Altersheims ähnlicher als dem unfreundlichen Barackenraum, den er erwartet hatte. Ein Altersheim? Wie überaus passend.

Er nahm sich eine Informationsbroschüre für Arbeitssuchende von dem Tisch hinter der Tür. Drei Arbeitslose – zwei Männer und eine Frau – saßen geduldig in einer Reihe grüner Plastikstühle, während zwei weitere gerade von Angestellten des Arbeitsamts am anderen Ende des Raums befragt wurden. Einer der Männer in der Schlange war tadellos gekleidet, er trug ein gestärktes blaugestreiftes Hemd, eine schicke Krawatte und einen Nadelstreifenanzug. Seine schwarzen Schuhe glänzten. Er war hochgewachsen, dünn und aristokratisch mit einer knochigen Nase und einem amüsierten Gesichtsausdruck, der zu sagen schien: »Ich bin nicht wirklich hier, wissen Sie, ganz und gar nicht, ich bin nur zum Spaß gekommen.« Der andere Mann war klein, fett und unrasiert. Er trug eine schmuddelige Weste, einen Anorak und fleckige Turnschuhe. Die Frau war mit roten Lockenwicklern, einem ausgeleierten Pullover und schmutzigen rosafarbenen zerlöcherten Leggings ausstaffiert. Sie kaute Kaugummi. An ihrer rechten Hand waren Zeige- und Mittelfinger gelb vom Nikotin. Guter Gott, dachte Hallam, so weit ist es also mit mir gekommen.

Er setzte sich neben sie. Sie roch nach Schweiß und Zigaretten.

Die beiden Leute, die an den Tischen befragt wurden, saßen zwei jungen Angestellten gegenüber: Der eine war ein freundlich aussehender junger Schwarzer mit Dreadlocks, die andere ein weißes Mädchen mit teigigem Gesicht, Topffrisur, brauner Latzhose, klobigen Stiefeln und einer durchdringenden Stimme. An dem einen Träger ihrer Latzhose trug sie eine rote Aids-Schleife und an der anderen einen Plastikanstecker mit der Aufschrift HALLO! ICH BIN SHARON, IHRE PERSÖNLICHE ARBEITSBERATERIN (Stufe 3b).

Über jedem Tisch versprach ein großes Schild: »Absolute Vertraulichkeit wird den Klienten garantiert.«

»Also bumst er Sie oder nich?« bellte Sharon.

Die Klientin versank in ihrem Stuhl.

»Nun? Nun, kommse schon, Mrs. Feeney, ja oder nein? Entweder er machts oder nich. Is wichtig, machtn Unterschied bei der Summe, die Ihnen zusteht. Also besorgt ers Ihnen oder nich?«

Der Mann im Nadelstreifenanzug fing Hallams Blick auf und schaute rasch in die andere Richtung, beschämt, hier gesehen zu werden. Er tat so, als bemerke er ihn nicht, gleichgültig wie zwei Heterosexuelle, die einander in einer öffentlichen Toilette ignorieren.

»Was meinense, er bumst Sie nur einmal im Monat?« kreischte Sharon und befingerte einen entzündeten Akneherd an ihrem Kinn. »Is doch egal, wie oft. Bumsen is Bumsen, obs jetzt einmal im Monat is oder fünfmal am Tag.«

Hallam blätterte durch die Ratschläge in der Informationsbroschüre für Arbeitssuchende. »Arbeitgeber anrufen«, riet sie. »Halten Sie Stift und Papier bereit. Falls Sie ein Münztelefon benutzen, halten Sie ausreichend Kleingeld bereit. Sagen Sie, warum Sie anrufen, für welche Stelle Sie sich bewerben und mit wem Sie sprechen wollen. Seien Sie darauf vorbereitet, Fragen zu Ihrem Werdegang und Ihrer Berufserfahrung zu beantworten.«

Verflucht noch mal: Kann irgend jemand, der intelligent genug ist, lesen zu können, wirklich solche einfachen Ratschläge brauchen?

»Zu einem Bewerbungsgespräch gehen«, schlug die Broschüre vor. »Sorgen Sie dafür, daß Sie wissen, wie man dorthin kommt.«

Nach mehreren Minuten schien die sich krümmende Frau das Interesse der teiggesichtigen Sharon an ihrem Sexualleben befriedigt zu haben, stand auf, griff nach ihrer Einkaufstüte und verließ den Raum. Der Nadelstreifenanzug rümpfte hörbar die Nase, stand forsch und hochgewachsen von seinem Stuhl in der Schlange auf und schritt auf Sharon zu, die etwas auf ihren Block kritzelte. Wie aufgezogene Taschenkrebse bewegte sich der Rest der Schlange einen Stuhl nach links weiter und ließ sich wieder nieder. Sharon schaute auf, erblickte den sich ihr nähernden Nadelstreifenanzug, runzelte wütend die Stirn und winkte ihn zurück. »Wartense, bis Sie aufgerufn wern«, bellte sie.

»Bitte?«

Sie scheuchte ihn mit beiden Händen weg. »Zurück! Zurück! Setzen! Ich bin nich soweit! Wartense, bis ich Sie aufruf!«

»Entschuldigung«, sagte er. »Entschuldigen Sie.«

Sie hätte seine Tochter sein können, dachte Hallam. Er hätte ihr Chef sein können. Aber er ist gerade dabei, nicht mehr als ein Name in einer numerierten Akte zu werden.

Der Nadelstreifenanzug kehrte auf seinen Platz am Anfang der Schlange zurück, vertrieb somit den untersetzten, fetten Mann in der Weste, der sich erhob, unterm Arm kratzte und wieder einen Platz nach rechts rückte, somit seinerseits die Frau mit den roten Lockenwicklern vertreibend, die wiederum Hallam vertrieb.

»Entschuldigen Sie bitte«, sagte der Nadelstreifenanzug mit einem schiefen Lächeln und sah vage über ihre Köpfe hinweg. »Ich danke Ihnen. Verzeihen Sie. Sehr freundlich von Ihnen. Entschuldigung.«

Das Rückgrat Englands – erniedrigt zu dem hier.

Nach ein paar Minuten hörte Sharon auf, vor sich hin zu kritzeln, und schaute ohne Interesse auf die erwartungsvoll vor ihr sitzende Schlange, die sie wie Geier auf der Stange beobachtete. Sie stocherte sich in den Zähnen herum, schniefte, putzte sich die Nase an ihrem Ärmel ab, erhob sich von ihrem Stuhl, wandte sich um und verschwand durch eine Tür am anderen Ende des Raums. Mehrere Minuten lang drangen gedämpftes Gespräch und Lachen durch die Tür.

Ihre Kaffeepause, nehme ich an. Oder ein Ausflug aufs Damenklo. Oder – und das ist wohl am wahrscheinlichsten – pure Gemeinheit.

Die Schlange seufzte, kratzte sich an den Köpfen, verschränkte die Arme, scharrte mit den Füßen, verschob das Gewicht ihrer Hinterbacken, schlug die Beine übereinander. Zwei weitere Klienten betraten den Raum und setzten sich ans Ende der Schlange. Der Angestellte mit den Dreadlocks leierte mit gedämpfter Stimme endlos vor sich hin. Der Nadelstreifenanzug lächelte sich schon wieder zu und examinierte seine Fingernägel zum fünfzehnten Mal. Er sah auf seine Armbanduhr.

Warum soll man sich um Zeit kümmern, dachte Hallam. Wozu die Eile? Wir gehen ohnehin alle nirgendwohin, keiner von uns, oder? Dies ist eine Welt außerhalb der Zeit, und du und ich sind dabei, zu ihren Dauerbewohnern zu werden.

Der Nadelstreifenanzug fing an, unmelodisch vor sich hin zu summen.

Es dauerte fast eine Stunde, bis Hallam endlich den Anfang der Schlange und Sharons Tisch ereichte. Sie sah ihn streitsüchtig an. »Ja?«

»Ich möchte mich gern für Arbeitslosenunterstützung melden, bitte«, sagte er.

»Na, ich hab nich gedacht, dasse wegn dem Schampagna und Kavia gekommen sin«, sagte sie. Sie gackerte. »Sowieso heißt es jetzt Arbeitslosengeld. Wie lang sind Sie schon arbeitslos?«

»Fünf Monate.«

»Fünf Mohnate!! Wow, warum hamse so lang gebraucht?«

»Nun, ich wollte nicht vorher kommen. Ich dachte, ich schaffe es auch so.«

Ihre Augen wurden schmal. »Verstehe«, sagte sie. »Sie ham gedacht, Sie sin zu gut für uns, stimmt's?«

»Überhaupt nicht. Ich wollte nur —«

Sie schnaubte und reichte ihm ein Formular. »Gehnse weg und füllnse das aus«, bellte sie. »Kommse morgen wieda.«

»Morgen? Aber —«

Sie scheuchte ihn mit herrschaftlicher Geste weg. »Nein! Hier wird nich rumgestritten! Dabei bleibts! Zurück! Gehnse weita! Gehnse weg! Tunse einfach, was man Ihnen sagt.«

»Aber —«

»Gehnse weita! Un tschüß! Wir sin geschlossn. Mittagszeit. Un wir sin den ganzn Nachmittag geschlossn. Is nämlich Mittwoch, verstehnse?«

»Ah, natürlich«, sagte Hallam. »Das erklärt alles. Selbstverständlich. *Mittwoch*, ja? Nun, wenn das so ist . . .«

Sie beugte sich aggressiv vor und stach mit dem Zeigefinger in Richtung seiner Nase. »Wernse ja nich sarkastisch, Mister«, sagte sie. »Sonst könnt es passieren, daß ich Ihre Akte verlier.«

Also das ist es jetzt: Drohungen von einem weiblichen Tyrann mit Akne. Gedemütigt durch einen Teenager in brauner Latzhose und Rockerstiefeln. Wieviel tiefer kann man sinken?

Oh, noch viel tiefer, alter Junge, sprach ein bösartiges Flüstern in seinem Hinterkopf: unheilvoll, zischend, die Stimme Jason Skudders. *O ja — viel tiefer. Du weißt noch gar nichts, Süßer. Es hat gerade erst begonnen.*

Als Hallam nach Hause kam, hatten Matthew und drei seiner Freunde das Wohnzimmer in Beschlag genommen. Sie ließen die Rap-Musik so laut laufen, daß die Fenster in den Rahmen klirrten.

Hallam verzog das Gesicht. Musik? Es klingt eher wie ein Dutzend Dinosaurier, die auf Wellblech tanzen.

Er ging hinüber zur Anlage und stellte sie leiser.

»O toll«, sagte Matthew. »Dankeschön. Vielen herzlichen Dank.«

»Die Nachbarn«, sagte Hallam.

»Scheiße, du machst dir immer so Sorgen, was die Nachbarn denken. Du bist so ... *anal*.«

»Es geht nicht darum, was sie denken, Matt, es geht ganz einfach um gute Manieren, Rücksicht auf andere.«

»*Sankt* Peter«, höhnte Matthew, »das glaub ich einfach nicht.«

Sie schienen überall zu lümmeln, umgeben von verstreuten Kleidungsstücken, zerdrückten Kissen, schmutzigen Tellern und Tassen, Toastkrümeln, offenen Marmeladengläsern, leeren Sardinendosen, Limonadendosen. Dreckige Teelöffel lagen in Lachen verschütteter Flüssigkeit auf dem Sofatisch. Etwas Klebriges war auf einer Seite des schweren silbernen Tischfeuerzeugs verschmiert.

Wie schaffen sie es nur immer, so raumgreifend zu sein, dachte Hallam verzweifelt. Wie schaffen sie es nur immer, eine derartige Verwüstung anzurichten?

Sie schienen eine andere Spezies zu sein, Aliens. Einer von ihnen – Ben? – trug einen riesigen Ohrring, eine Art gestreiften Kaftan und grünen Lidschatten. Ein anderer – Nigel? – war mit einer fleckigen Weste, knappen Jogging-Shorts, Socken und braunen, offenen Sandalen bekleidet. Was sind das bloß für Leute, die Socken zu Sandalen tragen? Das androgyne Wesen, das an Magersucht zu leiden schien, Mickey, lag auf dem Sofa, und sein/ihr Kopf ruhte in Matthews

Schoß, während seine/ihre Turnschuhe Matsch auf den Sofa-
bezug schmierten.

Hallam hatte einmal den Fehler gemacht, Matt zu fragen,
ob Mickey männlich oder weiblich sei.

»Ich faß es nicht, was du sagst«, hatte Matt geschnauzt.

»Ich habe nur gefragt.«

»Aber warum soll das wichtig sein?«

»Ich war einfach nur neugierig.«

»Also was ist dein Problem, he? Gott, du bist so sexistisch.
Und schwulenfeindlich. Du bist so verspießt.«

»Mickey«, sagte Hallam jetzt. Er machte eine Geste in
Richtung der Turnschuhe. »Bitte.«

Mickey seufzte und hob seine/ihre Füße langsam und wi-
derwillig, ließ seine/ihre Beine nun über die Sofakante hängen, aber bettete seinen/ihren Kopf noch fester in Matthews
Leistengegend.

Ist Mickey eine männliche Person? Und wenn ja, ist mein
Sohn homosexuell? Und warum sollte das wichtig sein?

»Du bist so verdammt anal«, sagte Matthew, lehnte sich zurück und ließ seinen langen, fettigen, verfilzten Haarschopf
an der Rückenlehne des Sofas ruhen. »Was ist so schlimm an
einem bißchen Schmutz? Es ist doch nur Mutter Erde.«

»Und es ist doch nur Mutter Hallam, die die Bezüge wa-
schen muß. Denkst du denn nie an sie?«

»Doch, immer wenn mir mal wieder bewußt wird, daß die
arme Frau mit dir verheiratet ist.«

»Sehr charmant.«

Matt grinste hinterhältig. »Ich hab gehört, du gehst jetzt
stempeln«, sagte er.

Verdammte Jenny.

»Ich habe einen Antrag gestellt, ja.«

Matt grinste bösartig. »Ich dachte, du hältst nichts von
Leuten, die stempeln gehen.«

»Nicht, wenn sie es ehrlich nötig haben. Wenn sie keine Ersparnisse haben und sich ehrlich um Arbeit bemühen.«

»Und wer entscheidet denn dann, ob sie ehrlich sind? Du, nehme ich an – Peter der Große, Peter der Perfekte, Hallam der Großherzige.«

Hallam seufzte. »Ich will wirklich keinen Streit, Matt.«

Diesmal grinste Matt höhnisch. »Nein, natürlich nicht, nicht wenn es klar ist, daß du ihn verlierst. Du bist ein Heuchler, *Vater*. So einfach ist es gar nicht, einen Job zu finden, stimmt's?«

»Nein, in meinem Alter nicht.«

»In gar keinem Alter, Kumpel, weder in deinem noch in meinem. Du hast dich jetzt monatelang mir gegenüber gönnerhaft aufgespielt, weil ich nicht fähig sei, einen Job zu finden, und nun schaffst du es selbst nicht. Das ist ausgleichende Gerechtigkeit, und ich liebe sie.« Er prustete. »Hier, *Vater*, wir können jetzt alle vierzehn Tage zum Arbeitsamt gehen und gemeinsam die Stütze abholen, ganz nett und gemütlich, nur du und ich. Das wird schön, oder? Papa und Sohn wieder vereint, Händchen haltend in süßer Eintracht.«

Hallam fühlte sich plötzlich sehr müde. »Warum haßt du mich so sehr, Matt?« sagte er.

Matthew lachte sarkastisch und legte seine Füße auf den Couchtisch. Mickeys kleiner Kopf hüpfte in seinem Schoß. Die Absätze seiner Schuhe verschmierten den verschütteten Kaffee auf dem Holz.

»Dich hassen? Bild dir bloß nichts ein, *Papa*. Du tust mir höchstens leid, du mit deinen Mittelschichtswerten, du mit deinen bourgeoisen sogenannten Maßstäben und Prinzipien. Sie haben dir nicht viel gebracht, oder?«

»Doch, danke der Nachfrage.«

»Was denn zum Beispiel?«

Charakter, Entschlossenheit. Aber das würdest du nicht verstehen.

»Es hat keinen Sinn, das erklären zu wollen.«

»Das ist jämmerlich. Du drückst dich. Aber du hast dich ja schon immer gedrückt, nicht wahr, *Pater*?«

Hallam ging zur Tür. Er würde sich nicht vor Matts Freunden mit seinem Sohn streiten. Auf keinen Fall.

»Ich arbeite ein bißchen im Garten«, sagte er, »vielleicht wäre es dir möglich, hier vor sechs Uhr ein wenig aufzuräumen. Dann wird deine Großmutter Nachrichten sehen wollen.«

Matt grunzte. »Dann wirst du damit anfangen wollen, deinen abendlichen Eimer Whisky abzukippen, meinst du wohl. Warum trinkt ihr alternden Mittelschichtsschwätzer alle so viel? Um zu vergessen, was für Arschlöcher ihr seid?«

»Um unsere undankbaren Söhne zu vergessen«, sagte Hallam.

Als Hallam am nächsten Tag zum Arbeitsamt zurückkehrte, warteten vier Klienten in der Schlange mit den Plastikstühlen: ein hübsches asiatisches Mädchen im grünen Sari mit einem roten Fleck auf der Stirn; ein ältlicher Mann mit einem furchteinflößenden weißen Bart, ein junger Schwarzer mit Tirolerhut und Sonnenbrille; ein rotgesichtiger Penner, der ständig leise vor sich hin fluchte und murmelte: »Heilige Muttergottes« oder »Scheiße nochma, könnense sich das vorstelln?«

Die teiggesichtige Sharon war wie üblich dabei, an ihrem Tisch einen Klienten zu schikanieren. Sie trug eine verwaschene ockerfarbene Sportjacke, das rote Aids-Schleifchen, verlebte Leoparden-Leggings, die über ihren ausladenden Schenkeln spannten, und abgenutzte gelbe Turnschuhe.

»Was solln das heißn, Sie ham sechs Kinder«, bellte sie eine winzige grauhaarige Frau an, die aussah wie siebzig.

Die winzige Frau lehnte sich vor und flüsterte ihr ins Ohr.

»Himmel, Arsch und Zwirn«, kreischte Sharon. »Hätt er

sich das Ding halt abschneidn lassn solln, der verdammte Scheißkerl. Wie alt sinse denn?«

Die winzige Frau lehnte sich vor und flüsterte erneut.

»Siebenunvierzig!« gellte Sharon. »Sie sehn aus wie hunnertzehn!«

Hallam ging zum Ende der Schlange, setzte sich und wartete. Alle fünfzehn oder zwanzig Minuten, immer wenn wieder ein Klient den Raum verließ, erhob er sich, um nach links zu rücken, immer einen Stuhl weiter. Er hatte sich seinen ›Daily Telegraph‹ mitgenommen, um ein oder zwei Stunden rumzubringen und um sich nötigenfalls dahinter zu verstecken, aber es war keiner da, der ihn kannte, und ohnehin war es unmöglich, sich inmitten des Gekeifes von Sharon und des Hustens, Schniefens, Niesens und Zappelns der anderen Klienten zu konzentrieren.

Endlich, nachdem er über eine Stunde gewartet hatte, erreichte er den Anfang der Schlange, und zehn Minuten später sah Sharon von ihrem Tisch auf und winkte ihn mit knochigem Finger zu sich.

»Nächster«, dröhnte sie. »Yeah, genau: Sie, Opa! N bißchen schneller, wenns geht! Na los, wirds bald! Ich hab nich den ganzn Tag!«

Hallam nahm vor ihr Platz und schob das ausgefüllte Formular über den Tisch. »Guten Morgen«, sagte er.

Sie grunzte und streckte die Hand aus. »Ihr P45«, sagte sie.

»Bitte?«

Sie schnippte mit den Fingern. »Ihr P45.«

Er starrte sie an. »P45?«

»Mann, wissense überhaupt nix? Das ist ein Papier, das Ihnen die Firma beim Weggang gegebn hat, un da steht drauf, wasse verdient ham un wieviel Steuern Se gezahlt ham.«

So eins haben sie mir nie gegeben.

Sie schnippte erneut mit den Fingern. »Na los, na los!«

»Ich habe das nicht.«

»Sie was? Natürlich hamses. Müssense ham. Ihr Personalchef muß Ihnen eins gegebn ham.«

Der Personalchef: Skudders Freundin; Dawn Schlagmichtot. Natürlich. Sie hat mir nie eins geschickt. Sie wußten, daß ich in so eine Situation kommen würde.

»Nein, man hat mir nie eins gegeben.«

»Aber jeder muß eins ham.«

»Ich nicht. Sie haben mir keins zugeschickt.«

Sie starrte ihn haßerfüllt an. Ihre Augen waren kalt wie Steine. Warum verabscheute sie ihn so sehr? Er gehörte zu eindeutig zur Mittelschicht: Seine Sprache war zu gehoben; Matt hätte das sofort verstanden.

»Okay«, sagte sie barsch. »Dann Ihre P6oer.«

»Was?«

Ein kleines Lächeln breitete sich über ihre Lippen aus, als könne sie ihr Glück kaum fassen. Ihre kleinen schwarzen Augen glitzerten fast. »Sie ham überhaupt nix oder wie?«

»Ich habe meine Sozialversicherungsnummer und meine Krankenversicherungsnummer.«

»Reicht nich«, sagte sie zufrieden. »Sie brauchn noch Ihrn P45 oder alle Ihre P6oer.«

Sie sah ihn mit blasiertem Gesichtsausdruck an. Frustration stieg gleich einer Flutwelle in ihm hoch. Er war nicht länger der Herr seines Geschicks, nicht mehr der Kapitän seiner Seele. Sein Leben trieb auf hoher See, auf einem rauhen, gnadenlosen Ozean, in dem es von Piraten wimmelte. In der Schwärze ihrer Augen sah er plötzlich die Spiegelung endloser Aussichten auf täglich neue Frustrationen, auf lange, kalte, nasse, vergebliche Busfahrten, ergebnislose Telefonate und fruchtlose Briefe, auf Boshaftigkeit und Mißverständnisse. Und immer war da am Ende Sharons blasiertes kleines Gesicht mit ihrer Topffrisur, den selbstzufriedenen Nasen löchern und den fiesen kleinen Augen, in denen das Vergnügen an seinem Unbehagen glomm.

»Ich habe meine alten P6oer wahrscheinlich zu Hause in einem Aktenordner.«

Sie betrachtete ihn vergnügt. »Dann solltense die ma besser holn, nich wahr?«

Sie schaute über seine Schulter. »Der Nächste! Der Nächste.«

Er fuhr in einem Nebel von Ärger nach Hause.

Die Zeitvergeudung. Die endlose Bürokratie. Die Wichtigtuerei dieser hochnäsigen kleinen Nummern.

Zu Hause angekommen traf er auf Jenny, die ungeduldig vor der Garage auf- und abging. »Das wird aber auch Zeit«, sagte sie wütend. »Wo zum Teufel bist du gewesen?«

»Beim Arbeitsamt, um mich anzumelden.«

»Da hast du aber lange gebraucht. Ich muß das Auto haben. In zwanzig Minuten habe ich ein Bewerbungsgespräch.«

»Ein Bewerbungsgespräch? Du willst arbeiten gehen?«

Sie sah ihn voller Verachtung an. »Einer muß ja wohl«, sagte sie.

»Wo bewirbst du dich denn?«

»Bloß in einer Schulkantine«, sagte sie bitter. »Das ist alles. Was habe ich denn sonst gelernt?«

»Jen…« Laß mich dich halten. Laß mich dich umarmen und deinen Hals wieder riechen, dein Haar. Laß mich dich wieder lachen hören. Ich ertrage das nicht. Bitte. Jenny. Bitte, Jen.

»Ich muß jetzt gehen«, sagte sie.

»Könntest du einen winzigen Augenblick warten? Und mich in die Stadt mitnehmen? Ich muß noch mal zurück zum Arbeitsamt. Sie wollen ein paar Steuerunterlagen, die ich vorlegen muß.«

Sie öffnete die Autotür und setzte sich auf den Fahrersitz.

»Keine Zeit«, sagte sie. »Du mußt den Bus nehmen. Ich kann nicht warten.«

»Könntest du mich nicht unterwegs absetzen? Es dauert keine Minute. Sie machen um halb eins zu.«

»Dein Problem. Du hast mich schon lange genug aufgehalten.«

Sie drehte den Zündschlüssel, ließ den Motor aufheulen, schoß rückwärts aus der Einfahrt und röhrte die Straße hinunter.

Jenny auf Jobsuche. In einer Schulkantine. Ein weiterer Graben zwischen uns. Ein weiterer Grund zum Übelnehmen. Ein weiteres Versagen.

Die Vorhänge im Wohnzimmer waren noch immer geschlossen. Um elf Uhr! Verfluchter Matt mit seinen Faulenzer-Freunden. Warum schliefen die soviel? Was taten sie den ganzen Tag, daß sie so erschöpft waren? Und warum immer im Wohnzimmer, verflucht noch mal.

Er ging hoch, um in seinen Steuer- und Gehaltsunterlagen nach den P6oern zu suchen. Monica ließ in ihrem Zimmer den Plattenspieler laufen: der flotte Rockabilly-Sound von Country-and-Western-Musik drang unter ihrer Tür durch und überflutete das Treppenhaus.

»Kuckuck!« rief sie. »Bist du das, Peter? Kuckuck! Komm rein.«

»Ich hab's ein bißchen eilig, Monica. Ich muß —«

»Ich halte dich nicht lange auf, mein Lieber. Komm rein, komm schon.«

Er klopfte an ihre Tür und öffnete sie. Tammy Wynette auf dem altmodischen Plattenspieler: *Stand by your man*. Was für eine ausgezeichnete Idee. *Würdest du das bitte Jenny vorspielen?*

Monica lag auf dem Bett, eine elfenhafte Figur, die Cowboy-Stiefel, Lederhosen und ein Lederwams trug, den Stetson über die Stirn gezogen. Sie hatte sich Teebeutel tief in die

Augenhöhlen gedrückt und schnipste mit den Fingern im Takt zur Musik.

»Wozu um aller Welt sollen die Teebeutel gut sein«, sagte er.

»Sie sind ausgezeichnet, um die Tränensäcke zu straffen.«

»*Tee*beutel?«

»Aber natürlich. Sie müssen allerdings kalt sein, direkt aus dem Kühlschrank. Das weiß doch jeder.«

»Ich dachte, du schwörst auf Hämorrhoidensalbe.«

»Das tue ich auch, aber ich habe sie aufgebraucht. Könntest du mir eine neue besorgen? Das wäre lieb.«

»Wenn du darauf bestehst. Nun —«

»Findest du Country-and-Western-Musik nicht einfach wundervoll?«

»Nicht unbedingt.«

»Ach komm schon, Peter, sie ist so fröhlich und ausgelassen, so voller Leben.«

»So kläglich, meinst du wohl. Sie scheinen immer über irgendwas zu greinen — mein Baby war gemein zu mir, *don't go with my woman*, solche Sachen.«

»Aber die Melodie ist immer so munter. Hank liebt das alles, natürlich, weil er aus Arizona kommt. Er hat das Grammophon sehr gern.«

»Kein Mensch nennt die Dinger mehr Grammophon, Miss Grütze. Man spricht von Hi-Fi-Anlagen.«

»Wie entsetzlich langweilig«, sagte sie. »Ich möchte dir einen neuen Limerick vortragen, mal sehen, wie du ihn findest.«

Er ging rückwärts zur Tür. »Jetzt nicht, Monica. Ich muß jetzt wirklich gehen.«

»Sei nicht so schrecklich. Hör einfach zu.«

»Ich gehe, Monica. Ich muß zurück zum Arbeitsamt.«

»Adam lag nackt in dem Garten
und betrachtete andere Arten.«

Hallam verließ den Raum und machte energisch die Tür hinter sich zu.

Ihre gedämpfte Stimme verfolgte ihn durch den Flur:

»Sein Vergnügen war groß
denn den feuchtesten Schoß...«

Er machte die Zimmertür hinter sich zu und schaute auf seine Uhr. Fünf nach elf – er hatte weniger als anderthalb Stunden Zeit, um zum Arbeitsamt zu kommen, bevor sie schlossen. Verdammte Jenny.

Er wühlte sich durch seine Steuerunterlagen, fand die P6oer für die letzten fünf Jahre und ging im Schnellschritt die Straße hinunter zur Bushaltestelle. Es war bitterkalt draußen, und jetzt hatte es auch noch zu regnen begonnen.

Er ging zurück zum Haus, fand seinen schweren Wintermantel, Handschuhe und eine russische Pelzmütze und zog sie an. Er zerrte einen kleinen, zusammenlegbaren Schirm aus dem Schirmständer neben dem Eingang. Er öffnete die Tür. Die Kälte strich über seine Wangen und Ohren.

Verfluchte Jenny.

Verfluchte Jenny. Sie hätte ihn wenigstens ein kleines Stück mitnehmen können.

Er knöpfte seinen Mantel bis zum Hals zu und machte sich auf den Weg. Die Regentropfen stachen wie kleine Eisnadeln gegen sein Gesicht. Er versuchte, den Schirm zu öffnen, aber Windstöße zerrten am Stoff und versuchten ihn umzustülpen. Hallam klappte ihn wieder zu und trabte im Dauerlauf zur Bushaltestelle, wobei er sein Gesicht nach unten gegen den Wind senkte.

Verdammte Jenny.

Ja.

Es dauerte über eine Stunde, bis er wieder beim Arbeitsamt angelangt war: Erst die lange Warterei im Regen an der zugigen Bushaltestelle, dann eine kurze Fahrt in die Stadt, wieder warten, wieder fahren, und endlich ein atemloser Fünfminutensprint im eisigen Wind, um dann keuchend und verschwitzt um zwanzig nach zwölf anzukommen, nur zehn Minuten bevor das Amt schließen würde.

Abgesehen von den beiden Angestellten war es völlig leer.

Er näherte sich Sharons Tisch, und währenddessen betraten drei weitere Klienten den Raum und drängelten um die Plätze in der Schlange mit den Plastiksitzen.

»Ich habe meine P6oer gefunden«, sagte er.

Sie zog weithin hörbar die Nase hoch, nahm die P6oer und sein Antragsformular und begann die Antworten, die er gegeben hatte, zu studieren, wobei ein Zeigefinger langsam die Seite hinunterglitt.

Sie sah zu ihm auf. Ihre Augen waren wie kleine schwarze Steine. Sie lächelte unangenehm. »Sie ham Ihre Stelle freiwillig aufgegebn«, sagte sie.

»Nun, das ist nicht ganz –«

Sie stach mit ihrem Finger gegen das Formular und hob die Stimme. »Hier steht, Sie sin einfach weggegangn.«

»Nun, ja, aber –«

»Sie ham auch ne Hypothekenversichrung un ne Arbeitslosenversichrung.«

»Ja, aber die wollen nicht –«

»Versichrung muß immer vom Arbeitslosengeld abgezogn wern.«

»Aber sie wollen nicht –«

Ihre Augen funkelten anklagend. »Wollnse mich für dumm verkaufn, Opa?«

»Bitte?«

»Sie ham kein Recht auf Unnerstützung. Sie ham Ihrn Job

einfach hingeschmissn. Sie wurdn nich gefeuert oder irgendwas. Sie hams einfach geschmissn. Un Sie ham Versicherung.
Sie sin nich berechtigt.«

»Nein, ich —«

Sie brachte ihre Stimme auf die Lautstärke einer Dampf-
ramme. »Hör ma zu, Opa!« kläffte sie. »Paß auf! Hörnse genau zu, was ich sage, okay? Sie sagen im Formular, dasse von
selbst weggegangn sin, okay? Sie wurdn nich gefeuert oder betriebsbedingt gekündigt oder irgendwas, Sie sin einfach gegangn. Jeder, der von selbst geht, is nich berechtigt. So sin die
Regeln. Kapiert?«

Sie schleuderte sein Antragsformular in ihren Papierkorb
und winkte ihn weg. Sie klatschte in die Hände und sah über
seine Schulter nach der Schlange. »Nächster! Na wirds bald!
Wer ist der nächste? Ich hab nich den ganzn Tag. Ich hab
gleich Mittagspause.«

Er senkte die Stimme. Es würde nichts nutzen, sich zu erhitzen.

»Sharon«, sagte er ruhig. »Die Situation ist folgende: Ich
bin jetzt seit fünf Monaten arbeitslos —«

»Mann, sinse immer noch da?«

»— und ob das nun mein eigener Fehler ist oder nicht, ich
habe jedenfalls fast all meine Ersparnisse aufgebraucht, so
daß ich bald nicht mehr in der Lage sein werde, die Raten fürs
Haus zu bezahlen. Ich habe über zwanzig Jahre Arbeitslosenversicherung eingezahlt, und jetzt brauche ich Hilfe. Ich wäre
schon früher zu Ihnen gekommen, wenn ich nicht Ersparnisse gehabt hätte, aber ich denke, es ist falsch, wenn Leute
wie ich Arbeitslosengeld beziehen, solange sie sich noch
selbst helfen können.«

Sharon sah ihn drohend an. Ihre Nasenlöcher zuckten.
»Was soll das heißn, Leute wie Sie?«

»Sie wissen schon. Gewissermaßen Besserverdienende —«

»Sie glaubn also, Sie sin besser als wie wir anderen, ja?«

»Nein, überhaupt nicht. Natürlich nicht. Ich will nur —«

»Sie sin einfach zu bescheuert eingebildet, Mr Etepetete. Also, Sie kriegn von mir ne Auskunft für umsonst. Sie sin nich berechtigt für Arbeitslosengeld. Okay. Das wars. Und tschüß. Nächster.«

»Natürlich bin ich berechtigt«, sagte er gereizt. »Ihr gebt hier doch permanent bündelweise Geld an quasi jeden raus, der kommt, sogar wenn es Ausländer sind, die gerade erst hier angekommen sind —«

Sie hob ihren Arm wie ein Verkehrspolizist. »Okay! Das reicht! Ich hab's gewußt! Rassist!«

»Wie bitte?«

Sie zeigte auf ihn. »Ausländer. Sie sagten Ausländer. Rassist! Faschist!«

»Was um alles in der Welt meinen Sie?«

Sie stach mit dem Zeigefinger gegen ihn. »Wir wissn alle, was Leute wie Sie mit Ausländern meinen. Sie meinen Schwarze.«

»Überhaupt nicht —«

»Doch, tun Sie. Bloß weilse so supervornehm sprechn«, kreischte sie. »Bloß weilse glaubn, Sie sin was besseres als wie wir. Also ich sags Ihnen für umsonst, Opa. Sie sin nix Besseres, kapiert? Sie mit Ihrm Getue.«

Er konnte spüren, daß die Schlange der »Klienten« hinter ihm vom visuellen und akustischen Erlebnis einer Sharon in vollem Kriegsgeheul gefesselt war. Er spürte, wie sich sein Gesicht rötete. Seine Ohren brannten. Eine warme Welle der Wut spülte in ihm hoch. »Ich möchte Ihren Vorgesetzen sprechen«, sagte er ruhig. »Einen Aufsichtsführenden oder Abteilungsleiter, oder wie immer das hier heißt.«

»Wozu?«

Hallam faltete seine Arme und lächelte höflich. »Erstens,

Sharon, werde ich eine offizielle Beschwerde darüber einreichen, wie Sie mit Ihren Klienten umgehen.«

»Was meinense? Ich hab nix gemacht.«

»Und zweitens werde ich mich über die Art und Weise beschweren, in der Sie versucht haben, mich davon abzuhalten, das Arbeitslosengeld zu beantragen, das mir fraglos zusteht.«

»Nein, Sie sin nich —«

»Also möchte ich mit der Person sprechen, wer immer das ist, die hier heute zuständig ist.«

Sie starrte ihn böse an. »Da müssense nen Termin ham.«

»Schön. Dann machen Sie bitte einen aus, wären Sie so nett? Für irgendwann innerhalb der nächsten fünf Minuten.«

»Sie wird Sie heut nich sprechn. Sie hat zu tun.«

»Nun, ich nicht.« Hallam lächelte. »Ich kann den ganzen Tag hier sitzen bleiben, wenn Ihnen das lieber ist. Ich rühre mich nicht vom Fleck, bis ich sie gesehen habe.«

Sie starrte ihn mit ihren kleinen schwarzen glitzernden Augen an. Sie fuhr sich mit der Zunge über die Lippen. Er konnte sie geradezu denken hören.

Sie beugte sich zu ihrem Papierkorb hinunter, holte sein Antragsformular wieder raus und strich es auf ihrem Tisch mit den Händen glatt.

»Vielleich war ich unhöflich«, murmelte sie.

»Holen Sie einfach die Abteilungsleiterin, wären Sie so nett?«

Sharon rührte sich nicht. »Es geltn andre Regeln, wenn einer seine Stelle auf eignen Entschluß aufgibt«, murmelte sie. »Wir müssn die Entscheidung dann vorn unabhängiges Tribunal bringn.«

»Würden Sie bitte die Abteilungsleiterin rufen? Oder soll ich Krach schlagen?«

Sie starrte ihn voller Abscheu an.

Sie verließ ihren Platz und verschwand durch die Tür am

anderen Ende des Raumes. Hallam verschränkte die Arme und lehnte sich in seinem Stuhl zurück.

»Gut gemacht, Mister«, sagte ein Mann in der Schlange hinter ihm. »Die hat's schon lange verdient gehabt. Die hat mich schon ganz schön abgesaut, un alles.«

»Genau«, sagte eine Frau. »Freche Kuh!«

Mehrere Minuten später kam Sharon mit einer großen, gelassen aussehenden Frau zurück, die sich als Kundenbereichsleiterin vorstellte, seine Hand schüttelte, sich hinter den Tisch setzte und ihn anlächelte. Sie faltete die Hände. Sharon stand hinter ihr und sah niedergeschlagen aus.

»Es tut mir leid, daß Sie warten mußten, Sir«, sagte die Leiterin.

Das klingt schon besser.

»Sharon hat mir die Situation erklärt«, sagte sie, »und ich verstehe Ihre Frustration, aber ich fürchte, die Richtlinien sind sehr eindeutig. Fälle wie der Ihre, wo der genaue Grund für die Arbeitslosigkeit unklar ist, müssen durch ein Tribunal entschieden werden, und das, fürchte ich, kann Monate dauern, und bevor diese Entscheidung fällt, dürfen wir Ihnen kein Arbeitslosengeld auszahlen.«

Sharon verschränkte die Arme und grinste blöd.

»Wenn das Tribunal gegen Sie entscheidet«, sagte die Leiterin, »und der Ansicht ist, daß Sie in irgendeiner Weise die Verantwortung für Ihre Arbeitslosigkeit tragen, dann müssen Sie sechsundzwanzig Wochen warten, bevor wir Ihnen Arbeitslosengeld zahlen können.«

Verflucht noch eins: Das sind sechs Monate. Wie sollen wir weitere sechs Monate überleben?

»Dazu kommt, fürchte ich, daß wir sogar, wenn das Tribunal urteilt, daß Sie berechtigt sind, Arbeitslosengeld zu beziehen, alle Hypotheken- oder Arbeitslosenversichungsgelder, die Sie möglicherweise erhalten haben, abziehen müssen.« Die Leiterin lächelte teilnehmend. »Ich wünschte, Sie wären schon früher zu uns gekommen. Ich verstehe, daß Sie das nicht gemacht haben, weil Sie von Ihren Ersparnissen leben konnten, und ich bewundere Ihre Unabhängigkeit, aber ich fürchte, es war etwas unklug von Ihnen. Wären Sie gleich zu uns gekommen, dann hätten wir jetzt vielleicht schon die Tribunalsentscheidung. So wie es jetzt aussieht, müssen wir ganz von vorne anfangen, als wäre heute Ihr erster Tag ohne Arbeit, als hätten Sie Ihre Stelle erst gestern verloren.«

»Ich verstehe«, sagte Hallam. »Wenn das so ist, will ich Ihre Zeit nicht länger vergeuden.« Er stand auf. »Vielen Dank für Ihre Erklärung, aber ich kann es mir nicht leisten, monatelang zu warten. Ich bin fast völlig pleite. Ich werde eine Arbeit finden müssen, irgendeine, egal, was es ist.«

»Es tut mir furchtbar leid«, sagte die Leiterin. »Wir werden Ihren Antrag auf jeden Fall bearbeiten und Ihnen einen Anmeldebogen schicken und Ihnen den Termin der Anhörung bekanntgeben. Bis dahin gibt es verschiedene andere Alternativen, die sie probieren könnten. Sie könnten beim Sozialamt Sozialhilfe, Wohngeld und Familienhilfe beantragen.«

Nein, niemals. Nicht Sozialhilfe und Wohngeld, diese letzte Zuflucht der völlig Hilf- und Mittellosen. *So* verzweifelt bin ich noch nicht. Ich werde irgendeine Arbeit finden, und wenn ich Straßen kehren muß.

»Das möchte ich lieber nicht, wenn es irgendwie geht.«

»Es ist vollkommen üblich in Fällen wie Ihrem, wissen Sie.«

»Dennoch, das möchte ich lieber nicht.«

Die Leiterin lächelte voller Feingefühl. »Sie sind auf jeden Fall dazu berechtigt. Es gibt keinen Grund, sich dafür zu schämen, Mr. Hallam. Stellen Sie es sich wie eine Versicherungspolice vor, für die Sie schon seit Jahren Beiträge eingezahlt haben . . .«

»Ich möchte das wirklich, wenn möglich, lieber nicht. Ich finde schon was.«

Die Leiterin nickte traurig. »Wenn nur mehr Leute so ehrlich wären wie Sie«, sagte sie. »Vielleicht kann ich wenigstens dafür sorgen, daß Sie psychologische Beratung bekommen.«

Psychologische Beratung? Ganz sicher nicht.

»Nein danke«, sagte er.

Sharon strahlte ihn an. Ihr Plastikschildchen zwinkerte ihm zu. HALLO! ICH BIN SHARON, IHRE PERSÖNLICHE ARBEITSBERATERIN (Stufe 3b).

»Sagen Sie mal, Sharon«, sagte er, »welche Qualifikation braucht man eigentlich, um Arbeitsberaterin zu werden?«

Ihr Blick wurde wieder wütend.

Die Leiterin machte ein lockendes Geräusch. »Komm schon, Sharon, Liebes«, sagte sie. »Sei nicht so bescheiden. Sag es Mr. Hallam. Was ist es, worauf wir größten Wert legen?«

Sharon blinzelte. Sie starrte ihn an. »Man muß gut mit Leuten umgehn können«, sagte sie.

Wenn auf einem sonnenbeschienenen winterlichen Teich das Eis unter deinen Füßen plötzlich bricht, geschieht alles mit rasender Geschwindigkeit: Auf das erste alarmierende Signal folgt sofort ein Netz von Rissen, das sich so schnell über das Eis zieht, daß du nichts tun kannst, um dich davor zu bewahren, ins bitterkalte Wasser hinabzusinken. Innerhalb von Sekunden wirst du hinunter- und fortgezogen und bist unter einer dicken Eisschicht gefangen. So ist es auch, wenn die fragile Kruste der Zivilisation plötzlich unter dir nachgibt: Eben noch glittest du gelassen über die glatte, freundliche Oberfläche des Lebens, und im nächsten Moment treibst du in den Tiefen eines unvorstellbaren Grauens, vor dem es kein Entkommen zu geben scheint.

Sobald Hallam all seine Ersparnisse aufgebraucht hatte, zerfiel sein Leben in beängstigender Geschwindigkeit. Im Oktober hatte er seine Bank, die Millenium, überredet, ihm fünftausend Pfund zu leihen, aber Mitte Dezember war das Geld fast gänzlich weg, und seine Kreditkarten waren beide an ihr Fünftausend-Pfund-Limit gestoßen, so daß hohe Überziehungszinsen anfielen. Jennys Bewerbung für die Schulkantine wurde abgelehnt, sobald die Direktorin ihren Mittelschichtakzent gehört hatte, und all ihre anderen Versuche, eine Stelle zu finden, waren genauso erfolglos. Sie ging zu Bewerbungsgesprächen in Kindergärten, Büros, Kaufhäusern, dem Rathaus und bewarb sich sogar um eine Stelle als Empfangsdame in einem Massagestudio, aber jede Bewerbung wurde abgelehnt, weil sie »nicht erfahren genug« oder

»überqualifiziert« oder »unterqualifiziert« war oder einfach »nicht reinpaßte«.

»Vielleicht sollte ich lieber mal anfangen, im Negligé herumzuschweben und älteren Gentlemen den Nachmittag zu versüßen«, sagte Monica.

»Ich könnte von der Schule abgehen, Dad, und mir einen Job suchen«, sagte Susie ernsthaft.

»Schlag dir das aus dem Kopf«, sagte Hallam. »Du wirst die Universität besuchen.«

Alle schauten auf Matt, der in einer Yoga-Position auf dem Fußboden saß und seine Fußnägel abknipste. Er sah auf und warf ihnen wütende Blicke zu. »Ich geb mir Mühe, oder nicht?«

»Ja, sehr«, sagte Monica.

»Es ist nicht so einfach. Oder, *Vater*?«

Ich werde meine Ansprüche senken müssen. Ich werde nehmen müssen, was immer ich kriegen kann.

Aber jetzt, so kurz vor Weihnachten, war es sinnlos, sich vor der zweiten Januarwoche wieder auf Arbeitsuche zu begeben. Die Leute werden kurz vor Weihnachten zu Tausenden gefeuert – Chefs scheinen es zu genießen, Leute in dieser festlichen Zeit zu entlassen –, aber eingestellt wird im Dezember nie jemand. Das bedeutete einen weiteren Monat des Wartens, der wachsenden Schulden und Überziehungszinsen und der Verzweiflung.

Er wandte sich noch einmal wegen eines neuen Kredits an die Millenium Bank. Sie würden ihm sicher genug geben, damit er Weihnachten überstehen konnte. Und dann würde er im Januar einen neuen Anfang mit zahlreichen guten Vorsätzen machen: seine Depression abzuschütteln, wieder positiv zu denken, den Gürtel enger zu schnallen, jede Arbeit anzunehmen, die er finden konnte, egal was es war, und Matt ein Ultimatum zu setzen, das gleiche zu tun.

Die junge weibliche Angestellte betrachtete ihn mit leerem Blick durch das kugelsichere Glas. Sie trug ein Plastik-schildchen, das verkündete: HALLO! Ich bin Cheryl Valey, Kundendienst-Privatkontenberaterin (Stufe IIa). Sie sah aus wie neunzehn. Er hatte sie noch nie gesehen. Er war jetzt schon seit über zwanzig Jahren bei der gleichen Filiale, aber er hatte noch nie einen der Angestellten gesehen. Sie sahen alle wie neunzehn aus. Heutzutage sah jeder wie neunzehn aus. Mittlerweile war sogar schon der Premierminister jünger als er.

»Guten-Morgen-Sir-was-kann-ich-für-Sie-tun?« sagte Cheryl, die Schalterbeamtin.

»Hallo«, sagte er. »Ich habe hier ein Konto. Ich brauche ein Darlehen.«

»Selbstverständlich-Sir-kein-Problem-der-Name-bitte-Sir.«

»Hallam. Peter Hallam.«

»Pittä?«

»Peter Hallam.«

»Mr. Allen.«

»Nein, Hallam.«

»Pittä?«

»Hallam mit H.«

»Mit nem Har?«

»Genau: ein H. H-A-L-L-A-M. Mit zwei L.«

»Da ham wirs. Super. Hallam mit nem Har und zwei L. Kein Problem. Einen Augenblick pittä.« Sie tippte auf ihren Computerbildschirm. »Kontonummer?«

Er nannte sie ihr.

»Pittä?«

Er sagte sie ihr erneut.

»Ein wie hohes Darlehen, Mr. Hallam?«

»Fünftausend Pfund?«

»Pittä?«

»Sind Sie ein bißchen schwerhörig?« fragte er.

»Nee. Sis Ihre Stimme. Sie redn komisch, das is alles.«

»Fünftausend Pfund«, sagte Hallam langsam. »Ist es so besser?«

»Wundaba«, sagte sie. »Supa. Kein Problem. Einen Augenblick pittä.«

Sie tippte und tippte an ihrer Computertastatur, Buchstabe für Buchstabe, Zahl für Zahl. Es dauerte mindestens eine Minute. Weshalb so lang? Wozu so viele Zahlen? Alles was er brauchte, waren weitere fünftausend.

Nach einer Weile hörte sie auf, zu tippen, und starrte ein paar Minuten lang bedrückt auf den Bildschirm.

Sie schaute auf.

»Ihr Konto is übel überzogn«, sagte sie. »Sie sin schon weit über Ihr Limit gegangn.«

»Ich weiß. Das tut mir leid.«

»Deshalb können wir Ihn kein weiteres Darlehn gebn, Mr. Hallam. Äs tut mir wirklich leid.«

»Was wollen Sie damit sagen?«

»Sie ham überzogn.«

»Ja, natürlich habe ich überzogen. Darum will ich ja ein weiteres Darlehen. Wenn ich nicht überzogen hätte, bräuchte ich keins.«

»Äs tut mir leid, Mr. Allen, aba —«

»Hallam.«

»Hallam. Aba Vorschriftn sin Vorschriftn. Äs tut mir wirklich leid.«

»Aber bisher wurde mir noch nie ein Darlehen abgelehnt.«

Sie zuckte mit den Schultern. »So stehts im Computa.«

»Wie bitte?«

»Der Computa«, sagte sie und stach mit dem Finger gegen den Bildschirm, der vor ihr stand. »Er will Ihnen nich mehr Kredit gebn, verstehnse? Er sagt, dasse nix mehr kriegn.«

»Aber ich habe hier im Lauf der Jahre Tausende geliehen und immer zurückbezahlt.«

»So stehts aba hier. Mit nem Computa kanma nich streitn. Sie sin am Limit, verstehnse. Ich kann mich nich mitm Computa streitn.«

»Wenn das so ist, spreche ich wohl besser mit dem Filialleiter.«

Sie sah ihn mitleidig an. »Filialleiter? Wir ham hier keinen Filialleiter nich. Wir ham den Computa.«

»Der *Computer* entscheidet, wer ein Darlehen erhält und wer nicht?«

»Türlich«, sagte sie. Sie schien über seine Unwissenheit erstaunt zu sein.

»Eine *Maschine* entscheidet?«

»Türlich tut se das. Dafür sin Computa ja da.«

»Dann würde ich gern mit der Person sprechen, die für den Computer verantwortlich ist.«

»Sie kapiern das nich«, sagte sie langsam, als spräche sie mit einem Kind. »Äs is keina nich mär verandwordlich für den Computa. Gar nich. Der Computa is gewissamaßen für uns verandwordlich.«

»Du meine Güte«, sagte Hallam. »Wie Gott.«

»Pittä?«

»Ach nichts.«

Cheryl spulte das Verabschiedungsprogramm ab. »Danke-für-Ihren-Antrag-Sir-einen-schönen-Tag-noch-der-nächste-Kunde-bitte.«

Er versuchte es bei der Bausparkasse, um zu sehen, ob sie ihm ein paar tausend Pfund geben und dafür seine Hypothek erhöhen würden. Der Manager zeigte Mitgefühl. »Und wie würden Sie die zusätzlichen Zinszahlungen aufbringen?« fragte er.

»Ich werde bald wieder eine Stelle finden.«

»Selbstverständlich. Aber bis dahin?«

»Nun, zu Beginn würden die zusätzlichen Zinszahlungen aus dem neuen Darlehen bezahlt werden, würde ich sagen.«

Der Manager sah schockiert aus. »Es tut mir leid«, sagte er steif. »Ich fürchte, das kommt nicht in Frage.«

»Warum nicht?«

Er schürzte die Lippen. »Wir können Ihnen unmöglich Geld leihen, damit Sie die Zinsen des Geldes bezahlen, das wir Ihnen schon geliehen haben.«

»Warum denn nicht?«

»Es tut mir leid, Mr. Hallam. Es tut mir wirklich sehr leid.«

Hallam kontaktierte ein paar Kredithai-Unternehmen, aber deren Zinssatz von mehr als dreißig Prozent im Jahr war so erpresserisch, daß er davor sofort wieder zurückschreckte.

Wer kam sonst in Frage?

Pinky Porter: die tausend Pfund. Damit kämen sie wenigstens über die Weihnachtstage.

Er rief Pinky an.

»Gott! Peter!« sagte Pinky. »Wie gut, mal wieder von dir zu hören. Aber ich bin total auf dem Sprung. Ich muß zum Flughafen.«

»Wo geht's denn hin?«

»Barbados. Über Weihnachten«, er gluckste. »Ich nehm ein ziemlich wildes junges Ding mit, hab ich letzte Woche in Rom kennengelernt. Schwedisch, blond, neunundzwanzig, Riesentitten, geht ab wie eine Rakete.«

»Pinky...«

»Ich weiß, ich weiß, die tausend Eier, die ich dir schulde. Vor Weihnachten, das hatte ich dir versprochen. Es tut mir furchtbar leid, Pete, ich hab's komplett vergessen. Weißt du was, ich werfe einen Scheck in den Briefkasten, sobald ich wieder da bin.«

»Pinky, ich bräuchte eigentlich das Geld ein bißchen eher —«

»Ich muß mich beeilen, Pete. Das Taxi wartet. *Ciao.* Bis bald.«

Verfluchter Pinky. Das Arschloch. Die kann ich abschreiben. Ich weiß es. Diese tausend Pfund: Die sehe ich nie wieder.

Jenny war im Dezember oft außer Haus, sie war mit dem Auto unterwegs, »einkaufen«, wie sie sagte. Wie konnte sie einkaufen gehen, wenn sie so wenig Geld hatte? Vielleicht hatte sie im Lauf der Jahre ein wenig Geld aus der Haushaltskasse gespart oder vielleicht besuchte sie einfach Freunde, ging irgendwohin, um ihm zu entfliehen. Die Möglichkeit, daß sie ihn nun mied, machte ihn hilflos. Wie hatte es mit ihnen so weit kommen können? Nur ein Jahr zuvor hatte jeder von ihrer perfekten Ehe gesprochen. Wie hatte das alles nur so schnell in die Brüche gehen können? Sie war still und verdrossen, und was er auch sagte, sie lächelte nicht mehr. Sie lachte nie. Wenn er versuchte, sie zu berühren, wandte sie sich ab, und er wagte es nicht mehr, sich ihr sexuell zu nähern. Zweimal hatte er das getan und zweimal hatte sie ihn zurückgewiesen. Sie teilten noch immer das Bett, aber mit Intimität hatte das nichts zu tun. Er lag oft im Dunkeln und spürte ihre Wärme neben sich, die Schlankheit ihres Rückens, den sie ihm zugedreht hatte, ihren Hintern nur Zentimeter von seinen Lenden entfernt. Ihr Nacken war weiß in der Dunkelheit, und daß sie so nahe bei ihm lag, erfüllte ihn mit schmerzhafter Einsamkeit.

Eines Nachmittags, als niemand sonst zu Hause war, legte er sich aufs Bett und weinte laut um das, was sie verloren hatten, und im Schluchzen roch er die Spuren ihres Parfüms auf dem Kissen. Er geisterte durchs Haus, wanderte von einem Zimmer zum nächsten, nahm Bücher und stellte sie wieder zurück, blätterte durch alte Fotoalben. Das war sicher nur eine schwierige Phase, dachte er, eine Art Kalter Krieg, den jede Ehe irgendwann durchmacht?

Lieber Gott, mach, daß Sie bald wieder zu mir zurückkommt. Ich glaube nicht, daß ich das allein durchstehe.

Fast genauso schwer zu ertragen war Matthews unablässiger Spott. »Noch immer keine Arbeit, *Vater*? O je. Tststs. Zu ärgerlich.«

Und das Mitleid in Susies Augen gab ihm das Gefühl, völlig unfähig zu sein.

Warum eigentlich, dachte er, werden Männer fast ausschließlich über ihre Arbeit definiert? Wie kommt es, daß ein Mann ohne Arbeit ein Mann ohne Eier ist?

Susies Besorgnis um ihn brach ihm das Herz. Wochenlang ging sie täglich durch die Zeitungen und strich mögliche Stellen für ihn an, aber als der Stellenmarkt im November und Dezember immer weniger umfangreich wurde, wurden die Stellen, die sie anstrich, immer weniger imposant. »Du gäbst einen prima Bibliothekar ab, Daddy«, sagte sie heiter. Oder: »Schau mal, hier ist eine für einen Finanzverwalter an einer Privatschule.« Oder: »Wie wär's denn damit? Leiter eines Gartenzentrums.« Er sah den verzweifelten Eifer in ihren Augen, und sein Herz wurde schwer. Sie erinnerte ihn so stark an die Jenny, die ihn einmal geliebt hatte.

Sogar Fudge und Jezebel schienen zu spüren, daß etwas nicht stimmte. Fudge folgte ihm überall hin, leckte seine Hand und wedelte mit dem Schwanz, wann immer Hallam ihn ansah; und Jezebel saß da und starrte ihn mit ihren kühlen grünen Augen eine halbe Stunde lang ununterbrochen an, mit unbeweglichem Kopf, ohne zu blinzeln, als versuche sie, seine Gedanken zu lesen. Nur Monica blieb die alte, lebhaft und vergnügt wie immer. Sie weigerte sich, zur Kenntnis zu nehmen, daß sich etwas verändert hatte, fast als wäre ihr noch nicht aufgefallen, daß er nicht mehr zur Arbeit ging und dafür über weite Teile des Tages im Haus herumlungerte. Sie spielte ihre Sechziger-Platten so laut wie immer, sang die Lieder der Beatles und Rolling Stones mit und verlieh dem Haus den trügerischen Anschein von Normalität. Manchmal war er dankbar für ihre zwitschernde Verstellung und trotz allem konnte sie ihn noch immer zum Lachen bringen. Anfang Dezember wurde sie von der Polizei angehalten, weil sie in ihrem kleinen Metro mit fünfzig Meilen pro Stunde durch ein Gebiet fuhr, in dem dreißig Meilen die Höchstgeschwindigkeit waren. »Es tut mir leid, Herr Wachtmeister«, sagte sie unbeschwert zu den beiden Streifenbeamten, »aber ich hatte keine andere Möglichkeit. Ich habe kaum noch Benzin, also mußte ich so schnell wie möglich fahren, um zur Tankstelle zu kommen, bevor der Tank leer ist.«

»›Suse, liebe Suse, was raschelt im Stroh‹«, kündigte sie eines Nachmittags an, als sie ihn im Garten graben sah, »›es ist mein Mann, der Bauer, drum mach die Hose zu.‹«

»Du arbeitest doch hoffentlich nicht mehr an diesen verdammten Kinderreimen.«

»Doch, natürlich. Sie werden mir ein Vermögen einbringen. Ich kann nicht davon ausgehen, daß ich jede Woche beim Pferderennen gewinne, aber dies Buch wird ein Bestseller, du wirst schon sehen. Es steht in meinem Horoskop. Es wird alles phantastomatisch. ›Auf der Mauer, auf der Lauer, sitzt ne kleine Wanze, kein Wunder, daß sie davon Hämorrhoiden bekommt.‹«

Er lachte gegen seinen Willen. Sie war nicht unterzukriegen. Und sie versuchte ja nur zu helfen, ihn für ein oder zwei Augenblicke aufzuheitern.

Er lehnte sich auf den Spaten. »Hast du noch mehr?«

»Zillionen. ›Laterne, Laterne, Sonne, Mond und Sterne. Aber nichts ist gar so hell wie die Atomtests in der Ferne.‹«

Er gluckste. »Du bist ziemlich verrückt, Miss Grütze«, sagte er.

Sie strahlte. »Das ist das Netteste, was du je zu mir gesagt hast.«

Manchmal hätte er sie für ihren unerschütterlichen Optimismus am liebsten gewürgt, und dann hatte er Schuldgefühle wegen seiner Intoleranz und Undankbarkeit. Sie wußte ganz genau, wie sehr er litt, aber sie kam aus dieser Kriegsgeneration, die glaubte, daß man mit Widrigkeiten am besten umgeht, indem man sie ignoriert. Sie versuchte nur zu helfen.

Als die Tage kürzer und kälter wurden, fühlte er sich, so eingesperrt ins Haus, zunehmend rastlos, aber er konnte sich das Tennisspielen nicht mehr leisten und kündigte seine Mitgliedschaft im Club, um den Mitgliedsbeitrag zu sparen. Er versuchte täglich, aus dem Haus zu fliehen, und spazierte stundenlang die Straßen entlang, um nachts besser schlafen zu können, aber die feuchten, grauen Dezembernachmittage mit ihrem Nebel, den tropfenden Blättern und hallenden Schritten machten ihn schwermütig. Er saß, eingehüllt in Regenmantel und Schal, auf Parkbänken, bis er merkte, daß er wie ein Penner oder Alkoholiker wirkte. Im Park schaute er den Kindern auf den Schaukeln und Wippen zu, bis er sah, wie eine junge Mutter ihn anstarrte und ihre Kinder schützend wegbrachte. *Guter Gott, sie hält mich für einen Kinderschänder.* Er saß im Lesesaal der Stadtbibliothek und schaute die Zeitungen und Magazine durch, aber nach einigen Tagen wurde er sich bewußt, daß der Bibliothekar ihn auf herablassende Art beobachtete.

Er hatte immer gut geschlafen, mindestens sieben Stunden pro Nacht, aber jetzt wachte er regelmäßig um zwei oder drei Uhr auf und konnte nicht wieder einschlafen. Er lag drei oder vier Stunden im Dunkeln, starrte in die Schwärze und in ihm war alles in Aufruhr. Jenny, die weich und warm neben ihm lag, war ihm schmerzhaft bewußt, er horchte auf den Rhythmus ihres Atems und wagte nicht, sich zu bewegen, um zu vermeiden, daß seine Rastlosigkeit sie dazu bewegte, woanders zu schlafen. Wenn das geschähe, wäre es wohl endgültig vorbei zwischen ihnen. Wenigstens gab es noch ein bißchen Hoffnung, solange sie das Bett teilten.

Er entwickelte ein nervöses Zucken im großen Zeh seines rechten Fußes, der plötzlich ohne jeden Grund unkontrollierbar zu zittern und zu ruckeln begann. Wenn er morgens aufwachte, fühlten sich seine Arme und Beine unerträglich schwer an. Wenn er auf seine langen Spaziergänge ging, war es, als müsse er seine Füße schleppen, um sie über den Bürgersteig zu bewegen. Er bekam nachmittags Kopfschmerzen, und wenn er in den frühen Morgenstunden aufwachte, schlug sein Herz doppelt so schnell wie sonst. Während des Tages spürte er immer wieder plötzliches Herzrasen, das ihn um Atem ringen ließ. Er ging zum Arzt, der ihn für eine Reihe von Tests ins Krankenhaus überwies: EKG, Röntgen, Belastungstest. Man entnahm sogar seinem Rückenmark Flüssigkeit, um ihn auf Multiple Sklerose zu untersuchen.

»Ihnen fehlt nichts«, sagte der Arzt, nachdem die Testergebnisse durchgegeben worden waren. »Nichts Körperliches jedenfalls. Sie haben Gott sei Dank keine MS, und ihr Herz ist in bester Ordnung.«

»Aber dieses Herzrasen?«

»Das ist völlig normal, wissen Sie. Jeder hat das bis zu einem gewissen Maß.« Er gluckste. »Wenn ihr Herz *nicht* schlägt, sollten Sie anfangen, sich Gedanken zu machen.« Er räusperte sich. »Ist bei Ihnen zu Hause alles in Ordnung?«

»Wunderbar.«

Er hält mich für einen Neurotiker, glaubt, daß alles nur psychosomatisch ist. Wie erklärst du deinem Arzt, daß deine Frau dich nicht mehr liebt?

»Sexleben okay?«

»Sicher. Wunderbar.«

»Ihre Arbeit?«

»Ich befinde mich gerade im Stellenwechsel.«

»Aha. Arbeitslos.«

»Nur zeitweise.«

Der Arzt nickte. »Natürlich«, sagte er ohne Überzeugung, »aber solche Dinge können manchmal eine sonderbare Wirkung haben. Hätten Sie gerne Beruhigungsmittel?«

»Nein danke.«

»Es gibt heutzutage sehr gute Beruhigungsmittel. Keine Nebenwirkungen.«

»Ich halte nichts davon, Tabletten zu nehmen, wenn es nicht absolut notwendig ist.«

»Das ist *sehr* altmodisch.«

»Stimmt, das bin ich.«

»Nun, wie wäre es mit psychologischer Beratung?«

»Ganz bestimmt nicht«, sagte Hallam. »Verdammter Hokuspokus.«

»Überhaupt nicht«, sagte der Arzt. »Die Zeiten haben sich geändert, Mr. Hallam.«

Nicht nur, daß er mich für neurotisch hält: Heilige Kuh, der Arzt ist auch noch jünger als ich.

Zum erstenmal seit dreißig Jahren begann er an den Dingen zu zweifeln, die für ihn so lange selbstverständlich gewesen waren: Jenny, sein Familienleben, seine Prinzipien, seine Fähigkeiten. Vielleicht hatte Matt recht gehabt: Vielleicht war er sein Leben lang dem falschen Leitstern gefolgt und mußte nun dafür bezahlen. Vielleicht war er letztlich doch nie wirklich gut in seiner Arbeit gewesen: Wenn er wirklich so gut gewesen wäre, wie er immer gedacht hatte, dann hätten sich doch sicher schon längst andere Firmen um ihn gerissen. Vielleicht hatte er sich nur deshalb so lang als Verkaufsleiter halten können, weil Andy Unwin und Fred Parker und Joe

Mullaly alle einfach zu nett gewesen waren, um ihn zu entlassen.

Nein, das ist nicht wahr. Ich war verdammt gut. Das weiß ich.

Aber jetzt war es sechs Monate her, seit er seine Stelle verlassen hatte, und niemand hatte auch nur das geringste Interesse gezeigt, ihn einzustellen.

Er wandte sich an zwei weitere Banken, um zu sehen, ob er seinen Kredit umschichten könnte, aber keine war daran interessiert, seine Schulden zu übernehmen. »Aber verdienen Banken nicht so ihr Geld«, fragte er einen Bankvertreter. »Indem sie Geld an Leute wie mich verleihen?«

Der Banker lächelte fein. »Nicht ganz, Sir«, sagte er. »Wir verdienen unser Geld, indem wir es an Leute verleihen, von denen wir annehmen, daß sie es zurückzahlen können.«

Er fuhr noch einmal zur Bausparkasse, um eine Erhöhung der Ratenzahlungen zu erwirken. Der Leiter zeigte noch immer Mitgefühl. »Weigern sich die von der Versicherung weiterhin, Ihre Raten zu bezahlen?«

»Ja. Sie sagen, daß sie nur haften, wenn man entlassen oder betriebsbedingt gekündigt wird, aber nicht, wenn man selbst kündigt. Ich habe versucht, es zu erklären, aber sie hören mir nicht zu.«

»Die Versicherungsgesellschaft, wie sie leibt und lebt.« Der Leiter schüttelte den Kopf. »Das Kleingedruckte, Mr. Hallam«, sagte er düster. »Es gibt immer ein Kleingedrucktes. Hören Sie, ich sage Ihnen, was wir machen können. Ich kann unmöglich Ihre Hypothek erhöhen, aber ich kann Ihnen ermöglichen, daß Sie die Rückzahlungen um drei oder vier Monate aufschieben. Das würde Ihnen eine Atempause verschaffen.«

»Danke. Ich bin Ihnen sehr dankbar.« Wenigstens haben wir die nächsten drei oder vier Monate noch ein Dach über dem Kopf.

Aber das dünne Eis unter Hallams Leben brach nun überall um ihn herum mit erschreckender Grausamkeit. Zwei Tage später kam ein maschinell erstelltes Schreiben der Millenium Bank und forderte sofortige Rückzahlung seines Überziehungskredits sowie des Fünftausendpfund-Darlehens, das er im Oktober erhalten hatte.

Insgesamt fast achttausend Pfund.

Achttausend Pfund. Kurz vor Weihnachten. Was für Arschlöcher.

Sein Herz raste. Er fühlte sich schwach und benommen. Er setzte sich auf die Bettkante und fürchtete sich, fürchtete sich wirklich, fürchtete sich zum erstenmal seit Jahrzehnten körperlich. Er legte seinen Kopf zwischen die Knie. Sein Herz hämmerte gegen seinen Brustkorb. Achttausend Pfund? Wo sollte er achttausend Pfund hernehmen?

Die Welt um ihn herum schien dunkel.

Sein Herz tanzte. Es donnerte in seinem Brustkorb. Ihm schwindelte.

Es war unmöglich. Wo sollte er achttausend Pfund hernehmen?

Nach ein paar Minuten verging das Schwindelgefühl. Achttausend Pfund! Es war nicht nur unmöglich, es war eine Unverschämtheit. Wie *konnten* sie es wagen, ihm das aus heiterem Himmel anzutun? Wie *konnten* sie es wagen?

Er rief bei der Bank an. Als das Doppelklingeln am anderen Ende ertönte, wurde er zunehmend wütend. Wie *konnten* sie es wagen, ihm plötzlich die Pistole auf die Brust zu setzen, nach mehr als zwanzig Jahren, ohne Vorwarnung?

Der Anruf wurde entgegengenommen.

Ein Klicken, ein hallendes Echo, eine Stimme vom Tonband: männlich, langsam, glatt, beruhigend.

Guter Gott, jetzt spricht der Computer. Und er spricht wie ein Kinderpsychologe.

»Sie sind mit der Millenium Bank verbunden, Ihrem hilfs-

bereiten finanziellen Chancen-Dienstleister für das einundzwanzigste Jahrhundert. Guten Morgen. Vielen Dank für Ihren Anruf.«

Nun beeilt euch mal.

»Wenn Sie bereits Kunde der Millenium Bank sind, drük-
ken Sie bitte die Eins. Wenn Sie ...«

Hallam drückte die Taste auf seinem Telefon.

Ein Klicken.

Ein entfernteres Tuten.

Eine neue Verbindung. Die gleiche geschmeidige, schläf-
rige Computerstimme: »Danke, daß Sie die Eins gedrückt haben. Sie sind mit der aktuellen Kundendienstabteilung der
Millenium Bank, Ihres hilfsbereiten finanziellen Chancen-
Dienstleisters für das einundzwanzigste Jahrhundert, verbunden. Sollten Sie ein Geschäftskonto oder ein Firmen-
konto bei uns haben, dann drücken Sie bitte die Eins. Sollten
Sie Privatkunde sein, drücken Sie bitte die Zwei. Sollten Sie –«

Hallam drückte auf Knopf zwei.

Ein weiteres Klicken. Wieder diese verdammte Stimme
wie triefendes Öl. »Vielen Dank. Sie sind nun mit der Privat-
kundenabteilung der Millenium Bank, Ihres hilfsbereiten
finanziellen Chancen-Dienstleisters für das einundzwanzigste Jahrhundert, verbunden.«

Guter Gott.

»Vielen Dank für Ihren Anruf. Danke. Einen Moment
bitte. Bitte haben Sie einen Augenblick Geduld.«

Ein wenig Summen.

Noch mehr Klicken.

Und nun eine weibliche Computerstimme.

Ein Wunder! Der Computer hat eine Freundin.

»Hallo!« sagte die weibliche Computerstimme. Es klang
entschieden fidel, nach einer TV-Talkmasterin, ganz Zähne
und Busen. »Vielen Dank für Ihren Anruf. Bitte nennen Sie

Ihren Namen und Ihre Kontonummer – langsam und deutlich – nach dem Ton, oder Sie haben die Möglichkeit –«

»H-a-l-l-a-m«, sagte Hallam.

»– Ihren Namen und Ihre Kontonummer einzugeben, indem Sie –«

»Neun-acht-vier-fünf-zwei-«

»– die entsprechenden Buchstaben und Zahlen Ihrer Telefontastatur anschlagen.«

*Klar schlage ich die an: Ich verpaß den Scheißdingern eine ordentliche
Tracht Prügel.*

Einen kurzen Moment lang herrschte Stille.

»Könnten wir den Aufnahmevorgang bitte wiederholen«,
sagte der Computer. »Einen Augenblick bitte. Bitte nennen
Sie Ihren Namen und Ihre Kontonummer – langsam und
deutlich –, oder Sie haben die Möglichkeit, Ihren Namen und
Ihre Kontonummer einzugeben –«

Verflucht noch mal.

»– indem Sie die entsprechenden Buchstaben und Zahlen –«

Ja, ja, jetzt bringt's hinter euch.

»– Ihrer Telefontastatur anschlagen. Würden Sie das bitte
erneut probieren? Vielen Dank.«

»H-a-l-l-a-m«, sagte Hallam gereizt.

Wann hat dieser ganze Unsinn angefangen, daß man mit
Maschinen spricht statt mit Leuten? Und warum klingen
heutzutage die Maschinen wie echte Menschen und die echten Menschen wie Maschinen?

»Neun-acht-vier-fünf«, sagte er, »zwei-acht-eins-sechs-
drei-vier.«

Und wieder das Klicken in der Leitung.

Ein brummendes Geräusch.

Noch ein Klicken.

»Vielen Dank – Mr. – Allen«, sagte der Computer.

Oh, Heiland der Welt ...

»Ich will einfach mit einem menschlichen Wesen sprechen«, sagte Hallam knapp.

»Einen Augenblick bitte, Mr – Allen. Ich bin jetzt dabei, Ihren Anruf zu bearbeiten, Mr – Allen.«

»GIB MIR EINFACH EIN MENSCHLICHES WESEN! BITTE!«

»Ich bin dabei, Sie mit einem unserer Mitarbeiter des Privatkundenkontendiensts zu verbinden, Mr. – Allen.«

Weitere Klingeltöne, weiteres Doppelschnurren, immer und immer wieder, mindestens eine Minute lang. Wieder der weibliche Computer, entschuldigend. »Es tut mir leid, Mr. – Allen – Sir –, aber unsere Mitarbeiter des Privatkundenkontendiensts sind zur Zeit alle vergeben –«

»Unmöglich!« bellte Hallam. »Kein Mann, der sie alle beisammen hat, würde eine von denen zweimal anschauen.«

»– aber ich verbinde Sie, sobald jemand frei wird. Bitte haben Sie einen Augenblick Geduld. Wir tun, was wir können, um Sie sobald wie möglich mit einem freien Mitarbeiter unseres Privatkundenkontendiensts zu verbinden. Bis dahin hören Sie eine Auswahl internationaler Geräusche und Stimmungsmusik. Gute Unterhaltung und viel Vergnügen!«

Bitte nicht. Keine internationalen Geräusche. Keine Stimmungsmusik. Bitte!

Beruhigende Klänge und Rhythmen wehten durch den Hörer: sich am Strand brechende Brandung, schreiende Seemöwen, eine zitternde Flöte, eine antwortende Trommel, ein glucksendes Baby, die anschwellende Stimme irgendeiner Ethno-Stammesfrau, die hoch und laut aieeeeai-ai-ai-aieeeeai schrie, als litte sie in einem entfernten Zeitalter lange vor der Erfindung der Sprache unter entsetzlichen Schmerzen.

Wieder der mädchenhafte Computer. »Es tut mir leid, Mr – Allen – Sir –, aber alle unsere Mitarbeiter des Privatkundenkontendiensts sind im Gespräch mit anderen Kunden. Wir entschuldigen uns für diese Verzögerung. Ich werde Sie selbstverständlich mit einem Mitarbeiter des Privatkundenkontendiensts verbinden, sobald jemand frei ist, aber bis dahin einige Informationen. Wußten Sie schon, daß die Millenium Bank, Ihr hilfsbereiter finanzieller Chancen-Dienstleister für das einundzwanzigste Jahrhundert, ein breites Spektrum an finanziellen und ökonomischen Dienstleistungen anbietet, die Ihnen das Leben leicht und angenehm machen?«

Heilige Kuh.

»Die Millenium Bank, Ihr hilfsbereiter finanzieller Chancen-Dienstleister für das einundzwanzigste Jahrhundert, kann Ihnen jede finanzielle Transaktion, die Sie durchführen müssen, erleichtern, vom Taschengeld bis zur Pension, von der Hochzeit bis zum Testament. Die Millenium Bank, Ihr hilfsbereiter finanzieller Chancen-Dienstleister für das einundzwanzigste Jahrhundert. Die Millenium Bank: Die Zukunft von morgen schon heute.«

Wieder Musik. Weitere Geräusche. Strömender Regen in einem tropischen Dschungel. Donnergrollen. Blitzschlag. Eine Million quakender Frösche, rimick-rimick-rimick. Sanfte, traurige Akkorde auf einer klassischen Gitarre. Die plötzlichen Geräusche einer stillen Nacht. Raschelnde Blätter. Das Quieken einer Maus. Das Röhren eines Löwens. Eine Ethno-Frau, die hoch und klagend aaieeeeai-ai-ai-aaieeeeai heult, als hätte sie in einem entfernten Jahrhundert, in dem der weibliche Orgasmus noch unbekannt war, gerade den Sex entdeckt.

Und dann plötzlich, ohne Vorwarnung, wieder eine Roboterstimme: »Guten-Morgen-Sir-oder-Madam-hier-spricht-Marleen-Ihre-persönliche-Kundenberaterin-vielen-Dank-für-Ihren-Anruf-wie-kann-ich-Ihnen-helfen?«

Einen Moment lang war Hallam perplex. Eine echte Frau? Endlich?

»Sind Sie ein echter Mensch?«

»Pittä?«

»Kein Computer?«

»Sie was?«

»Gott sei Dank. Mein Name ist Peter Hallam und ich habe ein Konto bei Ihnen.«

»Guten Morgen, Mr Allen.«

»Hallam. Mit H.«

»Hallen mit H. Supa. Da ham wirs.«

Macht nichts. Laß es durchgehen.

»Ich muß mit der Person sprechen, die dafür zuständig ist, Konten zu sperren, wenn sie zu sehr in den roten Zahlen sind.«

»Es is der Computer, der wo das macht, Mr. Hallen.«

»Nein, Marlene. Ich muß mit einem menschlichen Wesen sprechen. Gibt es nicht einen Manager, einen Leiter, irgendwas in der Richtung?«

»Und was ist der Grund für Ihre Anfrage, Mr. Hallen, wenn ich fragen darf?«

»Ich muß diese Person, wer auch immer sie ist, bitten, mir eine kleine Frist einzuräumen, bevor sie mich ruiniert.«

»Kein Problem. Haben Sie bitte einen Augenblick Geduld, Sir. Ich werde mich erkundigen.«

Warum sagten sie bloß alle immer »Kein Problem« und »Haben Sie bitte einen Augenblick Geduld« und »Supa« und »Da ham wirs ja«? Nach einer Weile trieb es einen in den Wahnsinn, wie diese verdammten Autoaufkleber, die verkündeten »Baby an Bord«. Und wenn schon? Was zum Teufel sollte man damit anfangen? Auf das Auto drauffahren, wenn gerade *kein* Baby an Bord ist?

Weitere sanfte Geräusche im Telefon. Ein gurgelnder Fluß. Ein sanfter Wind, der in Bäumen seufzt, das hohle, wiederkehrende Bum-bum eines primitiven Eingeborenen-Instruments. Eine schnurrende Katze. Aufschluchzende Violinen. Ein weinendes Cello. Eine verdammte Ethnofrau, die aaieeeeai-ai-ai-aaieeeeai kreischte, als hätte sie gerade von einem erbosten Kunden der Millenium Bank eins in die Fresse gekriegt.

»Mr Hallen, Sir, sind Sie noch da, Sir?«

»Es kommt mir vor, als wäre ich schon seit Monaten da.«

»Ja Sir, Entschuldigung Sir, haben Sie bitte einen Augenblick Geduld, hier ist noch mal Marleen, ich habe unseren Mr. Dean Carsh für Sie, Sir, danke, Sir.«

»Wer zum Teufel ist Mr. Carsh?«

»Mr. Heller?« Eine glatte Männerstimme, seidig, ölig, herablassend.

»*Hallam*. Peter Hallam. Ich habe ein Konto bei Ihnen.«

»Aha. Ja. Also wo liegt dann Ihr Problem?«

»Und Sie sind . . .?«

»Mr. Carsh.«

Warum mißtraue ich Männern, die sich selbst »Mister« nennen? Wie alte Soldaten, die sich hartnäckig noch Jahre, nachdem sie die Armee verlassen haben, »Captain« oder »Major« nennen.

»Mr. Dean Carsh.«

»Und Ihr Aufgabenbereich ist . . .?«

»Ich führe heute die Aufsicht als Leitender Ober-Chancen-Dienstleister.«

»Dann sind Sie also ein großes Tier?«

Castle kicherte sehr weltmännisch.

»Definitiv ein Elefant, Sir.«

»Na endlich. Dann können Sie mir vielleicht erklären, warum ich gerade einen Brief von Ihnen erhalten habe . . .« Plötzlich geriet er ins Stocken. Er kämpfte darum, die richtigen Worte zu finden, das angemessene Maß des Protests und merkte, daß er kurz davor war, sich zu verhaspeln. Sollte er wütend sein, beleidigend, eisig? Was war der wirkungsvollste Weg, wenn die eigene Bank drauf und dran war, einen in den Ruin zu stürzen?

»Sie haben mir einen Brief geschickt, indem Sie meinen Überziehungskredit und mein Darlehen zurückfordern.«

»Ja? Vielleicht wären Sie so gut und könnten mir Ihre Kontonummer geben, Mr. Heller.«

»Hallam.«

»Ja, natürlich. Die Nummer?«

Hallam nannte sie ihm.

»Haben Sie bitte einen Augenblick Geduld«, sagte Castle. Er rief die Daten im Computer auf. Nach ungefähr einer Minute hüstelte er diskret. »Ah, ja. Ich verstehe. Sehr bedauerlich.«

»Ich will wissen, warum.«

Castle räusperte sich. »Es tut mir leid, Ihnen sagen zu müssen, daß Sie nicht mehr als Stufe-A-Risiko eingeschätzt werden. Achttausend Pfund ist ziemlich viel Geld.«

»Tun Sie doch nicht so! Nicht für eine Bank wie die Millenium.«

»Ach, aber wo kämen wir hin, wenn uns jeder unserer Kunden achttausend Pfund schulden würde? Wir wären ruiniert. Und der Computer hat in Ihrem Fall ein Risiko identifiziert, daß unser Kapital in Gefahr sein könnte. Die letzten Einzahlungen wurden vor sechs Monaten getätigt, wenn man von Eingängen aus einem Bausparkassenkonto absieht. Keine Gehaltszahlungen, nichts. Sie verstehen unser Problem, Mr. Hallam.«

»Und verstehen Sie meins? Ich habe meine Stelle verloren und jetzt —«

»Ach. Wirklich? Dann ist die Situation ja sogar noch ernster. Ich glaube nicht, daß der Computer schon weiß, daß Sie arbeitslos sind.«

»Und was wird er tun, wenn er es erfährt? Mir ein Kondolenzschreiben schicken? Oder eine Weihnachtskarte?«

»Sehr witzig, Sir.«

»Hören Sie, Mr. Carsh, offen gestanden nehme ich Ihre plötzliche Drohung, mich zu ruinieren, ziemlich übel. Ich brauche von Ihnen Hilfe, nicht Drohungen, und ich denke, ich habe ein Recht darauf. Ich bin seit über zwanzig Jahren bei Ihrer Bank.«

»Ach tatsächlich? Sehr lobenswert.«

»Zählt das denn gar nicht?«

Carshs Stimme quoll ölig durch die Telefonleitung. »Natürlich ist Ihre Beständigkeit als Kunde für uns sehr erfreulich, Mr. Hallam, aber unglücklicherweise kann man mit Loyalität keine Rechnungen bezahlen. Wir müssen uns heutzutage eher um die Kunden kümmern, die voraussichtlich die *nächsten* zwanzig Jahre mit unserer Bank verbringen, als um die, deren Beziehung zu unserer Bank Geschichte ist.«

»*Geschichte*?«

»Was vorbei ist, ist vorbei, Mr. Hallam. Entscheidend ist die Zukunft.«

»Aber wie rechtfertigen Sie diese selbstherrliche Vorgehensweise ohne die geringste Warnung?«

»Nun, natürlich ist es der Computer und nicht ich, der die Schulden zurückverlangt, und wenn Sie auf die Vereinbarungen und Bedingungen in unseren ursprünglichen Überziehungs- und Darlehensverträgen schauen —«

»Hören Sie mit dem Kleingedruckten auf, Carsh. Ich spreche von Anstand. Fair Play.«

»Ach. Nun, da haben Sie mich erwischt. Ich bin nur ein Banker, Sir, kein Moralist, und das erste Gebot im Bankengeschäft ist, kein Geld zu verlieren.«

»Sie wollen also sagen, daß Sie nichts tun werden, um mir mehr Zeit zur Rückzahlung zu geben?«

»Es gibt nichts, was ich tun *kann*, Sir. Sie haben die Parameter unserer üblichen Kreditvereinbarungen nicht eingehalten. Und daraus folgt, daß wir unser Risiko minimieren, indem wir unser Geld zurückrufen.«

»Aber ich kann Sie nicht bezahlen. Nicht jetzt. Nicht auf der Stelle. Das ist eine Pattsituation. Also, was machen wir jetzt.«

Dean Castle räusperte sich erneut. Es war ein beunruhigend metallisches Geräusch, wie ein Henker des 19. Jahrhunderts, der seine Guillotine testet. »Sie haben einen Prozentsatz des Wertes Ihres Hauses als zusätzliche Sicherheit angeboten, Sir.«

»Wie bitte?«

»Wir haben ein Pfandrecht auf einen Teil des Wertes Ihres Hauses.«

Verflucht noch mal.

»Wollen Sie sagen, Sie würden mich zwingen, es zu verkaufen?«

»Es bleibt immer diese bedauerliche Möglichkeit, ja.«

»Das können Sie nicht ernst meinen. Sie würden mich und meine Frau und meine Familie aus unserem Heim rauswerfen und mich zwingen, es zu verkaufen, damit ich Ihnen ein paar tausend lausige Pfund zurückzahlen kann?«

»Für Sie sind es vielleicht nur ein paar tausend lausige Pfund, Mr. Hallam«, sagte Carsh, »aber es sind *unsere* paar tausend lausige Pfund.«

»Ich hätte nie gedacht, daß ich diesen Tag erlebe . . .«

Hallam begann zu stammeln. Er verlor den Faden. Sein Kopf war so voll, daß sich die Gedanken stauten.

Ich fange an zu schwätzen, dachte er. Ich werde panisch. Hör auf damit. Beruhige dich. Der Mann ist schließlich auch nur ein Mensch. Er muß am Ende Vernunft annehmen.

»Jahrelang haben Sie mich mit Briefen und Drucksachen

und Broschüren und Gott weiß was bombardiert und mich angefleht, Geld zu leihen, obwohl ich keines brauchte. Und jetzt, wo ich tatsächlich ein Darlehen benötige, wollen Sie mir keines geben und fordern sogar das alte sofort zurück. Mein alter Bankberater hätte mir eins gegeben. Mike Richards – er würde wissen, daß ich immer ein ausgezeichnet berechenbares Risiko war.«

»Daran zweifle ich, Sir. Mike Richards ist seit zwei Jahren im Ruhestand.«

»Aber er kann selbst heute unmöglich einen Tag älter als vierzig sein.«

»Vermutlich nicht, Sir, aber vor zwei Jahren haben wir das computerisierte Telefon-Bankengeschäft eingeführt, wodurch die Frühpensionierung vieler älterer, nun überzähliger Mitarbeiter nötig geworden war – speziell derer, die nicht bereit waren, ihre Arbeitsweise zu verändern.«

Armer alter Mike. Rausgeschmissen mit achtunddreißig. Auf den Schrottplatz mit achtunddreißig!

»Wie alt sind Sie, Dean?«

»Siebenundzwanzig, Sir.«

»Sie werden es weit bringen.«

»Danke, Sir. Das habe ich auch vor.«

»Sie sind genau der richtige Typ für die Wirtschaft von heute.«

»Davon gehe ich aus.«

»Sorgen Sie nur dafür, daß Sie in den nächsten sechs oder sieben Jahren Karriere machen«, sagte Hallam bitter, »denn bis Sie fünfunddreißig sind, wird man jeden über vierunddreißig entlassen. Bis dahin wird Ihr kostbarer Computer auch Ihre Tätigkeit übernommen haben.«

Dean Carsh gluckste. »Das glaube ich nicht«, sagte er. »Die Bank gehört meinem Onkel.«

Weihnachten war grauenvoll. Hallam hatte Weihnachten immer geliebt, aber dieses Jahr herrschte ein angespanntes düsteres Schweigen. Er kaufte einen winzigen, verkrüppelten Baum von einem Bruchteil der Größe ihres üblichen Zwei-Meter-Riesen. Der Baum kauerte unglücklich in einer Ecke des Wohnzimmers, schmächtig und mißgestaltet, niedergebeugt vom Gewicht der Kugeln, die ihm viel zu schwer waren und geblendet von seinen eigenen Kerzen.

Die Geschäfte und Straßen waren an den früh dämmrigen Nachmittagen voller Einkäufer und erwärmt von Lichtern und fröhlichen Schaufensterdekorationen und Weihnachtsliedern. *Laßt uns froh und munter sein, und uns recht von Herzen freuen.* Hallam geisterte wie ein Gespenst seines alten Selbst durch die eisigen Straßen, starrte voller Schmerz in die Schaufenster und schämte sich, wie wenig er dieses Jahr für Geschenke ausgeben konnte.

Nächstes Jahr, schwor er, nächstes Jahr wird alles anders. Es wird wieder so sein wie früher. Wenn Jenny wieder zu mir findet.

Sie verschickten so viele Weihnachtskarten wie immer. »Ich schränke die Liste nicht ein«, sagte Jenny kalt. »Sonst denken die Leute, wir können uns nicht leisten, welche zu verschicken.« Aber bis zum Weihnachtsabend hatten sie im Gegenzug nur dreißig Karten erhalten: Für zwei Drittel ihrer alten Freunde und Bekannten schienen sie nicht mehr zu existieren. Fünf Karten kamen von Mitgliedern seiner ehemaligen Belegschaft aus der Verkaufsabteilung. Leila Roberts schrieb: »Hut ab, Mr. Hallam, und viel Glück. Wir wünschten uns alle, Sie wären noch hier.« Eine andere Karte war in krakeliger Schrift unterschrieben: »Ron Doggett (Ex-Potier, die haben mich entlasen mr hallam, jetzt arbeite ich für den Schrottplaz oben im bolton street way).«

Zum ersten Mal in zwanzig Jahren veranstalteten sie am

24. Dezember nicht ihre übliche Open-House-Party, und Jenny weigerte sich, zur Mitternachtsmesse zu gehen.

»Aber wir gehen doch am Weihnachtsabend immer hin«, sagte er ohne Hoffnung.

»Dieses Jahr nicht.«

»Bitte, Jen. Es ist immer so schön. Du bist jedesmal begeistert.«

»Dieses Jahr nicht«, sagte sie.

Er ging mit Susie und stellte fest, daß er sich die Augen wischen mußte, als der Chor *Stille Nacht* und *Es ist ein Ros' entsprungen*, eins von Jennys Lieblingsliedern, mit entsetzlicher Lieblichkeit sang. Wie dunkel die Welt jetzt immer ist, dachte er. Wie kalt sie ohne Liebe sein kann.

»Weine nicht, Daddy«, wisperte Susie. »Es wird alles gut. Da bin ich mir sicher.«

Er traute sich nicht, ihr zu antworten.

Sie drückte seine Hand.

Wenigstens habe ich Susie. Manche Leute haben überhaupt niemanden. Wie Monica. Wie fühlt sich Monica, so allein am Weihnachtsabend nach all den Jahren? Weint sie stumm in ihrem Zimmer? Vielleicht. Vielleicht hört man nie auf, jemanden zu vermissen, den man wirklich liebt.

Der Weihnachtstag selbst stellte sein Durchhaltevermögen auf eine harte Probe. Nach dem Frühstück öffneten sie ihre Geschenkpäckchen mit stiller Verzweiflung, und er schämte sich, wie billig die Geschenke waren, die er gekauft hatte. Man sagt, ›der Gedanke zählt‹, aber das ist nicht wahr: Der Preis ist genauso wichtig. Im Jahr zuvor hatte er Jenny eine erschreckend teure Brosche gekauft, und als sie das Geschenk aufgemacht hatte, hatte sie ihre Arme um ihn geschlungen und geweint. Dieses Jahr hatte er sich nur eine gebundene Ausgabe des neuesten Romans einer Ihrer Lieblingsschriftstellerinnen, Joanna Trollope, leisten können. Sie warf einen

Blick darauf, sagte viel zu höflich »Danke« und legte das Buch zur Seite. *Und das ist das Weihnachtsgeschenk, an das sie sich immer erinnern wird: das Buch, nicht die Brosche.* Er selbst bekam von ihr eine dunkle, nüchterne Geschäftskrawatte. Sarkasmus? Ein deutlicher Fingerzeig? Sie hatte ihm in all den gemeinsamen Jahren noch nie eine Krawatte geschenkt.

Er durchquerte den Raum, um sie zu küssen. »Danke Liebling«, sagte er.

Sie drehte im letzten Augenblick ihren Kopf weg, so daß er sie ungeschickt aufs Ohr küßte.

»Ich liebe dich«, sagte er.

Sie sagte nichts. Sie schaute weg.

Wer ist diese Frau? Wo war sie all die Jahre versteckt?

Seine Kehle schnürte sich zusammen, als er sah, was ihm Susie gekauft hatte: eine Kiste mit drei teuren Flaschen Wein. »Das hättest du nicht tun sollen, Susie, Liebling, das hättest du wirklich nicht tun sollen. Das ist viel zu großzügig.«

»Du hast es verdient. Oder nicht, Gran?«

»Natürlich hat er das«, sagte Monica.

»Ich gehe jetzt spazieren«, sagte Jenny knapp.

Matthew verkündete, daß er anderswo ein vegetarisches Abendessen einnehmen werde – »ich ertrage die Atmosphäre in diesem verdammten Haus nicht« – und obwohl Susie, Monica und Hallam ihr Bestes gaben, beim Mittagessen vergnügt und heiter zu sein, Papierhüte trugen und abgedroschene Knallbonbon-Witze vorlasen, war Jennys Gesicht versteinert. Ihre Laune steckte das ganze Haus mit Unglück an. Der Truthahn war zu lange im Ofen gewesen, das Gemüse angebrannt und der Wein war billig und hatte Kork.

»Wir könnten Scharaden spielen«, sagte Susie hinterher eifrig.

»Wunderbar«, sagte Monica. »Und anschließend dieses Wortspiel, das, wo man sich Definitionen ausdenken muß.«

»Ich habe Kopfschmerzen«, sagte Jenny. »Ich gehe ins Bett.«

Komm zurück, Jenny. Bitte komm zurück. Ich ertrage das nicht länger.

Der zweite Feiertag war genauso schlimm. Jenny verschwand für den ganzen Tag, nachdem sie angekündigt hatte, sie gehe zum Schlußverkauf in die Stadt.

Wie kann sie zum Schlußverkauf gehen? Wie kann sie es sich leisten, irgend etwas zu kaufen?

Sie kehrte am frühen Abend zurück, mit geröteten Wangen und müde. Sie hatte nichts gekauft. »Es gab nichts, was sich zu kaufen gelohnt hätte«, sagte sie. »Ich gehe ins Bett.«

Zum erstenmal in seinem Leben verstand er, warum es an Weihnachten mehr Selbstmorde gab als an jedem anderen Tag im Jahr.

Am allerschlimmsten war Silvester. Früher waren sie immer mit Freunden auf eine Party gegangen, aber dieses Jahr weigerte sie sich, auszugehen.

»Geh du allein«, sagte sie.

»Jen.«

»Nun, warum nicht?«

»Ich kann nicht.«

Sie zuckte die Schultern. »Wie du willst. Ich gehe früh ins Bett. Hoffentlich ist das neue Jahr um einiges besser als dieses.«

Matt und Susie gingen zu Partys, und nur Monica blieb mit Hallam auf, um eine Flasche Champagner zu teilen, die sie gekauft hatte, und um bis nach Mitternacht fernzusehen.

»Das mit meiner verdammten Tochter tut mir so leid«, sagte Monica plötzlich. »Sie benimmt sich unmöglich.«

»Sie hat Angst, das kann ich verstehen. Es macht nicht viel Spaß, nicht zu wissen, wo der nächste Pfennig herkommen soll.«

»Sie sollte dich unterstützen. Dir ein bißchen was von dem Druck abnehmen, statt sich wie eine egoistische launische Zicke zu benehmen. Das habe ich ihr gesagt.« Monica zuckte die Schultern. »Nicht, daß es irgendwas geholfen hätte. Sie ist verändert. Ich erkenne sie kaum wieder.«

Zu seinem Entsetzen stellte er fest, daß ihm plötzlich die Tränen über das Gesicht rannen.

»O Gott«, sagte er. »Das tut mir so leid.«

»Warum? Das muß es nicht.« Sie reichte ihm ein Taschentuch. »Es ist höchste Zeit, daß du es rausläßt. Ich weiß nicht, wie du so lange durchgehalten hast.«

Später, als er sich erholt hatte, sagte sie: »Ich weiß, wie schwer es für dich im Moment ist, Peter. Ich würde dir gerne Geld leihen, bis du eine Stelle findest.«

Seine Augen brannten. Ausgerechnet Monica. »Das ist unheimlich ...«

»Ich möchte keine Diskussion darüber, Peter. Du bist in einer verzweifelten Lage, das weiß ich, und das muß nicht sein. Abgesehen von Davids Rente habe ich noch ungefähr zwanzigtausend in der Bausparkasse. Und ich habe noch immer meine Aktien von deiner alten Firma – achthundert Stück. Die kann ich jederzeit verkaufen. Also wieviel brauchst du, um deine Schulden zu zahlen? *Deine* Schulden? Was rede ich da? Es sind *unsere* Schulden. Wir hängen da zusammen drin.«

Er blinzelte. Verflucht noch mal. Ich fange schon wieder an zu weinen, verdammt. »Monica ...«

Sie beugte sich vor und legte ihre Hand auf seinen Arm. Es tat so gut, wieder *berührt* zu werden. »Bitte laß mich dir helfen. Bitte.«

»Ich ...«

»Es würde mir eine solche Freude bereiten, Peter. Bitte.«

»Nun, wenn du absolut sicher bist ...«

»Das bin ich. Das bin ich auf jeden Fall.«

Er zögerte. Wenn er nein sagte, wäre sie verletzt – und wie konnte er es sich denn überhaupt leisten, nein zu sagen?

»Etwa achttausend«, sagte er, »um die dringendsten Schulden zu bezahlen.«

Sie nickte. »Und was ist mit den Rechnungen für den Rest des Winters? Die Heizung. Strom. Essen.«

Er räusperte sich. »Ich werde jeden Job annehmen müssen, den ich kriegen kann, egal wie bescheiden oder eintönig er ist. Ich muß irgendwie Geld verdienen. Ich fahre ein verdammtes Taxi, wenn es sein muß.«

Sie schaute ihn mit unerwarteter Zärtlichkeit an. Er hatte sie noch nie so herzlich gesehen.

»Lieber Peter«, sagte sie sanft. »Es tut mir so leid. Es ist so ungerecht.«

»Stimmt, aber es hat keinen Sinn, darüber zu jammern. Ich muß aufhören, mir etwas vorzumachen, was die Art Arbeit betrifft, die ich bekommen könnte. Das ist mein Vorsatz fürs neue Jahr: Ich muß den Tatsachen ins Gesicht sehen, und Tatsache ist, daß kein Mensch mich mehr einstellen will. Ich bin erst fünfundvierzig, aber es scheint, daß ich zu alt bin für die Arbeit, die ich gern machen würde, also muß ich meine Erwartungen runterschrauben.«

»Aber bis dahin mußt du die Schulden bezahlen. Klar Schiff machen. Von vorne anfangen.«

»Das wäre wundervoll, Monica . . .«

Sie stand auf, ging hoch in ihr Zimmer und kam mit einem Scheck zurück, den sie ihm überreichte.

Er schaute ihn an.

Zehntausend Pfund.

Zehntausend Pfund.

»Das ist viel zuviel«, protestierte er und gab ihn ihr zurück.

Sie winkte ab und setzte sich in den Sessel. »Unsinn. Du wirst jeden Penny brauchen.«

»Ich brauche nur achttausend.«

»Die paar mehr gehen schnell für Alltagsgeschichten drauf, glaub mir, schon allein für die laufenden Rechnungen. Und ich kann es mir leisten, Peter, und die Aktien habe ich außerdem noch. Die kann ich jederzeit verkaufen, wenn es nötig ist. Und überhaupt, es ist nur ein Darlehen. Du wirst es mir zurückzahlen, das weiß ich. Irgendwann.«

»Das mache ich. Natürlich mache ich das. Ich verspreche es dir.«

Er stand auf, ging zu ihr, beugte sich hinunter und umarmte sie ungeschickt. »Ich weiß gar nicht, was ich sagen soll.«

»Danke würde reichen.«

»Danke, Monica. Ich werde dir jeden Penny zurückzahlen. Das verspreche ich.«

»Natürlich wirst du das.« Sie lächelte. Sie hob ihr Glas Champagner. »Frohes Neues Jahr«, sagte sie. »Und ich weiß, daß es froh wird. Ich habe dein Horoskop gelesen, und es sagt dir ein phantastisches Jahr voraus.«

Dann schüttelte sie den Kopf. »Diese verdammte Tochter, die ich da habe, weiß ja gar nicht, was für ein Glück sie hat.«

Es bereitete ihm großes Vergnügen, den Scheck an die Millenium Bank an Dean Castle persönlich zu adressieren. Er legte einen kalten Brief bei, in dem er den Ausgleich und die Schließung seines Kontos mitteilte und ihm ganz genau darlegte, was er davon hielt, daß die Bank einen alten Kunden so behandelte, wie man mit ihm umgegangen war. Er fügte hinzu, daß er eine Kopie des Briefes an den Vorstandsvorsitzenden der Bank schicke: Es war egal, daß der Vorsitzende ihn wahrscheinlich nie zu Gesicht bekäme – Hauptsache, jemand in der Filiale hatte ein oder zwei schlaflose Nächte.

Aber Monicas zehntausend Pfund waren nicht mehr als ein winziges, vorübergehendes Rettungsboot. Das Eis brach nun überall um ihn herum weit auf. In der ersten Woche des neuen Jahres kam ein Brief von einer der Kreditkartengesellschaften mit der Frage, warum seit zwei Monaten keine Rückzahlungen eingegangen seien und warum er über das Kreditlimit von fünftausend Pfund hinausgegangen sei. Ihm wurde mitgeteilt, daß seine Karte nicht mehr gültig sei, in der Mitte durchgeschnitten und an die Gesellschaft zurückgeschickt werden müsse, zusammen mit einem Scheck über den vollen geschuldeten Betrag: 5 289,62 Pfund. Drei Tage später kam der gleiche Brief von seiner anderen Kreditkartengesellschaft und verlangte 5 137,07 Pfund. Am nächsten Tag kam die übliche große Gasrechnung für den Winter, einen Tag darauf gefolgt von einer erschreckend hohen Stromrechnung.

Er fühlte sich hilflos. Es war sinnlos, so weiterkämpfen zu wollen. Selbst wenn Monica ihm ihren letzten Penny lieh, würde es nicht reichen. Selbst wenn er einen schlechtbezahlten Job finden würde – als Taxifahrer, Kellner, Barmann – würde er sich damit nie über Wasser halten können. Der Zuspitzung, vor der er sich immer gefürchtet hatte, mußte er nun ins Gesicht sehen.

Er mußte sein Haus verkaufen.

»Wie meinst du das, das Haus verkaufen?« sagte Jenny.

»Es tut mir so leid, Jen«, sagte er, »aber das ist die einzige Möglichkeit, unsere Schulden zu bezahlen.«

Er streckte ihr seine Hand entgegen. Sie ignorierte es.

»*Unsere* Schulden?« sagte sie. Ihr Gesicht war angespannt. »*Deine* Schulden, meinst du wohl.«

Irgend etwas in ihm zerbrach. Sie würde nun nie wieder zu ihm zurückkehren. »Wenn du es so sehen willst«, sagte er.

Sie starrte ihn kämpferisch an. »Willst du mir wirklich sagen, daß wir in ein paar Wochen kein Zuhause mehr haben?«

»Na komm, Jenny. Dramatisier das nicht zu sehr. Natürlich werden wir ein Zuhause haben. Es wird nur etwas kleiner sein, das ist alles, vielleicht eine Mietwohnung.«

»Eine *Mietwohnung*?« Die Form ihres Mundes war häßlich. »Ich habe nicht mehr in einer Mietwohnung gelebt, seit ich Studentin war. Als Teenager.«

»Sei vernünftig, Jen. Es ist nur vorübergehend, nur, bis ich eine neue Stelle finde und anfangen kann, ein bißchen zu sparen.«

Sie lachte sarkastisch. Es klang wie das Krächzen eines Raben.

»Und was ist mit Matthew und Susie? Und Mutter?«

Er fühlte sich so alt. Sogar seine Knochen waren müde. Er fühlte sich ungefähr siebzig Jahre alt. Vielleicht hatten sie recht: Vielleicht hatte er es wirklich hinter sich. »Es sollte möglich sein, mit dem Haus ein bißchen Gewinn zu erzielen. Es sollte möglich sein, ein Zimmer für Susie zu haben.«

»*Sollte* möglich sein? Das möchte ich verdammt noch mal hoffen. Sie ist erst sechzehn. Du hast ja wohl nicht vor, sie im Alter von sechzehn auf die Straße zu setzen?«

»Hör schon auf, Jenny.«

»Dir traue ich zur Zeit alles zu. Und was ist mit Matthew? Und Mutter? Und Fudge und Jezebel?«

Also waren mittlerweile sogar die Tiere wichtiger als er. Er hatte sich noch nie so ausgelaugt gefühlt. Er wollte schlafen. Er seufzte. »Ich weiß es nicht, Jen. Vielleicht haben wir genug Platz für Monica, oder vielleicht muß sie in irgendeine Art Wohnanlage ziehen.«

»Ich höre wohl nicht recht? Meine Mutter ins Altersheim? In ein öffentliches Asyl?«

»Ich weiß es nicht. Ich denke nur laut.«

»Und Matt?«

»Matt wird anfangen müssen, für sich selbst zu sorgen«, sagte er.

»Was zum Teufel soll das heißen?«

»Er wird anfangen müssen, selbst die Verantwortung für sein Leben zu übernehmen. Er muß erwachsen werden, eine Stelle suchen, irgendwo ein eigenes Zimmer finden.«

»Es gibt keine Stellen«, fauchte sie. »Wenn das einer wissen müßte, dann du.«

»Es gibt mehr Stellen für junge Leute als für Leute in unserem Alter.«

»Wer sagt das?«

Hallam spürte einen bedrohlichen Ärger in sich aufsteigen. »Von mir aus kann er Tellerwäscher in einem verdammten Restaurant werden.«

»Dein eigener Sohn.«

»Angeblich.«

»Was zum Teufel soll das schon wieder heißen?«

»Nichts, Jen. Ich bin einfach müde. Deprimiert.«

»Das reicht mir nicht. Was wolltest du sagen? Daß Matthew nicht dein Sohn ist?«

»Nein, Jen. Ich —«

»Das hast du gesagt.«

»Nein, ich hab nur —«

»Dann fick dich ins Knie, Süßer.«

Sie stand auf und ging zur Tür. »Wenn du das Haus verkaufst, verlasse ich dich«, sagte sie bösartig. »Hast du mich verstanden? Ich werde nicht in einer winzigen, beschissenen Mietwohnung leben.«

»Hör auf, mir zu drohen, Jenny.«

Sie lachte säuerlich. »Oh, das ist keine Drohung, das sag ich dir: Es ist ein Versprechen.«

Ihre Augen glitzerten hart und glänzend wie Glimmer.

Guter Gott, sie *haßt* mich. Also ist das wahr mit der Liebe und dem Haß: Sie sind gar keine Gegensätze, sie sind Zwillinge. »Also was würdest du statt dessen tun? Wo würdest du hingehen?«

Ihr Gesicht war häßlich. Wie konnte ihr Gesicht häßlich sein? Es war immer schön gewesen.

»Ich kann dir sagen, was ich tun würde.« Ihre Lippen waren verzerrt. »Ich such mir einen anderen Mann, einen richtigen Mann, einen, der richtig für mich sorgen kann. Das werde ich tun. Und das solltest du mir besser glauben.«

Sie verließ den Raum und ließ die Tür hinter sich zuknallen.

Es ist nicht nur, daß sie mich nicht mehr liebt, dachte er, nicht einmal nur, daß sie mich haßt. Es ist diese Verachtung, sie schaut auf mich herab. Ich könnte vielleicht mit dem Verlust der Liebe fertig werden, aber nicht mit dem Verlust des Respekts.

Drei Makler kamen, um den Wert des Hauses zu schätzen.

»Mhm«, sagte die Frau mittleren Alters mit der tröpfelnden Adlernase. »Nicht schlecht. Hundertfünfundneunzigtausend. Ungefähr.«

»Kaum Nachfrage für so was im Moment«, sagte der düstere junge Mann mit Mundgeruch. »Es gibt zuviel von der Sorte auf dem Markt. Trotzdem: Hundertneunzigtausend, wenn Sie Glück haben.«

»Oh, sehr hübsch«, sagte der vergnügte junge Mann von Boggitt, Burlap and Boggitt. »Wirklich sehr hübsch. Das sollte nicht allzu schwierig werden. Hunderfünfundachtzig Riesen.«

»Mehr nicht?« sagte Hallam.

»Hundertsiebenundachtzigtausend, wenn Sie Glück haben.«

»Ich muß schnell verkaufen, sehr schnell sogar.«

»Dann müssen Sie den Preis erheblich senken«, sagte die Frau mit der Adlernase. »Im Januar oder Februar kauft kein Mensch.«

»Im Moment ist der Markt sehr zäh«, sagte der düstere junge Mann und leckte sich die Zähne. »Das wird erst gegen Ostern besser – März, April. Kann Monate dauern.«

»Ich kann Ihnen wahrscheinlich innerhalb einer Woche einen Käufer finden«, sagte der vergnügte junge Mann von Boggitt, Burlap and Boggitt.

Eine Woche? Dann würde es sich lohnen, wenn nötig, weniger zu nehmen: 185 000 Pfund jetzt wären soviel wert wie 190 000 Pfund in sechs Monaten.

»Ich mache Ihnen ein Angebot«, sagte der vergnügte junge Mann. »Da es nicht lange dauern dürfte, nehme ich nur die Hälfte der üblichen Gebühr. Ich nehme nur anderthalb Prozent.«

Dreitausend Pfund Maklergebühr statt sechs: Das würde

reichen, mehr als die Hälfte der Schulden auf einer der beiden Kreditkarten zu bezahlen.

»Abgemacht«, sagte Hallam.

Sie gaben sich die Hand. »Lee Yeomans«, sagte der Makler. »Um ehrlich zu sein, ich hätte da schon einen Kunden im Auge, der genau passen dürfte. Er sucht schon seit Ewigkeiten nach genau so einem Haus. Ich bringe ihn her. Morgen Nachmittag? So gegen drei?«

»Gut.«

»Wunderbar.«

»Du verkaufst also das Haus«, sagte Matthew. Er saß auf dem Küchentisch, die Stiefel auf die Arbeitsfläche zwischen Kühlschrank und Herd gestützt. Auf den Kacheln war nasser Schlamm. Drei seiner Freunde hingen im Wohnzimmer über Stühle verstreut und sahen fern. Einer von ihnen hatte purpurrotes Haar.

»Ja«, sagte Hallam. »Es tut mir leid. Ich kann mir die laufenden Kosten einfach nicht mehr leisten.«

»Und was, bitte schön, wird aus mir? Wo soll ich denn, bitte schön, wohnen?«

»Nun, ich hoffe —«

»Du interessierst dich einen Dreck für mich, stimmt's?«

»Matt —«

»Wenn ich vor ner Ladentür pennen muß, ist es dir auch egal.«

»Matt —«

»Du und deine verdammten bourgeoisen Grundsätze. Ich könnte kotzen. Seit mehr als zwei Jahren verhöhnst du mich, weil ich keinen Job finde und jetzt, wo du selbst keinen findest, entledigst du dich einfach deiner Verantwortung und setzt uns alle auf die Straße. Das ist großartig. Das ist wirklich großartig. Danke vielmals, *Vater*.« Er schwang seine Beine von der Arbeitsfläche auf den Boden und glitt vom Tisch.

»Meine Güte, du bist zwanzig«, sagte Hallam. »Wie lang soll ich denn noch für dich verantwortlich sein? Du hast das Wahlrecht. Du hast einen Führerschein. Du kannst heiraten, Soldat werden, auswandern. Du bekommst Arbeitslosenhilfe. Du könntest wahrscheinlich auch Wohngeld bekommen und eine Zeitlang ein Zimmer mieten, mit einem oder zwei deiner Freunde. Du bist ein Mann, Matt, also warum erwartest du, daß ich dich finanziere?«

Matthew wandte sich zu ihm. »Ich *fasse* es nicht, daß du so was sagst. Weil du mein beschissener Vater bist, darum erwarte ich das. Weil das die Aufgabe von Vätern ist. Ich kenne Typen, die fast dreißig sind, und trotzdem noch zu Hause bei ihren Leutchen wohnen.«

»Das ist traurig.«

»Was spricht denn dagegen? Du scheinst zu glauben, daß Kinder Bürger zweiter Klasse sind, aber wir haben auch Rechte. Schließlich soll das hier ja eine Demokratie sein, oder etwa nicht?«

»Man kann dich kaum als Kind bezeichnen.«

»Aber es gibt keine Demokratie, oder? Nicht in diesem verdammten Haus. Wenn du beschließt, unser Haus zu verkaufen, unser Heim, dann wird darüber nicht demokratisch abgestimmt, nicht wahr? Du entscheidest völlig selbstherrlich allein. Bei all deinen hochtrabenden Grundsätzen bist du ein Arsch, kein richtiger Vater. Du bist kein richtiger Mann, weißt du das? Kein Wunder, daß Mum total angenervt ist. Es wundert mich, daß sie überhaupt so lange mit dir zusammengeblieben ist.«

Also jetzt verachtet mich auch mein Sohn. »Wenn das deine Meinung ist, rate ich dir, hau auf der Stelle ab«, sagte Hallam. »Ich hatte gehofft, eine Wohnung zu mieten, die groß genug für uns alle ist, aber wenn du so über mich denkst, kannst du einfach abhauen.«

Matt starrte ihn an. Seine Augen waren blutunterlaufen, das Haar verfilzt.

Ich mag dich auch nicht, dachte Hallam unglücklich. Du bist mein Sohn, und ich kann dich nicht ausstehen.

Matt schaute weg. »Ich weiß nicht, wo ich hingehen soll«, sagte er.

»Scheißegoistisch, Mann, so würde ich das nennen«, sagte der Freund mit dem Purpurhaar.

Yeomans brachte den potentiellen Käufer am folgenden Nachmittag vorbei: ein dünner Mann, Mitte dreißig, hungrig aussehend, kurzes, öliges Haar, mit mißtrauischem Gesichtsausdruck, namens Sheepshank. Seine Nasenflügel zuckten permanent.

Ich will nicht, daß der mein Haus kauft, dachte Hallam plötzlich. Es ist nicht einfach ein Haus, es ist ein Heim. Wir waren hier jahrelang glücklich. Ich will nicht, daß es irgend jemand anderem gehört.

»Also verkaufst du es wirklich«, sagte Jenny mit eisiger Stimme.

»Welche andere Möglichkeit haben wir?«

»Ich werde mich weigern, die Verträge zu unterzeichnen. Es gehört nämlich zur Hälfte mir, falls dir das noch nicht aufgefallen ist.«

»Natürlich gehört es auch dir. Aber wir haben wirklich keine Wahl, Jen. Was würdest du denn sonst vorschlagen?«

Sie starrte ihn mit einem gewalttätigen Blick an. Hatte sie ihn je geliebt? Wirklich geliebt? Natürlich hatte sie das. Jahrelang. Oder nicht? Es war schwer, daran zu glauben.

»Ich gehe aus«, sagte sie, »und ich nehme den Wagen. Es kann später werden.«

»O Daddy«, sagte Susie, als sie es hörte. Sie hatte Tränen in den Augen. Sie umarmte ihn. »Oh, Daddy.«

Monica wartete, bis sie allein waren. »Würde es dir helfen, wenn ich dir den Rest meiner Ersparnisse leihen würde«, fragte sie.

Ja, ein bißchen, eine Weile lang, aber das könnte ich nie von dir verlangen. »Das ist unglaublich großzügig von dir, Monica«, sagte er, »aber langsam geht nichts mehr. Da läßt sich nichts mehr machen. Ich kann die Hypothek nicht zahlen, und die Kreditkartengesellschaften drohen, mich zu verklagen und das Haus über unseren Kopf hinweg zu verkaufen, wenn wir es nicht selbst verkaufen. Aber es ist unglaublich großzügig von dir, das anzubieten. Und du solltest dir keine Sorgen machen. Wir werden immer ein Zimmer für dich haben, wo wir auch hinziehen, selbst wenn wir in eine Mietwohnung müssen. Wir finden was, mach dir keine Sorgen.«

Sie straffte ihre Schultern. »Mach dir wegen mir keine Umstände. Ich kann schon für mich selbst sorgen.«

Sheepshank glotzte angriffslustig auf den kleinen Eingangsbereich, in den Schrank unter der Treppe und ins Wohnzimmer. Sein Kopf schoß überall hinein und wieder heraus wie der einer nervösen Schildkröte. Seine Nasenflügel zuckten. »Da muß einiges gemacht werden«, sagte er mißgelaunt.

»Hier und da«, sagte Yeomans diplomatisch, »aber abgesehen davon, ist es eine sehr nette Immobilie. Kompakt. Niedlich. Hat eine nette Atmosphäre.«

Niedlich? dachte Hallam. *Es gibt verdammt noch mal vier Schlafzimmer.*

Sheepshank schaute haßerfüllt in die Küche. »Könnte ein paar anständige moderne Teile vertragen«, sagte er, »diese Designerstücke, so Schränke aus dunklem Holz.«

»Kein Problem«, sagte Yeomans. »Ich kenne einen Typ, der genau so etwas macht. Auch noch billig.«

»Braucht nen neuen Anstrich.«

»Kein Problem. Nur ein paar Pinselstriche hier und da.«

»Die Tapete kann ich nicht ausstehen.« Sheepshank senkte die Stimme und sprach in einem heiseren Flüsterton, der im ganzen Haus zu hören war. »Wie können Leute mit so einer Tapete leben? Ist es da feucht?«

»Wo?«

»Da.«

»Nö, bloß ein Fleck auf der Tapete. Schlecht verklebt.«

»Sindse sicher?«

»So wahr mir Gott helfe.«

»Sieht aus wie Hundepisse.«

Ich will nicht, daß dieser Mann mein Haus kauft. Ich will nicht, daß diese Person in meinem Schlafzimmer schläft und in meiner Badewanne liegt und auf meiner Toilette sitzt. Bitte geh weg und kauf was anderes.

»Die Wand zum Eßzimmer müßten wir durchbrechen. Sonst ist es ein bißchen eng.«

Yeomans klopfte gegen die fragliche Wand. Es klang hohl. »Kein Problem«, sagte er jovial. »Keine tragende Wand. Die ist in Nullkommanix weg.«

Sie verschwanden in den Garten. Dort draußen waren ihre Stimmen gedämpft, aber es war noch immer unmöglich zu überhören, was sie sagten.

»Teufel noch mal, da ist ja überall Gras«, sagte Sheepshank und stakste vorsichtig auf Fußspitzen über den Rasen, als wäre er über und über von Hundescheiße bedeckt. »Und Schlamm. Gras im Garten kann ich nicht ausstehen. Ich bin mehr ein Terrassen-und-Veranda-Mann.«

»Dann lassen Sie sich das machen, ist doch kein Umstand«, sagte Yeomans. »Legen Sie sich ein paar nette Fliesen und stellen Sie ein paar Pflanzenkübel und Blumentöpfe auf.«

»Ich mag diese bunten Fliesen«, sagte Sheepshank. »Die großen in Gelb und Rot.«

»O ja«, sagte Yeomans. »Sehr geschmackvoll.«

»Die passen super zu Zwergen.«

»Zwerge?«

»Ich liebe Zwerge. Ich hab viele Zwerge, ganz verschiedene Zwerge. Ich hab nen Metzgerzwerg mit nem Hackbeil und Blut auf der ganzn Schürze; ich hab nen Polizistenzwerg mit nem Schlagstock. Ich hab sogar nen Weihnachtsmann-Zwerg. Es gibt jetzt auch Popstarzwerge mit Gitarren.« Er wieherte. »Ich hab sogarn paar schweinische Zwerge. Einer istn Exhibitionist, der nen Regenmantel trägt, wow!«

»Phantastisch.«

»Eigner Zwerg ist Goldes wert, so bin ich, har har har.«

»Har har har.«

»Man kann auch Frauenzwerge kaufen.«

»Wirklich? Ich wußte gar nicht, daß es Frauenzwerge gibt.«

»O doch. Es gibt Mädchenzwerge mit Minirock, Titten, allem Drum und Dran. Es gibt sogar ne Venuszwergin von Milo ohne Arme.«

»Und mit Zipfelmütze?«

»Klar. Die ham alle ne Zipfelmütze. Du bist gar kein Zwerg, wenn du keine Zipfelmütze hast. Ohne Zipfelmütze wärst du ein Elf oder so was. Ein Kobold. Ein Leprakorn.«

»Eine Fee.«

»Ja, die gibts auch. Unten im Brighton Way hab ich ma nen schwulen Zwerg gesehen.«

»Woher wußten Sie, daß er schwul war?«

»Er hatte ne behaarte Brust, eine rosa Weste, enge schwarze Ledershorts, und vom Gürtel hing ihm ein Schlüsselbund.«

»Yeah, das klingt wirklich nbißchen tuntig.«

»Da unten im Gartencenter ham se nen Zwerg, der genau aussieht wie Maggie Thatcher. Hat sogar die großen Glubschaugen und die Handtasche.«

»Super.«

»Yeah, ohne Zwerge ist ein Garten kein richtiger Garten. Gooott, was isn das? Ein Teich?«

»Yeah. Nett, nicht? Kleiner Springbrunnen, ein paar Goldfische. Beruhigend.«

»Ich kann so nen Gartenteich nicht ausstehen. Den müßte ich trocken legen.«

»Kein Problem – ein paar Steine, bißchen Geröll.«

»Wieviel, sagtense, will der?«

»Hundertfünfundachtzigtausend.«

Sheepshank dachte nach. »Sagen Sie ihm, ich gebe ihm hundertsiebzig.«

Hau ab, dachte Hallam mit plötzlicher Schärfe. *Verdammte Frechheit!*

»Ich möchte ihn nicht beleidigen, Sir, indem ich ihm Ihr Angebot auch nur nenne«, sagte Yeomans laut und unerwartet würdevoll.

Das will ich aber verdammt noch mal meinen. Danke, Yeomans. Gut gemacht.

»Der Preis ist hunderfünfundachtzig«, sagte Yeomans, »und keinen Penny weniger.«

»Dann erhöhe ich auf hundertfünfundsiebzig«, sagte Sheepshank, »aber das ist mein letztes Angebot. An dem Haus is einiges, das wo gemacht wern muß.«

»Es tut mir leid, Sir«, sagte Yeomans. »Mein Kunde hat den Preis auf hundertfünfundachtzig festgesetzt. Das ist ein fairer Preis, und mit weniger gibt er sich nicht zufrieden.«

»Ich wette, daß er das doch tut«, sagte Sheepshank. »Cash. Bar auf die Hand.«

Yeomans zuckte mit den Schultern. »Das können Sie versuchen«, sagte er abweisend, »aber ich werde ihm raten, auf ein höheres Angebot zu warten. Das hier ist eine hochwertige Immobilie. Da muß innerhalb von ein oder zwei Monaten ein höheres Angebot reinkommen.«

Zwei Monate mit gigantischen Kreditkartenschulden? Elftausend Pfund, die jeden Monat um zwei Prozent steigen? Kein Geld, die Rechnungen zu bezahlen, Benzin zu kaufen, nicht einmal für Essen? 180 000 Pfund jetzt wären besser als 185 000 in zwei Monaten.

Sheepshank und Yeomans kamen ins Haus zurück. Sheepshank hatte den selbstgefälligen Gesichtsausdruck eines Mannes, der drauf und dran ist, ein gutes Geschäft abzuschließen.

Ich sollte das wirklich erst mit Jenny durchsprechen, dachte Hallam, aber was hätte das für einen Sinn? Sie wird ohnehin nie zustimmen, es sei denn, ich presche vor und zieh es durch, und ich kann mir keine Verzögerung leisten.

Sheepshank leckte sich die Lippen. Er sah verschlagen aus. »Ich gebe Ihnen hundertfünfundsiebzigtausend Pfund«, sagte er mit krächzender Stimme.

Es war alles ein Spiel: Monopoly-Geld, völlig irreal, Tausende von Banknoten, die herumflatterten wie Herbstlaub. Menschen, die nach dem Kauf einer Zeitung ihr Wechselgeld zählten, addierten oder subtrahierten unbeschwert fünf- oder zehntausend, wenn sie ein Haus kauften oder verkauften, ohne darüber nachzudenken. Nur Bausparkassengeld, mehr war es ja nicht, nur Wörter in einem Vertrag, nicht wirkliches Geld, nicht die Sorte, für die man arbeiten muß und die zu verdienen Monate dauert.

»Ich kann es mir wirklich nicht leisten, weniger als hundertfünfundachtzig zu nehmen«, sagte Hallam.

Wie ein arabischer Souk, wie ein Bazar im Nahen Osten.

»Ich hab's Ihnen gesagt«, sagte Yeomans.

Sheepshank schaute listig. »Ich erhöhe auf eins siebenundsiebzig«, sagte er, »aber das ist mein letztes Angebot. Hier muß einiges gemacht werden. Da muß einiges ausgegeben werden.«

Ich will nicht, daß Sie es kaufen. Nicht jemand wie Sie. Es ist mein Heim. »Eins dreiundachtzig«, sagte Hallam.

»Eins achtundsiebzig, und das ist meine Oberkante.«

»Eins zweiundachtzig.«

»Eins neunundsiebzig und keinen Penny mehr.«

»Na gut«, sagte Hallam. »Eins achtzig.«

»Eins achtzig?«

»Eins achtzig.«

»Mhm«, sagte Sheepshank und dachte nach. »Eins achtzig.«

»In bar«, sagte Hallam.

»Eins achzig, hä?«

»In bar.«

Sheepshank nickte. »Na also«, sagte er höhnisch zu Yeomans. »Ich sagte ja, daß er runtergeht, wenn ich bar zahle. Ok, Mister, hundertachtzig geht in Ordnung.«

Sie bekräftigten es mit einem Händedruck.

»Einhundertundachtzig«, sagte Yeomans. »Mehr kann man nicht erwarten.«

Drei Tage später verließ Jenny ihn. Er kam von seinem langen Morgenspaziergang im Park zurück und traf sie dabei an, wie sie zwei Koffer und mehrere große schwarze Plastiktüten ins Auto lud. Sie sah so klein aus, so verletzlich. Er wollte ihren Nacken küssen. Er wollte sie umarmen. Er wollte sie an sich drücken. Plötzlich war er umgeben von einem großen schwarzen Loch aus Einsamkeit. Er hatte sich nie so allein gefühlt.

»Tu's nicht, Jen«, sagte er.

»Du kannst mich nicht aufhalten.«

»Ich kann es versuchen.«

»Zeitverschwendung.«

»Bitte tu es nicht. Bitte.«

»Hör auf zu kriechen. Ich hasse Kriecher.«

»Ich krieche nicht. Ich bitte dich nur zu bleiben.«

»Ich werde nicht in einer verdammten Wohnung leben«,

sagte sie und stopfte eine weitere Plastiktüte ins Auto. »Auf gar keinen Fall.«

Er fühlte sich hilflos. »Verlaß mich nicht, Jen.«

Sie sah ihn an wie einen Fremden. »Und warum nicht?«

»Ich liebe dich.«

Sie machte ein kleines Explosionsgeräusch mit den Lippen. Es klang wie *pfhf.* »Liebe!« sagte sie.

»Es ist wahr.«

»Du warst immer so furchtbar romantisch. Immer diese Blumensträuße, Hochzeitstagsgeschenke, Kärtchen am Muttertag. Mitleiderregend. Dachtest du, du könntest mich kaufen?«

»Ich dachte, dich freuen so kleine Dinge.«

Sie starrte ihn an, fast durch ihn hindurch. »Ja, das dachtest du, nicht wahr? Aber du hast mich überhaupt nicht gekannt, oder?«

Nein. Nicht, wenn du das fertigbringst. Nein, ich habe dich überhaupt nicht gekannt.

Er fühlte sich nutzlos, ohnmächtig. Noch vor ein paar Monaten hatte selbst ihre Berührung ihn erschauern lassen; nun ließ seine Berührung sie schaudern.

»Wir schaffen es, Jen. Geh nicht.«

Sie drehte sich ihm mit bösem Gesicht zu. Sie entblößte tatsächlich ihre Zähne. »*Es schaffen?* Ich will es nicht *schaffen.* Ich will mich *emporschwingen.* Ich will *leben,* bevor ich sterbe. Und den Wagen nehme ich mit. *Etwas* muß ich ja von dieser verdammten Ehe haben.«

Wie konnte sie so reden, nach all den Jahren? Wie konnte sie es nur auf diese Weise beenden?

Es hatte keinen Sinn, weiterzudebattieren, keinen Sinn zu streiten. Er war geschlagen. Und vielleicht kam sie zurück. Natürlich kam sie zurück. Das war nur eine Kabbelei unter Liebenden. In allen Ehen gab es Tiefpunkte. In einer kleinen verschwommenen Ecke seines Gehirns flackerte noch immer die kleine Flamme Hoffnung: *Mach dir keine Sorgen, eines Tages kommt sie zurück, wenn du wieder auf den Beinen bist, wenn sie es überwunden hat.*

»Wo willst du hin?« sagte er.

Sie reckte sich und wandte sich zu ihm. Sie strich sich die Haare aus dem Gesicht, mit dieser vertrauten Geste, die er immer geliebt hatte.

»Ich werde mit Jim zusammenleben«, sagte sie.

Jim?

Jim?

»Jim?« sagte er.

»Ja.«

»Welcher Jim?«

»Ja welcher wohl? Wie viele Jims kennen wir denn?«

»Jim ... Donaldson?«

»Natürlich. Wer denn sonst.«

»*Jim Donaldson?*«

»Du meine Güte, *ja*! Jim Donaldson.«

»Aber...«

Sie schüttelte ungeduldig den Kopf. »Du begreifst überhaupt nichts, stimmt's?«

»Ich ...«

Jim Donaldson?

»Wir haben seit zwei Monaten eine Affäre.«

»Du ...«

»Du hattest keine Ahnung, oder?«

»Ich ...«

»Er war wundervoll, nachdem du deine Stelle verloren hattest.«

»Aber er...«

»Eine echte Stütze. Eine schützende Festung.«

Jim Donaldson? Jim? Mein alter Freund Jim?

»Aber er ist...«

»Sandra?« Sie grinste höhnisch. Er hatte sie nie zuvor höhnisch grinsen sehen. »Sie waren seit Jahren nicht glücklich miteinander. Das konnte jeder sehen. Ist dir das nicht klar gewesen? Jeder konnte es sehen. Jeder außer dir, natürlich.«

Jim *Donaldson*?

Sie starrte ihn an. Diese Augen. Die Nase. Dieser Mund.

Jen?

Sie sah ihn an, als würden sie sich nie wieder begegnen, als versuchte sie schon jetzt, sich an ihn zu erinnern.

Jenny?

»Auf Wiedersehen«, sagte sie. »Du kommst schon zurecht.«

Auf Wiedersehen? War das alles? Auf Wiedersehen?

Sie wandte sich ab und öffnete die Autotür.

War das alles? Du kommst schon zurecht? Nach dreiundzwanzig Jahren?

Sie setzte sich auf den Fahrersitz und ließ den Anlasser an.

Nicht einmal ein Kuß? Keine Umarmung? Nach dreiundzwanzig Jahren?

Tränen strömten ihm aus den Augen.

Oh, Jenny, meine Jenny, meine Jen.

Sie fuhr sich am Steuer noch einmal durchs Haar. Er sah sie nur verschwommen, seine Wangen waren naß. Er wischte sich mit dem Handrücken übers Kinn.

Jenny. Jen. Mein Liebling. Meine Liebe. Das kannst du nicht tun. Tu das nicht. Tu's nicht.

Das Auto hustete, rülpste und furzte.

Sie schaute ihn nicht einmal an, als sie davonfuhr. Sie schaute kein einziges Mal zurück. Seine Augen waren überflutet. Er sah das Auto am wässerigen Tor links abbiegen und wie ein Fisch hinter die wässerige Hecke von Evans gleiten und aus seiner Sichtweite verschwinden. Alles schwankte, als stünde die Welt unter Wasser. Wo einmal sein Herz gewesen war, schien jetzt ein großes schwarzes Loch zu sein. Sein Kopf war leer.

Plötzlich wurde ihm bewußt, daß Matthew hinter ihm an die Wand gelehnt stand, mit verschränkten Armen. »So, jetzt hast du also auch noch deine Frau verloren«, höhnte er. »Du bist ein ziemlich unachtsamer Typ, hm? Vielleicht letztlich doch nicht so perfekt.«

Nicht jetzt, Matt, bitte. Bitte, nicht jetzt.

»Arschloch«, sagte Matthew.

Jim Donaldson.

Jim Donaldson.

Seit zwei Monaten. Die ganze Zeit seit November.

Das Arschloch. Was für ein Scheißkerl.

Mein bester Freund.

Judas.

Wann?

All diese Samstage und Sonntage, an denen sie für Stunden mit dem Auto verschwunden war. Jim Donaldson. Und Jenny. Heimliche Mittagessen. Hotelzimmer. Nachmittagsbetten. *Meine Jenny. Meine Frau. Meine Liebe.*

Tagelang quälte ihn die Eifersucht. An den Nachmittagen lag er auf dem Bett und stellte sie sich zusammen vor, Jenny und Jim. Damals. Jetzt. *Jetzt* zusammen. Wie konnte er es ertragen? Jenny. *Meine Liebe.* Mit ihm. Mit Donaldson. Judas Donaldson. Der Scheißkerl.

Nachts wälzte er sich im Bett, schlafen konnte er nicht. Sie lagen sich nun in den Armen. Er hielt sie umschlungen. Berührte sie. Ihr wunderbarer Geruch. Der Geschmack. Donaldson, der Scheißkerl.

»Sie kommt wieder«, sagte Monica. »Ich kenne sie, diese egoistische kleine Schlampe. Sie wird wieder angekrochen kommen, und ich hoffe, dann hast du den Mumm, sie nicht wieder zurückzunehmen.«

»Ich würde sie jederzeit zurücknehmen«, sagte er.

»Ich weiß. Die dumme, dumme Frau.«

Sandra Donaldson rief ein paarmal an, aber er wollte nicht mit ihr sprechen. Sie hatte eine durchdringende Stimme. Wenn er ihr zuhörte, ärgerte er sich darüber, daß er Donaldson überhaupt keinen Vorwurf machen konnte, weil er sie verlassen hatte: Welcher Mann hätte *nicht* Jenny gegenüber Sandra Donaldson bevorzugt?

»Sie treiben es schon seit Monaten«, sagte sie mit ihrer greinenden Stimme. »Hattest du gar keinen Verdacht?«

»Nein.«

»Ich schon.«

»Ja?«

»Er fing an, oft zu duschen. Kaufte neue Unterhosen. Ich wußte, da ist jemand. Nun, man weiß es eben. Eine Ehefrau weiß so etwas. Allerdings wußte ich nicht, daß es deine verdammte Jenny war.«

»Es tut mir leid. Sie war —«

»Sie war immer so zuckersüß mir gegenüber. Als könnte sie keiner Fliege was zuleide tun. Die Schlampe.«

»Es tut mir so leid, Sandra.«

»Wollen wir demnächst mal auf ein kleines Gläschen weggehen?«

Sie klang schmeichlerisch; diese Kleinmädchenstimme hatte ihn schon immer genervt, mit dieser Stimme hatte sie wahrscheinlich ihren verdammten Ehemann in Jennys Arme getrieben.

»Oder wie wär's mit einem Mittagessen«, sagte sie. »Heitern wir uns ein bißchen auf.«

Heilige Kuh: *Mittagessen?*

»Oder sogar ein Abendessen?«

Abendessen. Füße, die sich unterm Tisch berühren. Sich seinen Anteil wiederholen. Sich gegenseitig trösten. Zwei Verlassene. Zwei unter »ferner liefen«. Zweitklassige. Sandra nackt. Der klassische Gnadenfick. Sie nähmen auf irgendeine jämmerliche Art Rache und haßten sich selbst und den anderen hinterher.

»Ähm ... nein danke, Sandra. Ich bin noch nicht so weit jetzt ...«

Ihre Stimme brach. »Wie du meinst.«

»Später irgendwann, vielleicht ...«

Später irgendwann, nie.

Und dann fühlte er sich schuldig. Sie weinte, als er den Hörer auflegte.

Du mieses Schwein, sagte er zu sich. Du hättest ihr wenigstens ein Mittagessen spendieren können. Und dann lachte er mit hoffnungsloser Bitterkeit. Ein Mittagessen spendieren, dachte er. Wovon denn?

Susie schlang die Arme um seinen Hals und weinte. »O Daddy.«

Er drückte sie an sich. Sie fühlte sich so klein an, so weich.

»Ich will nicht dorthin und bei ihr leben«, schluchzte sie. »Ich will bei dir bleiben.«

Er umarmte sie fest. Ihre Tränen liefen ihm über den Hals. »Ich weiß, Liebling. Ich wünschte, es wäre möglich. Aber Mummy kann dir ein richtiges Heim geben, und ich kann das im Moment nicht. Später, wenn ich eine Stelle habe. Ich verspreche es. Sobald ich die Dinge wieder auf die Reihe bekomme.«

»Ich hasse Jim Donaldson.« Sie schniefte.

»Nein, das tust du nicht.«

»Ich will dort nicht leben.«

»Es ist nur für ein Weilchen.«

»Sie hasse ich auch.«

»Das stimmt nicht.«

Er küßte ihre Schläfe, wo feine Härchen sich zu den Ohren hin lockten. »Ich liebe dich so sehr«, sagte er.

An dem Morgen, an dem Jenny kommen sollte, um Susie – und Fudge und Jezebel – abzuholen, blieb Monica in ihrem Zimmer und weigerte sich, auch nur mit ihr zu reden. »Sie erwartet, daß ich komme und mit ihr und ihrem Liebhaber lebe«, erzählte sie Hallam. »Verdammte Frechheit. Als würde ich das tun. Denkt sie denn, ich hätte überhaupt keinen Stolz? Keine Grundsätze? Darf ich hier bei dir bleiben, bis das Haus schließlich verkauft ist?«

»Natürlich.«

Susie ging langsam durchs ganze Haus und verabschiedete sich von ihm, berührte Schranktüren, strich über Fenstersimse, als wären sie lebendig. Sie hatte ihr ganzes Leben hier gelebt. Sie hatte nie ein anderes Heim gekannt. Sie hatte jetzt aufgehört zu weinen, was es fast noch schlimmer machte, denn eine tiefe Traurigkeit folgte ihr wie ein Schatten von Zimmer zu Zimmer. Die Tränen waren gesund und heilsam gewesen, aber dieser neue, stumme Jammer schnitt ihm ins Herz. Sie schloß ihre Erinnerungen eine nach der anderen weg und ließ über ihrem Gram den Deckel zuschnappen. Als sie ging, standen sie zusammen in der Küche und umklammerten sich. Er konnte es nicht ertragen, mit ihr nach draußen zu gehen. Er konnte es nicht ertragen, Jenny wieder zu sehen. Nicht jetzt schon. Nicht so bald.

Donaldson. Judas. Donaldson.

»Ich verspreche es«, sagte er mit zugeschnürter Kehle. »Ich verspreche es.«

»O Daddy«, sagte sie. »O mein Dad.«

Fudge rieb seine Schnauze an Hallams Bein und winselte. Hallam kraulte ihm die Ohren. Fudge wußte es, und auch Jezebel, die plötzlich verschwunden war, um sich irgendwo im Garten zu verstecken. Woher wußten sie es?

Nachdem Susie gegangen war, saß er allein im Wohnzimmer, starrte an die Wand und wurde von den Stimmen draußen gequält. Matthew sprach neben der Garage mit Jenny. »Aber warum kann ich nicht mit dir kommen«, sagte er. »Er will mich nicht, stimmt's? Dein doofer Liebhaber.«

»Aber nein, Liebling, es ist nur —«

Ihre Stimme. Jennys. Die Stimme seiner Jenny. Ein singender Vogel. Einfach dort drüben. Draußen. So nah. So weit weg.

»Er mag mich nicht, stimmt's? Er ist wieder so ein langweiliger, festgefahrener Mittelschichtsarsch.«

»Matthew!«

»Sag ihm, er soll sich ins Knie ficken. Ist mir doch scheißegal.«

»O Liebling, du besuchst uns zum Essen, am Wochenende . . .«

»Was, wie so ein verdammter Schwager oder ne Oma? Ich fasse es nicht, daß du so etwas sagst. Ich bitte dich, Mutter. Der Typ ist ein eingebildeter Schwätzer. Er ist keinen Deut besser als Dad. Du mußt verrückt sein, daß du zu ihm ziehst.«

»Ich liebe ihn.«

»Ja sicher.«

»Eines Tages wirst du das verstehen, Liebling.«

»O sicher, ich verstehe das jetzt schon sehr gut, und du solltest auch besser etwas verstehen. Komm bloß nicht angekrochen, wenn du alt und grau und schwach bist und Hilfe brauchst, denn von mir bekommst du einen Scheißdreck.«

»O Matthew . . .«

Susies Stimme, erhitzt, wütend: »Du Arschloch! Was ist los mit dir? Gott, du bist ein furchtbarer Typ. Wie kannst du mein Bruder sein. Du bist abscheulich, wirklich.«

Susie. Meine Susie. Wenigstens dich werde ich nie verlieren.

Und dann noch einmal Matthew, voller Bitterkeit und Verachtung: »Nun, ich brauche euch nicht, keinen von euch, glaubt das bloß nicht. Bens Leutchen haben gesagt, ich kann bei ihnen im Garten ein Zelt aufschlagen, also fickt euch doch alle ins Knie. Und das war das Ende der typischen idyllischen bürgerlichen Kernfamilie, die heuchelte bis zum Schluß.«

Also bleiben nur Monica und ich, und nichts wird jemals wieder so sein, wie es war.

Monica übernahm den Küchendienst, obwohl Hallam immer ein ganz akzeptabler Koch gewesen war, wenn es um einfache Gerichte ging. »Geh weg«, sagte sie und wedelte mit den Armen »Tsschh! Das ist Frauenarbeit.«

»Das ist sehr altmodisch, Miss Grütze«, sagte er, »und sexistisch und nicht *politically correct.*«

»Das bin ich auch nicht.«

Sie weigerte sich, irgend etwas in der Mikrowelle zu erhitzen, weil sie behauptete, die Mikrowelle mache das Essen radioaktiv.

»Ist doch einleuchtend«, sagte sie, »all diese unsichtbaren Atome und Neutronen und Dinger, die da herumschwirren.«

»Hitze ist immer unsichtbar, Monica.«

»Ah, aber Mikrowellen sind überhaupt nicht heiß, sie sind kalt. Du wirst schon sehen. Am Ende werden Leute, die ihr Leben lang Essen aus der Mikrowelle gegessen haben, anfangen, im Dunkeln grün zu leuchten.«

Immer, wenn er den Kühlschrank öffnete, sah er sich mit halbvollen Tassen voll gefrorener, verfärbter Flüssigkeiten konfrontiert, mit Schüsseln voller Schimmel und Tellern, die mit ausgebluteten alten Teebeuteln beladen waren – »sie wirken viel besser auf die Augen, wenn sie eiskalt sind«. Monica bestand darauf, daß sie Strom sparen könnten, wenn er nur das Kabel zum Toaster kürzen könnte, so daß das Gerät näher an der Steckdose wäre. Außerdem riet sie ihm, den Wasserkocher zum Vorwärmen in den Ofen zu stellen, bevor er ihn mit Wasser füllte. »Ist doch klar, daß ein heißer Wasserkocher viel schneller zum Siedepunkt kommt als ein kalter.«

Sie holte Hank, den Kaktus, aus ihrem Schlafzimmer und richtete ihm ein Plätzchen in einer Küchenecke ein – »Ich mag Gesellschaft beim Kochen« – und immer, wenn sie ein warmes Gericht zubereitete, trug sie einen schwarzen Lederhelm für Radfahrer und eine Schutzbrille, »damit die Gerüche mir nicht in Haare und Augen dringen«. Sie verbrachte auch viel Zeit damit, die raffinierteren Themen der *Cuisine* mit Hank zu besprechen.

»Hank ist ein Zauberer, wenn es um mexikanisches Essen geht«, sagte sie. »Bohnen, Chili, Tortillas, solche Sachen. Nun, kein Wunder, wo er aus Arizona kommt.«

»Wo um alles in der Welt hast du den Helm und die Brille her?« fragte Hallam.

»Rafe Richardson hat sie mir geschenkt.«

»Wer?«

»Rafe Richardson.«

»Der Schauspieler?«

»Natürlich. Wer sonst? Der gute Rafe, so ein Spaßvogel – nichts mochte er lieber, als die M1 entlangzuröhren, mit hundert Meilen pro Stunde auf dem Motorrad, selbst als er siebzig war.«

»Verstehe. Ralph Richardson, hä? Und wann hast du ihn bitte gekannt?«

»Ach, jahrelang. Insgesamt, mit Unterbrechungen, fast dreißig Jahre, glaube ich. Wir sind uns vierundfünfzig oder fünfundfünfzig in Neuseeland über den Weg gelaufen.«

»Und was hat er ›vierundfünfzig oder fünfundfünfzig‹ in Neuseeland gemacht?«

»Er war auf Tournee, natürlich. Ich denke, ich hätte ihn vielleicht geheiratet, hätte ich nicht Jennifers Vater in Wanganui kennengelernt.«

»Und was um alles in der Welt hast *du* in Neuseeland gemacht?«

»Nach Wombats gesucht.«

Die Gerichte, die sie zubereitete, waren ähnlich erstaunlich: gekochtes Huhn mit Kiwis und rohem Brokkoli, Sardinen mit Linsen und Bananenscheiben, Knoblauchwürstchen mit Marmelade und Erdnussbutter.

»Ich stelle ein neues Kochbuch zusammen«, sagte sie. »Ich werde es *Klassische Küche des 21. Jahrhunderts* nennen.«

»Wie kann sie klassisch sein, wenn wir das 21. Jahrhundert nicht einmal erreicht haben?«

»Sei nicht so pedantisch, Peter.«

»Du hast die Limericks und Kinderreime also aufgegeben? Sehr vernünftig.«

»Ganz und gar nicht. Gestern habe ich einen über Hank geschrieben.«

»Mach dir keine Umstände«, sagte er schnell. »Ich glaube, ich kann ihn mir in etwa vorstellen.«

»*Ein Kaktus, sehr frech, namens Hank ...*«

»Ich glaube nicht, Monica. Wirklich.«

»Er ist ziemlich zahm.«

»Daran habe ich erhebliche Zweifel.«

»Oh, nun gut. Du hast so eine schmutzige Phantasie. Aber was hältst du von dem? —«

»Ich glaube wirklich nicht —«

»Der wird dir gefallen, glaub mir:

Da war mal ne Lady in Japan,
Die ging auf der Straße mit nix an.
Ein Mann sagte barsch:
Welch himmlischer Arsch,
Den zwick ich so fest wie ich kann.«»

Später schaute Hallam Ralph Richarson in Chambers *Biographical Dictionary* nach. »Tourte 1955 durch Australien und Neuseeland«, hieß es da.

»Kuckuck!« rief Monica die Treppe hoch. »Essen fassen!«

Es heißt, die vier schlimmsten Stress-Situationen, die einem widerfahren können, sind Tod oder Verlust eines geliebten Menschen, Scheidung, Verlust der Arbeitsstelle und Umzug – und ich habe es geschafft, drei von vier dieser Dinge abzuhaken, dachte Hallam, und ein Umzug ist fast so schlimm wie die anderen. Sheepshanks Bauleiter und sein Architekt kamen, sowie sein Bauunternehmer, Klempner, Elektriker, Zimmermann, Gärtner, Innenarchitekt und sein entfernter Vetter zweiten Grades. Es schien, als stapfte Sheepshanks gesamte Bekanntschaft durchs Haus, steckte die Nasen in Schränke, lüpfte Teppiche, schüttelte Köpfe, murmelte, saugte an den Zähnen. Und dann, kurz bevor die Verträge unterschrieben und ausgetauscht werden sollten, beschloß Sheepshank plötzlich, sein Angebot zu kürzen.

»Was soll das heißen, er sagt, er zahlt nur hundertsiebenundsiebzig?« sagte Hallam wütend.

»Das hat er mir gesagt«, sagte Yeomans. »Es ist diabolisch.«

»Aber wir hatten uns auf hundertachtzig geeinigt.«

»Er sagt, an dem Haus müsse viel gemacht werden.«

»Bullshit!«

»Er sagt, er muß mehrere Riesen ausgeben, um die Kabel und Installationen zu erneuern und die Fäulnis zu beheben.«

»Welche Fäulnis? Wo denn?«

»Sein Bauleiter hat befallene Stellen am Dach festgestellt.«

»Verflucht noch mal. Was, wenn ich mich weigere, weiter runterzugehen?«

»Er sagt, dann nimmt er sein Angebot zurück.«

»Schleimiger kleiner Frosch. Glauben Sie ihm?«

»Ja.«

»Also was sollen wir jetzt tun?«

Yeomans seufzte. »Normalerweise würde ich ihm sagen, daß er mich am Arsch lecken soll, und auf ein besseres Angebot warten. Aber Sie müssen rasch verkaufen, und Sie haben schon einiges für den Notar ausgegeben, und es ist bar auf die Hand, und vielleicht bekommen Sie so schnell nicht wieder ein Bar-Angebot, was heißen würde, daß Sie darauf warten müßten, daß jemand eine Hypothek aufnimmt und sein eigenes Haus verkauft, und dann könnten Sie in eine Kette geraten, wo jeder immer zuerst sein eigenes Haus verkaufen muß...«

In Hallam stieg Verzweiflung auf. Dreitausend Pfund weniger, verflucht, dreitausend, die er dringend brauchte. »Mist! Ich hab wohl keine Wahl, oder? Sagen Sie dem verdammten Sheepshank ja.«

»Das scheint das Beste. Tut mir leid, daß es so gekommen ist.«

»Der Kerl ist ein Gauner.«

Yeomans brummte zustimmend. »In diesem Geschäft wimmelt's davon«, sagte er. »Passiert ständig, überbieten, unterbieten, mauern. Passiert ständig.«

Jetzt würde er also nur 177 000 Pfund bekommen, die auf 173 000 zusammenschrumpfen würden, wenn sich erst Yeomans und der Notar ihren Anteil genommen hatten, und dann auf 73 0000 Pfund, wenn die Hypothek zurückgezahlt war. Hallam griff nach seinem Taschenrechner. Dann waren da noch die Kreditkartenschulden, mittlerweile mit all den zusätzlichen Zinsen fast 11 000 Pfund und die 10 000 Pfund, die er Monica schuldete. Am Ende würden nur 51 000 Pfund übrig sein, und die Hälfte davon würde an Jenny gehen. Das war nur recht und billig, egal, was sie getan hatte, die Hälfte des Hauses gehörte ihr. Aber es hieß, daß jeder von ihnen nur 25 500 Pfund bekäme, das war alles. 25 500 Pfund, um eine Bleibe zu finden: Das war viel zu wenig, um eine Wohnung zu kaufen, nicht einmal ein winziges Ein-Zimmer-»Studio«. Er blätterte ohne Hoffnung durch die Immobilienanzeigen der Lokalzeitung. Dafür bekam man heutzutage nicht einmal eine Garage. Und 25 000 Pfund in der Bausparkasse zu fünf Prozent nach Steuern: Das würde gerade mal 24,50 Pfund Zinsen die Woche bringen, das war alles. Dafür konnte man noch nicht einmal eine Hundehütte mieten.

Er rief Pinky Porter an, um ihn noch einmal um das Geld zu bitten, das er ihm geliehen hatte. Pinkys Anrufbeantworter war dran, aber irgendwie hatte Hallam den starken Verdacht, daß jemand am anderen Ende der Leitung ihm zuhörte und seinen Anruf registrierte: Es schien jemand anwesend zu sein, eine Art Bewußtsein hinter der Stille in der Leitung. Er hinterließ eine eindringliche Nachricht. »Pinky«, sagte er, »ich bin in einer ziemlich verzweifelten Lage. Ich brauche den Tausender, den du mir schuldest, wirklich dringend. Könnten wir uns bitte treffen? Heute? Morgen? Ich brauche das Geld wirklich jetzt. Ich bin absolut blank.«

Das Gerät schien zu seufzen, als er den Hörer auflegte.

Er rief erneut beim Arbeitsamt an, um zu sehen, ob es doch noch irgendeine Hoffnung auf Arbeitslosengeld gab.

»Yeah?«

Sharon. Die Frau, die angeblich gut mit Leuten umgehen konnte. Sogar ihre Stimme klang, als trüge sie Springerstiefel.

»Also, was erwahtnse von mir?« sagte sie.

»Ich dachte, Sie könnten mal schauen, wie es mit meinem Antrag steht, ob das Tribunal schon einen Termin für die Anhörung festgesetzt hat.«

»Versuchense sich vorzudrängeln?«

»Natürlich nicht, ich will nur —«

»Ne ganze Menge Leute warten auf Tribunale, Mister, nich bloß Sie.«

»Ja, da bin ich sicher, aber —«

»Die sagn Ihnen schon rechzeitig Bescheid, wennsen Termin ham. So, un jetzt muß ich was arbeitn.«

Sie knallte den Hörer auf.

Einen Moment lang wurde Hallam von einer ungewohnten Wut gepackt.

»Du hochnäsiges kleines Miststück!« brüllte er in den tauben Hörer. »Hölle noch eins, irgendwann mal —«

»Ah, schon besser«, sagte Monica. »Viel besser. Es ist aber auch Zeit, daß du anfängst, sauer zu werden. Wenn ich du wäre, wäre ich nicht einfach sauer, ich würde mittlerweile nach Rache lechzen.«

Rache? Welchen Sinn sollte Rache haben? Das würde nichts ändern. Das würde nichts wieder besser machen.

Tag für Tag ging er die Stellenanzeigen in der Lokalzeitung durch. Mittlerweile war es sinnlos, nach irgendeinem der Jobs zu suchen, die er einmal gewollt hatte. Nun las er die Anzeigen für Barkeeper, Kellner, Putzstellen. Alles mußte gut genug sein, Hauptsache, es sicherte ihm ein Dach über dem Kopf.

Wie ist es so weit gekommen? Ich war immer gradlinig, ehrlich, fleißig. Ich habe immer Steuern bezahlt, Versicherungen abgeschlossen, an Wohltätigkeitsorganisationen gespendet und alten Damen über die Straße geholfen. Und es hat mir verdammt noch mal nichts geholfen. Ich muß eine Stelle finden. Etwas. Irgend etwas. Ich *muß* eine Stelle finden.

Sein sechsundvierzigster Geburtstag kam und verging, von Monica unbemerkt, ein Tag nachhallender Leere: Nur eine Glückwunschkarte von Susie, die zwei Busse nehmen mußte, um ihn am Abend nach der Schule zu besuchen. Sie schenkte ihm eine Joe-Cocker-CD und weinte. Wieder ein Jahr vorbei. Nur noch neunzehn Jahre bis zur Rente.

Er versuchte es erneut bei all seinen alten Geschäftskontakten, aber einige von ihnen hatten mittlerweile selbst die Stelle gewechselt, und von den anderen rief ihn keiner zurück. Warum sollten sie auch? Er war Vergangenheit, einer, der es hinter sich hatte.

Erinnern Sie sich an Pete Hallam?

Den hab ich ewig nicht gesehen.

Armer alter Pete.

Was ist denn mit ihm passiert?

Seine Frau hat ihn verlassen, wissen Sie. Armer Kerl. Sie lebt jetzt mit seinem besten Freund zusammen.

Nein!

Doch, so ein Kerl namens Donaldson: hatte es wohl schon seit Monaten mit ihr getrieben.

Armer Teufel. Trinken wir noch ein Bier?

Warum nicht?

Also noch eins, one for the road. Prost.

Prost.

Er versuchte es erneut bei den örtlichen Bibliotheken. Immerhin hatte man es dort warm beim Arbeiten, und die Kundschaft war einigermaßen intelligent; aber sie sagten, sie hätten keine Stellen frei, und ohnehin müsse man die passende Qualifikation haben und in der Gewerkschaft sein. Er sprach bei einer lokalen Taxifirma vor, um herauszufinden, ob sie einen Fahrer suchten. Wenigstens hatte er eine Fähigkeit, die ihm niemand abstreiten konnte: Er hatte einen Führerschein.

Der Boss war so dick, daß jeder tiefe Atemzug eine herausragende Leistung zu sein schien. Sein Nackenfleisch wabbelte, wenn er sprach. »Warnse schon ma Taxifahrer?« sagte er.

»Nein.«

Der Mann machte ein schnaubendes Geräusch, das aus seiner massiven Kehle kommend durch seine riesigen Nasenlöcher austrat. »Findense sich in der Stadt zurecht?«

»Ich lebe seit zwanzig Jahren hier.«

»Das tun die meisten von unsern Kunden, aber wie man von Basil Street zu Parson's Green kommt, wissense trotzdem nich.«

»Ich würde die French Street runterfahren, dann rechts in den Derby Crescent, wieder rechts in die Urquhart Avenue, bis zum Kreisverkehr, die dritte links, Lionel Street entlang, die vierte rechts in Parson's Green.«

Der Taxiunternehmer sah ihn an. »Nicht schlecht«, sagte er. »Okay, wie würdnse von hier zur Porter Street kommen?«

Hallam dachte nach. »Ich fahre die Argyll Lane hinunter, biege rechts zu dem Platz ein, zweite links, die Malvern Avenue entlang, bis es nicht mehr geht, dann rechts und dann am Kreisverkehr links.«

Der Taxiunternehmer nickte. »Nicht schlecht. Also hamses Wissn. Aber Sie müssn anständig sein, um Taxifahrer zu sein. Sindse anständig?«

»Das würde ich schon meinen.«

»Schonma verknackt worn?«

»Wie bitte?«

»Verknackt. Verurteilungen. Warnse im Gefängnis?«

»Ganz bestimmt nicht.«

»Sicher für die Vögelchen?«

»Hä?«

»Miezen. Weiber. Spät abends. Manche Kerle kommen auf

Ideen, allein mitm Vögelchen im Taxi, vielleicht Mitternacht, sie hat schon einiges intus, verstehnse, was ich meine?«

»Sehe ich aus wie ein Vergewaltiger?«

»Die sehn alle nich so aus, Euer Ehren.«

»Vielen Dank.«

»Okay, junger Mann, okay, gehnse nich in die Luft. Wir müssn heutzutage vorsichtig sein, das is alles. Es laufen heutzutage so viele Preverser rum. Verstehnse, was ich meine? Is mit Ihrm Führerschein alles in Ordnung?«

»Ja.«

»Keine Vermerke?«

»Nein.«

»Mhm. Was hamsen fürn Untersatz?«

»Untersatz?«

»Was fürn Wagen?«

Wagen. Daran hatte er nicht gedacht. Er brauchte ein Auto. Sie erwarteten, daß er sein eigenes Auto benutzte. Natürlich. Wie verdammt dumm.

»Äh ... Ich habe im Moment überhaupt kein Auto.«

Der Mann betrachtete ihn. Seine Wangen zitterten. Seine Augen schienen fast rosa zu sein. Er riß seinen Kopf zu der offenen Tür hinter seinem Rücken herum. »Hier, Morry«, rief er.

»Yeah?«

»Willste was zu lachen ham?«

»Aber immer, Charlie.«

»Hier isn Opa, der Taxifahrer wern will.«

»Schön, wenn einer Ehrgeiz hat.«

»Aber er hat keinen Untersatz.«

»Du machst Witze.«

»Nie.«

»Überhaupt keinen Wagen?«

»Gar nix.«

»Nicht maln Fahrrad?«

Der Taxiunternehmer fixierte Hallam mit amüsiertem, wässrigem Blick. »Hamsen Fahrrad, Mister?«

»Äh . . . nein.«

»Nicht ma 'n Fahrrad, Morry.«

Im Hinterzimmer bellte Morry wie ein Seehund. »Würd auch nich viel bringn. Sie würdn die alte Missus Roberts nich dazu bringn, sich aufn Gepäckträger zu setzn.« Er keuchte vor Lachen. »Vielleich hat er ja wenigstens einn von diesn Rikschas«, schnaubte er, »hä-hä-hä-hä-hä.«

Charlie fixierte Hallam erneut mit seinen blassen Augen. »Hamsen Rikscha, Meister?«

Hallam stand auf, um zu gehen. »Es tut mir leid. Ich habe mich offensichtlich geirrt.«

Der Chef nickte verständnisvoll. Sogar seine Ohrläppchen flappten. »Schwierig, n Taxi zu fahrn, wenn man kein Auto hat.«

Hallam spürte, daß er rot wurde. »Ich – äh – dachte eher – Sie . . .«

»Ich, Meister? Denkense, ich hab ne Wagenflotte, die nur auf Fahrer wartet? He? Glaubense, ich kann Geld scheißn?«

Hallam zuckte die Schultern. »Es tut mir leid. Ich habe mich geirrt. Es tut mir leid, daß ich Ihre Zeit vergeudet habe.«

»Zeit?« sagte Charlie. »Zeit hab ich genug. Ich hab bloß keine Wagen, keine Fahrer und kein Geld.«

»Es tut mir leid. Ich habe mich geirrt. Auf Wiedersehen.«

Als er die Tür hinter sich schloß, hörte er Morry im Hinterzimmer schnauben. »Mei o mei, Charlie.«

»Leute gibts.«

»Da legste dich nieder.«

Komm auf den Teppich, ermahnte er sich. Die Zeit für Schamgefühl und Peinlichkeit ist längst vorbei. Das ist eine kalte Welt da draußen, ganz allein, und sonst gibt es niemanden. So ist es: Nur du und das Universum.

Pinky Porter antwortete nie auf die Nachricht auf seinem Anrufbeantworter. Er muß schon wieder verreist sein, dachte Hallam, und verbrät die tausend Pfund von jemand anderem an einem üppigen weißen heißen Strand mit einer schlanken braunen heißen Braut.

Er wanderte tagelang auf einer Zeitungsfährte aus Stellenanzeigen durch die Stadt, fingerte in zugigen Telefonzellen nach kleinen Münzen, machte Konversation mit Anrufbeantwortern, hinterließ Nachrichten, die nie beantwortet wurden, rannte Bussen hinterher, hing stundenlang in kalten Wartehäuschen herum, klopfte an Türen, ging zu Vorstellungsgesprächen. Er bewarb sich als Schulhausmeister, Lagerverwalter, Sicherheitsmann, Parkgärtner und wurde überall abgelehnt. Potentielle Arbeitgeber betrachteten ihn mißtrauisch, als führe er nichts Gutes im Schilde. »Überqualifiziert«, sagten sie. Zu sehr Mittelschicht, dachten sie. Zu fein. Zu eloquent. Zu alt. Ihm wurde die Fähigkeit abgesprochen, als Lastwagenfahrer, Teilzeit-Barkeeper, Vertreter oder Eisverkäufer zu arbeiten, und der lächerlich junge Leiter des örtlichen Supermarkts war argwöhnisch, als Hallam sich auf seine Anzeige für eine Servicekraft im Außenbereich bewarb. Die Tätigkeit bestand darin, den Parkplatz vorm Supermarkt zu kehren, Müll zu sammeln, die verstreuten Einkaufswagen einzusammeln und sie in langen Reihen zurückzufahren, um sie neben dem Eingang aufzustellen.

Der Manager sah ungefähr aus wie sechzehn. Seine Wangen waren rosig. Sie waren voller Flaum. Sein Büro war eine vollgestopfte kleine Nische hinter der Frisch-Fisch-Theke. Die Frisch-Fisch-Theke roch ausgesprochen vergammelt.

»Also was ist wirklich mit Ihnen los, Mister?« sagte der Manager, und betrachtete ihn mißtrauisch über seine spitze kleine Nase hinweg.

Hab ich gefragt, ich will mit seiner Großmutter schlafen?

»Ich brauche einfach einen Job.«

Der Manager hatte einen gequälten Gesichtsausdruck. »Aber Sie sin gebildet«, sagte er. »Warum wollnse so einen Job?«

»Nun, ich brauche nun mal sehr dringend einen.«

Der Manager sah ihn ohne Überzeugung an. »Sie würdn nur hundertzehn Pfund die Woche kriegen. Sie könnten woanders locker... o je, vier-, vielleicht auch fünfhundert Pfund verdienen.«

Fünfhundert? Vor ein paar Monaten habe ich mehr als doppelt soviel verdient, mehr als tausend die Woche.

»Nun, so einfach ist das nicht, nicht für einen Mann in meinem Alter.«

»Wie alt sindse denn? Fünfunddreißig? Siebenunddreißig?«

»Ich bin sechsundvierzig.«

Der Manager starrte ihn skeptisch an. »Sie sehen nicht einen Tag älter aus als siebenunddreißig.«

»Nun, das ist sehr freundlich von Ihnen, aber —«

»Also was ist jetzt wirklich mit Ihnen los? Sie sind gefeuert worden, stimmt's?«

»Nun, ich —«

»Das dacht ich mir. Betrug?«

»Ganz bestimmt nicht.«

Der Manager nickte. »Das ist so das häufigste bei solchen wie Ihnen, gebildete Männer. Sindsen Buchhalter mit Hang zur Selbstbedienung?«

»Absolut nicht. Ich war Verkaufsleiter.«

»Ah!« Der Manager nickte beziehungsreich. »Is was vom Lastwagen gefallen.«

»Wie darf ich das verstehen?«

»Hamse gesessen?«

»Was?«

»Gefängnis.«

»Gute Güte, nein.«

Der Manager schob seinen Stuhl unmerklich nach hinten.

»Hamse Aids? Sindse ansteckend?«

»Ganz bestimmt nicht.«

Der Manager schaute verschlagen. »Dann trinken Sie?«

»Nun, ich gönne mir gern einen Drink, aber nicht so, wie Sie das meinen.«

Der Manager setzte sich selbstgefällig zurück und verschränkte die Arme. Seine Augen leuchteten. Sein Gesichtsausdruck war so pointiert wie sein Näschen.

Er denkt, ich bin Alkoholiker und verliere deshalb jeden Job. Er denkt, ich bin ganz unten und am Ende. Und in gewisser Weise hat er recht: Ich bin ganz unten, das stimmt, und ich stehe ganz sicher nicht am Anfang.

»Tut mir leid, Mister«, sagte der Manager. »Keine Chance.«

»Ich bin kein Alkoholiker, wissen Sie«, sagte Hallam.

Der Manager schnüffelte.

»Ich trinke nur ab und zu mal gern ein paar Whiskys.«

Der Manager schaute grimmig. Es war, als wären hinter seinen Augen die Rolläden runtergelassen. »Das ist Ihre Sache«, sagte er. »Wir leben in einem freien Land.«

»Ich will nur eine Chance haben.«

»Tut mir leid, Mister. Das ist mir meinen Job nicht wert. Schicken Sie mir bitte den Nächsten rein?«

Der »Nächste«, der neben der Frisch-Fisch-Theke stand und ähnlich nach überschrittenem Verfallsdatum roch, war ein stämmiger junger Man mit schmaler Stirn, gerötetem Gesicht und zahlreichen Tätowierungen auf den Armen und Fingern. Auf die Fingerknöchel der einen Hand war das Wort L-O-V-E tätowiert, auf die der anderen H-A-T-E.

Er wird die Stelle zweifellos bekommen, dachte Hallam ohne Hoffnung. Er ist ein Naturtalent. Also bin ich jetzt schon unter »ferner liefen« gegen einen Jüngling mit DORIS auf dem Bizeps.

Am sechsten Tag bewarb er sich aus Verzweiflung für eine Stelle als Nachtportier im Drei-Sterne-Hotel »Einhorn«. Die Geschäftsführerin war eine smarte, wortgewandte junge Frau, die nicht viel älter als neunundzwanzig sein konnte. Sie hatte ein ehrliches, offenes Gesicht und einen flotten Ton. »Ich will nicht aufdringlich sein«, sagte sie, »aber warum sollte ein Mann in Ihrem Alter, mit Ihrer Ausbildung und Erfahrung sich für eine Stelle als Nachtportier bewerben?«

»Ich habe eine Sonnenlichtallergie«, sagte er.

Sie lächelte. »Stelle verloren?«

Er nickte.

Sie sah mitfühlend aus. »Betriebsbedingte Kündigung?«

»So ähnlich.« Er zuckte die Schultern. »Eigentlich eher unvereinbare Persönlichkeiten. Mein Chef hatte was gegen jeden über fünfundvierzig.«

»Und das sind Sie?«

»Ja. Sechsundvierzig.«

»Das sieht man Ihnen nicht an.«

»Danke.«

»Im Grunde genommen sehen Sie viel zu jung aus für einen Nachtportier. Das sind normalerweise alte Männer.«

Er lachte traurig. »Also werden Sie mich ablehnen, weil ich zu *jung* bin?«

Sie lachte leise. Ein nettes Lachen: kehlig mit einem Hauch Verruchtheit. »Natürlich nicht. Aber ich warne Sie, es ist ein ziemlich dröger Job. Sie müßten eine unserer Uniformen tragen, jeden Abend außer Sonntag um zehn die Arbeit antreten, jedem Gast Drinks servieren, wann immer er will und so lange er will, sogar, wenn er bis zwei Uhr morgens aufbleiben will. Und dann, wenn alle ins Bett gegangen sind, müßten Sie abschließen, alle öffentlichen Räumlichkeiten unten aufräumen und staubsaugen, alle Schuhe, die die Gäste vor die Tür

gestellt haben, putzen, die ganze Nacht wach bleiben, Spätankömmlinge eintragen, Anrufe beantworten, ab und zu
Runden drehen, um alle Türen und Fenster zu überprüfen.
Um sechs müßten Sie rausgehen und die Zeitungen kaufen
und das Frühstück für alle Gäste, die es auf dem Zimmer einnehmen wollen, zubereiten und servieren ...«

»Klingt großartig. Wann fange ich an?«

Sie schaute ihn an. Ihre Augen waren kühl. »Sie wollen das
wirklich machen?«

»Ja.«

»Sie haben nicht einmal gefragt, was für ein Gehalt ich
Ihnen anbiete?«

»Ich bin verzweifelt«, sagte er, »völlig pleite, also egal, wieviel Sie zahlen, es ist sicherlich besser als gar nichts. Ich bekomme sonst nirgends Arbeit. Es gibt einfach keine Stellen
für Männer in meinem Alter. Ich bin gezwungen, mein Haus
zu verkaufen. Meine Frau hat mich verlassen. Meine Familie
ist auseinandergebrochen. Ich werde in ein Einzimmer-Ap-
partement ziehen müssen. Glauben Sie mir, verglichen mit all
dem wäre es paradiesisch, in einem anständigen Hotel wie
diesem als Nachtportier zu arbeiten. Aber abgesehen davon,
wie hoch ist denn das Gehalt?«

»Hundertfünfzig Pfund pro Woche. Und das Frühstück ist
gratis.«

»Richtiges englisches Frühstück oder kontinentales?«

Ihre Augen funkelten. »Richtiges englisches, das volle Programm, soviel wie Sie essen können.« Sie war wirklich sehr attraktiv. Achtundzwanzig, neunundzwanzig. Eine Schande:
viel zu jung für einen Sechsundvierzigjährigen, selbst wenn er
jünger aussah.

»Klingt absolut perfekt«, sagte er.

Sie lehnte sich vor, mit auf dem Schreibtisch aufgestützten
Ellbogen. Ihre Augen waren klar und offen. »Aber was haben

wir davon?« sagte sie. »Warum glauben Sie, daß Sie überhaupt für die Stelle geeignet sind?«

»Weil ich intelligent bin, ehrlich, fleißig...«

»...und bescheiden.«

Sie lachte.

»...und sehr daran interessiert, die Stelle zu kriegen und zu behalten«, sagte er. »Ich bin zuverlässig, wissen Sie. Ich bin immer wunderbar zuverlässig gewesen.«

»Sie waren an ein wesentlich höheres Gehalt gewöhnt.«

»Das war vor langer Zeit. In einem anderen Leben.«

»Sie würden sich über die Kunden ärgern. Manche von ihnen können sehr anstrengend sein. Herablassend. Gönnerhaft. Beleidigend. Sogar unverschämt.«

»Solche Kunden hatte ich auch, als ich Verkaufsleiter war.«

»Sie würden es nicht angenehm finden, ein Dienstbote zu sein, den Leuten die Sachen zu holen und zu tragen.«

»Ich habe mein Leben lang Sachen geholt und getragen. Das ist unausweichlich, wenn man Frau und Kinder hat.«

Ihre Lippen zuckten. »Sie würden es hassen, daß Sie eine Uniform tragen müssen. Auf der Brusttasche ist ein großes weißes Einhorn.«

»Ich habe jeden Tag einen Anzug getragen. Was ist da der Unterschied?«

»Die Leute bemerken einen in einem Anzug. Er verleiht Status und Respekt. In der Uniform eines Hotelangestellten wird man überhaupt nicht wahrgenommen.«

»Das wäre sehr erholsam«, sagte er. »Ein bißchen Anonymität könnte ich jetzt erst mal gut gebrauchen.«

»Sie würden es hassen, Anweisungen von mir entgegenzunehmen.«

»Überhaupt nicht. Meine Tochter kommandiert mich seit Jahren herum.«

Sie lachte wieder.

Bring eine Frau zum Lachen und du hast schon zur Hälfte gewon-
nen. Wer hatte ihm das noch mal gesagt? *Mach dich nicht lächer-*
lich: Sie kann keinen Tag älter sein als achtundzwanzig.

»Sie würden es auch hassen, Anweisungen von der Hausdame entgegenzunehmen«, sagte sie. »Vom Chef-Barkeeper.
Vom Oberkellner.«

»Und ich müßte niemandem Anweisungen geben. Das
klingt nach purer Wonne, die endgültige Einfachheit.«

Sie betrachtete ihn neugierig mit leicht seitlich geneigtem
Kopf, als studiere sie eine neue Spezies. Bitte, dachte er. *Bitte.*
Aber das würde er nicht sagen. Er mußte es nicht sagen. Sie
sah ihm in die Augen. Sie sprachen zu ihr. *Bitte,* sagten sie.

Sie dachte darüber nach. »Okay«, sagte sie, »Sie haben die
Stelle.«

»Wirklich?«

»Wirklich. Aber sagen Sie nicht, ich hätte Sie nicht gewarnt.
Wann können Sie anfangen?«

Er war verblüfft. Nach all diesen Monaten. Ein Job. Ein
lausiger Job, aber immerhin doch ein Job. Hundertfünfzig
Pfund die Woche. Lächerlich wenig, aber doch ein regelmäßi-
ges Gehalt. Endlich. Und jeden Tag ein Frühstück, das volle
Programm, soviel, wie er essen konnte: Eier, Speck, Würstchen, Brötchen, Toast, Marmelade. Er würde jeden Morgen
ein gigantisches Hotelfrühstück zu sich nehmen und den Rest
des Tages kaum noch etwas brauchen.

»Morgen?« sagte er. »Freitag?«

»Nicht nötig. Der derzeitige Nachtportier verläßt uns nicht
vor übernächster Woche. Wäre das in Ordnung? Ab dem
sechsundzwanzigsten?«

»Perfekt.«

»Gut.« Sie hatte ein reizendes Lächeln.

Sei nicht so verdammt dumm. Mach nicht alles kaputt, indem du dir
absurde Hoffnungen machst.

Sie stand hinter ihrem Schreibtisch auf. Schlanke Taille, guter Hintern, hübsche Beine. »Okay, dann stelle ich Ihnen jetzt ein paar Leute vor«, sagte sie, »zeige Ihnen ein paar Kniffe und gebe Ihnen eine Liste Ihrer Aufgaben.«

Er stand auf. »Wie soll ich Sie nennen? Madam? Miss? Misses?«

Ihre Augen funkelten. »Mrs. Forsyth natürlich.«

»Mrs.?«

»Forsyth.«

»*Mrs.* Forsyth?«

»Wie denn sonst?«

»Sie sind verheiratet.«

»Natürlich. Warum denn nicht?«

Sie neckte ihn. Er spürte, wie er rot wurde. »Natürlich«, sagte er. »Wie dumm von mir. Es ist nur —«

Sie lachte. »Ich weiß. Ich bin jung genug, Ihre Tochter zu sein. Also gehen wir und treffen erst mal die Hausdame.«

»Wahrscheinlich n Alki«, sagte der Chef-Barkeeper zur Barfrau, nachdem Hallam das Hotel verlassen hatte. »Typen in dem Alter, bißchen gehobene Bildung, redet anständig, aber keine Erfahrung. Ist ja auch klar. Was soll so ein Typ in einem Hotel? Nachtportier? Das soll wohl ein Witz sein. Paß mal auf, ob der gerade gehen kann, wenn er hier anfängt, Dolly. Und behalt die Kasse im Auge.«

Und dann passierte plötzlich alles auf einmal, und der Verkauf des Hauses geschah erstaunlich schnell. »Barverkauf, verstehen Sie«, sagte Yeomans. »Kein Rumgezackere mit Banken und Bausparkassen. Ganz unkompliziert.«

Yeomans ging zu Jenny, überredete sie irgendwie, den Vertrag zu unterschreiben, und plötzlich stapften Vertreter von Umzugsfirmen durchs Haus, und ein Mann vom Auktions-

haus kam, um die Möbel zu schätzen, die Hallam nun zu verkaufen gezwungen war.

Monica hatte beschlossen, ihre alte Freundin Liz für ein
oder zwei Wochen zu besuchen, während sie sich nach Möglichkeiten umsah, ein eigenes Zimmer oder vielleicht eine
kleine Wohnung in einer betreuten Wohnanlage zu finden.
Eine Woche, bevor sie das Haus verlassen mußten, fand
Hallam ein winziges Appartement in einer heruntergekom-
menen Gegend, in Halcyon Road, das pro Woche hundertzehn Pfund Miete kostete. Es bestand aus einem einzigen
großen Raum, mit einem Bad in der einen Ecke und einer
kleinen Kochnische hinter einem Vorhang in der anderen. Es
gab kein Telefon und nur eine Toilette, draußen auf dem Flur,
die man mit den anderen Mietern teilen mußte. Die Fensterrahmen waren morsch: Jeder Windhauch ließ fadenscheinige
Musselinvorhänge flattern. Als Hallam achtzehn war, hatte
er schon einmal an einem solchen Ort gelebt. Siebenundzwanzig Jahre lösten sich in Luft auf, als hätte es sie nie gegeben. Er war wieder dort, wo er angefangen hatte. Der einzige
Unterschied bestand darin, daß er damals Hoffnung gehabt
hatte.

»Es tut mir so leid, daß es so weit gekommen ist«, sagte er.

Monica berührte sanft seinen Arm. »Mir auch. Diese entsetzliche Tochter von mir. Ich fühle mich verantwortlich.«

»Deine Schuld ist es nun wirklich nicht.«

»Sie ist meine verdammte Tochter. Ich schäme mich so für
sie.«

»Es gibt überhaupt nichts, wofür du dich schämen mußt.
Du bist phantastisch gewesen, Monica. Ich werde dir alles
zurückzahlen, jeden Penny.«

»Ich weiß.«

»Sobald das Haus verkauft ist, versprochen.«

»Mach dir keine Gedanken. Wann immer du kannst. Und

du bist selbst phantastisch gewesen, Peter. Die Art, wie du mich aufgenommen hast, mir das Gefühl gegeben hast, willkommen zu sein. Ich kenne die ganzen Witze über Schwiegermütter.«

Er lachte. »Ich habe auch ein paar erzählt, das kann ich dir sagen.«

Sie lächelte. »Du bist ein guter Mann. Jenny muß verrückt sein.«

»Wirst du zurechtkommen?«

»O ja. Ich bin eine Kämpfernatur. Ich komme immer zurecht.«

Wo nahm sie bloß ihre unbeugsame Kraft her, diese aussterbende Generation von Engländerinnen, die in Schlachten großgezogen und durch den Krieg und die Entbehrungen geformt worden war? »Ich weiß, du hast recht. Du bist verblüffend.«

Sie schenkte ihm ein liebevolles Lächeln. »Du auch. Nachtportier in einem Hotel. Dafür bewundere ich dich mehr, als ich sagen kann, Peter. Du bist auch eine Kämpfernatur.«

Er küßte ihre Wange. Sie drückte seine Hand. Wie sonderbar, daß nach all den Jahren erst Jennys Verrat sie zu Freunden gemacht hatte.

Sie hatte beschlossen, das Haus ein paar Tage vor ihm zu verlassen, und am letzten Abend lud sie ihn in ihr Zimmer ein. Die Möbel waren noch da und warteten auf den Lastwagen des Auktionshauses, der am nächsten Tag kommen sollte, aber ihre zwei Koffer waren gepackt und lagen offen auf dem Boden herum, und ihre wenigen Besitztümer waren in ein paar Kisten gestapelt: ein bißchen Schmuck, ein paar Bilder, Bücher von H. E. Bates, Georgette Heyer, Eric Linklater, Daphne du Maurier, Jean Plaidy, Alec Waugh. Wer erinnerte sich noch an sie außer alten Damen wie Monica? Und da waren außerdem ihre Schallplatten, LPs aus der Frühzeit des Rock'n'Roll: Fats Domino, Bob Dylan, die Everly Brothers, Buddy Holly. Mit einem Schock wurde ihm bewußt, daß Monica eine junge Mutter von Mitte dreißig gewesen war, jünger als Jenny jetzt war, als die Beatles die Welt verzaubert und verführt hatten. Kein Wunder, daß sie ihre Songs immer wieder hörte: Sie erinnerten sie an ihre besten Jahre.

Sie saß in einem Sessel am Fenster, trug ihren Leopardenhut mit den dazu passenden Handschuhen und blätterte durch ein altes Fotoalbum, das sie auf den Knien hielt. Hank war in seinem Topf auf dem Fensterbrett hinter ihr und spähte ihr über die Schulter. Sie sah auf, als Hallam den Raum betrat. Ihre Augen waren feucht. Sie warf ihm ein verwässertes Lächeln zu. »Es ist so lange her«, sagte sie und schüttelte den Kopf. »So sehr lange her.«

»Darf ich?«

Sie nickte.

Er stand hinter ihrem Sessel und sah ihr über die Schulter. Sie schaute ihr Hochzeitsalbum an. Das Foto unter ihren knochigen alten Fingern zeigte sie als Mädchen von Anfang zwanzig, vor fast fünfzig Jahren. Sie war sehr schön gewesen, mit Augen wie Laserstrahlern. Es war unmöglich, sie nicht zu erkennen: Sie war Jenny Nummer eins gewesen, der Vorläufer von Jenny, ihr Prototyp. Hätte Hallam Monica in den vierziger Jahren getroffen, dann hätte er sich auch in sie verliebt, in die künftige Jenny.

Plötzlich stach es ihm in den Augen. *Komm zu mir zurück, Jen. Ich ertrage es nicht mehr. Ich will, daß es zwischen uns wieder so ist wie vorher. Ich kann nicht mehr.*

»Du warst sehr schön«, sagte er.

»Ja.« Monica nickte. »Ja, das war ich. Das hat jeder gesagt.« Sie seufzte. »Ich hasse es, alt zu sein«, sagte sie. Sie schneuzte sich energisch. »Aber war die Mode nicht scheußlich damals?« sagte sie. »Schau dir das grauenhafte Kleid an! Und mein

Haar! Dieser Hut! Wir hatten damals natürlich kein Geld, so kurz nach dem Krieg. Alles war rationiert.«

»Du sahst wundervoll aus«, sagte er. »Jetzt weiß ich, von wem Jenny ihre Schönheit hat.«

Er legte die Hand auf ihre Schulter. Sie tätschelte sie.

»Danke, mein Lieber«, sagte sie. »Ich weiß, du meinst es ehrlich.«

»Ich wette, die Kerle waren alle hinter dir her.«

Sie lachte sanft und klang dabei wie ein junges Mädchen. »Ein paar Verehrer hatte ich schon«, sagte sie.

Sie sah wieder auf das Album hinab. »Lieber David«, sagte sie. Sie wischte mit den Fingerspitzen leicht über das junge Gesicht ihres toten Ehemannes. Sie berührte die Fotografie, als wäre sie ein geliebtes Wesen. »Lieber David.«

Hallam betrachtete den Mann auf dem Foto: ein schwer zu beschreibender Mensch, nicht besonders gutaussehend, nichts auffallend Besonderes an ihm, aber so glücklich, so optimistisch, so viel, worauf man sich freuen konnte, so tot. Aber seine Frau hatte ihn geliebt und sie liebte ihn immer noch, genau wie Jenny ihn einst geliebt hatte. Wie soll ein Foto gegen die Erinnerungen des Herzens ankommen?

»Er war immer freundlich zu mir«, sagte Hallam, »und Jenny hat ihn vergöttert.«

Sie streichelte das Papier. »Ich dachte, ich muß sterben, als er starb. Ist es wirklich fast fünf Jahre her? Es schien sinnlos, weiterzumachen. Aber jetzt, wo all seine Schmerzen vergangen sind, bin ich froh, daß er starb, als er starb, bevor er zu alt wurde. David hätte es furchtbar gefunden, wirklich alt zu sein. Und ich bin froh, daß er mich nie so gesehen hat, wie ich jetzt aussehe.«

»Du siehst immer noch phantastisch aus.«

»Du bist wirklich süß, Peter, aber lügen kannst du furchtbar schlecht.«

Dann brach sie in ein plötzliches Gackern aus. »Oh, er konnte so lustig sein! Wir trugen nie Pyjamas, und ich erinnere mich, wie er eines Morgens aufstand und ins Badezimmer ging und in den Spiegel sah, und mein Hormonpflaster war während der Nacht abgegangen und irgendwie auf seinem Hintern gelandet. Er geriet in Panik und begann im Badezimmer herumzutanzen. Er versuchte, es wegzuschnippen und brüllte, daß er sich nun in eine Frau verwandeln würde. Du liebe Güte! Ich sehe es noch genau vor mir! Das Entsetzen! Seine knochigen Knie! Seine Füße! Wie er mit den Händen fuchtelte!«

Sie kreischte vor Lachen.

Ein anderes Bild ihres Mannes war auf dem Nachttisch aufgestellt: sein Gesicht, das erste, was sie morgens beim Aufwachen sah, das letzte, was sie sah, bevor sie einschlief. Wahrscheinlich küßte sie das Glas jeden Abend. Er hoffte, das wäre ihr ein kleiner Trost. Die Einsamkeit der Witwenschaft mußte sich manchmal ziemlich unerträglich anfühlen. Jenny war wenigstens noch am Leben: Wenigstens gab es immer noch Hoffnung.

»Er würde nicht wollen, daß du unglücklich bist«, sagte er.

Wie verdammt albern und herablassend.

»Nein«, sagte sie, »aber wenn es etwas gibt, was du lernst, wenn du älter wirst, dann ist es, nicht mehr allzu glücklich oder unglücklich zu werden. Freude und Leid sind beide so erschreckende Fallen: Sie machen dich so furchtbar verletzlich. Es ist viel einfacher, sich mit Zufriedenheit und Duldsamkeit zu begnügen.«

Im Raum roch es alt, es war die Art geriatrischer Geruch, die bei alternden Menschen zu finden ist: nichts im engeren Sinn Körperliches, nichts speziell Unangenehmes, nur eine Art Modrigkeit, eine essentielle *Ehemaligkeit,* die die Räume und Kleider und Leben der Alten zu durchdringen schien, eine Andeutung von Geschichte, von Jenseitigkeit. Diese Art von Geruch hatte er bisher noch nie mit Monica in Verbindung gebracht. Sie hatte immer so lebhaft gewirkt, so auf absurde Weise jung. Nun schien sie geschrumpft. Aber vielleicht war es überhaupt nicht ihr Geruch: Vielleicht war es das Haus selbst, das langsam starb.

»Du warst so nett zu mir«, sagte sie. »Wir wollen uns nicht aus den Augen verlieren, ja?«

»Natürlich nicht.«

»Und verlier die Hoffnung nicht. Verlier nie die Hoffnung. Du kommst wieder hoch. Du schnellst hoch. Ich weiß es. Es steht in deinem Horoskop.« Sie starrte ihn an. »Und vergiß Jenny. Sie ist deiner nicht wert. Sie ist es nicht wert, daß du auch nur noch einen Moment länger trauerst.«

Seine Augen quollen über. *O Scheiße, ich fange schon wieder an zu heulen.*

»Sie ist es auch nicht wert, daß du ihretwegen noch mehr Tränen vergießt«, sagte sie. »Und was die anderen betrifft, solltest du mal über einen Racheplan nachdenken.«

Rache? Was hätte das für einen Sinn?

»Leute wie Skudder«, sagte sie. »Die Bank, Jim Donaldson. Wenn Leute dich reinlegen, solltest du den Schweinen nie erlauben, damit durchzukommen. Auge um Auge, so sagt schon die Bibel, Zahn um Zahn.«

Die Bibel, ja. Sie hätte selbst ein Prophet aus dem Alten Testament sein können, unbezähmbar, mit lodernden Augen, Ruferin in der Wüste.

»Ich meine das ernst«, sagte sie. »Laß dich von den Schweinen nicht unterkriegen.«

»Ich werde Sie vermissen, Miss Grütze«, sagte er.

Sie lächelte. »Das ist das Schönste, was du mir je gesagt hast.«

Ein eisiger, schmutziger Schneeregen fegte am Abend seiner letzten Nacht im Haus über den Himmel. Es wurde früh dunkel, so daß das Haus schon am Nachmittag in Trübsinn gehüllt schien. Monica rief von ihrer Freundin aus an, um ihm Glück beim Umzug zu wünschen und ihn darum zu bitten, ihr das Adreßbuch nachzuschicken, das sie vergessen hatte. »Ein weiteres Erlebnis des Alterns«, sagte sie. »Onkel Alz scheint sich dauerhaft im Oberstübchen niedergelassen zu haben.«

Hallam zündete mit dem letzten Holzscheit ein kleines Feuer an und saß bis spät in die Nacht davor, starrte hinein und erinnerte sich, umgeben von einem halben Dutzend Umzugskisten mit den wenigen Habseligkeiten, für die er künftig Platz haben würde, an zu vieles. Die meisten Möbel waren schon ins Lager des Auktionshauses geschafft worden, und die leeren Räume sahen hohl und fremd aus. In ihnen hallte es wieder. Er blickte in die Flammen und die Tränen strömten unkontrollierbar. Die Bilder schwammen deutlich wie Fotografien in seinen Kopf: Matt als Baby, wie er oben im Bad planscht; Susie als Kleinkind, das über den Rasen stolpert; ihre eifrigen kleinen Gesichter, schokoladeverschmiert an Ostern; Grillpartys am Goldfischteich im Hochsommer; Kindergeburtstage, Feiern mit Pudding und Eis und Ballons; Halloweens mit schrecklichen Masken; Matt, der bei Dunkelheit aus dem Wandschrank springt; Weihnachtsfeiern, bei denen Lieder den Raum erfüllen und glitzerndes Lametta in ihren Augen tanzt und all die Hunde und Katzen und Kaninchen und Hamster ihrer Kindheit aufgekratzt und entnervt sind von dem ungewohnten Trubel. Und Jenny. Immer wieder Jenny: lächelnd, zwinkernd, lachend, flirtend, liebend. Hier, in diesem Raum, Jenny und er so viele Jahre lang, so warm, so nah, und nun war all das Vergangenheit: alle Erinnerungen verflüchtigt, alle Träume nur noch Phantombilder. Morgen würde all dies, all die verblassenden Erinnerungen und das verstummte Gelächter einem gierigen kleinen Lump namens Enoch Sheepshank gehören.

Kurz vor zehn rief Susie an. »Ich liebe dich, Daddy«, sagte sie. »Sei bitte nicht traurig.«

Er lag fast die ganze Nacht wach. Er konnte nicht schlafen, trauerte um den Verlust von Jennys Wärme im Bett und spürte ihre Abwesenheit wie etwas Greifbares. Er glaubte, noch einen entfernten Hauch ihres Parfüms auf ihrem Kopfkissen zu finden, und er drückte es an sein Gesicht, atmete ihr Wesen. Und in dem Elend seiner Einsamkeit in den frühen Morgenstunden onanierte er im verzweifelten Wunsch, sich Erleichterung zu verschaffen, etwas, das er seit zwanzig Jahren nicht getan hatte. Am Ende tat er es wild, als wolle er sich bestrafen und erniedrigen, als wolle er sich zum tiefsten Punkt hinunterziehen, um Erschöpfung und Vergessen flehend. Vielleicht fühlte es sich so an, tot zu sein.

Am Morgen, kurz bevor die Möbelpacker kommen sollten, ging er wie ein Zombie durch das Haus und den Garten und verabschiedete sich. Wie konnte es sein, daß er wegzog? Wie war es möglich, daß all das ihm am nächsten Tag nicht mehr gehören würde? Die Räume waren kalt und bedrohlich, als hätten sie ihn schon vergessen. Seine Schritte hallten. Der Wandanstrich und die Tapeten sahen müde aus, fast heruntergekommen, und wo die Bilder jahrelang gehangen hatten, waren schmuddlige Stellen. Warum hatte er es nie geschafft, dieses lose Dielenbrett zu reparieren, das quietschende Scharnier, die verzogene Schranktür? Plötzlich gewannen sie eine große Bedeutung, als hätte er durch seine Vergeßlichkeit seinen Anspruch auf das Haus verwirkt. Der Rasen draußen war glitschig, ein Teppich aus toten schwarzen Blättern verrottete auf dem Gras. Die Veranda war schlammverschmiert, der Goldfischteich trüb. Sheepshank würde den Teich mit Kieseln füllen und mit Beton ausgießen. Sheepshank würde fast alles verändern: In einem Jahr würde man hier nichts mehr wiedererkennen. Sheepshank war dabei, seine Vergangenheit zu kapern und seine Erinnerungen zu begraben.

Plötzlich konnte er es nicht ertragen, nur einen Moment länger zu bleiben. Andere Geister würden in diesem Haus spuken, seiner nicht.

Die Möbelpacker brauchten weniger als eine Viertelstunde, um Hallams Sachen rauszutragen: das Sofa, den Fernseher, ein paar Stühle, ein oder zwei Bilder, ein paar Fotos, den CD-Player, zwei Koffer mit Kleidern. Für viel mehr war in dem Appartement kein Platz.

Es nieselte, als sie endlich drüben in der Halcyon Road ankamen. In der grauen Februardüsternis sah der Ort sogar noch verzweifelter und heruntergekommener aus als zuvor. Die Möbelpacker schauten sich an; der eine hustete. Ein Umschlag wartete auf ihn: eine fröhliche Grußkarte von Susie, die ihm Glück im neuen Heim wünschte. Auf der Vorderseite war ein strohgedecktes Landhaus abgebildet, um dessen alte Eichentür Rosen wuchsen.

Es dauerte nur zwanzig Minuten, bis seine Sachen hineingetragen waren. Er sah sich im Raum um und schämte sich. Er griff nach zwei Fünf-Pfund-Noten fürs Trinkgeld. Sie sahen peinlich berührt aus. »Is nich nötig, Meister«, sagte der eine. »Das is im Preis schon mit drin.«

Wann hatte man je von Möbelpackern gehört, die ein Trinkgeld ablehnen? Hier war sie also, die ultimative Demütigung. Und nun schlurfen sie hinaus, überrascht von ihrem eigenen Mitleid, und ich bin endlich allein, zum erstenmal seit dreiundzwanzig Jahren vollkommen allein. Und im Bad tropft der Hahn, ein Geräusch wie sekundenweise schnell verrinnendes Leben.

Er schrieb einen Scheck über 25 502,67 Pfund aus und schickte ihn zu Jenny an Donaldsons Adresse, erklärte ihr in einer kurzen Anlage, wie er diese Summe errechnet hatte und gab ihr seine neue Adresse. Er schickte einen weiteren Scheck von 10 000 Pfund an Monica, um seine Schulden bei ihr zu begleichen, und er investierte seine eigenen 25 502,66 Pfund in die Bausparkasse, in der Hoffnung, daß sie gerade genug Zinsen abwerfen würden, daß er sich gelegentlich einen kleinen Luxus leisten könnte: einen einwöchigen Billigurlaub in nicht allzu ferner Zeit vielleicht, dann und wann eine kostbare Partie Golf oder Tennis, Geburtstagsgeschenke für Susie und Monica, jene kleinen Dinge, die einen Beiklang von Zivilisation haben.

Der Wind ächzte an den Fenstern und ließ die dünnen Vorhänge rascheln.

In seinem ganzen Leben hatte er sich nicht so einsam gefühlt.

Vier Tage später kam ein Brief an. Der Umschlag war dick und luxuriös, aus edlem, samtenen Papier. Er stammte von einer renommierten Anwaltskanzlei. Der Umschlag knisterte, als er ihn öffnete, es klang fast wie ein Kichern. Der schwarz eingeprägte Briefkopf oben auf der Seite glitt glatt durch seine Finger. Die riesige gespreizte Unterschrift unten auf der Seite war offensichtlich die eines Mannes mit weichen, rosafarbenen Händen und fetten, gepflegten Fingern. Das Papier duftete nach Karamel.

Jenny verlangte die Scheidung. Sie warf ihm vor, das Haus zu schnell und zu billig verkauft zu haben. Sie behauptete, ihr Anteil am Verkauf des Hauses sei nicht ausreichend, um ihr den Lebensstil zu ermöglichen, den sie gewohnt sei. Sie verlangte den gesamten Erlös aus dem Verkauf sowie alle Möbel. Zusätzlich wollte sie Unterhaltszahlungen, alle seine Lebensversicherungs-Policen und die Hälfte seiner Altersversorgung.

Er starrte auf den Brief und las ihn wieder und wieder. Die schleimigen Anwaltsvokabeln glitschten wie Würmer vor seinen Augen: »Sofern nicht ... schändlich ... inakzeptabel ... wohingegen ... vordem.«

Dazu hat sie Donaldson angestiftet. Verdammter Geier. Legalisierter Vampirismus. Jim Donaldson. Du Arschloch.

Etwas Eiskaltes zog in sein Herz ein. Einen entsetzlichen Moment lang wußte er, daß er eines Tages in der Lage sein könnte, ein anderes menschliches Wesen zu foltern oder umzubringen.

Rache. O ja. Es reicht mir. Du hast völlig recht, Monica. Ich will Rache. O ja. Allerdings. Endlich.

DRITTER TEIL

Zuerst Skudder. Er war der Ausgangspunkt dieses ganzen Albtraums, all dieser Ungerechtigkeit und Erniedrigung: Jason, das Arschloch, Skudder. Das ist das erste Ziel der Rache: Skudder, der mir die Stelle genommen hat, den Status, den Seelenfrieden, die Ersparnisse, das Heim, die Familie, die Zukunft. Skudder, der dafür verantwortlich ist, daß ich nicht mehr so duldsam und anständig bin. Skudder, der mich so schlecht und grob gemacht hat, daß ich wieder angefangen habe, unflätige Wörter zu benutzen und sogar über Rache nachdenke. Kein ›netter Kerl‹ mehr, was, *Jyce*? Kein Hinhalten der anderen Wange mehr. Klischees mochtest du immer ganz gern, nicht wahr? Nun, hier ist ein weiteres: ›Rache ist süß.‹ Supa. Warum sollten anständige Leute sich immer weiter anständig benehmen, wenn sie wieder und wieder ins Gesicht getreten werden? ›Rache ist süß‹, was, *Jyce*?

Also zuerst Jason Skudder, dann sein teurer Kumpan, Shane Dings, Dingenskirchen, Gorman. Shane Gorman. Und Melody auch, nur so der Vollständigkeit halber: die hübsche kleine eingebildete Melody mit den großen blauen Augen und den großen rosa Titten und den himmelschreienden Memorandiums. Und Jim Donaldson: o ja, Jim Donaldson allerdings, *besonders* Jim Donaldson. Und die Millenium Bank: bloß die Millenium Bank nicht vergessen. Wie hieß noch mal dieser Aalglatte, der Neffe des Chefs?, ›Definitiv ein Elefant‹? Dean Carsh, der Neffe des Besitzers, dieser herablassende kleine Arsch; vielleicht ist es Zeit, daß du von deinem hohen Bankerroß fällst und dir finanziell ein paar blaue

Flecken holst. Und Sharon vom Arbeitsamt: oh, ganz bestimmt, Sharon auch – hallo Sharon, du kriegst, was du verdienst, und zwar bald. Und Pinky: der verflixte Pinky Porter
mit meinen tausend Pfund; irgendwie, irgendwann. Und
Jenny. Natürlich. Jenny auch. Warum nicht? Jenny, die
schlimmste von allen, die treuloseste, der größte Verrat und
der unverzeihlichste. Wie kann sie mich so behandeln? Wo ich
sie doch so lange so sehr geliebt habe? Wo ich sie doch vergöttert habe? Wo sie doch *wußte,* wie sehr ich sie liebte? Wie *konnte*
sie?

Aber Skudder zuerst. Jenny kann warten. Rache wird am
besten kalt genossen, heißt es, und die Erniedrigung durch
Jenny brennt noch heiß. Jenny kann warten. Skudder zuerst.
Mein Haß auf Skudder hat nichts Loderndes mehr: Was
Skudder angeht, so habe ich für ihn nur ein sehr scharfes
Stück Eis in meinem Herzen, einen gefrorenen Dolch.

Unten im Eingangsbereich gab es ein Münztelefon, aber Hallam wollte nicht, daß die anderen Mieter sein Gespräch mit-
hörten. Er zog seinen Mantel an, schlang einen Schal um den
Hals, griff sich ein Paar Handschuhe und ging in den Winter-
morgen hinaus, hinunter zur öffentlichen Telefonzelle drei
Häuserblocks weiter. Der Himmel hing tief und grau über
den rußigen Dächern, mit schweren grollenden Wolken. Etwas Klammes zog aus dem Beton unter seinen Füßen hoch
und durchdrang seine Seele. Er schob sich tiefer in seinen
Mantel und zog den Hals unter seinem Schal ein. Der Wind
fegte zwischen den dunklen Reihenhäusern der Halcyon
Road hindurch. Halcyon Road, Straße der glücklichen Ruhe?
Gnade! Die müssen einen besonderen Humor gehabt haben,
wenn sie das hier Halcyon Road nannten. Den unebenen
Bürgersteig zierten Hundehaufen, von denen einige mehrere
Tage alt und dunkel und verkrustet waren. Durch die Risse in

den Pflastersteinen kämpfte sich das Unkraut. Die Gullis waren mit Müll garniert: leere Zigarettenpäckchen, Bananenschalen, Verpackungen von Süßigkeiten, ein verschrumpelter Apfelkrotzen, ein Fast-Food-Behälter aus Styropor, einzelne Zeitungsseiten, die im Wind flatterten. Auf dem Gulli an der Ecke lag ein benutztes Kondom rosa über dem Gitter.

Er öffnete die Tür der Telefonzelle. Das Glas war beschädigt, ein Netz aus Rissen umgab ein kleines Loch. Innen roch es nach altem Zigarettenrauch und Urin. Auf dem Boden waren überall Schlamm und Zigarettenstummel. An den Seiten der Zelle waren hellrote Graffiti gesprayt. Hinter dem Hörer hing eine Reihe schmieriger Kärtchen mit fluoreszierenden Telefonnummern und lüsternen Fotos von Prostituierten. Die Kabel zwischen dem Hörer und dem Münzgerät waren auseinandergezerrt worden, so daß sie lose und fragil herabhingen, hellrot und grün. Das verdammte Ding war wahrscheinlich außer Betrieb wie fast jedes andere öffentliche Telefon in dieser Gegend außer Betrieb war: wegen Vandalismus. Warum taten sie das, wie Schweine, die ihren eigenen Stall beschmutzen? Irgendein Witzbold hatte einen Stöpsel aus zerkautem Kaugummi in das Telefon-Mundstück gestopft, wo es zu einer glatten grauen Kugel ausgehärtet war. Er pickte es mit der Spitze seines Kugelschreibers heraus. Das Mundstück war schmutzverkrustet, die Hörmuschel klebrig.

Er nahm den Hörer ab. Erleichterung. Das beruhigende Schnurren des Freitons. Er wählte George Pringles Nummer und fühlte sich schuldig. Er hätte George schon lange einmal anrufen sollen, um ihn zu fragen, wie es ihm ging, um zu schauen, ob es ihm gelungen war, eine neue Stelle zu finden. Und Elsie: Sie hätte er auch anrufen sollen. Auch Doreen und all die anderen Opfer von Skudder, nur um zu erfahren, wie es ihnen erging, nur um sie mit ein paar freundlichen Worten aufzumuntern. Aber das Scheitern führte zum Verstummen und zum Bedürfnis, sich zu verstecken. Die Monate waren vergangen, und er hatte es immer wieder verschoben. Wie konnte er seinen eigenen Mitarbeitern gegenüber zugeben, daß er noch immer arbeitslos war. Und im Grunde seines Herzens mußte er zugeben, daß er ihre Neuigkeiten nicht hören wollte, besonders wenn es schlechte Neuigkeiten und noch viel mehr, wenn es gute waren.

»Hallo.«

»George?«

»Ja?«

Er zwang sich zu einem kleinen Lachen. »Eine Stimme aus der Vergangenheit.«

»Ja?«

»Raten Sie mal.«

»Mark?«

»Peter Hallam.«

»Mr. Hallam, Sir.« Er klang ehrlich erfreut.

»Peter, bitte.«

»Wie schön von Ihnen zu hören, Mr. Hallam.«

»*Peter.* Und Sie? Wie geht es Ihnen?«

In der Leitung zischte es.

»George? Sind Sie noch dran?«

»Ja, Sir. Nun, es steht nicht allzu gut, Sir, um die Wahrheit zu sagen. Kann nirgends eine Stelle finden. Hab's ziemlich auf-gegeben, ehrlich gesagt. Lebe jetzt von Sozialhilfe und Wohn-geld. Reicht gerade so. Aber kaum Spielraum für Extras.«

»Das tut mir so leid, George. Die haben Sie gräßlich behan-delt.«

»Sie auch.«

»Uns alle. Was ist mit Elsie?«

»Ich habe lange nichts von ihr gehört. Nun, so ist es halt, nicht wahr? Man verliert sich aus den Augen, besonders wenn man nichts für Bustickets und so übrig hat. Man muß vorsichtig sein mit den Ausgaben. Das Letzte, was ich gehört habe, war, daß sie es geschafft hat, einen Halbtagsjob in einer Wäscherei zu kriegen.«

»Elsie? In einer Wäscherei?«

»Hinterm Ladentisch in einer chemischen Reinigung oder so. Schlimm, nicht wahr?«

»Eine verdammte Schande.«

»Und Sie, Sir?«

»Peter, *bitte*.«

»Ja. Peter. Und bei Ihnen, Sir? Was macht die Kunst? Haben Sie eine Stelle.«

»Ja.«

»Ja, na klar haben Sie eine. Ist ja logisch. Klar, daß man sich um Sie gerissen hat. Bei Framlingshams? Oder Young and Feather?«

»Nein.« Hallam zögerte. »Ich dachte, ich probiere mal etwas völlig anderes. Ich bin jetzt in der Gastronomie tätig.«

»Gastronomie?«

»Ja.«

»Nun ...«

»Ja.«

»Das ist schön.«

»Ja. Das ist es. Hören Sie mal, George, ich habe mich gefragt, ob Sie noch Kontakt zu irgend jemandem aus der Firma haben. Ich kenne dort niemanden mehr – nun, niemanden, den ich mal ansprechen könnte. Ich brauche ein paar Informationen.«

»Informationen?«

»Nur um auf dem laufenden zu bleiben, was passiert ist, seit wir gegangen sind. Alles eigentlich. Über Skudder. Über die Firma. Darüber, wie es da so läuft, Betriebsklima, Absatz, alles mögliche.«

Einen Moment lang herrschte Schweigen.

George weiß Bescheid. Er ist kein Idiot. Er weiß, daß ich etwas vorhabe. Aber ich kann ihm vertrauen. Natürlich kann ich ihm vertrauen. Das war das Tolle an George und Elsie in der guten alten Zeit. Sie waren beide so ehrlich und loyal wie Bernhardiner.

»Es ist komisch«, sagte George, »abgesehen von meinem alten Kumpel Harry Dunlop vom Marketing, ist der einzige von damals, der den Kontakt gehalten hat, der junge Keith Smith.«

Keith: der Witzbold der Verkaufsabeilung; der Dschungel wilder Haare, der irre Gesichtsausdruck, die riesigen kummervollen Glubschaugen.

Hallam lächelte. »Guter Gott. Keith Smith.«

»Er ruft alle zwei oder drei Monate an und fragt, wie's mir geht. Wirklich nett von ihm. Wir hatten im Büro gar nicht soviel miteinander am Hut, aber er hat sich als sehr freundlich erwiesen. Hat mich mal zum Mittagessen eingeladen. Hat auch Elsie angerufen, sagte sie.«

»Er ist ein guter Kerl. Ich habe ihn immer gemocht.« *Aber mich hat er nie angerufen.* Nun, natürlich hat er das nicht. Ich war sein Chef: Du rufst deinen Chef nicht Monate nach seinem Rausschmiß an, um zu fragen, wie es ihm geht – er wäre beleidigt. »Also ist Keith noch da«, sagte Hallam.

»Ja. Und sogar recht erfolgreich. Sagt, Skudder scheint ihn ins Herz geschlossen zu haben. Er hat ihn zu Shane Gormans stellvertretendem Abteilungsleiter gemacht.«

»Also ist Gorman jetzt Leiter der Verkaufsabteilung, ja?«

»Ja, aber Keith sagt, er taugt nichts. Und Skudder auch nicht. Keith kann es kaum erwarten, daß Skudder mal einen massiven Patzer macht und gefeuert wird. Er sagt, der Absatz geht zurück und Skudder fährt die Firma an die Wand. Keith ist überzeugt, daß da irgendwelche krummen Dinger laufen.«

»Welcher Art?«

»Etwas, das er nicht genau zu fassen kriegt. Es ist wie ein unangenehmer Geruch, sagt er, von dem man nicht genau weiß, wo er herkommt.«

»Warum geht er dann nicht?«

»Er kann es sich nicht leisten, zu kündigen – Frau und zwei Kinder. Und Skudder bezahlt ihn gut. Zu gut, sagt er – er hat ihm sogar einen Firmenwagen gegeben. Er sagt, das Geld fühlt sich an wie Bestechung.«

Ein erregter Schauder flackerte durch Hallams Unterbewußtsein.

Krumme Dinger, eh? Ein unangenehmer Geruch, eh?

»Können Sie mir Keith' Nummer geben?«

»Natürlich. Seine Privatnummer. Aber rufen Sie ihn nicht im Büro an. Er sagt, daß jetzt jedes Telefongespräch im Büro mitgeschnitten wird, und Gorman hört sich Stichproben an.«

Plötzlich überfiel Hallam die scheußliche Erinnerung an das Schlimmste an seinen letzten Tagen im Büro. Wie Monster erhoben sie sich aus seiner Erinnerung: Haß, Aggression, Furcht; die nackte Bösartigkeit von Skudders Büropolitik; die unmöglichen Anforderungen; der lässige Umgang mit dem Schicksal anderer, als wäre Skudder ein antiker römischer Kaiser, der im Kolosseum gelangweilt den Daumen senkt. Vor allem stieg ihm die brennende Erinnerung an etwas vollkommen Fremdartiges in die Nase, als wären Skudder und Gorman Kreaturen aus einer anderen Welt, die die üblichen Standards von Ehrlichkeit, Anstand und Fair play einfach nicht verstanden.

»Keith' Nummer«, sagte George und gab sie durch.

»Danke. Ich rufe ihn an. George...«

»Ja?«

»Wir müssen uns mal wieder sehen. Was trinken, was zusammen essen.«

»Das wäre nett, Mr Hallam.«

»Peter.«

»Peter. Ich gehe nicht oft weg.«

»Ich auch nicht, und es wäre verdammt noch mal wieder an der Zeit.«

Er rief bei Keith Smith zu Hause an und sprach mit seiner Frau, einer jungen Frau aus Wales mit einer süßen kleinen Zwitscherstimme, die sagte, daß er normalerweise gegen halb neun heimkäme, obwohl es zur Zeit immer später und später würde. Er rief Elsies Nummer an, aber niemand meldete sich. Sie war wahrscheinlich bei der Arbeit. In einer chemischen Reinigung. Elsie arbeitete in einer Wäscherei! Was für eine entsetzliche Verschwendung. Er würde sie am Abend noch mal anrufen. Es würde gut tun, sie wiederzusehen.

Es hatte begonnen, schwach, aber ausdauernd zu regnen, als er die Telefonzelle verließ und zurück zu seinem Zimmer ging. Die Schultern hatte er zur Abwehr des Nieselns hochgezogen, und den Kopf duckte er wie eine Schildkröte in seinen Schal.

Warum leben wir hier, wo das Wetter so verdammt schrecklich ist? Warum leben wir nicht irgendwo, wo es warm und trocken ist und die Menschen auf den Straßen lächeln?

Die Feuchtigkeit lauerte überall, trieb hinter ihm her, prüfte die Sohlen seiner Schuhe. Und doch fühlte er sich seltsam aufgeregt. Das Gefühl, ein Ziel zu haben, gab ihm Kraft. Er war nicht mehr hilflos, nicht mehr das Opfer. Es schien, als sei die lange Rutschpartie nach unten, in einen unvorstellbaren Abgrund, endlich beendet. *Es laufen krumme Dinger.* Oh, ja! *Ein unangenehmer Geruch.* Oh, das hoffe ich, das hoffe ich sehr. Denn nun hatte er eine Mission, wieder etwas, das er erreichen wollte. Der Moment, in dem du dich entscheidest, den Kampf aufzunehmen, ist der Moment der Befreiung.

Skudder.

Jason Skudder.

Jyce.

Allein den Namen zu denken, gab ihm ein Gefühl von
Macht, als gäbe ihm schon das pure Wissen um die Identität
seines Opfers eine Art Verfügungsgewalt. Wie die primitiven
Stämme, die glaubten, daß du dich ihrer Seele bemächtigst,
wenn du sie fotografierst. Wie die mittelalterlichen Hexen,
die schworen, man könne jemandem, von dem man abge-
schnittene Zehennägel besitze, Unglück und Tod an den Hals
zaubern.

*Skudder, ich kriege dich. Irgendwie, irgendwann, irgendwo, und wenn
es soweit ist, werde ich jede herrliche Minute davon auskosten.*

Wie ein zitternder christlicher Sklave im Alten Rom, der
sieht, wie die Löwen plötzlich ins Publikum springen und
sich fauchend der Loge des Kaisers nähern.

Auge um Auge, he, *Jyce?* Zahn um Zahn.

Supa!

Er gewöhnte sich rasch an eine erstaunlich tröstliche Routine
im Hotel »Einhorn«. Da er nachts arbeitete, lernte er von den
anderen Angestellten kaum jemanden kennen, mit Ausnahme der Küchenschicht fürs Frühstück: ein vergnügter
schottischer Küchenchef, ein paar unglaublich höfliche,
wohlartikulierende Pakistani und eine laute, joviale Irin. Er
kam jeden Abend gegen Viertel vor zehn mit dem Bus zum
Hotel, wechselte in die dunkle kastanienbraune Uniform mit
dem großen weißen Einhorn auf der Brusttasche und tauchte
diskret um Punkt zehn hinter der Rezeption für die Übergabe
durch den Rezeptionisten und den Portier der Spätschicht
auf. Ein Dienstmann zu werden, störte ihn überhaupt nicht.
Einige der Kunden waren laut, arrogant oder abweisend, aber
er behandelte sie mit einer übertriebenen Unterwürfigkeit,

bei der sie sich fragten, ob er sie auf den Arm nehme, und die Uniform schützte ihn wie eine Tarnung. Bis elf hatte er nichts zu tun, außer Spätankömmlinge zu erfassen, ihr Gepäck in ihre Zimmer hochzutragen und Aufträge für Weckrufe, Morgenzeitungen und Frühstück im Zimmer entgegenzunehmen. Aber nach elf, wenn die Bar geschlossen und das Bar-Personal nach Hause gegangen war, war er allein für alle späten Bestellungen von Drinks oder Snacks zuständig. Manchmal saß eine Gruppe von Hotelbesuchern ein, zwei Stunden bei ein paar Drinks zusammen. Einmal blieb eine alkoholisierte Gruppe von Rugby-Anhängern bis drei Uhr morgens auf und bellte in regelmäßigen Abständen nach Sandwichs und Bier, aber hinterher gaben sie ein saftiges Trinkgeld, zwanzig Pfund, wobei ihm zwei von ihnen betrunken auf den Rücken klopften, und Hallam verspürte keine Scham, das Geld anzunehmen. Es erschien richtig, ein Trinkgeld zu erhalten: Er hatte dafür gearbeitet, hart sogar; und hinterher akzeptierte er die wenigen Trinkgelder, die er bekam, würdevoll und dankbar. Warum nicht? Die Leute geben Kellnern gern ein Trinkgeld. Sie wollen es. Es gibt ihnen ein gutes Gefühl. Es erleichtert die Schuld, bedient zu werden, und befriedigt ein tiefsitzendes Bedürfnis der kapitalistischen Seele.

Zwei- oder dreimal, wenn wirklich wenig los war, fand sich Hallam in der Rolle des Zuhörers der trunkenen Weitschweifigkeiten einsamer Geschäftsmänner wieder, die allein im Hotel waren. Einer von ihnen fragte ihn, ob er eine Prostituierte herbeischaffen könne, als müßten Nachtportiers im Hotel Kenner der Verderbtheit sein. Es war beunruhigend festzustellen, wie offen manche Fremde zu ihm sprachen, sich höchst Intimes von der Seele redeten und ihre privatesten Probleme darlegten, als sei ausgerechnet er ein Psychiater oder Eheberater. »Sie haben ein ehrliches Gesicht«, sagte ihm ein sentimentaler Betrunkener eines Nachts. Vielleicht hatte es mit der Uniform zu tun, vielleicht machte sie ihn unpersönlicher. Aber meistens waren Bar und Aufenthaltsraum bis Mitternacht leer, und eine willkommene Stille lag über dem Hotel. Es dauerte nicht länger als eine Stunde, die Aschenbecher zu leeren, Staub von den Stühlen und Tischen zu wischen und in den öffentlichen Räumen zu staubsaugen. Dann schenkte er sich selbst einen Whisky ein, für den er immer bezahlte, und machte es sich für vier oder fünf Stunden in einem der bequemen Stühle der Lounge bequem.

Während dieser Stunden begann er wieder zu lesen, nicht einfach Zeitungen und Magazine, sondern Bücher, die zu lesen er sich immer vorgenommen, aber dann doch nie angefangen hatte: Conrad, Dickens, Greene. Wie hatte er sechsundvierzig werden können, ohne *Lord Jim* oder *Bleak House* oder *Die Kraft und die Herrlichkeit* zu lesen? Je älter man wurde, desto klarer zeigte sich, wie wenig man wußte. Erst vor einigen Jahren hatte er beispielsweise in einem Moment erstaunlicher Einsicht herausgefunden, daß er sich das Leben sehr erleichtern könnte, wenn er die Kleider immer so in seinen Schrank hängte, daß die Haken auf den Bügeln von ihm weggedreht waren. So konnten sie immer einfach herausgenommen werden, ohne sich ineinander zu verkeilen. Es hatte dreiundvierzig Jahre gedauert, bis er das gemerkt hatte. Wie konnte irgend jemand dreiundvierzig Jahre brauchen, um eine so einfache Entdeckung zu machen?

In diesen frühen Morgenstunden in der stillen Lounge des Hotels Einhorn begann Hallam eine Ruhe zu verspüren wie seit fast neun Monaten nicht mehr. Die Wärme und Stille hüllten ihn ein, heilten seine Wunden und stärkten seine Entschlossenheit. Er mochte es, in der Frühe in der leeren Lounge zu sitzen und dem Knarren des alten Gebäudes zu lauschen, dem Seufzen des Windes in böigen Nächten und dem Ticken der Standuhr neben der Rezeption. Wenn er um zwei und vier Uhr seine Runden machte, um nachzuschauen, ob alle Außentüren und Fenster gesichert waren, genoß er die Stille der leeren Korridore, die schwachen Schnarchgeräusche hinter verschlossenen Türen, das Wispern seiner Schritte auf dem Teppich, die eintönige Routine.

Hier war er endlich wieder nützlich. Leute verließen sich auf ihn. Sie schliefen und vertrauten ihm, dem einzigen wachen Mann in dieser kleinen Welt, dem Herrscher über ein kleines Universum. Er störte sich nicht einmal an der Aufgabe, die Schuhe der Hotelbesucher über Nacht zu putzen. Warum sollte es ihn stören? Das Schuhputzmittel hatte einen ehrlichen, nützlichen Geruch, und es bereitete ihm ein sonderbares Vergnügen, die Schuhe zum Schimmern zu bringen, sie zu polieren und zu polieren, bis sie glänzten. Etwas gut machen: Das war es; das Vergnügen, wieder etwas richtig zu machen. Und was war erniedrigender: anderer Leute Schuhe zu putzen oder für jemanden wie Skudder zu arbeiten? Die dunkle, einsame Stille der frühen Morgenstunden erfüllte ihn mit einem großartigen Gefühl der Freiheit. Allein war er frei. Er besaß nichts und niemanden und hatte keinerlei Verpflichtungen. Das Leben war auf seine einfachsten Grundpfeiler reduziert worden, unverworren, direkt. Es war eine saubere Sache.

Und während dieser langen Morgenstunden dachte er oft an Rache. Als er an einem Stand mit Büchern aus zweiter Hand stöberte, fiel ihm eines Tages ein Buch darüber in die Hände, *Rache ist süß: 200 wunderbare Wege, sich das Seine zurückzuholen* von Belinda Hadden und Amanda Christie. Eine Woche lang versenkte er sich jede Woche in dieses Buch und entdeckte voller Entzücken Dutzende Beipiele von entschlossener Heimzahlung. Er könnte einen Berg von nassem Beton oder Pferdedünger bestellen und in Skudders Einfahrt abladen lassen. Oder er könnte einen Leichenwagen und Bestattungsunternehmer beauftragen, die dann wochenlang ehrerbietig an seine Tür klopfen würden; oder dafür sorgen, daß monatelang Dutzende von Pizzas von lärmenden Motorradfahrern um ein Uhr morgens gebracht würden. Er könnte Jim Donaldson eine Serie gefälschter Krankenhausbriefe schreiben, in denen er gebeten würde, sich bitte einem weiteren Test auf Geschlechtskrankheiten zu unterziehen, oder mit dem Briefkopf des Hotels Einhorn einen Damenslip »zurückschicken«. Eine wütende Rächerin hatte gewartet, bis ihr Opfer für ein paar Wochen in Urlaub gefahren war, um ins Haus einzubrechen. Sie hatte Senf- und Kressesamen überall auf dem Wohnzimmerteppich verteilt, das Ganze großzügig gegossen, die Zentralheizung hochgedreht und war dann gegangen, wobei sie die Tür hinter sich abgeschlossen hatte. Ein verärgerter Bankkunde mietete im Tresorraum der Bank einen Safe und füllte ihn mit totem Fisch: Es dauerte mehrere Wochen, bis die Bank den stinkenden Fisch gefunden hatte, da Safes nicht ohne die schriftliche Zustimmung der Kunden geöffnet werden dürfen. Bis die alle eingeholt waren, mußte die Bank aufgrund des widerwärtigen Gestanks wochenlang geschlossen werden.

Frauen waren besonders brillant als Rächerinnen. Eine sitzengelassene Geliebte schnitt aus allen Hosen des Mannes den Schritt heraus. Andere hatten Anzügen die Ärmel abgeschnitten, die Zeitansage in Los Angeles angerufen und den Hörer neben das Telefon gelegt, Haarentferner in Shampoo-Flaschen gegossen, After-Shave-Flaschen mit Paraffin gefüllt, Vorhangschienen mit vergammelnden Garnelen verstopft und Unterhosen mit Juckpulver eingerieben. Eine zornige Frau hatte Dutzende von Plastikschwimmbecken in jeden Raum des Hauses ihres Ex-Liebhabers gezwängt und sie alle bis zum Rand mit dem Inhalt Hunderter von Suppen-,

Soßen- und Vanillecremedosen gefüllt. Eine andere ging das Adressbuch ihres Ehemanns durch und änderte bei allen Telefonnummern die 3 zur 8 und die 1 zur 4. Eine weitere hinterließ ihrem Ex-Liebhaber im Kellergeschoss eine lebende Kuh: Denn Kühe, wissen Sie, sind bereit, Treppen hinabzusteigen, aber sie weigern sich, sie hochzugehen.

Hallam lachte laut. Ja! Brillant! Und der Lotto-Trick: O ja, der war großartig. Und genau das richtige für Pinky Porter.

Oh, Pinky, alter Kumpel, ich kann es kaum abwarten, den Lotto-Trick auszuprobieren: Der ist absolut perfekt für dich.

Und wie richtig das war, wie angemessen. Monica hatte absolut recht: Warum sollte irgend jemand Kränkungen und Demütigungen still erdulden? Warum sollte man es zulassen, daß die Gemeinen und Fiesen damit durchkamen? Rache: hart, sauber, heilsam. Und Keith Smith: mein trojanisches Pferd, der Schlüssel zur Vergeltung.

Ich kriege dich, Skudder. O ja. Das solltest du mir besser glauben, »Süßer«.

Keith Smith kam zwanzig Minuten zu spät in den Pub gestapft. Es war fast neun Uhr abends. Er sah aus wie ein wütendes Walroß, mit wildem Haar und den riesigen Glubschaugen, die noch stärker aus den Höhlen traten denn je, so daß es aussah, als könnten sie aus seinem Kopf bersten.

»Tut mir leid wegen der Verspätung, Mr Hallam«, sagte er und ließ seinen feuchten Mantel über einen Stuhl fallen.

Hallam stand auf, um ihn zu begrüßen. »Hallo, Keith. Peter, bitte.«

»Okay. Pete. Der verdammte Skudder hat uns alle wieder bis spät dabehalten. Man könnte meinen, wir wären Schulkinder. Und wissen Sie, warum wir nachsitzen mußten? Weil jemand aus dem Versand einen kleinen Fehler bei einer der Kundenadressen gemacht hat! Deshalb hat Skudder entschieden, daß jeder aus der Verkaufsabteilung dableiben müsse, bis jede Kundenadresse dreifach überprüft worden sei. Irgend jemand wird den Kerl eines Tages umbringen, und ich habe das dumpfe Gefühl, das werde ich sein.«

»Was wollen Sie trinken?« sagte Hallam. »Eine Pint vom Faß?«

»Großartig.«

Hallam ging hoch zur Bar, bezahlte die Getränke und brachte sie an den Tisch zurück. »Schön, Sie wieder zu sehen«, sagte er und hob sein Glas zum Prost.

»Sie auch. Es ist lange her.«

»Neun Monate.«

Keith sah verblüfft aus. »Sie machen Witze. Schon? Verflucht noch mal, es kommt mir vor wie gestern. Obwohl nein, es kommt mir vor wie zehn Jahre. Wie ein anderes Jahrhundert.«

»Skudder?«

»Und Gorman. Die Firma ist jetzt ein einziger Albtraum.«

»George hat mir davon erzählt.«

»Er kennt nicht mal die Hälfte von dem, was vorgeht. Skudder ist ein Albtraum, aber Gorman ist einfach nur ein Witz. Verkaufsleiter? Am Arsch. *Sie* waren ein echter Verkaufsleiter. Gorman könnte nicht mal Salat an einen Vegetarier verkaufen. Er könnte einem Eskimo keine Wärmflasche verkaufen. Das einzige, was er verkaufen kann, ist uns alle miteinander in die Sklaverei. Er ist ständig dabei, mit Skudder Ränke zu schmieden und ihm ins Ohr zu flüstern. Und er ist so *dämlich*. Ich glaube nicht, daß er jemals in seinem Leben etwas gelesen hat, nicht einmal eine Zeitung. Er glaubt, ein indischer Politiker namens Nehru habe Rom angezündet. Er denkt, daß *A Natural Woman* von jemandem namens Urethra Franklin gesungen wurde. Neulich kam eine kleine Bestellung von den Färöer Inseln rein, und er bestand darauf, die seien in

Ägypten. ›Nein, sie gehören zu Dänemark‹, sagte ich, ›nördlich der Shetland Inseln, bei Island.‹ – ›Wie können die denn bei Island sein?‹ sagte er. ›Bei den Pharaonen gab's doch gar keinen Schnee.‹ Ich meine, kann man das glauben? Sie werden schwer vermißt, Peter.«

»Nett von Ihnen.«

»Überhaupt nicht nett. Ich meine es ernst. Gorman ist nicht einmal wert, Ihren Hintern zu küssen, geschweige denn, auf Ihrem Stuhl zu sitzen.«

»Was für eine schreckliche Vorstellung.«

»Er macht einen Scheißdreck und drückt sich ständig und ist nicht im Büro, weil er angeblich krank ist. Wenn es nicht sein Herzrasen ist, dann ist es seine Gicht oder sein schlimmes Knie oder seine sogenannten »Migrehnen«. Das ist keine Migräne, das ist ein verdammter Kater. Und er hängt permanent an Skudders Rockzipfel, schmeichelt ihm, stimmt allem zu, was er sagt, kriecht, leckt Speichel, träufelt Gift in Skudders Ohr, verbreitet Gerüchte über Leute. Als ich zum erstenmal befördert wurde, wollte Gorman mich sogar überreden, für ihn Leute auszuspionieren. Jede Woche hetzen sie eine andere arme Sau im Büro, machen ihrem Opfer das Leben zur Hölle, verhöhnen es, geben ihm unmögliche Aufträge und ermuntern andere dazu, es schlecht zu behandeln. Es ist fast so, als glaubten Skudder und Gorman, nicht am Leben zu sein, solange sie nicht jemanden haben, den sie hassen und gegen den sie sich verbünden können. Jede Woche gibt es ein neues Haßobjekt, das schikaniert und zum Opfer gemacht wird, und das Haßobjekt der vorangegangenen Woche ist so erleichtert, aus der Schußlinie zu sein, daß es wegschleicht und überhaupt nichts tut, um sich zu wehren.«

»Wie könnte man sich wehren?«

»Gott, ich weiß es auch nicht, aber wenigstens müßten die Leute doch nicht so belämmert dreinschauen und sich so mitleiderregend verhalten. Niemand widerspricht Skudder auch nur ansatzweise, nicht einmal die Mitglieder der Geschäftsleitung. Leitende Angestellte? Die Typen könnten nicht einmal pornographische Aufnahmen in einem Puff leiten. Gorman hat Polly Maguire von der Buchhaltung neulich gesagt, sie solle losgehen und ihm in der Mittagspause ein paar Kondome mit Erdbeergeschmack mitbringen. Und statt ihm zu sagen, er könne sie am Arsch lecken, hat sie es gemacht. Sie sagte, sie sei noch nie so gedemütigt worden, aber sie hat es getan. Ich hätte ihm gesagt, er solle sich gefälligst ins Knie ficken, egal, ob mit oder ohne Erdbeerkondom. Alle haben solche Angst, das nächste Opfer zu sein oder ihre Stellen zu verlieren. Und er läßt die Mädels nie in Ruhe. Kennen Sie diese Sorte? Er betatscht sie ständig, streift sie, faßt ihnen an den Hintern, macht zweideutige Bemerkungen. Im Büro heißt er nur noch Finger-Gorman. Irgend jemand wird ihm demnächst mal eine runterhauen.«

»Das scheint ja alles schlimmer denn je zu sein.«

»Ist es auch. Harry Dunlop hat in den Achzigern für Robert Maxwell gearbeitet, und er sagt, die Atmosphäre im Büro ist nun genauso wie damals. Skudder benimmt sich genauso wie Maxwell: stolziert durch die Gegend, tritt überall gewichtig auf, fuchtelt mit den Armen, weigert sich, irgend jemandem zuzuhören, kommt plötzlich mit völlig sonderbaren Plänen an, gibt in einer Minute Befehle aus und zieht sie in der nächsten zurück, verändert ständig die Vorgaben, so daß kein Mensch mehr weiß, wo er steht und was für Leistungen eigentlich von ihm erwartet werden.«

»Desorganisation«, sagte Hallam. »So funktioniert es, wenn man Leute destabilisieren will. Mach sie verletzlich, dann schüchtere sie ein bis zur Unterwürfigkeit.«

»Genau so. Skudder baut ständig Leute auf und demontiert sie dann. Er stellt unmögliche Forderungen, besteht darauf, daß sie dreizehn, vierzehn Stunden am Tag arbeiten oder an den Wochenenden, hält sie abends immer länger im Büro fest, umschmeichelt sie im einen Moment und schreit sie an oder bedroht sie im nächsten.«

»Klassisches Repertoire. Pawlowsche Hunde.«

»Wie meinen?«

»Pawlow. Russischer Physiologe. Hat Hunden beigebracht, unterwürfig zu sein, indem er sie immer in Spannung hielt. Einen Augenblick behandelte er sie unglaublich schlecht, im nächsten verwöhnte er sie und dann behandelte er sie wieder schlecht. Die Tiere wußten nie, woran sie waren. Sie endeten als zitternde Wracks.«

»Genauso ist es! Exakt. Es ist wie etwas aus dem Mittelalter, wie ein Feudalherr, den verängstigte Leibeigene umgeben.«

»Aber Sie nicht, Keith. Nicht Sie.«

»Nun, noch nicht. Ich bin ein widerspenstiger alter Kerl, ich mag es nicht, herumkommandiert zu werden. Aber die meisten anderen Kollegen sind am Rand des Nervenzusammenbruchs. Skudder hat sein eigenes Gehalt verdoppelt und er zahlt Finger-Gorman fünfzig Prozent mehr, als Sie bekommen hatten, und Sie sollten sehen, wieviel Spesen Skudder ihn abrechnen läßt – fünfhundert Pfund pro Woche!«

»Heilige Kuh!«

»Finger-Gorman paßt genau: Er hat seine Finger immer in der Kasse. Und das meiste davon gibt er fürs Gelage und Geliege mit seinen aufgetakelten Freundinnen aus. Die melken die Firma leer, und auf der anderen Seite ist der Absatz verglichen mit dem vergangenen Jahr um zehn Prozent zurückgegangen und fällt noch. Die haben keine Ahnung. Die haben nicht den blassesten Schimmer, wie man ein Unternehmen führt. Skudder könnte bei einem Gewitter keinen Stand für Regenschirme führen.«

»Wie zum Teufel sind diese Leute in so einflußreiche Positionen gelangt?«

»Wenn ich das wüßte, Pete.«

»Und warum kommen sie damit durch?«

Keith verzog das Gesicht. »Das weiß nur der liebe Gott, aber irgendwas ist da faul, da bin ich sicher.«

»Und was?«

»Wenn ich das wüßte, aber es stinkt wie ein fünf Tage alter Schellfisch. Ich arbeite, wie Sie wissen, mit Gorman in Ihrem alten Büro, und immer wenn er am Telefon über Finanzen oder sogar den Absatz spricht, senkt er die Stimme und schaut verschlagen. Er dreht doch tatsächlich seinen Stuhl weg und wendet mir den Rücken zu und deckt das Mundstück mit seiner Hand zu, während er hineinmurmelt. Er und Skudder scheinen verzweifelt zu versuchen, mehr Geld zu beschaffen und neue Investoren zu finden. Sie verschwinden ständig zu Meetings mit der Bank.«

Ein Schatten flackerte durch Hallams Erinnerung. »Wer kümmert sich dort um die Firmenkonten«, fragte er.

Keith nahm einen kräftigen Schluck von seinem Bier. »So ein aalglatter Typ namens Carsh – Gene Carsh oder so ähnlich.«

»Dean Carsh?«

»Ja, genau.«

O ja. O Freude. Dean Carsh. Definitiv ein Elefant – den Stoßzahn werde ich dir ziehen.

»Kennen Sie den Typen?« fragte Keith.

»Ich habe ihn mal getroffen, ja.«

»Das ist ein arroganter Kerl, stimmt's? ›Hier spricht Carsh, geben Sie mir Gorman, und zwar dalli, dalli.‹ So in dem Stil. Irgend jemand wird ihm bald mal eine Tracht Prügel verpassen, und ich habe den Verdacht, das werde ich sein.«

Keith stand auf. »Noch eine Pint?« fragte er.

Hallam zog seine Uhr zu Rate. »Ja, großartig«, sagte er.

Dean Carsh. Und Jason Skudder. Und etwas riecht faul.

»Ich trinke sehr gern noch was«, sagte Hallam. »Was Schnelles. Einen Wodka Tonic diesmal, glaube ich. Mit sehr viel Eis.« Im Hotel wird es keiner merken. Wodka riecht nicht. Nur den einen. Zur Feier des Tages.

Keith ging zur Bar hinüber.

Das ist meine Chance, meine einzige vielleicht. Ich muß ihn davon überzeugen, daß er helfen muß, daß er es als moralische Pflicht versteht, nicht nur als persönliche Rache. Er ist ein guter Mann: ehrlich, anständig, loyal und das muß nicht unbedingt ein Vorteil für mich sein. Er wird zunächst mal der Firma gegenüber loyal sein, so fängt's schon mal an. Vielleicht muß ich versuchen, sein Mitgefühl zu erregen. Vergiß deinen Stolz. Schau mitleiderregend drein, wenn es sein muß. Nur versieb es nicht: Das ist deine einzige Chance.

Keith kam mit den Getränken zurück. »George sagte mir, Sie seien jetzt in der Gastronomie«, sagte er.

Hallam lächelte vage.

Keith setzte sich. »So. Gastronomie. Klingt abenteuerlich. Was ist es denn? Hotels? Restaurants?«

Hallam zögerte. *So fängt es an: mit Ehrlichkeit.*

»Ich bin Nachtportier«, sagte er, »in einem Hotel.«

Keith starrte ihn an, und seine Augäpfel traten stärker hervor denn je.

»O verflucht noch mal«, sagte er.

»Man darf es ihnen nicht durchgehen lassen«, sagte Hallam. »Niemand sollte andere Leute so behandeln und damit durchkommen – diese gedankenlose Verachtung für normale Arbeiter, dieser Glaube, daß jede Art rücksichtsloses Verhalten gerechtfertigt ist, wenn es zu größerer Effizienz und mehr Profit führt. Niemand sollte seine Angestellten wie Dreck behandeln, nicht einmal eine Art Genie wie Robert Maxwell, von Jason Arschloch Skudder ganz zu schweigen. Leute wie Skudder sollten ihre wohlverdiente Strafe bekommen. Sie gehören geohrfeigt. Und zwar richtig fest.«

»Das können Sie laut sagen.«

»Aber ich brauche Hilfe, Keith. Von innen.«

Keith sah ihn ausdruckslos an, mit Augen so rund und reglos wie Goldfisch-Gläser.

»Ich muß wissen, was sie aushecken. Ich muß wissen, *warum* es nach etwas Faulem riecht.«

Keith sah Hallam an und schaute dann zur Bar hinüber. Sie begann sich mit den Nachtschwärmern zu füllen, mit denen, die vorm Ins-Bett-Gehen gern noch mal ein paar Gläschen kippen.

»Ist es das, worum es hier geht?« sagte Keith. »Dieses Treffen?«

»Ja«.

Keith starrte ihn an. Seine Augen waren hypnotisch. »Also ist es nicht bloß ein Schwätzchen der alten Zeiten wegen?«

»Natürlich ist es das. Das auch. Es ist wirklich klasse, Sie wiederzusehen.«

»Aber es geht noch um etwas anderes.«

»Ja.«

»Sie wollen, daß ich Skudder ausspioniere.«

Spionieren? So ein melodramatisches Wort. So eine altmodische Vorstellung. Spione sind mit dem Ende des Kalten Krieges aus der Mode gekommen.

»Ja«, sagte Hallam.

»Wie Gorman.«

»Nun, so würde ich es nicht —«

»Also wo ist der Unterschied?«

»Der Unterschied ist, daß ich zu den Guten gehöre, und Sie auch, und die nicht.«

Keith nickte. »Okay.«

»Unter uns, mit den richtigen Informationen könnten wir die Arschlöcher sogar loswerden.«

Keith nahm einen kleinen Schluck und runzelte die Stirn. Er dachte darüber nach.

»Sie sorgen sich wegen der Loyalität«, sagte Hallam. »Skudder hat Sie befördert, er ist Ihr Chef, er behandelt Sie besser als die meisten anderen, daher denken Sie, Sie sollten loyal sein. Was auch völlig richtig ist. Absolut richtig. Aber es gibt auch eine größere Loyalität. Ihnen selbst gegenüber, gegenüber Ihrer Familie, Ihren Kollegen, den Aktionären, gegenüber der Integrität der Firma. Skudder ist nicht die Firma: Er ist der derzeitige Verwalter der Firma, das ist alles. Es ist die Firma, die Ihnen Gehälter zahlt und einen Wagen gibt, nicht Skudder. Ihre Loyalität muß der Firma und den Kollegen gehören, nicht Skudder. Und wenn er der Firma schadet, dann muß er gestoppt werden, bevor er sie zerstört, und damit zugleich den Lebensunterhalt von Ihnen allen.«

Keith dachte noch ein bißchen intensiver darüber nach.

»Ja, es ist gefährlich«, sagte Hallam. »Wenn sie es herausfänden, würden Sie auf der Stelle gefeuert. Sie könnten Sie sogar wegen Industriespionage verklagen.«

Keith kniff sich die Nase, kratzte sich an der Wange, trommelte mit den Fingern auf den Tisch.

»Aber manchmal muß man Risiken auf sich nehmen«, sagte Hallam. »Man muß für das eintreten, woran man glaubt.«

Und enden wie du: als Nachtportier in einem Drei-Sterne-Hotel.

Er erkannte den Zweifel in Keith' Augen. Er mußte ihn ersticken. »Heutzutage ist es modisch, zu behaupten, daß nichts schwarz oder weiß sei«, sagte Hallam, »daß niemand vollkommen gut oder schlecht sei, daß niemand je völlig für etwas verantwortlich zu machen sei. Aber das ist Blödsinn. Manche Leute sind gemein, einige von ihnen sogar richtig böse, und dazu gehört Skudder.«

Keith dachte weiterhin darüber nach. Er nippte an seinem Bier. Er nickte leicht.

Ich habe ihn. Hallam warf einen Blick auf seine Uhr. »Hören Sie, denken Sie darüber nach«, sagte er. »Ich muß zur Arbeit.«

Keith schüttelte den Kopf. »Sie, ausgerechnet Sie. Ein Portier in einem Hotel. Tragen Sie eine Uniform?«

»Ja. Kastanienbraun. Ziemlich schick. Mit einem großen weißen Einhorn auf der Brusttasche.«

»Verfluchte Scheiße.«

Ja: Ich habe ihn. Hallam zuckte die Schultern. »Ich habe sonst nichts finden können. Ich habe es überall versucht, monatelang. Keiner kann mit älteren Männern von fünfundvierzig mehr was anfangen – nicht einmal ihre Ehefrauen.«

Keiths zottige Augenbrauen gingen nach oben. Sie glitten über seine Stirn wie riesige Raupen.

»Sie hat mich verlassen«, sagte Hallam.

»Gott, das tut mir leid...«

»Zugunsten von Jim Donaldson.«

»*Donaldson?*«

»Jim Donaldson. Ja, der Justiziar.«

»Scheiße!«

»Er war mein bester Freund. Nun ist er ihrer. Sie will die Scheidung, das Haus, alles. Ich mußte das Haus verkaufen, die Möbel, die Familie auseinanderreißen. Ich lebe in einem Ein-Zimmer-Appartement.«

»Verflucht noch mal...«

Ja! Hallam fuhr fort: »Es hat keinen Sinn, darüber zu jammern, aber das ist es, was Skudder uns angetan hat. Darum will ich Rache. Leute wie Skudder sollten dazu gebracht werden, die Folgen ihres Verhaltens zu erkennen. Leute wie Skudder sollten bestraft werden.«

Er stand auf und hob seine Hand zum Abschied. »Also denken Sie darüber nach«, sagte er. »Geben Sie mir Bescheid.

Es war großartig, Sie wiederzusehen, Keith. Sie wissen, ich habe Sie immer geschätzt, und ich freue mich, daß Sie befördert worden sind. Es ist wohlverdient.« Er grinste sarkastisch. »Wenigstens eine Sache, die Skudder richtig gemacht hat. Aber geben Sie mir Bescheid. Und denken Sie daran, daß es eines Tages Sie treffen könnte. Eines Tages *wird* es Sie wahrscheinlich treffen.«

Er wandte sich zum Ausgang.

»Ich mach es«, sagte Keith. »Natürlich mache ich es. Verdammt noch mal, wie kann ich da nein sagen?«

Die ersten zwei oder drei Wochen hatte Hallam Probleme, tagsüber zu schlafen, wenn er das Hotel jeden Morgen um acht verließ und den Bus zurück zum Apartment in der Halcyon Road nahm. Es schien völlig verquer, ein riesiges Hotelfrühstück aus Porridge, Eiern, Speck, Würstchen, Tomaten, Baked Beans, Toast, Marmelade und Tee einzunehmen und dann mit dem Bus durch die Stadt zu fahren, in der Massen von Menschen auf ihrem Weg zur Arbeit waren. Es schien bizarr, morgens ins Bett zu gehen und sechs oder sieben Stunden zu schlafen, während es noch hell war. Es kam ihm fast unanständig vor.

Es war kalt in dem Raum in der Halcyon Road. Der Durchzug hielt ihn wach, und das schwache Tageslicht, das hinter dem dünnen Vorhang herumlungerte, machte es schwer, in den Schlaf zu finden. Er drehte und wendete sich auf der Suche nach der bequemsten Stellung. Als Kind hatte er es immer geliebt, auf dem Bauch zu liegen, den Kopf zu einer Seite gedreht und die Arme und Beine in Form eines Hakenkreuzes ausgestreckt. Aber wenn er jetzt auf dem Bauch lag, konnte er nie richtig zur Ruhe kommen: Die Matratzen schienen etwas gegen seinen Brustkorb und Magen zu haben, und am Ende war er immer gezwungen, sich wieder auf die Seite zu rollen. Lärm aus der Welt dort draußen drang durchs Fenster herein: Ein elektrischer Milchwagen quietschte wimmernd die Straße entlang; jemand kickte einen Stein über den Bürgersteig; ein Passant pfiff unmelodisch; ein Auto schnurrte vorbei, sein wummerndes Radio erschütterte die Fensterrahmen; fröhliche Müllmänner riefen sich gegenseitig etwas zu, während der Müllwagen die Straße entlangrasselte und -ratterte. Auch aus dem Haus selbst kamen die Geräusche aus anderen Leben: der gedämpfte Lärm eines Fernsehers; ein Kind schrie in einem entfernten Teil des Gebäudes; ein Mann nieste triumphierend; Fußtritte hallten im Treppenhaus; eine Frau erhob ihre Stimme; jemand furzte; die Spülung der nicht weit entfernten Toilette. Wie intim das war, fernes Leben so nah und doch unbekannt, so weit entfernt von dem seinen, als lebten sie auf dem Mars. Das vermißte er nun am meisten: nicht Jenny, Monica, nicht einmal die süße Susie. Was er am meisten vermißte, war eine Privatsphäre.

Er war höflich, aber kühl im Umgang mit den Nachbarn: das ältere schwarze Paar im Erdgeschoß; die junge alleinerziehende Mutter im ersten Stock, die schlampig aussah mit dem schlaffen Ausdruck um die Lippen und ihrer Haut von grauer Farbe, als wäre sie verletzt worden; die blassen, magersüchtigen Homosexuellen in dem Raum über dem Treppenabsatz. Er lächelte und nickte, sagte Guten Morgen und Guten Abend, aber ansonsten hatten sie nichts gemeinsam, nichts als das Scheitern. Alles, was sie teilten, war das Gefühl, von der Gesellschaft aufgegeben zu sein, an der sie keinen Anteil hatten. Eines Nachmittags erwachte er mit einem plötzlichen Schrecken und verstand plötzlich, warum solche Leute Kriminelle werden konnten. Warum nicht? Welche Loyalität schuldeten sie einer Gesellschaft, die sie zurückgewiesen hatte?

Eines Abends kam Susie, um ihn zu besuchen, aber sie war angespannt, ihr Gesicht war verzerrt, und sie klammerte sich an ihn und weinte, als sie sah, wie er lebte. Er beschloß, daß sie nie wieder herkommen sollte, daß er sie in Zukunft statt dessen irgendwo in der Stadt treffen würde, in einer Kneipe oder in einem Café. Er konnte es sich nicht mehr leisten, sie zum Essen einzuladen, und das schmerzte auch, verletzte seinen Stolz auf grundlegende Art: Er konnte nicht einmal für die Ernährung seiner Tochter sorgen.

»Wie geht es deiner Mutter?«

Sie macht ein schniefendes Geräusch.

»Ist sie glücklich?«

»Ich weiß es nicht. Es ist mir egal. Ich hoffe, nicht. O Daddy…«

Er hielt sie umarmt, als sie erneut weinte. Sein Herz zitterte, als er merkte, wie unglücklich sie war. »Natürlich ist es dir nicht egal«, sagte er.

»Doch. Ich hasse sie. Und ihn auch.«

»Das ist nicht wahr.«

»Ist es doch. Er mag mich nicht, das weiß ich.«

»Natürlich mag er dich, Suze. Du und er, ihr habt euch doch immer wunderbar verstanden.«

»Aber jetzt nicht mehr. Nicht, seit ich weiß, was er für einer ist. Nicht, seit ich weiß, wie sie wirklich ist.«

Ich darf Jenny nicht kritisieren, nicht Susie gegenüber. Ich darf mir nie erlauben, mich zum Groll hinreißen zu lassen. Jenny wird immer ihre Mutter sein, was immer sie tut. Eltern sollten Kinder nie in ihre kleinen Kriege verwickeln.

»Du mußt das Beste daraus machen«, sagte er. »Sie ist deine Mutter. Wird sie ihn heiraten?«

Susie begann wieder zu weinen. »Ich gehe weg, wenn sie das tut«, schluchzte sie. »Da lebt sie im Luxus, mit *ihm,* und du mußt hier so leben.«

»Du mußt kein Mitleid mit mir haben«, sagte er. »Ich kriege das eines Tages schon wieder alles hin. Versprochen, Suze. Das ist nur ein Schluckauf.«

Sie wimmerte und preßte ihr Gesicht gegen seine Brust. »O Daddy«, sagte sie, »ich habe dich so lieb.«

Er umarmte sie wieder und streichelte ihr über den Kopf. »Ich weiß, und das ist das Wichtigste auf der Welt.«

Als sie sich ausgeweint hatte, nahmen sie einen Bus in die Stadt und er lud sie in ein Café auf eine Tasse Kaffee ein. Der Tisch war fettverschmiert, der Aschenbecher überfüllt, an den Fenstern liefen Kondenstropfen herunter. Schockiert stellte er fest, daß er vermutlich der Älteste dort war: Keiner der anderen Besucher sah aus wie über dreißig. Heutzutage schien niemand mehr wie über dreißig auszusehen.

»Siehst du Matt gelegentlich?« sagte er.

Sie hatte sich gefangen. Niemand kann endlos weinen. »Nur einmal. Vor ein paar Tagen. Er hat bei ein paar von seinen furchtbaren Freunden gewohnt und auf anderer Leute Sofas kampiert.«

»Wie immer.«

Sie lächelte traurig. »Diesmal schmeißen sie ihn aber ständig raus. Die Freunde seiner Eltern haben ihn nach ein paar Tagen satt und sagen ihm, er soll bleiben, wo der Pfeffer wächst. Er sagt, er sieht sich nach einem Haus um, irgendein leeres Gebäude, in das er und seine Freunde einziehen können, um es zu besetzen. Er hat irgendwo gehört, daß, wenn man ein leerstehendes Haus findet, man dort monatelang bleiben kann und daß es für den Besitzer furchtbar schwierig ist, einen wieder rauszukriegen.«

»Ich glaube, das stimmt.« Hallam schauderte, als er sich vorstellte, wie es wäre, wenn das eigene Haus plötzlich von einer Horde von Besetzern wie Matt und seinen Freunden okkupiert wäre. Was für ein Albtraum. Das würde man niemandem wünschen, nicht einmal Skudder. Besser nicht dran denken.

Nicht einmal Skudder?

Nein, nicht einmal Skudder. Skudder hatte etwas sehr viel Schrecklicheres verdient.

Er rief Monica an, um zu hören, wie es ihr ging. Sie klang so vergnügt wie immer.

»Ich gewinne wieder bei den Hottehüs«, sagte sie. »Vier Sieger in einer Woche.«

»Gut gemacht, Miss Grütze.«

»Und Liz läßt mich hier so lange wohnen wie ich will«, sagte sie. »Ich habe mir drei oder vier von diesen betreuten Häusern angeguckt, aber ich fand die alle nicht toll. Es war, wie wieder zur Schule zu müssen. Oder ins Gefängnis. Ist das nicht nett von ihr?«

»Sehr.«

»Wir haben eine lange Geschichte, Liz und ich. Freundinnen in den Sechzigern. Du hättest uns in unseren Miniröcken sehen sollen! Nun!«

»Ich bin sicher, ihr wart hinreißend«, sagte er. »Und wie heißt sie denn mit Nachnamen, diese Liz? – Taylor, nehme ich an.«

Sie kicherte. »Sei nicht frech. Und, wie sieht's bei dir aus?«

Er erzählte es ihr.

»Oh, das tut mir so leid, Peter«, sagte sie. »Ich kann es fast nicht glauben. Was für ein gieriges kleines Miststück.«

»Ich kann mir keinen Anwalt leisten«, sagte er. »Diese Scheidungsanwälte kosten in einer Stunde mehr, als ich in einer Woche verdiene.«

»Kann ich dir wieder ein wenig Geld leihen? Du hättest mir nicht alles zurückschicken sollen, bevor du festen Boden unter den Füßen hast.«

»Das ist sehr lieb von dir, Monica, aber das hieße nur, gutes Geld schlechtem hinterherzuwerfen. Es hat keinen Sinn. Ich habe ohnehin nichts, also warum soll ich einen Anwalt zahlen, um nichts zu schützen. Wenn Jenny mich verklagen will, dann stehe ich einfach selbst vor Gericht auf und sage, ich habe nichts, was er ihr noch geben kann, und das ist wahr. Warum einen Anwalt dafür bezahlen, daß er für dich die Wahrheit sagt? Anwälte haben nur dann einen Sinn, wenn sie für dich lügen sollen. Darin sind sie sehr gut.«

Er rief Elsie wieder an, auch Doreen, stellte den Kontakt wieder her, als erwache er endlich aus einem langen Winterschlaf. Er mußte sich nicht länger verstecken. Die Welt hatte ihn wieder.

Von Jennys Anwälten kamen Briefe. Er antwortete auf die ersten beiden, indem er erklärte, daß er nichts übrig habe, was er ihr geben könne, aber als die Briefe weiterhin kamen und immer drohender wurden, ignorierte er sie einfach. Er schmiß sie jede Woche in den Mülleimer, um sie unter Eierschalen und Brotkrumen und vertrockneten Baked Beans schwitzen zu lassen. Es gefiel ihm, sich die ohnmächtige Wut der Anwälte vorzustellen, bei jedem Brief, der nicht beantwortet wurde. Was konnten sie ihm anhaben? Ihn ruinieren? Wozu? Er war ja schon ruiniert.

Nach fünf Wochen im Hotel Einhorn wurde er eines Morgens gleich nach dem Frühstück ins Büro der Geschäftsführerin gerufen, weil Mrs. Forsyth ihn sprechen wollte.

Rosie Forsyth.

Rosie.

Der Name paßte zu ihr. Er hatte jeden Morgen das Hotel bereits verlassen, wenn sie kam, und sie war immer schon weg, wenn er abends wieder zur Arbeit ging, deshalb hatte er vergessen, wie attraktiv sie war. Sie war in der Tat sehr attraktiv: dieses Lächeln, diese Augen. Das war noch etwas, was wieder zum Leben erwacht war, dachte er: Er hatte keine andere Frau angesehen, nicht wirklich, nicht *so*, seit Jahren. Sie war viel zu jung und viel zu verheiratet. Achtundzwanzig? Neunundzwanzig? Viel zu jung. Aber es machte ihn glücklich, wenn sie ihn ansah und lächelte.

Sie sah ihn an und lächelte. »Ich höre andauernd Gutes über Sie«, sagte sie.

»Das ist sehr nett.«

»Ich habe sogar von ein paar Gästen Kommentare gehört, was nahezu beispiellos ist. Die Leute nehmen normalerweise den Nachtportier gar nicht wahr, geschweige denn, daß sie ihn loben.«

»Das ist sehr freundlich von ihnen.«

Sie warf einen Blick auf einen Bogen Papier, der vor ihr lag. »›Höflich, effizient, zuvorkommend, immer lächelnd.‹« Sie sah auf. »Das stammt von einem unserer Gäste. Ich gratuliere Ihnen. Gut gemacht, Peter.«

Er liebte die Art, wie sie seinen Namen sagte, die Form ihres Mundes, wenn sie *Peter* sagte, die kleine Explosion ihrer Lippen.

»Danke.«

Sie lehnte sich in ihrem Stuhl zurück.

Die schwache Aprilsonne umschmeichelte ihr Haar, rahmte es mit einem Glorienschein ein. Es war sehr weich. »Ich brauche einen Stellvertreter«, sagte sie.

Einen Stellvertreter. Ein Rosie-Double. Für die Stunts.

Er sagte nichts.

Sie klopfte mit dem Bleistift gegen ihre Vorderzähne. Sie waren sehr weiß. Ihre Lippen waren sehr rosa und weich. »Ich brauche jemanden, der mich vertritt, wenn ich für einen Tag zur Zentrale gehe oder zu Gruppentreffen und Konferenzen«, sagte sie. »Jemanden, der abends etwas länger bleibt, wenn wir besondere Veranstaltungen haben. Jemand, der meine rechte Hand wäre. Würden Sie die Stelle haben wollen?«

Mehr Geld. Wieder eine halbwegs anständige Wohnung. Normale Arbeitszeiten bei Tageslicht. Eine Stelle, in der Leute dich wieder ansehen.

»Fünfzehntausend im Jahr«, sagte sie. »Was sagen Sie?«

Dreihundert Pfund pro Woche: fast ein Gehalt, von dem man wieder leben konnte. Gelegentliche Mittagessen mit Susie. Vielleicht sogar ein Urlaub.

»Was ist mit den jüngeren Angestellten im Büro?« sagte er.

Ihre Augen waren kühl. »Was soll mit denen sein?«

»Der junge Dave Wilson. Würde er es nicht übelnehmen, wenn er meinetwegen übergangen wird?«

»Vermutlich schon, aber er ist der Verantwortung jetzt noch nicht gewachsen. Das ist keiner von denen, während Sie das im Schlaf können.«

Brauche ich wirklich wieder Verantwortung? Es ist so herrlich erholsam, gar keine zu haben.

»Ich brauche einen Diplomaten, jemand Effizienten, der gleichzeitig mit jedem gut auskommt, jemanden, der sowohl die Putzfrau als auch die Zentrale verzaubert, jemand, der ein bißchen rumgekommen ist. Dave ist noch ein bißchen unreif, ein wenig unsicher. Das ist nicht überraschend – er ist immer noch ziemlich jung, und manche Sachen können ältere Leute immer noch besser. Machen Sie sich keine Sorgen wegen Dave. Ich kann ihm das erklären. Hier bei uns spielt Alter keine Rolle. Hier befördern wir auf Grund von Leistung.«

Alter spielt keine Rolle? Versucht sie mir etwas mitzuteilen?

»Was meinen Sie, Peter? Sie wollen nicht ernsthaft weiterhin Nachtportier bleiben, oder?«

»Natürlich nicht. Es ist nur…«

»Das wäre dann also entschieden. Großartig.« Sie lächelte. »Können Sie nächste Woche anfangen? Natürlich können Sie das. Am Montag. Haben Sie einen Anzug? Sie werden einen Anzug tragen müssen.« Sie lachte. »Natürlich haben Sie einen Anzug. Sie haben wahrscheinlich einen ganzen Schrank voller Anzüge.«

»Ich habe mich sehr an die Uniform gewöhnt. Das Kastanienbraun paßt zu meiner Nase.«

Sie gluckste: ein kehliges Glucksen, ein bißchen unanständig, lustig. Sie zwinkerte. »Dann nehmen Sie sie mit nach Hause und tragen sie heimlich an den Wochenenden. Ich verrate es niemandem.«

»Fünfzehntausend im Jahr?«

»Genau.«

Ein Viertel dessen, was er als Verkaufsleiter verdient hatte; aber doppelt soviel, wie er jetzt verdiente und vielleicht gerade genug, um wieder ein respektables Leben zu führen. »Mit Frühstück?« sagte er.

Sie lachte. »Mit Frühstück und Mittagessen und Abendessen, wenn Sie wollen.«

Ich sollte das nicht tun, nicht wenn ich so eng mit ihr zusammenarbeite. Wir werden fast täglich zusammensein. Ich sollte nicht einmal daran denken. Das könnte eine Katastrophe werden. »Am Montag also«, sagte er.

»Großartig.« Sie ging um den Schreibtisch herum und schüttelte ihm die Hand. Ihre Finger waren kühl: lang, schlank und tüchtig. Er wollte sie nicht wieder hergeben.

Sei nicht so ein verdammter Idiot. Sie ist erst neunundzwanzig. Sie ist verheiratet.

»Wir stellen einen zusätzlichen Schreibtisch in das Rezeptionsbüro«, sagte sie, »und dann haben Sie vermutlich nicht länger als ein oder zwei Wochen, um die Grundlagen zu erfassen. Für jemanden wie Sie, mit Ihrem beruflichen Hintergrund, ist das ein Spaziergang .«

Hör auf. Denk nicht mehr dran. Sei nicht so ein verdammter Idiot.

»Danke«, sagte er. »Vielen Dank. Ich hoffe, Sie nicht zu enttäuschen.«

Sie sah ihm direkt in die Augen, ein Blick, der ihn schwach machte. »O nein, das weiß ich«, sagte sie. »Das weiß ich sehr genau.«

Wieder zurück im Zimmer in der Halcyon Road fand er einen Zettel, der unter seiner Tür durchgeschoben worden war.

»Kiif sMif angruf«, stand da.

Adrenalin schoss hoch. Keith. Endlich. Neuigkeiten. Informationen. Vielleicht die Chance, auf die er wartete. Er wollte ihn sofort anrufen, aber natürlich war es unmöglich: Er mußte jetzt bei der Arbeit sein. Er würde bis zum Abend warten müssen.

Hallam schlief schlecht, gestört von den Sonnenstrahlen hinter dem dünnen Vorhang und dem Lärm draußen, spielenden Kindern auf der Straße. Er träumte immer wieder, daß Finger-Gorman Rosie Forsyth durch einen dichten Dschungel verfolgte, der sich schließlich als die Haarpracht von Keith Smith entpuppte. Sie stieß immer wieder ein hilfloses Lachen aus.

Er wartete am Abend bis neun Uhr, weil er wußte, daß es unwahrscheinlich war, daß Keith viel früher nach Hause käme. Er zwang sich zur Geduld, kämpfte seine wachsende Aufgeregtheit nieder.

Um neun Uhr konnte er sich nicht länger beherrschen. Auf dem Weg zur Arbeit rief er Keith aus der Telefonzelle an der Ecke an.

Bitte, laß ihn da sein. Bitte, laß ihn nicht außer Haus sein.

Keith war selbst am Apparat. Er klang angespannt. »Ich hab's, Pete«, sagte er. »Skudder und Gorman. Ich hab herausgefunden, was für ein Spiel sie da treiben, und es ist ganz bestimmt nicht Topfschlagen.«

Sie trafen sich zum Mittagessen in einem schicken Restaurant, das weit vom Büro entfernt war, eins, in dem sie beide noch nie gewesen waren.

»Das Mittagessen geht auf mich«, sagte Keith, »und ich verspreche, daß ich es nicht auf die Spesenrechnung setze.«

Es war sonderbar belebend, wieder einmal in einem teuren Restaurant zu essen. Früher hatte Hallam mehrmals pro Woche in einem solchen Lokal zu Mittag gegessen und den Luxus als Selbstverständlichkeit angesehen. Aber jetzt hatte er seit Monaten nur in billigen Cafés gegessen, wo die Messer und Gläser fettverschmiert waren, oder in der Küche des Hotels oder zu Hause Dosen- und Tiefkühlkost. Ein wenig nostalgisch nahm er nun mit einer ganz neuen Wertschätzung die Beschaffenheit der Leinenserviette zwischen seinen Fingern wahr, das schimmernde Silber, die funkelnden Gläser, die Ehrerbietung der Kellner mit ihren schwarzen Fliegen, die gedämpften Stimmen, die stilvolle Atmosphäre stiller Diskretion. Sich gelegentlich etwas zu gönnen, ist gut für die Seele, dachte er. Manche Leute behaupten gern, es sei besser, arm zu sein, daß das Leben der Reichen irgendwie von ihrem Wohlstand verdorben sei und die Armen durch ihre Armut irgendwie geheiligt würden, aber wer konnte das schon wirklich glauben? Versuch mal, das den Bewohnern der Halcyon Road zu erzählen.

Keith faltete seine Serviette auseinander. »Skudder und Gorman frisieren die Zahlen«, sagte er. »Sie übertreiben beim Absatz und den Bestellungen. Sie machen überzogene Bewertungen der Lagerbestände. Indem sie die Bücher schönen, erwecken sie den Eindruck, als mache die Firma immer noch anständige Gewinne, statt verdammt heftige Verluste einzufahren.«

»Hölle noch mal. Also das ist es. Wie haben Sie es herausgefunden?«

Keith grinste. Seine Augenbrauen tanzten. »Ich bin in Gormans Computerdateien eingedrungen, vor zwei Nächten, nachdem alle weg waren.«

»Mein Gott, das ist gefährlich.«

»Nun, das wäre es, wenn es irgend jemand herausbekäme, aber ich habe fast bis zehn Uhr gewartet. Als Skudder das Büro um halb zehn verließ, steckte er im Gehen den Kopf zur Tür rein und schien beeindruckt, daß ich so spät noch arbeitete. Er sagte, ich würde es weit bringen.«

Ein Kellner kam mit der Karte und einem Lächeln. Keith bestellte eine Flasche Weißwein. Hallam entspannte sich: Das war ein gutes Zeichen, dieser Wein zur Mittagszeit. Gott sei Dank würde es nicht eines von diesen modernen spröden Salatblatt- und Sprudelwasser-Mittagessen werden, die seit viel zu vielen Jahren die Seele der City ausdörrten.

»Also wie sind Sie in Gormans Dateien gelangt?« fragte er. »Benützt er kein Paßwort?«

»Doch, aber der Mann ist noch bekloppter, als ich dachte. Sie hatten recht mit Ihrem alten Schreibtisch – da ist seit Ihrem Weggang nichts verändert worden und so konnte ich die Schubladen mit Ihren Schlüsseln öffnen, und dort fand sich, unter ein paar Papieren in der untersten Schublade, sein Computer-Paßwort. Was für ein Depp! Ich sage Ihnen, der Mann könnte einem Zwerg keine Zipfelmütze verkaufen. Und Sie erraten nie, wie sein Paßwort lautet.«

»Ich höre.«

»Sex.«

»Was?«

»Sex. Das ist Gormans Paßwort. Es ist eins der abgedroschensten und häufigsten PC-Paßwörter von allen. Millionen von Leuten benutzen es. Armselig, nicht wahr? Man kann sich drauf verlassen, daß Finger-Gorman es auch verwendet. Keine Phantasie. Absolut typisch. Was für ein Wichser. Lassen Sie uns etwas bestellen.«

Sie studierten die Karte. Seeteufel. Barsch. Ente. Wild. Zu viel. Zu reichhaltig nach all diesen Monaten. Armut kann einen auch verderben.

»Was alles noch schlimmer macht«, sagte Keith, »ist, daß der Bankmanager alles über die frisierten Zahlen weiß.«

»Carsh?«

»Ja. In Gormans Dateien sind Kopien von Briefen, die er an Carsh geschrieben hat und die deutlich zeigen, daß Carsh alles über die frisierten Zahlen weiß. In einem der Briefe fragt Finger-Gorman nach der revolvierenden Kreditlinie...«

»Revolvierende Kreditlinie?«

»Das ist ein Betriebsmittelkredit, den Skudder mit der Bank vereinbart hat und der auf dem erwarteten künftigen Einkommen durch Kunden und dem Wert der Bestände der Firma basiert: Rohmaterialien, Arbeiten, die im Gange sind, fertig gestellte Produkte und so weiter. In einem Brief fragt Gorman Castle, was passieren wird, wenn die Zahlen der Firma sich als schlechter entpuppen, als sie waren, als die Bank den Kredit ursprünglich gewährt hat, und die Kreditsumme nicht decken – und im nächsten Brief kriecht er vor Dankbarkeit, weil Castle gesagt hat, daß er den Kredit weiterlaufen läßt, obwohl die Umstände es nicht länger rechtfertigen.«

»Aber das ist Wahnsinn. Die Bank könnte ihr Geld verlieren.«

»Richtig.«

»Hölle noch eins. Das heißt, der Bankmanager steckt mit einem Kunden unter einer Decke?«

»Sieht so aus.«

»Und was hat er davon?«

»Bestechung? Ein Schmiergeld? Aktienoptionen? Irgendwelche krummen Sachen jedenfalls. Stellen Sie sich vor, die haben es sogar geschafft, die tatsächlichen Verkaufszahlen vor mir zu verstecken, bevor ich angefangen habe, in Gormans Computerdateien herumzuwühlen. Vor *mir*, dem verdammt noch mal stellvertretenden Verkaufsleiter! Jetzt, wo alles im Computer stattfindet, ist es fast unmöglich geworden, herauszufinden, was wirklich vor sich geht, wenn man nicht selbst ein Computerfreak ist, und Skudder hat all die Geeks, die wir hatten, entlassen.«

»Geeks?«

»Computer-Streber.«

Der Kellner kam mit einer Flasche Weißwein und einem feuchten Silberkübel voll Eis. Mit einer schnellen Drehung schwang er die Flasche unter Keith' Nase. Er bot das Etikett dar, als sei er ein Zauberkünstler und habe es gerade aus seinem Hut gezogen. Keith warf einen Blick drauf, nickte und grunzte. Der Kellner – ganz Finger, Handgelenk und Schnörkel – ließ eine weiße Serviette stolz über den Arm wehen, ging die Flasche mit einem Korkenzieher an, zog den Korken mit einigen raschen Drehungen, reichte ihn Keith zum Schnuppern, drehte dann die Metallfolie am Flaschenhals zu einem kleinen Kreis, in den er den Korken mit triumphaler Geste wegsteckte. Er schwenkte die Flasche in stolzem Bogen zu Keith' Glas, goß ein paar Tropfen für ihn zum Kosten ein und trat mit einem herablassendem Lächeln zurück. Seine Füße standen im Zehn-vor-zwei-Winkel, wie bei einem Entertainer, der Applaus erwartet. Keith nahm das Glas mißtrauisch zwischen die Finger, hielt es vorsichtig an seinem schlanken Stiel, drehte es, hielt es gegen das Licht, betrachtete es eingehend von allen Seiten, wirbelte die kleine Weinpfütze um den Boden des Glases, neigte es zu sich hin, hielt seine Nase hinein, schnüffelte zweimal, runzelte die Stirn, schnüffelte erneut, nippte den Wein so geziert wie ein adliges Fräulein, starrte gegen die Decke, blies die Backen auf, ließ den Wein im Mund kreisen und schluckte ihn hinunter. Er ließ die Zunge schnalzen. Er gab der Luft einen schwachen Kuß.

»Gesöff«, sagte er.

»Sir?«

Der Kellner sah schockiert aus. Er schüttelte leicht den Kopf und legte ihn ein wenig auf die Seite, als hätte er den Verdacht, mit seinem Gehör könne etwas nicht in Ordnung sein.

Keith grinste. »War nur ein Witz. Er ist wirklich sehr gut. Schenken Sie ein!«

»Wenn Sie, Sir, irgendeine Beschwerde haben ...«

»Nein, nein. War nur ein schlechter Witz.«

Der Kellner versuchte ein angespanntes Lächeln. Er schenkte ihnen beiden ein wenig Wein ein. Sogar seine Ellbogen sahen beleidigt aus. Er stellte die Flasche in den Silbereimer voll Eis zurück, mit einem Krachen, das einer Titanic würdig gewesen wäre.

Reg dich ab, dachte Hallam. Hör auf, so aufgeblasen zu sein. Sogar wir Kellner können wenigstens Humor haben.

»Sind Sie, Sir, nun bereit, zu bestellen?«

»Geben Sie uns noch ein paar Minuten?« sagte Keith.

»Natürlich, Sir. Was immer Sir wünschen. Überhaupt keine Eile, Sir. Sir.«

Der Kellner verschwand.

»Hier«, sagte Keith. »Bin ich ihm auf den Schlips getreten?« Hallam kicherte. »Ja.«

»Ungezogen von mir, was? Aber ich kann nicht widerstehen, wenn sie den Zinnober mit dem Wein anfangen. Es ist protziger Scheißdreck. Machen Sie das auch in diesem Hotel, wo Sie sind?«

»Nicht mehr. Sie haben mich gerade zum stellvertretenden Geschäftsführer ernannt.«

Keith sah erfreut aus. »Das ist verdammt große Klasse«, sagte er. »Gut gemacht. Also ist das hier eine doppelte Feier.« Er hob sein Glas. »Auf Ihre Beförderung«, sagte er, »und auf Skudders wohlverdiente Strafe.«

Sie tranken. Ein warmes Glühen wagte sich in Hallams Finger und Fußzehen. Es wird alles wieder gut, dachte er. Ich weiß es. Hier und jetzt beginnt mein Comeback. »Also, was machen wir mit Skudders Buchfriesiererei?« fragte er.

»Fragen Sie mich was Leichteres.«

»Haben Sie Kopien der Briefe? Ausdrucke?«

»Noch nicht. Ich dachte, ich laß es lieber. Der Zentralcomputer speichert Datum und Zeit von jedem Ausdruck und die Nummer des Terminals, von dem der Druckbefehl kommt.«

»Das habe ich nicht gewußt.«

»Nun, das war zu Ihrer Zeit auch nicht so. Es ist eine von Skudders neusten Finessen, damit er über alles, was wir tun, auf dem laufenden ist. Es gibt sogar Wecker auf den Klotüren, die klingeln, wenn du länger als drei Minuten dort gesessen hast.«

»Das darf nicht —«

»Doch. Großes Indianerehrenwort. Also würde Skudder ganz genau wissen, wer die Briefdateien ausgedruckt hat, wenn ich es täte, weil er weiß, daß ich die einzige Person war, die an diesem Abend noch um zehn im Büro war. Und selbst wenn ich die Briefe ausdruckte und dem Vorstandsvorsitzenden zeigen würde, würde er mich vermutlich feuern, weil ich in Gormans Dateien herumgeschnüffelt habe. Gorman ist immer noch mein Chef. Sie würden es Vertrauensmißbrauch, arbeitsvertragswidriges Verhalten, Ungehorsam nennen, irgendwas in der Art.«

Hallam dachte darüber nach. Er nickte. »Mulliken würde Ihnen wahrscheinlich sowieso nicht glauben. Er steht hundertprozentig hinter Skudder. Als ich vor Monaten zu ihm ging und ihm genau auseinandergesetzt habe, wie Skudder die Mitarbeiter behandelte und wie die Moral gesunken wäre, hat er mir fast den Kopf abgebissen. Mulliken würde nicht einmal dann etwas merken, wenn Skudder und Gorman vor seinen Augen das Haus mit Säcken voller Gold verließen, auf denen ›Beute‹ steht.«

»Nun, zu einem der Vorstandsmitglieder zu gehen, bringt auch nichts. Die sind völlig unfähig. Wir könnten auf die nächste Jahreshauptversammlung warten, nehme ich an, und es den Aktionären vorlegen.«

»Riskant. Und die ist auch erst in sechs Monaten. Skudder könnte bis dahin die Firma schon ruiniert haben. Und wer würde uns schon glauben? Sie würden sagen, wir beide verfolgten Eigeninteressen.«

»Ich nicht«, sagte Keith. »Ich habe keinen Grund.«

»Sie würden sagen, daß Sie es auf Gormans Job abgesehen und befördert werden wollen. Nein, irgendwie müssen wir sie dazu bringen, daß sie sich selbst eine Falle stellen. Sie sollen ins eigene Messer laufen.«

»Wie?«

»Ich denke darüber nach«, sagte Hallam. Er dachte nach. »Ich will verdammt sein, wenn ich das wüßte«, sagte er. »Wir müssen daran arbeiten.«

Der Kellner schwebte herbei. Er schnüffelte. »Sind wir bereit zu bestellen, Gentlemen?«

Eine Woche, nachdem er seine neue Stelle als stellvertretender Geschäftsführer im Hotel Einhorn angetreten hatte, verließ Hallam voller Erleichterung die Halcyon Road und zog in
eine möblierte Wohnung mit zwei Schlafzimmern in einer
besseren Gegend der Stadt, wo die Wände nicht alle mit Graffiti verschmiert waren und niemand in den Rinnstein
spuckte. Wundersamerweise kamen plötzlich keine drohen-
den Rechtsanwaltsbriefe mehr. Wie einfach war es doch, zu
entkommen: Man muß nur umziehen und es niemandem sagen. Anwälte abhängen leicht gemacht.

Die Wohnung hatte eine eigene Küche, ein eigenes Bad,
ein eigenes Telefon; vom Wohnzimmer aus schaute man auf
Bäume, es gab einen Fernseher und einen richtigen Eßtisch.
Wie sonderbar, daß ihm so normale kleine Dinge so ein Trost
waren, wo er doch gerade begonnen hatte zu glauben, er
brauche keine Besitztümer. Materielle Güter sind aber doch
wichtig: Sie definieren uns. Eines Morgens hörte er eine Frau
in einer der Nachbarwohnungen singen. In der Halcyon
Road hatte er nie irgend jemanden singen hören.

Er begann, mehr Freude an seiner neuen Stelle zu finden,
als er erwartet hatte. Es war ein gutes Gefühl, wieder am normalen Leben teilzuhaben, tagsüber zu arbeiten und nachts zu
schlafen. Er schwelgte in der altmodischen Förmlichkeit des
Hotels, dem Gefühl von Ordnung und Hierarchie, der Auf-
geräumtheit, den Ritualen, dem täglichen Rhythmus, dem
Gefühl, daß er dazu beitrug, anderen das Leben ein wenig
angenehmer zu machen. Vor allem gefielen ihm die Gewiß-
heiten: Daß die Mahlzeiten zu genau den richtigen Zeiten
serviert wurden, daß die Bettlaken regelmäßig gewechselt
wurden, daß immer jemand hinter der Rezeption stand. Es
war, wie in einem warmen Kokon zu leben, als wäre er wieder
ein Kind der fünfziger Jahre, als alles noch sicher schien und
es keine Ungewißheit gab.

Außerdem war es alles nicht so viel anders als früher, als er Verkaufsleiter gewesen war: Man war mit ähnlichen Herausforderungen in Sachen Leitung, Organisation und Vorausplanung konfrontiert, mit der Frage, wie man das Beste aus den Mitarbeitern herausholen konnte, wie man sowohl sich selbst als auch das Produkt verkaufte. Und hier ging er jeden Morgen im Vorgefühl der Nähe von Rosie Forsyth zur Arbeit: ihres Lächelns, ihrer funkelnden Augen, ihres Parfüms. Ihr Lachen klang wie Vogelgesang. Ja, natürlich war es unmöglich: Sie war viel zu jung; sie war verheiratet; aber sie brachte Glanz in sein Leben. Es genügte, daß sie jeden Tag in seiner Nähe war und ihn anlächelte. Die Wochen vergingen, und er merkte, daß der Schmerz wegen Jenny nachließ. Ihr Gesicht wurde in seiner Erinnerung unscharf. Wie konnte er es vergessen, nach all den Jahren? Um sich daran zu erinnern, mußte er sich ein Foto anschauen, und selbst darauf war ihr Gesicht das einer Fremden. *Ich liebe sie nicht mehr*, dachte er, mit einem plötzlichen heftigen Gefühl der Erkenntnis. *Ich bin endlich frei.*

Eines Morgens im Frühling, als die Kirschbäume in weißen und rosa Blüten schwelgten, ertappte er sich dabei, wie er summte, als er durch die Drehtüren die Hotellobby betrat. Heilige Kuh, dachte er. Ich bin glücklich. Ich bin tatsächlich *glücklich*. Zum ersten Mal seit fast einem Jahr.

Und dann dachte er an Skudder. Was zum Teufel sollte er wegen Skudder unternehmen? Es war sinnlos, zu Mulliken zu gehen, zum Vorstand, den Aktionären oder der Bank. Wen gab es sonst noch? Die Presse? Nein, dafür war es zu früh: Die würden da nicht rangehen, zu riskant; drohende Verleumdungsklagen. Wen sonst? Niemand. Irgendwie mußten Skudder und Carsh dazu gebracht werden, daß sie sich selbst ein Bein stellten. Sie mußten in eine Falle gehen. Fürs erste schien Skudder so in Sicherheit zu sein wie ein Stahltresor in einem unterirdischen Atombunker.

Pinky dann also zuerst: Pinky Porter. Schnapp dir Pinky und die tausend Pfund.

Okay, alter Junge, so wird's gemacht.

Sobald sich Hallam in der neuen Wohnung eingerichtet hatte, schrieb er einen Brief an Pinky. Es wäre sinnlos gewesen, ihn anzurufen: Pinky war vor geraumer Zeit hinter dem elektronischen Nebel seines hallenden Anrufbeantworters verschwunden.

»Lieber Pinky,

lange nicht gesehen, und ich fände es schrecklich, wenn wir uns völlig aus den Augen verloren hätten, und das vielleicht nur wegen der blöden tausend Pfund. Hör mal, ich habe jetzt eine bessere Stelle und endlich eine anständige Wohnung. Ich brauche das Geld nicht mehr so dringend, also versöhnen wir uns am besten, und du zahlst es mir einfach irgendwann zurück, wenn du dazu in der Lage bist, okay? Es hat keine Eile. Ich bin nicht mehr blank, und ich will nicht, daß unsere Freundschaft wegen eines lausigen Tausenders in die Brüche geht. Also, was hältst Du davon, die gute alte samstägliche Kartenrunde wiederaufleben zu lassen? Vielleicht könntest Du mit Bob und Mike und Charlie an einem der nächsten Samstagabende für ein paar Runden vorbeischauen. Wir könnten ein bißchen was trinken, ein bißchen zu Abend essen, so eine Art Einweihungsparty. Bitte sag zu. Ich fände es toll, Dich wiederzusehen. Pete.«

Du bist ein skrupelloser Bastard, Hallam. O ja. Endlich.

Zwei Abende später rief Pinky an. »Hi, Pete«, sagte er. »Es tut mir so leid mit dem Geld. Es nagt schon seit Ewigkeiten an meinem Gewissen. Ich habe immer vor, dir einen Scheck zu schicken, aber dann tun sich wieder andere Löcher auf.«

Ja, sicher. »Mach dir deswegen keinen Kopf«, sagte Hallam. »Das hat keine Eile. Es ist schön, mal wieder deine Stimme zu hören.«

»Um ehrlich zu sein«, sagte Pinky, »bin ich noch immer ein bißchen knapp bei Kasse. Pamela war diesen Monat wieder spät dran mit dem Unterhalt, also könnte es sein ... nun, vielleicht noch ein Monat, oder sogar zwei, bevor ich dir das Geld zurückgeben kann, wenn das okay ist.«

»Sicher, kein Problem. Drei Monate gehen auch. Oder vier oder fünf, wie auch immer.«

»Oh, das ist toll. Und ja, ich würde die Kartenabende sehr gern wiederaufleben lassen. Es ist so lange her.«

Ja!

»Das ist wunderbar, Pinky. Was hältst du von Samstagabend?«

»Diesen Samstag?«

»Wenn ich Bob und Mike und Charlie zusammentrommeln kann.«

»Okay, klasse.«

»So gegen sechs, ja? Wir starten mit Siebzehnundvier und ein paar Bier und gehen später zu den harten Sachen über?«

»Klingt großartig.«

»Supa. Also bis dann. Ich gebe dir die Adresse ...«

Die erste Runde geht an mich. Supa – und jetzt klinge ich sogar schon wie Skudder.

Es gab keinerlei Beklemmung, als sie sich alle fünf am Samstagabend trafen, obwohl sie sich monatelang nicht gesehen hatten und Hallam nun in einer kleinen Wohnung lebte. Sie waren alle schon viel zu lang befreundet, als daß die Atmosphäre gespannt hätte sein können. Männer sind meistens gut darin, so zu tun, als merkten sie nichts. Sie machten Witze darüber, daß er wieder Junggeselle sei, und Pinky zwinkerte und stieß ihn an und versprach, ihn mit einem echten »Knusperkeks, geht ab wie eine Rakete« bekannt zu machen. Innerhalb von zehn Minuten war es wie in alten Zeiten: Das Knacken der Verschlußringe von Bierdosen, das Gurgeln von Flüssigem in Gläsern, Tratsch über Bekannte, Witze und Anekdoten, das Klatschen von Spielkarten auf dem Tisch. Siebzehn und vier zuerst – und Pinky hielt die Bank, damit er in Stimmung kam, weil die Bank selten verliert.

Nach anderthalb Stunden, gegen halb acht, hatte Pinky nur durch diese Eröffnungsrunden einen ziemlichen Vorsprung von dreißig Pfund, und dann machten sie eine Pause, um etwas zu essen und zu härteren Drinks überzugehen.

»Ihr fangt schon mal mit dem Scotch an«, sagte Hallam. »Und ich mach uns was zum Abendessen. Würstchen, Bohnen und Kartoffelbrei, ist das okay? Und hinterher Eis?« *Fast food: das Ambrosia der Junggesellen.*

»Großartig«, sagte Mike und goß sich einen großen Whisky ein. »Genau das richtige.«

»Gute Sache«, sagte Charlie.

»Nektar«, sagte Bob.

»Gott, es tut gut, wieder zusammenzusein«, sagte Pinky. »Ich habe unsere Samstagabende vermißt.« Er lehnte sich in einem Sessel zurück, kickte seine Schuhe weg, streckte die Beine aus und seufzte zufrieden.

Phantastisch. Es läuft großartig. Es wird klappen.

Hallam blieb auf der Schwelle zur Küche stehen und wandte sich zu den anderen um.

»Oh, fast hätte ich es vergessen«, sagte er. »Ich habe ein kleines Einweihungs-Präsent für uns, um unsere Wiedervereinigung zu feiern.«

»Ein Präsent?«

»Nichts Großartiges: nur ein Lottoschein für jeden für die Ziehung heute abend. Für ein bißchen Spannung.«

»He, nette Idee«, sagte Pinky.

»Immer her damit«, sagte Bob.

»Super«, sagte Charlie. »Danke.«

Hallam fingerte in seiner Brusttasche und gab jedem ein Ein-Pfund-Ticket der National Lottery. Auf jedem waren sechs Zahlen aufgedruckt. »Diese verdammten Dinger gewinnen natürlich nie«, sagte er, »außer manchmal, da hat man drei Richtige und gewinnt einen Zehner. Aber falls durch irgendein unglaubliches Glück euer Tippzettel einen anständigen Preis gewinnt, dann hätte ich nichts dagegen, einen Tausender oder auch zwei als eine Art Kommission einzustreichen.«

»Ja, sicher.«

»Klar.«

»Ist nur fair.«

Sie steckten ihre Tippzettel in die Taschen und vergaßen sie.

»Kommt was im Fernsehen?« sagte Pinky.

Hallam schnippte mit der Fernbedienung, und der Bildschirm flackerte ins Leben. Er warf die Fernbedienung hinüber zu Pinky. »Schau selbst, ob du was findest«, sagte er und verschwand auf der Suche nach Würstchen und Kartoffelbrei in der Küche.

Nur noch eine halbe Stunde, dann ist das Arschloch dran.

Pinky, Charlie und Bob schauten sich das Ende einer Comedy-Sendung an und dann eine halbstündige Game-Show. Sie redeten dabei die ganze Zeit, und kurz vor acht kam Hallam aus der Küche. Er wischte seine Hand an einem Tuch ab, und vom Flur her zog ein herrlicher Geruch nach leckeren Würstchen durch den Raum. Unter einem hysterischen Crescendo von Kreischen und Applaus ging die Game-Show gerade zu Ende. »Laßt uns die Lottozahlen gucken«, sagte er. »Es ist ja gleich acht.«

»Ja, großartig.«

»Sicher.«

»Warum nicht?«

»Wohlgemerkt«, sagte Pinky, »ich gewinne nie irgendwas, nicht mal bei der Kirchentombola.«

Sie nahmen ihre Lottoscheine heraus, und Hallam nahm die Fernbedienung und schaltete auf einen anderen Kanal um. Er wagte kaum zu atmen. *O Gott, es klappt. Jetzt kriegst du, was du verdienst, Pinky Baby.*

Das Gesicht einer hübschen jungen Blondine füllte den Bildschirm. Das Flutlicht des Studios glitzerte in ihren Augen und glänzte auf ihren Zähnen. Sie war ganz in weiß gekleidet, wie eine Tempeljungfrau und ließ ihr langes Haar wippen.

»Gott, schau dir die Titten an«, sagte Pinky. »Und die Beine. Die würde ich nicht von der Bettkante stoßen.«

Ein struppiger junger Mann in Blumenweste stand neben ihr und lächelte geistlos. Ein paar Zuschauer im Studiopublikum brüllten. Die Band ließ eine laute Fanfare ertönen.

»Und nun die Gewinnzahlen der Woche«, zwitscherte die Blondine aufgeregt.

Die Trommeln dröhnten. Trompeten schmetterten. Der struppige junge Mann in der Blumenweste schaute in die falsche Kamera, lächelte nervös und drückte auf einen Knopf. Auf der Bühne hinter ihm begann sich eine riesige Plastiktrommel voller bunter numerierter Kugeln zu drehen. Die Kugeln stießen wie Luftblasen gegeneinander. Als die Plastiktrommel sich schneller und schneller drehte, fiel plötzlich eine helle rote Kugel aus dem Boden der Trommel heraus und rollte durch einen Schacht. Sie trug die Nummer 21.

»Einundzwanzig«, schrie die Blondine überflüssigerweise.

»*Vingt-et-un*«, sagte Pinky. »Das gebe ich dir jederzeit, Süße, und *soixante-neuf* obendrein.«

Aus dem Studiopublikum stieg Jubel auf. »Einundzwanzig! Das Öl ist ranzig.«

»He, einundzwanzig!« sagte Pinky. »Die hab ich. Das fängt ja gut an.«

Und geht auch gut weiter, Schätzchen. O ja. Ich werde jeden Augenblick genießen.

Eine blaue Kugel fiel aus der Trommel und rollte den Schacht hinunter, um sich an die rote zu schmiegen.

»Dreiundvierzig«, kreischte die Blondine.

Jemand im Publikum jauchzte. »Dreiundvierzig! Das wird würzig!«

»So ist es«, sagte Pinky. »Die hab ich auch.«

Eine grüne Kugel folgte.

»Fünf!«

»Fünf!« gellte das Publikum. »Neue Strümpf!«

»Die hab ich«, sagte Bob.

»Und ich auch«, sage Pinky. »He, ich hab drei Richtige. Dafür gibt es einen Zehner, stimmt's?«

»Die dümmsten Bauern«, sagte Charlie.

»Glückspilz«, sagte Mike.

Noch eine rote Kugel.

»Drei!«

»Drei!« röhrte das Publikum. »Babybrei!«

»Hab ich«, sagte Charlie.

»Verflucht noch mal!« sagte Pinky. »Die hab ich auch!«

»He!«

»Was?«

»Wie viele sind das dann?«

»Vier.«

»Vier! Verflucht noch mal. Vier von vier? Jesses, du kannst mit vier über hundert Pfund gewinnen.«

Die Menge toste nun, die Blondine lächelte geziert zurück, schlank, in weißer Reinheit, eine unberührte Hohepriesterin der Gier, verehrt von Millionen.

Eine gelbe Kugel fiel durch den Schacht, glänzend vor Versprechungen. Wird diese dich reich machen? Ist das der Schlüssel zu all deinen Träumen und Phantasien? Und wie wird sie dich glücklich machen?

»Achtunddreißig!« quietschte die Blondine.

»Achtunddreißig«, brüllte das Publikum. »Sei schön fleißig!«

Aus Pinky Porters Gesicht wich plötzlich alle Farbe.

»Verfickt«, flüsterte er. »Die habe ich auch. Jesus! Fünf. Ich habe fünf Richtige.«

»Hier, laß mal gucken«, sagte Bob und griff nach Pinkys Tippzettel.

»Das gibt's doch gar nicht«, sagte Pinky und hielt ihn umklammert. »O Gott. Bitte. Laß die letzte die siebzehn sein. Bitte laß es die siebzehn sein.«

Eine rosa Kugel rollte den Schacht hinunter.

Hallam wagte kaum zu atmen.

Jetzt, du Arschloch. Jetzt! Endlich hab ich dich.

»Siebzehn!« kreischte die Blondine und hüpfte auf und ab, als würde sie jeden Augenblick zum Orgasmus kommen.

»O Gott«, sagte Pinky.

Er schloß die Augen.

Er kniff sie zu.

Er öffnete sie wieder.

Er starrte auf den Bildschirm, verglich die Gewinnzahlen mit den Zahlen auf seinem Lottoschein.

»Siebzehn«, donnerte das Publikum. »Einer muß gehn.«

»O Gott«, krächzte er. »Ich habe alle sechs. Ich hab den Jackpot gewonnen.«

Die letzte Kugel rollte den Schacht hinunter, eine purpurrote Kugel mit der Nummer 45.

»Und *last but not least*«, kreischte die Priesterin, »die Zusatzzahl. Fünfundvierzig.«

Jetzt war das Publikum heiser vor Ekstase. »Fünfundvierzig. Morgen stürz ich!«

Pinky starrte auf den Bildschirm und dann wieder auf seinen Tippzettel. Seine Lippen bewegten sich stumm. Er nickte vor sich hin.

Die Drei. Ja, die drei.

Und die Fünf. Ja, die Fünf.

Siebzehn.

Einundzwanzig. Achtunddreißig. Das stimmt: achtunddreißig. Drei-acht.

Und dreiundvierzig. Vier-drei.

Alle sechs.

Sechs Richtige.

»Sechs«, krächzte er.

»Was?«

»Alle sechs.«

»Alle sechs?«

»Du hast was?«

»Ich hab sechs Richtige«, flüsterte er. »O Gott, ich habe den Jackpot gewonnen.«

Bob fuhr aus seinem Sessel, war in zwei Schritten bei Pinky, streckte seinen Arm nach dem Lottoschein aus, rang darum. Porter hielt ihn fest umklammert und wollte ihn nicht aus der Hand geben. Einen entsetzlichen Moment lang fürchtete Hallam, sie könnten den Schein dabei zerreißen. Bob spähte auf die Zahlen, auf den Bildschirm, auf die Zahlen, auf den Bildschirm. *3, 5, 17, 21, 38, 43.*

»Verfickt noch mal!« schrie er. »Er hat recht. Er hat den verfickten Jackpot gewonnen.«

Die sieben bunten Kugeln auf dem Fernsehbildschirm waren plötzlich in aufsteigener Reihenfolge angeordnet, die rote schmiegte sich gegen die grüne, die grüne gegen die rosafarbene, die rosafarbene gegen eine weitere rote, dann kam die gelbe, die blaue, die purpurrote. Sieben Zahlen, von denen die ersten sechs ausreichten, um mehrere Millionen Pfund zu gewinnen, falls es nur einen oder zwei Gewinner gab, genug um das Leben eines Menschen für immer zu verändern, genug, um dich an Gott glauben zu lassen.

»Alle sechs?« fragte Charlie.

Er sprang aus seinem Sessel und lehnte sich über Pinkys Schulter und verglich die Zahlen ebenfalls mit denen auf dem Bildschirm.

»Mein Gott«, sagte er, »du hast recht. Sechs Richtige. Mein Gott, Pinky, du hast Millionen gewonnen.«

»Hölle noch eins«, sagte Hallam.

Er beugte sich nun auch über Pinkys Schulter. Dann trat er zurück und schaute ihn voll Ehrfurcht an. »Millionen«, sagte Hallam.

»Verdammte Millionen«, sagte Bob.

Pinky starrte sie an wie ein Zombie.

»Ich gewinne nie irgendwas«, krächzte er, »nicht einmal bei der Kirchentombola.«

»Nun, jetzt kannst du die ganze Kirche kaufen«, sagte Hallam, »und Westminster Abbey, den Erzbischof von Canterbury und noch ein paar weitere Bistümer obendrein.«

Der Applaus des Studiopublikums war mittlerweile hysterisch. »Dies sind die Gewinnzahlen der Woche«, quiekte die Blondine. »Drei, fünf, siebzehn, einundzwanzig, achtunddreißig, dreiundvierzig – und die Zusatzzahl ist die fünfundvierzig.«

Die numerierten Kugeln jagten über den Bildschirm: 3, 5, 17, 21, 38, die 43, an der die Zusatzzahl 45 hing.

»Da legste dich nieder«, sagte Charlie.

»O Gott«, sagte Pinky.

Seine Stimme klang wie Wasser, daß den Abfluß hinuntergurgelt.

»O Jesus«, sagte er.

Sein Gesicht war wie Pergament.

340

Er schaute erneut auf seinen Tippzettel und dann wieder auf den Bildschirm, runzelte die Stirn, bewegte die Lippen, berührte die Zahlen auf dem Zettel, als könnten sie nicht Wirklichkeit sein.

»Pinky?«

»Bist du okay?«

Sein Gesicht war wächsern.

Er betrachtete sie mit Grauen. Sein Gesicht war eingefroren. Er schien Schwierigkeiten zu haben, die Lippen zu bewegen.

Höllenfeuer, er kriegt einen Herzinfarkt. Der Schock bringt ihn um. Nicht jetzt, Arschloch, noch nicht.

Und dann sprang Pinky aus seinem Sessel, ballte die Faust und stieß sie in die Luft. »Ja!« brüllte er. »Ja! Ich bin ein beschissener Millionär!«

Hallam grinste. *Ich hab dich, du Arschloch. Endlich hab ich dich.*

»Ich rufe bei den Lotto-Leuten an und melde deinen Anspruch an«, sagte Hallam. »Man muß sich melden, wenn man einen der großen Preise gewinnt.«

Hallam ging mit seinem eigenen Lottoschein zum Telefon, nahm den Hörer ab, konsultierte die Nummer der Hotline auf der Rückseite des Scheins, wählte eine Nummer, wartete, sprach.

Die anderen hörten schweigend zu, vom Donner gerührt.

»Ja, richtig. Ja. Drei. Ja. Fünf. Ja. Siebzehn. Einundzwanzig. Achtunddreißig. Ja. Dreiundvierzig. Porter, Michael Porter. Ja. Haben sich schon andere Gewinner gemeldet? O Gott. Genau. Ja. Morgen dann. Ja. Sehr gut. Genau. Psychologische Betreuung? Was? Psychologische Betreuung? Nein, ich denke nicht, danke. Nein. Okay. Ja. Gute Nacht. Ja. Montag. Genau. Ja. Auf Wiedersehen.«

Sie betrachteten ihn gebannt, als er den Hörer auflegte und sich wieder zu ihnen umdrehte.

»Ja?« sagte Pinky.

»Ja.«

»Wieviel?«

»Sie können es noch nicht genau sagen, aber bisher hat sich sonst niemand gemeldet. Möglicherweise bist du der einzige Gewinner.«

Pinky sah erschrocken aus. »Jesus!« sagte er.

»Du könntest gut deine zwanzig Millionen gewonnen haben. Höllenfeuer!«

Pinky sah entsetzt aus. »Zwanzig Millionen!«

»Vielleicht auch mehr.«

»Zwanzig.«

»Millionen.«

»Vielleicht auch mehr.«

Und dann entlud sich ein weiterer großer Aufschrei aus Pinkys Kehle. »Scheiße auch, ich bin reich! Ich bin ein beschissener Millionär! Champagner! Laßt uns irgendwo Champagner herkriegen! Jesus, wir machen eine Kreuzfahrt. Wir alle. Wir alle fünf. Und Concorde! Wir fahren mit der Concorde für einen Tag nach New York. Oder nach Rio! Scheiße auch, ein unanständiges Wochenende in Rio. Nur wir fünf. Die teuersten Callgirls von ganz Brasilien. Sie tragen Straußenfedern. Sonst nichts. Am Strand. Tausend Pfund für eine Nacht. Wen schert's? Ich bin reich. Ich werde zwei gleichzeitig haben. Drei! Eine schwarze, eine weiße, eine gelbe. Und die besten Hotels. Privatflugzeuge. Scheiße auch! Ich bin Millionär.«

»Zufällig habe ich Champagner im Kühlschrank«, sagte Hallam. »Ich mache eine Flasche auf.«

»*Eine* Flasche«, gellte Pinky. »*Vier* Flaschen. *Acht* Flaschen. *Zwölf* Flaschen. Bis wir umfallen. Scheiße auch! Zwanzig Millionen! Jesus!«

»Ich habe nur eine Flasche«, sagte Hallam.

»Scheiß drauf! Wir gehen heute abend aus. Natürlich.

Geht auf mich. Alles geht auf mich. Abendessen im Ritz. Ein Nachtclub. Ein paar Nutten. Das ist es. So wird gefeiert. Ruf ein Taxi. Zwei Taxis. Rein ins wilde Leben, auf in die Stadt!«

»Verdammt großartig«, sagte Bob.

»Phantastisch«, sagte Mike.

»Ruf ein Taxi! Ruf beim Ritz an! Reservier einen Tisch! Jetzt gleich! Scheiße auch, ich bin ein Zillionär!«

Im Ritz war nichts mehr frei, aber sie tranken Champagner in der Bar und dann wieder Whisky und zogen weiter, um in einem teuren italienischen Restaurant im West End zu essen und dazu Weißwein, Rotwein, Brandy und noch mehr Champagner zu trinken. Überall wo sie hinkamen, fielen sie durch ihr ausgelassenes Verhalten auf. Die Leute starrten. Einige lächelten, lachten, waren glücklich, den Saum des Glücks zu berühren.

»Es geht alles auf mich«, gellte Pinky und schwenkte seine Kreditkarte. »Alles auf meine Rechnung.«

Als es Mitternacht war, war er schon sehr betrunken, vernuschelte seine Worte, schwankte, wenn er aufstand, um auf die Toilette zu gehen, betatschte die Kellnerinnen und warf den Frauen an den anderen Tischen lüsterne Blicke zu. Um halb eins bestand er darauf, daß sie einen Strip-Club besuchen müßten, bevor sie in eine Diskothek gingen. »Laßt uns alle bumsen«, sagte er. »Scheiße, ich hab seit über einer Woche keine anständige Muschi mehr gehabt.«

O Baby, was wirst du morgen die Mutter aller Kater haben.

Pinky starrte Hallam mit plötzlicher Intensität an. Seine Augen wurden weich. »Pete«, sagte er sanft. »Pete. Mein alter Freund. Pete.« Er nickte mit einem abgeklärten Gesichtsausdruck. »Pete. Ich liebe dich sehr. Ich schulde dir. Nen Tausender.«

»Da reden wir morgen drüber.«

»Nein. Scheiß auf morgen.« Pinky war unnachgiebig, erfüllt

von einer plötzlichen betrunkenen Hartnäckigkeit. »Schulde dir. Nen Tausender. Hätt ich schon vor Monaten zurückzahlen sollen. Nicht in Ordnung. Und noch nen Tausender. Für heute abend. Lotterielos. Versprochen. Jesus.«

Er betrachtete Hallam verwundert. »Wenn du mir nicht das Los heute abend geschenkt hättest...« Er schüttelte den Kopf langsam, als sei er in eingehender Zwiesprache mit sich selbst versunken. »Zehn Tausender, zwanzig Tausender, das gebe ich dir.«

»Einer wäre absolut wunderbar«, sagte Hallam. »Mehr will ich nicht.«

»Zwanzig. Das ist das wenigste, was ich tun kann. Sobald ich den Kies habe. Wieviel?«

»Vielleicht zwanzig Millionen.«

»Scheiße auch. Montag. Zahle dann.«

»Das ist wirklich nicht nötig, Pinky«, sagte Hallam. »Eintausend wäre prima.«

Pinky betrachtete ihn verwundert. »Du hättest gewinnen können«, sagte er, »wenn du den Lottoschein selbst behalten hättest.«

Hallam zuckte die Schultern. »Nun, manchmal gewinnt man, manchmal verliert man. Das ist das Leben.«

Pinky betrachtete ihn. Er hatte Tränen in den Augen. »Ich liebe dich, Pete«, sagte er. »Du bist ein feiner Mann. Du bist ein echter Sportsmann. Fair play, Pete, ich gebe dir den Scheck jetzt sofort.«

Er griff in seine Jacketttasche.

Da kommt er. Endlich. Ein Scheck über eintausend Pfund. Und es ist auch verdammt höchste Zeit.

Das Scheckbuch wurde hervorgezogen, ein Kugelschreiber.

Pinky sah die anderen drei an. »Wir sind alte Freunde, wißt ihr.«

Sie nickten.

Pinky stimmte in das Nicken ein. »Wir sind sehr alte Freunde, Pitti und ich. Reicht lange zurück. Alte Kumpel. Alte Scheißkerle. Ja.« Pinky sah ihn verschwommen an. Seine Stimme war undeutlich. Er schwenkte seinen Kugelschreiber über dem Scheckbuch. »Nur zwei Täusis, also? Bist du sicher, daß du nicht zwanzig willst? Dreißig? Ich hab's dicke, weißt du. Ich habe gerade im Lotto gewonnen. Wie wäre es mit fünfzig Täusis? Ich bin Mulitmillionär.«

Hallam lächelte ermunternd. »Nur tausend, Pinky, wenn du darauf bestehst. Das ist alles. Das ist schon viel. Und es ist sehr lieb von dir. Das wäre großartig.«

»*Zwei*tausend«, sagte Pinky. »Du hast mir das Los gegeben. Du hättest es mir streitig machen können.«

Langsam schrieb er einen Scheck über zweitausend Pfund aus, er konzentrierte sich sehr, seine Zunge war zwischen seinen Lippen vorgeschoben.

Endlich, du Arschloch. Endlich hab ich dich.

Pinky schaute auf, sah ihn an, lächelte durchtrieben, riß den Scheck aus dem Block und zerriß ihn. Er verstreute die Fetzen über den Boden.

O nein! Er hat's —

Pinky starrte ihn verschlagen an. »Nicht zweitausend Pfund«, sagte er großartig, »zweitausendund*eins*.«

»Was?«

»Zweitausendundeins. Du hast ein Pfund für den Tippzettel gezahlt. Ist nur fair. Ich schulde dir noch ein Pfund. Das ist ja wohl das mindeste, das ich dir das Geld fürs Lotto gebe.«

Er schrieb einen weiteren Scheck aus, quälend langsam, biß sich wieder auf die Zunge.

Guter Gott: Seine Bank wird den Scheck anzweifeln. Er ist viel zu sorgfältig geschrieben. Die Handschrift ist wacklig. Die Unterschrift ist zu schludrig. Sie ist wahrscheinlich unleserlich. Er wird sich beim Datum vertun.

»Den wievielten haben wir heute?« fragte Porter.

»Den sechzehnten.«

»Fünfzehnten.«

»Das war gestern. Es ist nach Mitternacht.«

»Scheiß drauf.«

Er riß den Scheck mit übertriebener Sorgfalt aus und ließ ihn vor Hallam flattern, als winke er zum Abschied.

Hallam nahm ihn, schaute drauf, prüfte ihn und steckte ihn dann in seine Jackentasche. »Danke Pinky«, sagte er. »Das ist sehr liebenswürdig.«

»Nein, *du* bist liebenswürdig«, sagte Pinky mit schlaffen Lippen. »Wenn du mir nicht das Los geschenkt hättest ... Du bist der liebenswürdigste Mensch, den ich je getroffen habe. Ist er nicht der liebenswürdigste Mensch, Billy?«

»Bob«, sagte Bob. »Doch, auf jeden Fall.«

»Absolut«, sagte Charlie.

»Der liebenswürdigste, den es je gab«, sagte Pinky. »Sogar Billy sagt das. Und Dingsda auch. Er hätte selbst gewinnen können, wißt ihr.«

»Ja.«

»Wenn er das Los behalten hätte. Er hätte gewinnen können. Er hätte ein Trillionär werden können, aber jetzt ist es zu spät, weil ich das geworden bin.«

»Meinst du, wir sollten heimgehen?« fragte Hallam.

Pinky starrte ihn mit plötzlichem Kampfgeist an. »Heim? Am Arsch. Wir haben noch nicht mal angefangen. Das ist meine Party. Ich bin doch nicht der letzte Heuler! Scheiß drauf! Ich hab immer noch keine Frau gehabt.«

»Ich bin doch nicht der letzte Heuler.« O doch. Oh, aber sicher. Morgen zweifellos. Morgen, du Arschloch, wenn du herausfindest, daß ich dich drangekriegt habe.

Hallam stahl sich um halb zwei unbemerkt davon und ließ die andern lautstark zechend in einem Club zurück, in dem sie sich mit einer Gruppe rüpelhafter Rugby-Fans verbrüdert hatten. Pinky hatte darauf bestanden, ihnen eine Magnum-Flasche Champagner zu kaufen. Als Hallam ging, sangen sie »The Ball of Kirriemuir«.

In seine Wohnung zurückgekehrt, stellte er seinen Wecker auf halb zehn und schlief solide sieben Stunden. Dann nahm er ein Taxi zu einer sonntags geöffneten Filiale seiner Bank, um den Scheck einzureichen. »Ich brauche eine sofortige Verbuchung bei diesem Scheck«, sagte er. »Ist das an einem Sonntag möglich?«

»Kein Problem«, sagte der Schalterangestellte. »Wir haben heutzutage vierundzwanzig Stunden Bankservice, und zwar jeden Tag im Jahr. Allerdings muß ich fünfzig Pfund Gebühren für die sofortige Verbuchung erheben.«

»Gut.«

»Und es könnte zehn Minuten dauern, vielleicht auch fünfzehn.«

»Okay. Ich warte.«

»Gut. Kein Problem. Haben Sie einen Augenblick Geduld.«

Hallam lachte. Bis Pinky am Nachmittag mit einem Riesenkater aufwachen, sich an das Geschehene erinnern und gierig nach den Sonntagszeitungen greifen würde, um zu sehen, wieviel er gewonnen hatte und um noch einmal die Zahlen zu vergleichen, würde es zu spät sein. Dann wären seine 2001 Pfund schon weg und sicher auf Hallams eigenem Konto verstaut. Schuldgefühle wegen des zusätzlichen Tausenders? Scheiß drauf: Sieh es einfach als Zinsen.

Hallam lachte wieder.

»Sir?« sagte der Angestellte.

»Kein Problem«, sagte Hallam. »Haben Sie einfach Geduld.«

Es war schon spät am Nachmittag, als Bob Jackson anrief. Er klang elend. Seine Stimme war belegt. »Pete? Mein Gott, was für ein Abend«, sagte er. »Was für ein phan-verdammt-tastischer Abend.«

»Seid ihr noch woanders hingegangen, nachdem ich weg war?«

»Gott, mein Kopf! Ab wann warst du weg? Ich hab dich nicht einmal gehen sehen.«

»Ungefähr halb zwei. Ich konnte nicht mehr.«

»Das wundert mich nicht, du armer Kerl. Ist verständlich.«

»Ihr wart zu der Zeit in der Rosa Muschi.«

»Wo zum Teufel war das denn?«

»Das mit dem Striptease. Wo die Mädels Briefmarken trugen und Pinky Magnumflaschen Champagner spendiert hat.«

»Jesus, danach sind wir noch *stundenlang* rumgezogen. Aus irgendeinem Grund schien noch ein halbes Dutzend weitere Kerle dabei zu sein.«

»Rugby-Fans.«

»Wirklich? Gott weiß, wo die herkamen. Oder wo sie hinwollten, was das betrifft.«

»Wales.«

»Jesses, das erklärt einiges. So durstige Kerle habe ich noch nie erlebt. Dann sind wir in ein Casino in Mayfair gegangen, dann in eine Nachtbar und dann in ein Bordell in Pimlico, und Pinky hat für alle bezahlt.«

»Das ist doch eine nette Abwechslung.«

»Er muß Tausende ausgegeben haben, alles auf die Kreditkarte. Er wollte uns sogar zu den Nutten einladen, und ein paar von diesen Walisern sind da drauf gesprungen, aber Charlie, Mike und ich waren nicht so scharf drauf, um die Wahrheit zu sagen. Man weiß ja heutzutage nie, oder? Gegen sechs Uhr früh haben wir ihn schließlich nach Hause gekriegt. Verdammt, ich bin total erschlagen. Gott sei Dank ist Sonntag. Mein Mund fühlt sich an wie das Suspensorium eines Sumo-Ringers. Na ja, egal, ich wollte wissen, wie es dir geht, du armer Kerl. Du mußt verdammt deprimiert sein.«

»Deprimiert? Warum?«

»Naja, wenn man den ganzen Schotter verliert.«

»Welchen Schotter?«

»Den Lotto-Jackpot. Ich meine, du bist doch sicher supergefrustet, daß du Pinky das Los gegeben hast? Scheiße, mir würde es so gehen, wenn ich ihm ein Los schenke und dann zusehen muß, wie er damit Millionen gewinnt. So gesehen, warum zum Teufel hast du es nicht mir geschenkt? Hölle noch mal, Pete! Wenn du das Los behalten hättest, dann würdest *du* morgen die Millionen abräumen.«

Hallam lachte. »Nein, das würde ich nicht.«

»Was willst du damit sagen? Natürlich würdest du das. Sechs Richtige. Warum lachst du so?«

»Diese Lotterieziehung«, sagte Hallam. »Die war nicht von dieser Woche. Die war von letzter Woche.«

»Was?«

»Ihr dachtet gestern abend alle, wir würden die Live-Ziehung im Fernsehen sehen, aber das stimmte nicht. Wir haben uns eine Videoaufnahme der Ziehung von vergangener Woche angeschaut. Das waren die Gewinnzahlen von letzter Woche, nicht die von gestern.«

»Was zum Teufel soll das bedeuten?«

»Es bedeutet, daß Pinky mir seit fast zwei Jahren einen Tausender schuldet und sich immer wieder weigerte, das Geld zurückzuzahlen, selbst als ich vollkommen pleite war. Um es endlich aus ihm rauszuleiern, habe ich die Lottoziehung von letzter Woche auf Video aufgenommen, dann habe ich Lose für diese Woche gekauft und dafür gesorgt, daß die Zahlen auf seinem Los die gleichen sechs Zahlen waren, die *letzte* Woche gewonnen hatten.«

»Das heißt ...«

»Ja.«

»Also ...«

»Ja. Er hat keine müde Mark gewonnen.«

Bob fing an zu lachen. »Aua!« schrie er. »Mein Kopf! Bring mich nicht zum Lachen.«

Er lachte erneut auf. »Mein Gott, Pete, du bist ein hinterhältiger Scheißkerl.«

»Das hoffe ich auch«, sagte Hallam.

Und das wurde auch höchste Zeit.

Susie kam ihn in der Wohnung besuchen und begeisterte sich für den Blick auf Bäume, für den frischen Anstrich, die Möbel und die kleine Küche.

»Wow, Dad, das ist klasse«, sagte sie. »Phantastisch. Du hast dich wirklich gemacht. Die andere Wohnung war grauenhaft. Kann ich mal ein paar Tage bei dir bleiben, wo du doch jetzt zwei Schlafzimmer hast?«

»Wunderbar. Wann immer du willst.«

»Nächstes Wochenende? Vielleicht von Freitag bis Montag? Ich will nächsten Freitag nicht bei Mum und Ihm sein. Er hat Geburtstag, und sie schmeißt ihm ein großes Essen.«

Donaldson hat Geburtstag?

»Ich kann es nicht ertragen, wenn sie so ein Getue um ihn macht«, sagte Susie. »Er ist so eingebildet und arrogant. Er liebt niemanden außer sich selbst, aber sie macht so ein Bohei wegen ihm. Es ist gruselig. Ich hasse es.«

Also wird Donaldson am Freitag fünfundvierzig, und ich wette, Skudder weiß noch nichts davon. Aber er wird es erfahren. O ja. Das ist es. Wie schön. Wie sich das trifft.

Nachdem Susie gegangen war, fand er die Anzeige im lokalen Abendblatt und rief dort an.

»Am Freitag«, sagte er. »Ja, der Mann heißt Donaldson, Jim

Donaldson. Er wird fünfundvierzig. Sie finden ihn gegen elf Uhr im Büro des Geschäftsführers, das ist ein netter Kerl namens Skudder. Sechster Stock, Jason Skudder.«

Und ich wünschte bloß, ich könnte dabeisein.

Monica kam, um im Hotel Einhorn zu Mittag zu essen. Sie sah aus, als wolle sie eine Hochzeit besuchen. Sie trug einen struppigen rosa Hut mit einer Traube von Schleifchen und Rüschen und stakste wackelig auf einem winzigen Paar rosa Schuhe mit mindesten zehn Zentimeter hohen Absätzen daher.

»Welch ein Spaß!« sagte sie. »Ich habe seit Jahren nicht mehr in einem schicken Hotel gegessen.«

Er stellte sie Rosie vor.

»Was für ein nettes Mädel«, sagte Monica hinterher schelmisch. »Und sie scheint dich sehr zu mögen. Du könntest es schlechter treffen, weißt du.«

»Vergiß es, Miss Grütze. Sie ist viel zu jung. Und verheiratet.«

Sie warf ihm ihren Laser-Blick zu. »Was hat das denn damit zu tun? Das war Jenny auch.«

»Du solltest dich schämen«, sagte er. »Lies einfach die Speisekarte und hör auf, Unruhe zu stiften.«

»Du brauchst eine Frau«, sagte Monica. »Du gehörst zu dieser Art Männern.«

Sie bestellte ihr Gericht und eine Flasche Wein.

»Es gibt etwas, das du wissen solltest«, sagte sie. »Das Haus steht wieder zum Verkauf.«

»Welches Haus?«

»Unseres. Deins. Das, das du vor zwei Monaten verkauft hast. Ich bin gestern dort vorbeigefahren, und es steht immer noch leer, und es sind zwei ZU-VERKAUFEN-Schilder davor. Und es ist der gleiche Grundstücksmakler, der es verkauft.«

»Boggitt, Burlap und Boggitt?«

»Genau.«

Einen Moment lang liefen seine Gedanken ins Leere. Yeomans verkaufte das Haus wieder? Schon? Nach nur zwei Monaten? Bestimmt nicht. Das ist nicht möglich. Sheepshank plante, Wände einzureißen, die Küche zu modernisieren, den Teich aufzufüllen, den Rasen zuzubetonieren. Warum sollte er es schon wieder verkaufen?

»Vielleicht haben sie einfach die ZU-VERKAUFEN-Schilder noch nicht weggenommen«, sagte er.

»Nein, da stehen jetzt zwei Schilder. Als du es verkauft hast, stand nur eins da.« Sie warf ihm einen schnellen Blick zu. »Und was das schlimmste ist«, sagte sie: »Ich habe sie heute morgen angerufen und so getan, als wäre ich am Kauf des Hauses interessiert. Sie verlangen zweihundertneunzehntausend.«

Er starrte sie an.

»Sie verkaufen es für zweiundvierzigtausend mehr, als du dafür bekommen hast.«

Zweihundertneunzehntausend Pfund? Das muß ein Irrtum sein.

»Wie meinen?«

»Zweihundertneunzehntausend.«

Zweiundvierzigtausend mehr, als uns Sheepshank dafür gegeben hat.

»Hast du zwei, eins, neun gesagt?«

»Ja.«

Fast 25 Prozent Gewinn in nur zwei Monaten: mehr als fünftausend Pfund pro Woche. Und Yeomans organisiert den Verkauf wieder, also ist Lee das Arschloch, Yeomans mit von der Partie. Also deswegen hat er so schnell einen Käufer gefunden. Sheepshank und Yeomans: Freunde; vielleicht Komplizen. Er hat mich sogar überredet, den Preis auf eins siebenundsiebzig zu senken. Natürlich hat er das.

Lee Arschloch Yeomans hat das von Anfang an so geplant.

Er schüttelte den Kopf. Nein. Es war nicht möglich.

»Sie haben dich reingelegt«, sagte sie.

Ja.

»Wir dürfen sie damit nicht durchkommen lassen«, sagte sie.

Nein.

»Ich würde dir gern einen Vorschlag machen«, sagte sie.

»Ja?«

Ihre Augen glitzerten. »Susie hat mir erzählt, daß Matthew und seine Freunde nach einem leerstehenden Haus suchen, das sie besetzen können. Ich denke, wir sollten ihn wissen lassen, daß das Haus noch immer frei ist.« Sie gackerte.

O großartig. Hallam betrachtete sie voller Bewunderung. Brillant. Sheepshank und Yeomans werden nicht wissen, wie ihnen geschieht, wenn Matt und seine Freunde beschließen, das Haus zu besetzen. Bis sie die wieder draußen haben, ist es eine Ruine.

»Du bist genial«, sagte er. »Diese Arschlöcher! Was für Arschlöcher! Kannst du Susie bitten, Matt Bescheid zu sagen?«

»Ich rufe sie heute abend an.«

Und jetzt Skudder. Sie steckt voller Ideen. Monica wird wissen, was man am besten mit Skudder macht.

»Ich habe nachgedacht«, sagte er. »Du hast völlig recht mit der Rache. Sie ist eine saubere Sache, gesund und heilsam. Es ist viel besser, als sich selbst zu bemitleiden und bitter zu sein und einen Groll zu hegen. Und für das Opfer ist es auch gut – wenn du dich schlecht verhalten hast, tut es der Seele gut, bestraft zu werden.«

Er erzählte ihr von Pinky Porter und den tausend Pfund und dem Lotterielos. Sie klatschte vor Vergnügen, und in ihren Augen tanzte Anerkennung. Er erzählte ihr von seinem Wunsch, sich an Skudder und der Bank und an Jim Donaldson zu rächen und sogar an Jenny. Er erzählte ihr alles über

Skudder und die Bank und die frisierten Zahlen, die revolvierende Kreditlinie, den Mangel an Sicherheiten.

»Wenn es einer verdient hat, wirklich geschädigt zu werden, dann ist es Skudder«, sagte er. »Skudder hat das alles in Gang gesetzt, aber ich weiß einfach nicht, wo man da ansetzen kann.«

Sie betrachtete ihn mit einem kleinen Lächeln. Ihre Augen waren wunderbar klar. Vergiß die runzlige Haut: Ihre Augen sahen aus, als wäre sie nicht älter als fünfundzwanzig.

»Nun, das ist einfach«, sagte sie.

»Ja?«

»Natürlich ist es das. Ich habe noch immer meine Aktien der Firma, nicht wahr?«

»Deine Aktien ...«

»Achthundert Stück«, sagte sie. »Überlaß das nur mir. Ich laß unter den kleinen Scheißkerlen eine Bombe hochgehen. Ich werde sie Heulen und Zähneklappern lehren, und dann lehnen wir uns zurück und schauen zu, wie sie schwitzen. Überlaß das nur mir.«

Sie zündete sich einen Stumpen an. »Kann ich irgendwie auf ein Glas Port oder Brandy hoffen? Und dann muß ich einen Fünfer auf Parson's Nose im Drei-Uhr-zwanzig-Rennen in Newmarket setzen.«

Dean Carsh drehte seinen großen schwarzen Ledersessel von seinem Schreibtisch in einem Büro im zehnten Stock weg und positionierte ihn so, daß er das riesige Spiegelglasfenster mit seinem phantastischen Blick über die City vor sich hatte. Zufrieden schlug er die Beine übereinander und ließ seinen Blick über den Horizont schweifen. Die Bürogebäude türmten sich zu beiden Seiten auf, mit Fensterreihen so blind wie die Augen eines Toten. Ihre solide Klobigkeit vermittelte ihm ein wärmendes Gefühl von Macht. Der Fluß glitzerte weit unten, glitt silbrig und wie eine Schlange zwischen den Füßen der Wolkenkratzer hindurch. Im Nebel war die Morgensonne dunstig, aber es lag schon ein Hauch von Sommer in der Luft, ein Klecks Grün auf den Zweigen der winzigen Bäume tief unter ihm. Alles schien dieser Tage gut zu laufen. Er hatte die magische Phase des Lebens erreicht, in der alles, was man berührt, zu blühen beginnt. Seine Aktien entwickelten sich prächtig. Sein Onkel hatte eine Andeutung über eine neue Stelle in der Zentrale gemacht, was hieß, daß er fast sicher Millionär sein würde, bevor er dreißig war. Das atemberaubende Mädchen von Goldman Sachs, die mit den roten Haaren und Titten wie Kokosnüssen hatte gerade zugesagt, mit ihm ein Wochenende in Paris zu verbringen. Damian Morgan hatte ihm versprochen, ihm für zwei Wochen seine Karibikinsel zu leihen. Darren Simmonds war gerade pleite gegangen, nachdem er sich seine garstigen Fingerchen an irgendwelchen überbewerteten südamerikanischen Termingeschäften verbrannt hatte. Und nun hatte Jason Skudder ihm gerade wieder einen fetten Umschlag, randvoll mit großen Scheinen geschickt. Das Leben war wundervoll. Dean Carsh war rundum zufrieden mit sich. Kein Zweifel: Er war auf der Siegerstraße angelangt.

Die Sprechanlage summte. Er drehte sich zum Schreibtisch zurück und bewunderte sein flüchtiges Spiegelbild im riesigen Glasfenster. Er sah verdammt gut aus. Es gab keinen Zweifel: Er sah *verdammt* gut aus. Er drückte den Knopf der Sprechanlage.

»Was ist?« sagte er.

»Mrs. Monica Partridge ist da, Mr. Carsh.«

»Noch mal.«

»Die Dame, die letzte Woche anrief? Wegen einer Anlageberatung? Sie sagten, ich soll einen Termin vereinbaren.«

Carsh lächelte dünn. Ach ja: die alte Witwe, die 20000 Pfund investieren wollte und sich geweigert hatte, mit irgendeinem anderen als ihm zu sprechen. Er lächelte sein Spiegelbild im Fenster an und glättete sein Haar mit der freien Hand. Er kam mit alten Witwen gut zurecht. Sie flirteten immer mit ihm und entblößten ihre falschen Zähne. Mit ein wenig Glück würde ihn vermutlich eine von ihnen eines Tages als Alleinerben einsetzen. Wohlgemerkt, viel konnte man mit 20 Riesen dieser Tage nicht anfangen: ein kleines Auto kaufen vielleicht oder eine Garage am äußersten Stadtrand. Aber trotzdem war es besser als gar nichts. Ich nehm ihr das schneller ab, als eine Nutte ihren Schlüpfer auszieht, dachte er.

»Roll sie rein«, sagte er.

Er glättete sein Haar mit beiden Händen und richtete seine Manschetten, wobei er seine goldenen Manschettenknöpfe aufblinken ließ. Alte Witwen mochten so etwas: Manschetten, Manschettenknöpfe, Haar.

Es klopfte an der Tür.

»Herein«, rief er.

Sie war ganz und gar nicht der Typ älterer Dame, die er erwartet hatte. Klein war sie, okay, sie war sogar winzig. Aber sie trug auch eine rote Golfkappe, einen purpurnen Anorak, einen smaragdgrünen Sweater, helle Leggings, die mit einem halben Dutzend schreiender Farben übersät waren, ein Paar mandarinenfarbener Turnschuhe und einen eifrigen Gesichtsausdruck. Sie hüpfte in sein Büro, als wäre sie bis zur Halskrause mit Hormonpräparaten und Anabolika abgefüllt.

»Hallihallo Dee-Anne«, sagte sie mit einer Stimme, in die sich mehrere Dekaden Gin und Tabak eingelagert hatten.

»Dean«, sagte er.

Sie sprang auf ihn zu und schüttelte ihm die Hand. Ihr Griff lähmte seine Finger.

»Komischer Name für einen Mann, Dee-Anne«, sagte sie.

»Es heißt *Dean*. Dean Carsh.«

Ihre Augen weiteten sich. »Oh, *Sie* armer Kerl. Was für ein bedauerlicher Nachname.«

»*Carsh*«, sagte er, »mit einem C.«

»Sie müssen mir verzeihen, Lieber«, sagte sie. »Ich höre ein bißchen schwer.«

Er lächelte. Er hatte den Bogen raus, wie er seine Augen funkeln lassen konnte, wenn er lächelte.

»Mrs. Partridge«, murmelte er mit seiner dunklen, Vertrauen erweckenden Stimme. Sie war langsam und freundlich, wie geschmolzene Melasse.

Sie schaute zu ihm hoch.

Er lächelte.

»Ihnen hängt ein großer feuchter Popel aus der Nase«, sagte sie.

Er machte einen Schritt zurück, irritiert, wandte sich ab und durchsuchte seine Tasche nach einem Taschentuch. »Äh ... Entschuldigung«, sagte er.

Er wischte sich hektisch über die Nase.

»Jetzt klebt er auf Ihrer Lippe«, sagte sie.

»Ich —«

Er wischte.

»Die andere«, sagte sie. »Es ist ein großer grüner Popel.«

»Ich bitte um Entschuldigung.«

Er verbarg seine Wange mit dem Taschentuch und drehte sich zum Spiegel an der Wand. Er starrte sein Spiegelbild an. Nichts.

»Er ist wahrscheinlich auf den Teppich gefallen«, sagte sie und setzte sich auf das protzige Sofa. »Macht nichts, De-Anne, die Putzfrau wird ihn schon finden. Pffluff und weg.«

Sie gackerte.

Sie stöberte in einer Tasche ihres Anoraks, zog eine kleine Packung Stumpen hervor und zündete sich einen an.

»Mrs. Partride, ich fürchte, es ist nicht erlaubt —«

Sie stieß eine Rauchwolke aus.

»Ich fürchte, dies ist ein Nichtraucher —«

»Komisches Wort, *Popel,* finden Sie nicht?« sagte sie, lehnte sich auf dem Sofa zurück, schlug ihre Beine übereinander und ließ ihre Mandarinen-Schuhe auf einem dicken Kissen ruhen. »Sehr sonderbar, wenn man es sich genauer anschaut. P-o-p-e-l. *Popel.* Es sieht irgendwie fremdländisch aus. Russisch oder ungarisch, slawisch jedenfalls.«

»Mrs. Partridge.«

»Kennen Sie sich in Religionsfragen aus, Dee-Anne?«

»Dean. Es heißt nicht —«

»In Rußland gibt es doch, soweit ich weiß, Popen. Möglicherweise gibt es da einen Zusammenhang. Irgendein anti-klerikaler Bezug, könnte ich mir vorstellen. Zwischen Popeln und Predigen. Beides kann ja eine schleimige Angelegenheit sein.«

»Mrs. Partridge, Sie —«

»Vielleicht haben aber auch Popen und Popel überhaupt

nichts miteinander zu tun, Dee-Anne. Wissen Sie, seit wann es die russisch-orthodoxe Kirche schon gibt?« Sie schüttelte den Kopf. »Sie wissen es nicht. Zu Ihrer Zeit hat man keine Geschichtsdaten mehr auswendig gelernt. Es muß sehr sonderbar sein, so jung zu sein und überhaupt nichts zu wissen.«

»Mrs. Partridge —«

»Ich kannte mal einen Lord zu Poppelberg, der allgemein Popel genannt wurde. Nicht sehr nett, genauso zu heißen wie ein Stück Rotz. Sie würden niemanden Rotz nennen, oder, Dee-Anne? Oder Schleim. Aber den armen alten Popel nannten sie Popel. Wohlgemerkt, es gibt schlimmere Namen, wie ich annehmen muß, Ihren eigenen Nachnamen beispielsweise, Sie armer Junge. Haben Sie nie darüber nachgedacht, ihn ein wenig zu verändern? Sie könnten sich Arscholly oder Ascholee nennen. Das klänge nicht ganz so ... *roh*.«

Sie zog an ihrer Zigarre, ließ den Rauch durch ihre Kehle rollen und blies einen perfekten Kringel.

»Mrs. Partride, ich glaube wirklich nicht, daß wir —«

»Ich liebe Wörter, Sie nicht, De-Anne? Reime, Palindrome, Onomatopöien, solche Sachen. Und Limericks. Mögen Sie Limericks, Dee-Anne?«

»Ich bin mir nicht sicher, ob dies —«

»Ich habe heute morgen einen gemacht, extra für Sie.« Sie zwinkerte. »O ja, er wird Ihnen gefallen.«

»Mrs. Partridge —«

»Der promiske Bankersnob Hans
Entdeckte 'n Geschwür auf dem Schwanz.
Er war völlig am Ende,
nahm künftig die Hände
und ließ alles andere ganz.«

»Mrs. Partridge! Ich denke wirklich . . .«

Sie stieß ein krächzendes Lachen aus, schaute sich im Raum um und winkte mit ihrem Zigarillo. »Haben Sie nen Aschenbecher«, brummte sie.

»Ich fürchte nein. Dies ist ein Nichtraucher-Gebäude.«

»Wie ungeheuer diszipliniert von ihm«, sagte sie. Sie lächelte gefährlich. »Kein Wunder, daß es so groß und stark geworden ist.«

Sie schnippte ihre Asche auf den Teppich.

»Mrs. Partridge!«

Sie wedelte mit der Hand. »Zigarrenasche ist sehr gut für Teppiche«, sagte sie, »das ist auch der Grund, warum alle Perser starke Raucher sind. Es sei denn natürlich, es handelt sich um billige, synthetische Teppiche, aber dann ist es ja auch egal, wenn sie ruiniert werden.«

»Es ist eine abstoßende Angewohnheit, Mrs. Partridge.«

»Genau wie die Arbeit im Bankenwesen.«

»Wie bitte, Madam?«

»Ich wette, Sie sind einer dieser abstoßenden Heuchler, die ihre Angestellten zwingen, sich vor dem Gebäude auf dem Bürgersteig herumzudrücken, wenn sie eine Zigarette brauchen, selbst im Winter, als wären sie Bürger zweiter Klasse. Aber andrerseits haben Sie überhaupt keine Probleme damit, Geschäfte mit Gaunern, Hochstaplern, Drogenhändlern, Vergewaltigern und Kinderschändern zu machen, solange die ein bißchen Geld mitbringen.«

»Mrs. Partridge, ich habe keinerlei Verständnis . . .«

Sie betrachtete ihn mit ihren unergründlichen Augen. »Ich hoffe, Sie versuchen nicht, das zu leugnen?«

»Das tue ich allerdings, Madam. Ich . . .«

»Also gut«, sagte sie. »Dann kommen wir mal auf die Fakten zu sprechen. Ich habe mehrere hundert Aktien von einem Unternehmen, das von einem Ihrer betrügerischen Kunden geleitet wird. Ich bin ausgesprochen legasthenisch, wenn es um Mathe und Zahlen geht, aber ich weiß noch genug darüber, um Ihnen sagen zu können, daß Ihr Kunde unzweifelhaft ein Gauner ist.«

Carsh stand auf und drückte den Knopf der Sprechanlage. »Ich fürchte, ich kann keinen Grund erkennen, warum wir dieses Gespräch fortsetzen sollten.«

»Oh, ich denke, Sie werden einen erkennen, Dee-Anne«, sagte sie.

Sie lehnte sich auf dem Sofa zurück und blies einen weiteren Rauchkringel in die Luft.

»Reden wir über Jason Skudder«, sagte sie.

Matthew Hallam kletterte über das Gartentor, zerrte am ZU-VERKAUFEN-Schild, das am Zaun befestigt war, riß es herunter und warf es ins Gras. Ben, Nigel und Mickey folgten ihm über das Tor und näherten sich dem Haus.

Schon schien es irgendwie geschrumpft zu sein. Es sah verloren und einsam aus an dem kalten Nachmittag, als wüßte es, daß es nicht mehr geliebt wurde. Der Gartenpfad war weich unter ihren Füßen, feucht durch verrottende Blätter. Das Gras war verwildert. Ein toter Goldfisch trieb über die Oberfläche des kleinen Teichs. Warum sollte er nicht zurückkommen und wieder hier leben? dachte Matthew. Es war offensichtlich, daß keiner das Haus wollte. Verdammte kapitalistische Immobilienspekulanten: Dies war sein Heim; dies war sein ganzes Leben lang sein Heim gewesen, mehr als zwanzig Jahre lang. Er kannte jeden Grashalm, die leichte Unebenheit hinten rechts im Rasen, das moosige Stück links von der Terrasse, die verkohlte Erde dort, wo sein Vater gelegentlich ein Feuer gemacht hatte, das Loch im Zaun, das nie repariert worden war. Es war genau dort drüben, hinter dem Gewächshaus, wo er versucht hatte, seine erste Zigarette zu rauchen, als er zehn war. Dort hatte er den errötenden Tomaten seine tiefsten Kindheitsgeheimnisse zugeflüstert, dort hatte er sich als Kind nach Streit mit seinem Vater zum Schmollen versteckt. Er und das Gewächshaus waren vertraut miteinander, also wie konnte es jetzt jemandem namens Sheepshank gehören? Er war hier einmal glücklich gewesen. Es schien sehr lange her zu sein.

Er überquerte die schlierige Terrasse und ging zur Küchentür. Sie hatten sich nicht die Mühe gemacht, die Schlösser auszutauschen. Wie sonderbar, daß Leute Hunderttausende ausgaben, um ein Haus zu kaufen, aber die Schlösser nicht austauschten.

Er benutzte seinen alten Schlüssel, um die Tür zu öffnen. Innen war das Haus feucht und düster, ein muffiger Geruch hing in der Luft. Der Boden war nackt, an den Fenstern hingen keine Gardinen. Hier drin war etwas Kühles, das über bloße Kälte hinausging: Es schien sowohl in die Knochen als auch in die Seele einzudringen.

Mickey schauderte.

»Hoffentlich haben sie den Strom nicht abgestellt«, sagte Ben.

»Falls doch, haben wir ihn schnell wieder angestellt«, sagte Matt.

Er fand den Hauptsicherungskasten unter der Treppe und legte den Hauptschalter um. Hinter ihnen im Korridor ging eine Glühbirne an.

»Magie!«

Matthew grinste und rieb sich die Hände. »Jetzt müssen wir nur noch die Türen und Fenster zunageln und uns festsetzen«, sagte er. »Die nächsten Monate kriegen sie uns nicht raus.«

»Wo nehmen wir das Holz her?« fragte Nigel.

Matt sah ihn an und schüttelte den Kopf: Zwei Zentner

und dämlich wie ein Dinosaurier. »Die Dielenbretter natürlich«, sagte er. »Wir reißen einfach ein paar raus und nageln sie an.«

»Wir haben keine Möbel«, sagte Ben. »Wir brauchen ein paar Stühle und so was.«

Matt seufzte. Wußten sie denn gar nichts? Manchmal fragte er sich, ob er sich nicht mit einer gehobeneren Klasse Gammler abgeben sollte.

»Wir fragen einfach bei der Sozialstation«, sagte er. »Sie müssen uns Stühle, Tische und Betten geben. Wir sind arbeitslos, oder etwa nicht. Wir sind obdachlos.«

Ben grinste breit. »Jetzt nicht, jetzt nicht mehr«, sagte er.

»Du bist brillant, Matt«, sagte Mickey. »Laß dich küssen.«

Jason Skudders Telefon klingelte. Er nahm den Hörer ab.

»Skudder.«

»Ich bin's.«

Dean Carsh. Er klang außer Atem.

»Yeah?«

»Zerhacker.«

Skudder drückte einen Knopf an seinem Telefon. Man konnte gar nicht vorsichtig genug sein: Heutzutage konnte man private Gespräche aus einer halben Meile Entfernung mithören. Das hatte er selbst ausprobiert.

»Zerhacker ist an«, sagte er.

»Bist du sicher?«

Skudders blasse, wimpernlose Augen glitzerten vor Ungeduld. »Natürlich bin ich beschissen sicher. Schieß los.«

»Es hat eine undichte Stelle gegeben«, sagte Carsh nervös. »Die Zahlen. Die Sicherheiten für den Kredit. Hier war gerade eine verrückte alte Frau und hat sich nach deinen Aktien erkundigt, und sie schien alles darüber zu wissen.«

Skudders nackte Augen flackerten. »Was?«

»Alles. Die tatsächlichen Absatzzahlen, Aufträge, Aktien-bewertung, den Kredit. Sie denkt, daß da etwas Betrügeri-sches läuft. Sie fragte mich, ob ich dächte, sie sollte zur Polizei gehen.«

»Verfickte Scheiße!«

»Ich hab ihr das natürlich ausgeredet. Die Wogen geglättet. Aber sie ist irgendwie hinter uns her. Wenn irgendwas schief-geht . . .«

»Wer zum Teufel ist denn diese alte Schachtel?« fauchte Skudder. Er ließ seine Fingerknöchel knacken. Es klang wie Pistolenschüsse.

»Frag mich was Leichteres, Jace. Eine von deinen Aktionä-rinnen, sagt sie, eine Mrs. Partridge.«

»Partridge?«

»Monica Partridge.«

»Nie was von der gehört.«

»Ich hab in der Liste der Aktionäre nachgeschaut. Sie steht da tatsächlich drin, achthundert Aktien, und eine Adresse ir-gendwo in der Pampa.«

»Partridge. Jüdin, was meinst du? Klingt wien Itzig. Diese Bastarde sind überall.«

»Jüdisch sah sie nicht aus, Jace.«

»Was solln das heißen, in Herrgotts Namen«, schnappte Skudder. »Die laufn nich alle mit langn Nasn rum, weißt du. Manche sehen sogar aus wie normale Leute. Also wie, ver-fickt nochma, hat sies rausgefundn?«

»Das wollte sie nicht sagen. Da war sie sehr vorsichtig. Aber irgend jemand hat's verpfiffen, und es muß jemand von dir gewesen sein.«

»Scheißdreck. Wahrscheinlicher, daß es bei dir war.«

»Hör schon auf, Jace. Bist du verrückt? Niemand hier weiß etwas darüber. Ich wäre keine fünf Minuten mehr hier, wenn's einer wüßte.«

»Na, hier weisses auch keiner, außer mir und . . .«

Gorman.

Ja.

Shane Gorman.

»Und . . .«

Skudder dachte darüber nach. Schatten lauerten in seinen Augenhöhlen. »Gorman.«

»Dann muß es Gorman sein«, sagte Carsh. »Es ist klar, daß du und ich es nicht sind.«

Gorman? Niemals. Bestimmt nicht. Nicht Shane Gorman. Nie im Leben.

»Ich werde den Kredit zurückfordern müssen, Jace«, sagte Carsh.

Skudders Gesicht war wutverzerrt. »Du wirst was?«

»Du mußt den Kredit zurückzahlen. Sofort. Bevor alles auffliegt. Wenn die erfahren, was fürn Risiko du bist . . .«

»Und wie zum Teufel soll ich das machen?« fauchte Skudder.

»Hör zu, Jace, mir ist egal, wie du das machst, aber ich gebe dir nur vierundzwanzig Stunden, um den Kredit zurückzuzahlen. Ich habe keine Alternative. Wenn du es nicht bis morgen zur gleichen Zeit zahlen kannst, dann werde ich an die Zentrale Bericht erstatten, daß wir nicht länger genügend Sicherheiten für deinen Kredit haben.«

»O nein, das tust du nicht, Süßer.«

»Was soll ich denn sonst machen? Sei vernünftig. Entweder das, oder ich fliege raus, und davon hätten wir beide nichts. Siehst du das nicht ein? Das kann mich den Kopf kosten, wenn es rauskommt. Bei deinen Defiziten ein Auge zudrücken? Da bin ich in weniger als fünf Minuten draußen.«

»Hör auf, du Arschloch. Du wirst mich nicht so im Stich lassen. Ich brauche mehr Zeit. Handel den Kredit mit wem anders neu aus.«

365

»Um Himmels willen, Jace, die Kacke ist am Dampfen, und ich bin derjenige –«

Skudders Lider flackerten. »Wir stecken da zusammen drin, Süßer. Ich brauche mindestens drei Tage. Gib mir vier.«

»Nein, ich –«

»Vier Tage«, fauchte Skudder. »Sonst sitzt du auch mit in der Scheiße.«

»O Gott.«

Skudder lachte säuerlich. »Bloß weil der Zerhacker an is«, sagte er, »heißt das nicht, daß ich das Gespräch nich mitschneide.«

Er knallte den Hörer auf.

Er ließ die Fingergelenke beider Hände knacken.

Er drückte den Knopf seiner Sprechanlage. »Schafft Gorman bei«, bellte er, »aber *pronto*.«

Shane Gorman schwebte mit der heiteren Jovialität eines Mannes, der gleich am Begräbnis seiner Schwiegermutter teilnehmen wird, in Skudders Büro. »Du hast gerufen, Häuptling«, piepste er mit seiner kleinen Falsetto-Stimme.

»Das habe ich, Scheiße noch mal, allerdings«, sagte Skudder.

Gorman schaute wachsam; es schien, daß sich die Schwiegermutter in ihrem Sarg wieder aufrichtete.

Skudder trug seine rote Fliege und eine passende Weste. Die rote Fliege war nie ein gutes Zeichen. Skudder trug die rote Fliege nur, wenn er besonders wütend war.

Skudder starrte ihn an. »Hast du getratscht, Gorman? Über uns un die Bank?«

»Getratscht? Natürlich nicht.«

»Über die Absatzzahlen? Exporte?«

»Niemals.«

Skudder starrte ihn an. Seine Augen waren kalt vor Mißtrauen. Er stieß seine rechte Hand mit einem Übelkeit erregenden Klatschen in die geöffnete linke Hand. Gorman schloß die Augen. Er fühlte sich schwach. Er würde jetzt jeden Augenblick einen neuen Anfall von Herzrasen bekommen.

»Jemand hat getratscht«, sagte Skudder. »Jemand is an uns dran. Carsh fordert den Kredit zurück. Er hat ne Scheißangst. Er rennt rum wien Huhn, demsen Kopf abgeschnittn ham. Also wer hat getratscht?«

»Nich ich, Jyce, ehrlich.«

Ein schwarzer Ausdruck trieb über Skudders schimmernde Stirn. In seinen Augen brodelte Unglaube. Er stieß einen knochigen Finger gegen Gorman. »Versuch nicht, *mich* „für doof zu verkaufn“, Kindchen«, sagte er und zuckte mit den Fingern Anführungszeichen in die Luft. »Es gibt nur drei Leute, die wo von den Absatzzahlen un dem Bankkredit wissn, un einer davon hat getratscht, un ich bins nich.«

Gorman sah verängstigt aus. »Dann muß es Carsh sein, der wos Maul nich haltn kann«, quiekte er. »Ich hab Carsh nie getraut. Ehrlich, Jyce, ich wars nich. Ich hab niemandem nix erzählt. Meine Lippen sin versegelt.«

Skudder starrte ihn an. Er bewegte sich in seinem Sessel. Er ließ seine Gelenkknöchel knacken.

Gorman zuckte zurück.

Skudder blickte ihn finster an. »Biste sicher, daß dus nich irgendwann ausgeplappert hast, alste besoffen warst?« sagte er.

»Wer, ich?«

»Ja, du, Scheißgesicht«, fauchte Skudder. »Du bist in letzter Zeit ständig besoffen. Wenn du geplappert hast, alste besoffen warst...«

Gorman wurde noch unterwürfiger. »Ich wars nich, Jyce, ehrlich«, zwitscherte er. »Großes Inderehrnwort. So wahr ich hier steh un beim Bart der Prothesen. So was würd ich nie tun.«

Skudders Blick nagelte ihn fest. »Du sagst bessa die Wahrheit«, sagte er, »oder ich reiß dir die Eia aus.«

»Das ist die Wahrheit, Jyce, ehrlich. Ich würd dich doch nich anlügn.«

»Du würdst deine Oma anlügn, wenns dirn Vorteil brächte, du kleines Stück Scheiße.«

»Aber nich dich, Jyce«, trällerte Gorman. »Wir sin alte Kumpel, nich wahr, du un ich?«

Skudder verzog höhnisch das Gesicht. »Kumpel? Daß ich nich lache? Wie kommsten darauf? Ich bin der Geschäftsführer, und du bist nur der Verkaufsleiter, vergiß das bloß nich. Und halt bessa deine beschissene Klappe, sonst passiert was. Jetzt verpiß dich. Ich hab zu tun. Und wenn ich rausfinde, daß du mich angelogn hast . . .«

Skudder knackste wieder mit den Knöcheln. »Verpiß dich«, sagte er.

Am Freitagmorgen saß Melody an ihrem Schreibtisch vor Skudders Büro, kaute Kaugummi und feilte ihre langen rosa Fingernägel, als zwei uniformierte Polizistinnen hereinkamen.

Der Wachmann, der vor Skudders Tür saß, sprang alarmiert auf. Er hatte den Gesichtsausdruck eines Mannes, der im Lauf der Jahre ein wenig zu häufig mit dem Gesetz in Konflikt geraten war.

»Ist das Skudders Büro?« fragte die kleinere Polizistin. »Jason Skudder?«

Melody nickte. »Yeah, aber er is innem Meeting.«

»Zu dumm. Wir müssen ihn sprechen. Dringend.«

Melody schaute nervös. *Polizei?* Sie griff zur Sprechanlage.

Die kleinere Polizistin streckte die Hand aus, um sie zurückzuhalten.

»Nein, rufen Sie ihn nicht an«, sagte sie. »Wir wollen nicht, daß er abhaut.«

Melody lächelte ängstlich. »Also was kann ich für Sie tun, meine Damen?«

»Oh, Damen sind wir nicht«, sagte die größere Polizistin.

Die Kleinere lächelte grimmig. »Ganz und gar nicht«, sagte sie. »Nie gewesen.«

Sie nahm ein Paar Handschellen vom Gürtel und ließ sie aufspringen. »Dann gehen wir jetzt rein.«

»Er hat gesagt, er will nich gestört wern«, stammelte Melody.

Die Kleine lächelte säuerlich. »Dafür ist es ein bißchen spät.«

»Das hätte er sich früher überlegen sollen«, sagte die größere, »bevor er anfing, ein böser Bube zu werden.«

»Aber... er is innem Meeting. Er hat da drin alle Abteilungsleiter un so.«

Die Polizistinnen sahen sich an und nickten. »Um so besser, also«, sagte die größere. »Es ist immer gut, wenn ein paar Zeugen dabei sind.«

Die Polizistinnen näherten sich Skudders Tür. Der Wachmann stand unsicher vor ihnen.

»Zur Seite«, schnappte die größere Polizistin, »oder ich nehm Sie mir vor, mit allem, was dazugehört. Es ist verboten, Polizeibeamte bei Ausübung ihrer Pflicht zu behindern.«

Er machte einen Schritt zur Seite, öffnete ihnen die Tür und trat zurück.

Fünf Männer und zwei Frauen waren bei Skudder in seinem Büro: Gorman, Donaldson, Frobisher, Prendergast und die anderen Mitglieder der Geschäftsleitung. Sie saßen im Kreis vor Skudders Schreibtisch wie Kinder in einem Kindergarten. Skudder selbst trug eine blau-schwarz-gestreifte Fliege und passende blau-schwarze Hosenträger und tigerte ungeduldig vor ihnen hin und her, wedelte mit den Armen und hielt eine Strafpredigt. Das Neonlicht wurde von seinem nackten Schädel widergespiegelt und warf tiefe Schatten unterhalb seiner Wangen. Seine Augen waren so eingesunken, daß sie kaum noch sichtbar waren. Die Augenhöhlen sahen wie dunkle Erdlöcher aus.

»Es ist, verfickt nochma, nich gut genug«, sagte er gerade, stolzierte vor ihnen auf und ab und schlug sich mit der Faust in die Handfläche. »Wenn ihr nich mal langsam aufhört ›rumzueiern‹ und endlich in die ›verfickten Gänge kommt‹, wern ein paar Köpfe rollen, das versprech ich euch.« Er krallte mit den Fingern. »Es gibt hier zu viele verdammt blinde Passagiere, zu viele faule Arschlöcher, die ›sich mit durchfressn‹.«

Er drehte sich um, irritiert davon, daß die Tür geöffnet wurde.

»Mel!« bellte er. »Ich dachte, ich hätt gesagt, ich will nich gestört wern.«

Die beiden Polizistinnen kamen ins Zimmer. Sie näherten sich ihm, der kleineren hingen die Handschellen lose aus der linken Hand.

Skudders blasses Gesicht nahm im Neonlicht ein helles Gelb an. Das Fleisch schien von den Knochen seines Schädels zu fallen. Seine Lider flackerten wie bei einer Eidechse.

»Skudder«, sagte die größere Polizistin. »Jason Skudder?«

»Nein«, sagte er mit schwacher Stimme. »Nein, ich kann alles . . .«

Die Polizistinnen kamen näher.

»Sie sind *nicht* Jason Skudder? Ich muß Sie darauf hinweisen, daß . . .«

Er räusperte sich. Es klang, als würde jemand Kies ausheben.

Er hob bittend die Hände, die Innenflächen den Frauen zugewandt und ging ein paar Schritte rückwärts, als trete er einen Rückzug an. Er fuhr sich mit der Zunge über die Lippen.

»Dean Carsh is an allem schuld«, sagte er. »Der Bankmanager. Er hat mich dazu gezwungen. Ich kann alles erklärn.«

Seine Augen flackerten. Die Abteilungsleiter saßen wie steifgefroren in ihren Sitzen und wagten nicht zu blinzeln.

»Ich hab nie gewußt, daß es illegal is«, sagte Skudder.

Die kleinere Polizistin runzelte die Stirn. »Dean Carsh?« sagte sie. »Wer ist das denn.«

Etwas wie Hoffnung flackerte über Skudders Gesicht. Also wußten sie nicht alles: noch nicht, jedenfalls. Wenn das so war, konnte er wahrscheinlich einen Deal mit ihnen machen, zu irgendeiner Art Kompromiß kommen, als Kronzeuge auftreten, ihnen Carsh ausliefern, ihnen Gorman ausliefern und dagegen eine milde Strafe für sich selbst aushandeln.

»Vielleicht sollten wir darüber mal ›unter vier Augen‹ sprechen«, sagte Skudder und krallte mit den Fingern. »Auf dem Revier vielleich.«

»Wovon zum Teufel sprechen Sie«, sagte die größere Polizeifrau. »Wir sind nicht wegen Ihnen hier. Wir wollen Donaldson.«

Eh?

»James Angus Robbie Donaldson«, sagte sie. »Ihren Justiziar.«

Nicht mich? Sie sind gar nicht hinter mir her? Sie wollen Jim Donaldson.

»Der ist dort«, sagte Skudder rasch und stach seinen Finger gegen Donaldson, der in der Mitte der Reihe von Abteilungsleitern saß. »Der da, dort drüben, der mit der Tunten-Brille. Hier, Donaldson, was haste denn verbrochen? Haste dich daneben benommen? Mal in die Kasse gelangt, eh?«

Donaldson stand auf. »Ganz sicher nicht.« Er wandte sich den Polizistinnen zu. »Was soll das alles?«

»James Donaldson«, sagte die kleinere von den beiden.

»Ja.«

»James Angus Robbie Donaldson?«

»Das bin ich.«

Sie schwenkte ein Dokument. »James Angus Robbie Donaldson ich habe einen nackten Haftbefehl gegen Sie. Sie sind nicht verpflichtet, eine Aussage zu machen. Alles, was Sie sagen, kann gegen Sie verwendet werden.«

»Wovon um alles in der Welt reden Sie?« sagte Donaldson.

Die Abteilungsleiter schienen auf ihren Sitzen festgewachsen. Melody und der Wachmann standen nervös in der Tür, gebannt.

»Hurra!« schrie die kleinere Polizistin, griff nach Donaldsons Krawatte und löste sie.

»Überraschung! Überraschung!« schrie die größere Polizistin und begann, sein Hemd aufzuknöpfen.

»Weg da!« sagte Donaldson und versuchte, sie wegzustoßen.

Die kleinere Polizistin schleuderte seine Krawatte weg und machte sich über seinen Gürtel her.

»Nein!« bellte Donaldson. »Hilfe!«

Die Abteilungsleiter schnappten kollektiv nach Luft. Jemand kicherte.

Simon Frobisher gackerte. »Es ist ein Überraschungsstrip!« sagte er. »Sie sind überhaupt keine Polizistinnen, sie sind Stripperinnen.«

»Stripperinnen!« röhrte Skudder. »In meim beschissnen Büro? Mitten in einem Meeting?«

»Überraschung, Überraschung«, trällerten die Mädchen, tollten um Skudders Schreibtisch herum, knöpften ihre Uniformen auf, warfen ihre Mützen ab, ihre Jacken, Röcke, Blusen. Sie zogen sich aus bis auf ihre Unterwäsche, Strapse und schwarze Fischnetzstrümpfe.

»Hört sofort auf mit der verfickten Scheiße!« bellte Skudder. »Beschissene Schlampen. Hier, Security! Wachmann! Schaff sie raus hier.«

»Das ist nicht zu fassen!« zischte Donaldson, trat zurück, zog seinen Gürtel fest und knöpfte sein Hemd zu. »Wie können Sie es wagen, in dieses Büro einzubrechen? Das ist Hausfriedensbruch. Schwere tätliche Beleidigung. Erregung öffentlichen Ärgernisses.«

»Security!« knatterte Skudder. »Wachmann! Wachmann! Wo ist der verdammte Security-Typ?«

Die Stripperinnen begannen zu singen und tanzten dabei um Donaldson herum. »*Happy Birthday to you, happy birthday, dear Jimmy, happy birthday to you.*«

»Schafft diese fetten alten Nutten hier raus«, bellte Skudder. Die Stripperinnen klatschten und sangen und tanzten um Donaldson, der versuchte, sein Hemd wieder in die Hose zu stopfen und purpurrot im Gesicht wurde.

»Fünfundvierzig heute, fünfundvierzig heute/Er hat den Schlüssel zum Tor/War nie fünfundvierzig zuvor.«

»Fünfunvierzig?« sagte Skudder. Seine Augen drehten sich wie Billardbälle. »Fünfunvierzig?« sagte er und zog die Luft ein wie ein Jagdhund.

»Fünfundvierzig heute, fünfundvierzig heute . . .«

Der Sicherheitsmann schnappte eine der beiden Stripperinnen am Arm und drehte ihn ihr auf den Rücken.

»Au«, jaulte sie.

Donaldson und Frobisher ergriffen das andere Mädchen.

»Laßt das!« zeterte sie. »Es is doch nurn bißchen Spaß. Hände weg!«

»Schafft diese altn Nuttn hier raus«, bellte Skudder und wedelte mit den Armen wie ein Buchmachergehilfe. »Ruft die Polizei. Zeigt sie an. Gebt ihnen die Höchststrafe.«

Prendergast sammelte die abgeworfenen Stücke der Polizeiuniformen ein, und sie schoben die Frauen aus Skudders Büro und stießen sie raus zum Fahrstuhl.

»He, Hände weg!«

»Nich so brutal!«

»Wo bleibt euer Humor?«

»Ihr seid doch 'n Haufen Homos, alle miteinander.«

Ihre Stimmen verloren sich nach und nach hinter Melodys Büro, wurden leiser, als sie den Korridor entlanggeschleift wurden, waren kaum noch zu vernehmen, als sie in Richtung der Fahrstühle verschwanden.

Skudder atmete heftig. Er glättete seinen kahlen Kopf mit den Fingern. Er ging rasch hinter seinem Tisch auf und ab, strich sich mit den Händen über die Weste und rückte seine Fliege zurecht. Er kniff sich, nur um sicher zu gehen, in die Hosenträger. Seine Finger zuckten. Sein Hirn kochte. *Leck mich, das war knapp! Eine Minute später, und ich hätte ihnen alles verratn. Donaldson! Es is alles Donaldsons Schuld. Nur ein paar Sekundn mehr, und ich hätt wohl alles verratn.*

Skudder warf haßerfüllte Blicke auf die Abteilungsleiter. Sie hatten wieder ihre Sitze eingenommen und saßen im Halbkreis vor seinem Schreibtisch, lammfromm wie Wachsfiguren.

Donaldson hatte ihn zum Gespött gemacht. Donaldson hatte beinahe alles gefährdet. Und Donaldson war fünfundvierzig: jenseits von Gut und Böse, hatte es hinter sich.

»Donaldson, aufstehn«, schnappte er.

»Ich?«

»Gibts hier sonst jemanden namens Donaldson?«

»Nein.«

»Also wen, verdammte Scheiße, soll ich Ihrer Meinung nach dann meinen?«

Donaldson stand auf. Die Stille war so spröde wie ein frostiger Morgen.

Skudder starrte Donaldson an. Er ließ seine Gelenke knacken. »Sie sollten sich was schämn«, sagte Skudder.

Donaldson hob die Brauen. »Bitte?«

»Sie ham den Ruf des Unternehmens geschädigt«, schnappte Skudder.

»Was?«

»Das war arbeitsvertragswidriges Verhaltn, Donaldson.«

»Ich bitte um Verzeihung?«

»Insuborduration.«

»Wie meinen?«

Skudder klatschte die Faust in die Handfläche und zählte dann an den Fingern ab: »Erstens, die alten Schlampen hier reinzubringen. Zweitens, sie hier herumtolln zu lassn mit nix an. Drittens, sie ein Meeting der Abteilungsleiter unterbrechn zu lassn. Viertens, mich wie ne Witzfigur aussehn zu lassn. Das is unverzeihlich.«

»Aber ich habe gar nicht —«

»Sie sind gefeuert«, sagte Skudder.

»Ich bin was?«

Skudders Augen glitzerten. »Sie nix verstehen englische Sprache, Süßer? Ich sagte, Sie sind gefeuert. Rausgeflogen. Rausgeschmissen. Rausgeworfen. Entlassen. Freigesetzt. Gekündigt. Den Arschtritt gekriegt. Den Abschied gekriegt. Müssn Ihrn Hut nehm. Okay? Hamses jetzt verstandn, Käptn?«

Donaldson schüttelte den Kopf. »Das können Sie nicht machen.«

»Kann ich. Hab ich schon.«

Donaldson lächelte sein lässiges überlegenes Juristenlächeln. »Das können Sie nicht, wissen Sie. Ich habe einen Vertrag, einen Zwei-Jahres —«

»Jetzt nich mehr, jetzt hamse keinen mehr, Süßer. Arbeitsvertragswidriges Verhaltn, Insuborduration, den Ruf des Un-

ternehmens geschädigt. Dafür könnense dreimal ohne Entschädigung gefeuert wern.«

Niemand wagte zu atmen.

Skudder grinste höhnisch. Er sah dabei aus wie ein Lei-
chenbestatter. »O yeah«, sagte er, »und herzlichen Glück-
wunsch zum Geburtstag.«

Drei Tage später, am Montagmorgen, ging Jim Donaldson mit weit ausgreifenden Schritten selbstbewußt in das Büro des Aufsichtsratsvorsitzenden im achtundvierzigsten Stock der hochaufragenden Zentrale der Unternehmensgruppe im Herzen der City. Er schwang seine Aktentasche und summte ein kleines Lied. Als er so hoch oben über den weißen Teppich schritt, hatte er das Gefühl, auf Wolken zu gehen. Dieser kleine Scheißer Skudder würde nicht damit durchkommen, ihn so rauszuwerfen. Definitiv nicht: Donaldson wußte genug über Skudder, um ihn noch vor Sonnenuntergang mit einem Fußtritt rausgejagt zu sehen. Und wen würden sie aller Voraussicht nach an Skudders Stelle zum Vorstandsvorsitzenden ernennen?

Donaldson lächelte affektiert.

Wen sonst?

Der Aufsichtsratsvorsitzende sah grimmig aus. Er winkte Donaldson zu dem Stuhl neben seinem Schreibtisch.

»Guten Morgen, Willie«, sagte Donaldson heiter.

»Nein, ist es verdammt noch mal nicht«, sagte Mulliken. »Es ist ein verdammt schrecklicher Morgen. Er stinkt zum Himmel. Ich habe gerade die tatsächlichen Zahlen gesehen. Warum zum Teufel war es Skudder möglich, das Unternehmen so schnell gegen die Wand zu fahren?«

Donaldson legte ein nadelgestreiftes Bein über das andere und lächelte knapp. »Weil er völlig inkompetent ist«, sagte er. »Und weil er gleichzeitig paranoid ist, hat er sich aller wirklich begabten und erfahrenen Leute entledigt, damit sie ihn nicht bloßstellen können. Er hat so viele entscheidende Personen gefeuert, daß kaum noch jemand da war, der wußte, was er tat. Er schien zu denken, daß jeder, der etwas taugte, eine Bedrohung für ihn war, und hat sie deshalb rausgeworfen.«

Mulliken fixierte ihn mit einem vielsagenden Blick. »Er hat Sie behalten«, sagte er.

Donaldson schaute unbehaglich. »Nun, er hat nicht *jeden*, der etwas taugt, entlassen.«

Mulliken grunzte. »Sie sagen, Sie haben mehr Beweise für Fehlverhalten seitens Skudders.«

»Massenhaft.«

»Zum Beispiel?«

Donaldson ließ seinen Aktenkoffer aufschnappen und holte ein Bündel Papiere heraus. »Er hat nicht nur die Zahlen frisiert und Sie und den Aufsichtsrat angelogen und mit dem Bankmanager unter einer Decke gesteckt, er hat außerdem noch die schon beliehenen Firmenanteile benutzt, um zusätzlich Geld zu leihen, damit er sich selbst Erfolgsprämien auszahlen und für sich Aktien kaufen konnte.«

»Aber das ist . . .«

Donaldson nickte selbstzufrieden. Das würde die kleine Schweinebacke an den Galgen bringen. Das würde für Skudder eine Lektion sein, was passiert, wenn man sich mit Donaldson anlegt.

»Und das ist noch nicht alles. Er steckte bis zum Hals in Hypotheken, er benutzte *Standby letters of Credit* und er packte seine eigenen Privatinvestitionen auf die Firmeninvestitionen drauf, um in den Genuß unserer Konditionen zu kommen«

Donaldson reichte die Akte über Mullikens Tisch. Mulliken öffnete sie und begann die Papiere durchzublättern. Donaldson erlaubte sich ein kleines Lächeln. Das würde Skudder ein für allemal fertigmachen. Da würde seine schicke Fliege einen finalen Sturzflug machen. Wie konnte es Skudder wagen, ihn zu feuern, dieses aufgeblasene kleine Schwein?

Mulliken ging mehrere Seiten durch und sah zunehmend schockiert aus. Donaldson durchrieselte ein warmes Gefühl der Befriedigung. Sie würden ihn nach dieser Sache sicher befördern. Es würde bestimmt eine fette Zulage geben, eine Gehaltserhöhung, endlich den Spitzenjob. Wer war sonst noch übrig, um ihn zu übernehmen?

»Als die Sicherheiten der Firma begannen, den Bach runterzugehen«, sagte Donaldson, »weigerte sich am Ende sogar der Bankmanager, Skudder noch mehr zu leihen, nicht einmal, um die Rohmaterialien zu finanzieren. Also begann Skudder sie zu bezahlen, indem er *Standby letters of Credit* benutzte, die er von einem betrügerischen Finanzmakler bekam, der vor Jahren mit Robert Maxwell zu tun hatte.«

Mulliken runzelte die Stirn. Er schüttelte den Kopf. »Gott, was für ein Albtraum«, sagte er.

»Er hat Geld aus der Pensionskasse abgeschöpft. Er hat sein eigenes Geld auf die Firmeninvestitionen draufgepackt, so daß er seine eigenen Zinsen erhöhen und mehr Aktien des Unternehmens kaufen konnte. Er hat sich selbst Tausende von nicht gerechtfertigten Aktienoptionen zugeschustert. Und er plante, alle Aktien kurz vor der nächsten Wirtschaftsprüfung zu verkaufen. So hätte er ein Vermögen verdient, bevor irgend jemand etwas von der tatsächlichen Situation erfahren hätte und der Kurs in den Keller gegangen wäre.«

»Verflucht noch mal, Jim. Wie lange haben Sie schon davon gewußt.«

»Ein paar Monate, drei vielleicht.«

»Also warum haben Sie nicht schon vor Wochen Alarm geschlagen.«

Donaldson setzte ein schlaues Gesicht auf. »Ich war mir

nicht sicher, ob Sie mir glauben würden. Nun, er war durch Sie ernannt worden ...«

»Durch die Bank.«

»Nun, ja.«

»Die Millenium hat ihn für uns angeworben, wie Sie wissen, aber das ist kein Grund, Skudder so lange im Unternehmen sein Unwesen treiben zu lassen. Sie hätten schon lange persönlich zu mir kommen müssen.«

»Ich dachte, ich bräuchte mehr Beweise, um Sie zu überzeugen.«

Mulliken fixierte ihn mit einem durchdringenden Blick. »Wollen Sie damit sagen, es sei *meine* Schuld?«

»Guter Gott, nein, natürlich nicht ...«

»Wie viele Beweise brauchten Sie denn? Der Mann ist offenkundig ein Gauner. Er hat uns seit Monaten bis aufs Hemd ausgeraubt.«

Donaldson sagte nichts.

»Sie haben so lange Beweise gesammelt, bis das Unternehmen fast bankrott war?«

»Ich war schon seit Tagen drauf und dran, zu Ihnen zu kommen.«

»Das ist verdammt noch mal zu spät, Jim. Sie hätten schon vor langer Zeit zu mir kommen sollen.«

Donaldson wurde zornig. »Ach, und warum hat sonst niemand etwas unternommen? Warum haben *Sie* nichts getan?«

Mulliken schaute bedrückt. »Ich führe ein halbes Dutzend Unternehmen, Donaldson, nicht nur eins. Und wissen Sie, in wieviel anderen Aufsichtsräten ich sitze? Sieben. Ja, sieben. Man kann von mir nicht erwarten, daß ich weiß, was in jedem von ihnen in jeder lumpigen kleinen Ecke vorgeht. Für so etwas bezahle ich Leute wie Sie. Damit sie Alarm schlagen.«

Donaldson holte tief Luft. Jetzt mußte er unerschrocken

auftreten, Mulliken zeigen, daß er Führungsqualitäten besaß.

»Kommen Sie schon, Willie, Sie wußten, daß die Dinge falsch liefen. Peter Hallam hat es Ihnen beispielsweise schon vor Monaten gesagt, vor fast einem Jahr.«

Mulliken runzelte die Stirn. »Hallam . . .«

»Ja. Aber Sie wollten es nicht hören.«

Mulliken nicke langsam. Er dachte nach. »Guter Mann, Hallam. Es tut mir leid um ihn. Was ist aus ihm geworden? Wir hätten ihn schützen sollen.« Er schaute plötzlich auf. »Ich habe gehört, seine Frau wohnt jetzt bei Ihnen?«

Donaldson sah ihn herausfordernd an. »Ja.«

»Sie waren Freunde, glaube ich mich zu erinnern.«

»Das ist lange her.«

Mulliken schüttelte den Kopf. »Von so etwas halte ich nichts«, sagte er kurz. »Frau eines Kollegen. Freund. Schlechter Stil. Üble Sache. Zeigt mangelndes Urteilsvermögen.« Mulliken brütete. »Skudder ist natürlich draußen«, sagte er. »Ich werde ihn heute entlassen.«

Donaldson lächelte geziert.

Mulliken starrte ihn an.

Jetzt ist es soweit, dachte Donaldson, *der Traumjob, endlich.*

»Und Sie auch.«

»Was?«

»Draußen.«

»Ich? Draußen?«

»Ja.«

»Aber ich bin derjenige, der —«

Mulliken grunzte. »Kommen Sie schon, Donaldson, Sie hätten nie zulassen dürfen, daß es soweit kommt. Sie hätten wirklich schon vor Wochen zu mir kommen müssen. Wir wären vermutlich in der Lage gewesen, den Schaden zu begrenzen, wenn Sie es getan hätten. So wie es jetzt aussieht, steckt der Karren im Dreck. Um das Unternehmen zu retten, werden ernsthafte Anstrengungen nötig sein, und das bedeutet einen kompletten Neuanfang.«

»Das ist verdammt unfair. Ich liefere Ihnen die ganze Munition, die Sie brauchen, um Skudder loszuwerden, und zum Dank entlassen Sie mich auch.«

Mulliken seufzte. »Aber Sie waren der Justiziar. Sie wußten, daß Skudder Dinge tat, die illegal sind. Indem Sie nicht Alarm geschlagen haben, haben Sie sich einer groben Pflichtverletzung schuldig gemacht. Man könnte Ihnen fast Beihilfe vorwerfen, daß Sie eine Art Helfershelfer waren.«

»Hören Sie auf, Willie. Diese Dinge passieren überall. Die City steckt voller krummer Hunde wie Skudder, nur werden sie nicht ertappt.«

»Das werden sie, wenn sie fast ihre Firmen ruinieren.«

Donaldson lachte säuerlich. »Oh, das ist ja großartig. Also ist amoralisches Verhalten in Ordnung, solange der Gewinn stimmt?«

»Das habe ich nicht gesagt.«

»Das mußten Sie auch nicht mehr.«

Mulliken schloß die Akte und legte sie in eine Schublade seines Schreibtischs.

Donaldson streckte die Hand aus. »Das hätte ich gerne zurück, bitte«, sagte er.

»Nein.«

»Doch. Es ist mein Eigentum.«

Mulliken verschränkte die Arme. »Nein, ist es nicht. Es ist Firmeneigentum und es ist Beweismaterial, aber es ist nicht die Art Beweismaterial, die in falsche Hände fallen sollte, wie etwa in die Hände der Polizei.«

Donaldson streckte wieder die Hand aus. »Geben Sie es mir bitte zurück, Willie. Es ist mein Dossier. Ich habe alles zusammengestellt.«

»Sie haben es als Angestellter der Firma zusammengestellt

und wurden für Ihre Tätigkeit sehr hoch bezahlt. Sie haben es jetzt zu mir gebracht, und im Namen der Firma habe ich es Ihnen abgenommen.«

»Geben Sie es mir zurück, Willie. Das ist meine Verhandlungsmasse.«

Mulliken hob die Brauen. »Verhandeln? Sie sind nicht in einer Position, über irgend etwas zu verhandeln.«

»Was für ein Arschloch Sie sind.«

»Ich glaube, das führt uns jetzt nicht weiter.«

»O doch, das tut es. Das führt uns direkt vor Gericht. Wenn Sie darauf bestehen, mich entlassen zu wollen, werde ich Sie verklagen, Willie. Sie können nicht so einfach einen loyalen langjährigen Angestellten loswerden, ein Mitglied der Geschäftsleitung. So läuft das heute nicht mehr. Wir leben nicht mehr in den Achtzigern.«

»Das wäre ziemlich dumm«, sagte Mulliken. »Denken Sie an all den Schmutz, der die Runde machen würde – Ihre Zusammenarbeit mit Skudder, daß Sie seinetwegen nicht Alarm geschlagen haben. Es wäre für Ihren Ruf ganz und gar nicht gut. Sie würden nie wieder einen Job in der City bekommen.«

Er starrte Donaldson an. »Oh, keine Sorge«, sagte er mit einer Spur von Hohn. »Ich kümmere mich darum, daß Sie eine nette fette Entschädigung bekommen. Sie müssen nicht mit leerem Magen ins Bett. Es passiert ja nur den harmlosen kleinen Leuten, daß sie ohne einen Penny rausgesetzt werden. Die Arschlöcher und Inkompetenten reiten mit Säcken voll Gold in den Sonnenuntergang, damit sie ja das Maul halten. Keine Angst, Sie kriegen Ihre Kohle. Also wie wollen wir es nennen? Betriebsbedingte Kündigung? Frühpensionierung? Auf dem Weg zu neuen Herausforderungen?«

»Das ist nicht gut genug.«

Mulliken gönnte ihm ein kaltes Lächeln. »Nun, mehr gibt es nicht«, sagte er, »es sei denn, Sie sind dumm genug, uns lästig zu werden. Dann bekommen Sie gar nichts und riskieren, auf dem Weg durch die Instanzen ein Vermögen zu verlieren.« Er winkte mit der Hand gegen Donaldson. »Und nun habe ich noch einiges zu tun«, sagte er. »Die Sache mit Skudder zum Beispiel. Schätzen Sie sich glücklich. Skudder werde ich keinen Penny geben.«

»Sie sind ein Arschloch, Willie.«

Mulliken lächelte. »Natürlich bin ich das. Wie sonst wäre ich dorthin gekommen, wo ich heute bin?«

Hallam, dachte Mulliken. *Natürlich. Peter Hallam. Genau der richtige Mann. Der einzige von denen, der kein Schlappschwanz ist, der den Mumm hatte, gleich zu Anfang aufzustehen und sich zur Wehr zu setzen. Hallam, wer sonst.*

»Ich habe einen schrecklichen Fehler gemacht«, sagte Jenny. Sie starrte Hallam mit bettelnden Augen an. »Das ist mir jetzt klargeworden. Ich will zurückkommen. Kannst du mir je verzeihen? Bitte verzeih mir. Ich würde so gern zurückkommen.«

Sie waren in dem Café, in dem er sich nun regelmäßig mit Susie traf. Jennys Augen waren dunkel wie Sturmwolken, geschwollen von ungeweinten Tränen. Sie sah viel älter aus, müde, desillusioniert. Sie sah aus wie eine Fremde. Fünfundzwanzig gemeinsame Jahre, zwei Kinder, eine Million Erinnerungen, und nun war da nichts mehr.

»Jim liebt mich nicht«, sagte sie. »Ich hatte geglaubt, daß er mich liebt.«

Sie warf ihm einen verstohlenen Blick zu, als sie Donaldsons Namen sagte, schaute Hallam kurz an und gleich wieder weg, als hätte sie etwas Unanständiges gesagt. *Jim.* Wie sonderbar, dachte er: Einmal hatte der Klang von Donaldsons Name ein Loch in sein Herz gebrannt, lodernde Flammen der Eifersucht entfacht, doch nun bedeutete er ihm nichts. *Jim:*

Es war nur irgendein Name und noch dazu ein ziemlich dämlicher, der klang, als wäre er irgendwie unfertig.

Sie spielte nervös mit ihrem Kaffeelöffel, drehte und drehte ihn zwischen ihren Fingern.

»Er hat mich nie wirklich geliebt. Das weiß ich jetzt«, sagte sie, »nicht so wie du.« Sie schaute ihn wieder an. »Nicht so wie du.«

Monica war brutal gewesen am Telefon: »Sie will nur deshalb zu dir zurück, weil er seine Stelle verloren und viel Schulden hat. Seine Frau will die Scheidung, und der Witz ist, er bekommt zwar eine hohe Entschädigung, aber je mehr er bekommt, desto mehr muß er seiner Frau geben. Sie verlangt auch das Haus, einen Großteil seiner Versicherungen, die Hälfte seiner Rente und Riesensummen Unterhalt. Und er kann sie nicht durch den Verkauf des Hauses auszahlen, weil der Markt zusammengebrochen ist. Zur Zeit kauft niemand Häuser. Peter, ich kenne Jenny nur zu gut, und du auch. Sie ist ein Schlappschwanz, vor Problemen rennt sie weg. Darum hat sie dich verlassen und darum will sie auch wiederkommen. Es tut mir leid, das über meine eigene Tochter sagen zu müssen, aber wenn du jemals wieder harte Zeiten durchmachst, wird sie wieder weg sein.«

»Mummy hat Angst«, hatte Susie ihm gesagt. »Er hat begonnen, sie anzuschreien. Sie weint.«

Jenny spielte zwanghaft mit dem Griff ihrer Kaffeetasse. Ihre Finger zitterten. »Ich suche mir einen Job«, sagte sie. »Ich helfe, ich verspreche es. Ich werde dir nicht zur Last fallen.«

Sie schaute ihn mit verzweifelter Hoffnung an. Er ertrug die Verletzlichkeit ihrer Augen nicht, das Wissen, daß sie bereit war, jegliche Art Demütigung in Kauf zu nehmen. »Bitte, Peter«, sagte sie. »Bitte, Liebling. Ich weiß nicht, was über mich gekommen ist. Ich schäme mich so. Ich habe dich immer geliebt. Immer. Bitte.«

Es wäre so einfach gewesen, ja zu sagen: Sie zu umarmen, ihre Stirn zu küssen, den so lange geliebten Duft ihrer Haare einzusaugen, ihre Lippen wieder zu schmecken. Aber es wäre zu einfach gewesen: etwas für Feiglinge. Es wäre unehrlich. Wie könnten sie sich so anlügen? Alles hatte sich verändert, und nichts würde je wieder so sein wie zuvor.

Ich liebe sie einfach nicht mehr, dachte er, und Mitleid ist kein Ersatz für Liebe. Sie zu bemitleiden wäre eine Beleidigung.

Sie einfach so zurückzunehmen wäre ein Verrat an dem, was sie einmal besessen hatten. Vergebung kann nicht an- und ausgestellt werden wie elektrisches Licht. Vor einem Jahr hätte er sie ohne Zögern zurückgenommen, voll Freude, voller Erleichterung, aber nun war er nicht mehr der Mann, der er einmal gewesen war. Jenny hatte ihn verändert. Jennys Verrat hatte jemand anderes hervorgebracht. Sogar der Klang ihres Namens zerriß ihm nicht mehr das Herz.

»Ich kann nicht, Jen«, sagte er. »Es tut mir leid.«

Sie starrte ihn an, ihre Augen so traurig und alt, so verletzt, das Unglück rollte über ihre Wangen, Tränen der Trauer über die Sinnlosigkeit des Ganzen. Er wollte ihre Hand in seine nehmen, aber er traute sich nicht, aus Angst, ihr falsche Hoffnungen zu machen. Er durfte sie nicht anlügen. Das wäre das Grausamste, das er tun konnte. Wenigstens hatte dieses entsetzliche Jahr eine Art brutaler Ehrlichkeit hervorgebracht.

»Du hast mich beinahe zerstört«, sagte er.

»O Gott.«

Er nickte. »Ich wäre beinahe draufgegangen. Ich bin dem so nahe gekommen, daß es mich erschreckt, daran zu denken. Ich werde dieses Risiko nie wieder auf mich nehmen.«

Sie weinte nun richtig, von schmerzhaften Schluchzern geschüttelt, den Kopf gesenkt, mit zuckenden Schultern. Die anderen Gäste schauten herüber und, peinlich berührt, wieder weg.

Lieber Gott, was tun wir einander an.

Das Freundlichste, was er für sie nun tun konnte, war, sie dazu zwingen, auf eigenen Füßen zu stehen, die Verantwortung für ihr Leben zu übernehmen. Immerhin war sie erst zweiundvierzig. »Ich schäme mich so«, hatte sie gesagt – aber was war Scham anders als ein weiteres Sichgehenlassen? Scham ist kein Ersatz für Stolz. Zu lange war sie von anderen abhängig gewesen: Jetzt mußte sie lernen, auf sich gestellt zu sein. Und dann ... eines Tages ... vielleicht ...

Nur daß er wußte, daß das nie geschehen würde. »Sie ist ein Schlappschwanz«, hatte Monica gesagt, und Monica hatte wie immer recht. Jenny würde zu Donaldson zurückgehen und den Rest ihres Lebens mit ihm in einem stummen Kokon verbringen, der von Reue ausgehöhlt war. Was für eine entsetzliche Rache: Daß Donaldson und Jenny nun bis an ihr Lebensende aneinander gefesselt sein würden, dazu verdammt, sich gegenseitig unglücklich zu machen, unfähig, zu entfliehen; eine Art höhere Gerechtigkeit vielleicht, dennoch verspürte Hallam kein Triumphgefühl, nur eine tiefe Leere. Er sah sie an, das Gesicht, das er so geliebt hatte, und spürte gar nichts. Er trauerte um sich, um diesen Teil seiner Person, der verloren war. Der Tod der Liebe ist so tragisch wie der Tod selbst.

Jason Skudder trug einen dunklen dreiteiligen Anzug und eine rosa Fliege, als er das Penthouse-Büro des Vorstandsvorsitzenden im achtundvierzigsten Stock der Unternehmenszentrale im Herzen der City betrat.

Er stolzierte mit selbstsicherem Lächeln in Mullikens Büro. Seine Zähne blinkten. Sein kahler Kopf schimmerte vertrauenswürdig.

»Sie brauchen sich nicht zu setzen«, sagte Mulliken. »Es wird nicht länger als eine Minute dauern.«

Skudder setzte sich. Er schlug die Beine übereinander und lächelte.

»Ich sagte, Sie brauchen sich nicht hinzusetzen, Skudder.«

»Nee«, sagte Skudder. »Des is alles nurn Mißverständnis, Herr Vorsitzender. Ich kann alles erklärn.«

»Das bezweifle ich stark«, sagte Mulliken.

»Jetz ma ganz offinziell«, sagte Skudder und sah vertrauenerweckend aus, »es sin die Bankkredite, die wo Ihnen Sorgn machn, stimmts?«

»Unter anderem.«

Skudder spreizte seine Hände und lächelte breit. »Jetz ma ganz offinziell, Herr Vorsitzender, das is keine krumme Sache. Überhaupt nich. Ich un der Bankmanager dachten einfach, es wäre im Interesse der Firma, n paar ›Flunkerein‹ über die Sicherheitn für den Kredit zu erzähln.«

»Ein paar *Flunkereien*?«

»Ja, n bißchen sparsam mit der Wahrheit, verstehnse. Wir dachten, es is sinnvoll, die Zahln n bißchen zu frisiern, um die Firma am Laufn zu haltn. Besser als den Leutn zu sagn, daß wir Probleme habn.« Er krallte mit den Fingern in der Luft. »Wir warn sozusagn n bißchen „sparsam mit den Tatsachn“, wie ein Politiker sagn würde.«

»Lassen Sie mich mal etwas richtigstellen«, sagte Mulliken grimmig. »Sie haben fast alle der begabtesten und erfahrensten Mitarbeiter entlassen. Als Folge davon ist die Firma ein Trümmerfeld, und der Absatz ist innerhalb von einem Jahr um fast zwanzig Prozent zurückgegangen. Um Ihre Inkompetenz zu überdecken, haben Sie die Bücher frisiert und mich und den Vorstand angelogen. Sie haben in betrügerischer Absicht Firmensicherheiten doppelt, sowohl für private als für Unternehmenskredite, benutzt. Sie haben sich selbst ungerechtfertigte Erfolgsprämien und Aktienoptionen zugeschustert, die Pensionskasse ausgeräubert, private Investitionen auf Firmeninvestitionen draufgepackt, auf *Standby letters of credit* zurückgegriffen und weiß der Himmel noch für Dinge getan, die wir noch herausfinden müssen. Und Sie haben die Frechheit zu sagen, Sie hätten das alles im Interesse der Firma getan. Ist das richtig?«

»Nun, ich würde es nicht so ausdrücken, Käptn«, sagte Skudder.

»Das glaube ich gern.«

»Zum Beispiel habe ich die Pensionskasse nicht angerührt.«

Mulliken gönnte ihm ein grimmiges Lächeln. »Hören Sie, Skudder, Sie sind auf der Stelle gefeuert. Sie gehen ohne einen Penny, wegen groben Fehlverhaltens, Fahrlässigkeit, Amtsmißbrauchs, wegen egal was Sie sich noch vorstellen möchten, und wenn Sie versuchen, Ärger zu machen, geht die ganze Akte sofort an die Polizei. Ich wäre versucht, die Akte so oder so dorthin zu schicken, wenn es nicht dem Unternehmen großen Schaden zufügen würde, wenn gegen Sie ermittelt wird und sich herausstellt, daß unser Geschäftsführer ein Gauner ist.«

Skudder grinste. Seine blasse ölige Haut war straff über die Knochen seines Schädels gespannt. Er lehnte sich lässig in seinem Stuhl zurück und verschränkte die Finger hinter seinem Kopf. »Das können Sie nicht machen«, sagte er. »So geht das nicht, Herr Vorsitzender.«

»O ja?« sagte Mulliken. »Das werden Sie ja sehen. Und Sie werden auch nach diesem Gespräch nicht in Ihr Büro zurückkehren, Skudder. Sie haben schon genug Schaden angerichtet, da sollten Sie nicht die Möglichkeit erhalten, noch mehr zu zerstören. Ich habe Anweisungen gegeben, Sie nicht wieder ins Gebäude zu lassen. Ihre persönlichen Dinge werden Ihnen zugesandt werden – nachdem die Sicherheitskräfte sie durchgeschaut haben.«

Skudder lächelte. »Jetz ma ganz offinziell, Herr Vorsitzender, und zur Geschäftsordnung gesprochn, ich hab einen noch drei Jahre gehnden Vertrag.«

»Sie kriegen eine noch drei Jahre gehende Gefängnisstrafe, wenn Sie nicht aufpassen.«

Skudder gluckste. Es klang wie Abwasser, das leise unter die Erde gurgelte. Er schüttelte den Kopf. »Nee, das glaub ich nich«, sagte er. »Wissense, ich kann beweisn, das alles, das wo ich gemacht hab, mit Ihrm Einverständnis war.«

»Wovon sprechen Sie?«

»Ich hab Sie über alles, das wo ich gemacht hab, aufm laufenden gehaltn. Natürlich hab ich das.«

»Sie haben nichts dergleichen getan.«

Skudder nickte. »Ich hab Ihnen alle Dokumente geschickt, Herr Vorsitzender, alle Memos. Ich hab nix ohne Ihr Einverständnis gemacht.«

»Sie sind verrückt, Skudder. Und jetzt verschwinden Sie.«

Skudder lehnte sich vor. Seine Augen glitzerten. Die Knochen seines Schädels ragten vor wie Grabsteine. »Ich hab von allem Kopien«, sagte er, »un ich hab zwei Sektärinnen und einen Verkaufsleiter, die wo mir eidesstattliche Erklärungn gebn, daß ich Sie bei allem gefragt hab un Sie zugestimmt ham. Alles, was ich gemacht hab, ham Sie auch gemacht.«

Er lehnte sich zurück und lächelte. »Jetz ma ganz offinziell, Herr Vorsitzender, natürlich.«

Mulliken starrte ihn an.

Bluff. Es mußte ein Bluff sein. Natürlich. Jeder Rechtsanwalt, der halbwegs etwas taugte, würde Skudders »Beweise« an einem halben Nachmittag zerpflücken. Ein Paar dummer junger Sekretärinnen und ein mittlerer Angestellter? Ein anständiger Rechtsanwalt würde sie in der Luft zerreißen.

Aber man bedenke die Kosten eines Gerichtsverfahrens, die Ablenkung, die Zeitvergeudung, den Schaden für das Unternehmen und seinen Ruf. Monate voller Gezacker, Streiterei, Verdächtigungen. Und einige Leute würden glauben, daß Skudder die Wahrheit sagte. Es gab immer Leute, die es vorzogen, Lügen zu glauben, besonders in der City. Wie konnte er *beweisen*, daß Skudder log? »Kein Rauch ohne Feuer«, würden die Leute behaupten und vielsagend schauen. »Ich habe mir immer gedacht, daß dieser Mulliken ein aalglatter Typ ist.«

»Vielleich warnse immer zu beschäftigt mit den annern Firmen«, sagte Skudder. »Vielleich hattense nie Zeit, das Zeug zu lesn, das wo ich Ihnen geschickt hab.«

Er grinste affektiert.

Das Arschloch hat mich an den Eiern.

»Wieviel wollen Sie?« sagte Mulliken.

Skudder lächelte. Seine Augen lagen dunkel in den Augenhöhlen. Er ließ seine Knöchel knacken. »Ich will nich mehr, als was mir durch meinen Vertrag zusteht«, sagte er. »Das sin drei Jahresgehälter. Das sin fünfhunnertfünfunzwanzig Riesen. Das is nur gerecht.«

Mehr als eine halbe Million Pfund!

Nein, dachte Mulliken. Niemals. Unmöglich. Nur über meine Leiche.

Aber wieviel würde ein Prozeß kosten? Mindesten eine halbe Million, wenn sich der Vorlauf über ein paar Jahre erstrecken würde, wie es bei solchen Fällen ja oft vorkam. Und was war mit der Zeit und den Anstrengungen, die vergeudet würden, wenn man versuchte, Beweise zu sammeln, wenn man Akten durchgehen, Zeugen befragen, Rechtsanwälte konsultieren würde, eidesstattliche Erklärungen abgeben müßte? Und die ganzen Leute, die sich entschließen würden, lieber Skudder zu glauben als ihm . . .

Und der Mann hatte einen Vertrag. Dort stand es schwarz auf weiß: drei Jahre Kündigungsfrist; eine rechtliche Verpflichtung. Das hatte überhaupt nicht das geringste mit Moral zu tun: Das war das Gesetz, und das ist ganz und gar nicht dasselbe.

Mulliken verzagte. »Also gut«, sagte er. »Ich werde Halliday anweisen, Ihnen so bald wie möglich einen Scheck zu schicken. Dafür bekommen wir von Ihnen ein unterschriebenes Stillhalteabkommen, in dem Sie sich verpflichten, niemals irgend etwas von diesen Vorgängen gegenüber irgend jemanden zu erwähnen, und ich meine irgend jemanden.«

Skudder schenkte ihm ein breites Lächeln. Etwas glitzerte in seiner Mundhöhle.

»Supa«, sagte er.

Er kommt damit durch, dachte Mulliken bitter. Ich habe keine Wahl. Aber wenigstens ist Carsh richtig bestraft worden: Er ist dazu verdammt worden, die Filiale der Millenium Bank in Zaire zu leiten. Wenigstens gibt es manchmal Gerechtigkeit in der Welt.

»Sagen Sie mal, Skudder«, sagte Mulliken, »stimmt es, daß Carsh Ihr Schwager ist?«

»Und wenn schon?«

»Also stimmt es.«

»Ja, hat meine Schwester geheiratet. Hatse dick gemacht.«

»Also deswegen hat Carsh Sie empfohlen: Weil Sie sein Schwager sind.«

Skudder hob trotzig das Kinn. »Also was is daran nich in Ordnung? Wir sin alte Schulkameraden.«

»Sie und Carsh sind zusammen zur Schule gegangen?«

»Yeah, Eton.«

»*Eton*? Du liebe Güte!«

»Ich fands da nie so dolle. Wir nannten es Absonderschule.«

»Sie waren in *Eton*? Warum sprechen Sie dann wie ein Proll?«

Skudders Augen verengten sich. »Wie meinensen das?«

»Warum sprechen Sie nicht anständig, wenn Sie in Eton waren?«

Skudder runzelte die Stirn. »Hier Mista! Ich red anständig, genauso wies auch allen annern machen tun. Es sin nurn paar alte Gruftis un Runzelmänner wie Sie, die wo hochgestochn redn. Ihre Zeit is um, Kumpel. Das wars. Sie hams hinter sich. Es sin wir, die wo jetzt am Ruder stehn. Das Volk.« Er schnippte mit den Fingern.

»Gott helfe uns allen«, sagte Mulliken.

Skudder stand auf, um zu gehen. »Nur eins noch, Skipper. Diese öffentliche Meldung. Wir sagen beide, ich geh auf eignen Wunsch, okay? Ich gehe wegn „neuer Positur" un um „aufregende neue Herausforderungen" zu findn, yeah?« Er krallte mit den Fingern.

»Hauen Sie ab, Skudder«, sagte Mulliken. »Und ich hoffe sehr, daß Sie eines Tages bekommen, was Sie verdienen.«

Skudder lachte. »Darauf würde ich mich nich verlassn, Süßer«, sagte er. »Darauf würde ich mich ganz un gar nich verlassn. Ack-ack-ack-ack-ack.«

Nachdem Skudder aus seinem Büro stolziert war, ging Mulliken quer durch den Raum zum Schränkchen mit den Getränken und schenkte sich einen ordentlichen Whisky Soda ein. Er brauchte ihn jetzt wirklich dringend. Er hätte das Fenster geöffnet, um frische Luft hereinzulassen, wenn das möglich gewesen wäre, nur sind Fenster im achtundvierzigsten Stock von Wolkenkratzern im Herzen der City zugeschweißt, für den Fall, daß es wieder eine Depression gibt und die Wirtschaftsmagnaten in Versuchung geraten zu springen: Man muß sich einfach mit dem Geruch abfinden, wie unappetitlich er auch immer sein mag.

Drei Jahresgehälter. Fünfhundertundfünfundzwanzigtausend Pfund. Es war schockierend: unerträglich; eine Affenschande. Aber gab es eine andere Wahl?

Er nahm einen kräftigen Schluck Scotch und summte über die Sprechanlage seine Sekretärin an.

»Würden Sie mir bitte Hallam herbeischaffen?«

Hallam: der eindeutige Kandidat, stach ihm ins Auge. Warum hatte er vorher nie an ihn gedacht?

Lee Yeomans saß am Schreibtisch neben dem großen Schaufenster von Boggitt, Burlap und Boggit und schrieb den Waschzettel zu einem Haus, das kurz vor dem Kollaps stand (›reizendes Anwesen, bedarf ein wenig der Renovierung‹), als Enoch Sheepshank anrief.

Sheepshank klang nicht glücklich. »Wir ham Hausbesetzer«, sagte er.

»Verdammt.«

»Yeah. Vier Stück. Zwei weiße Rumtreiber und ein Paar Dunkelhäutige.«

»Scheiße auch!« sagte Yeomans.

»Also wie kriegen wir die raus? Die ham alle Schlösser ausgetauscht.«

»Haben sie die Tür aufgebrochen? War es Einbruch?«

»Sieht nicht so aus. Konnte keine Beschädigungn erkennen.«

»Verflucht! Sie müssen einen Schlüssel benützt haben. In diesem Fall haben sie sich den Zugang nicht mit Gewalt verschafft, und deshalb müssen Sie einen Gerichtsbeschluß erwirken.«

»Scheiße! Wie lange wird das denn dauern?«

»Das kann Wochen dauern, vielleicht auch Monate.«

Sheepshanks Stimme näherte sich der Hysterie. »Dann ist von dem Haus nichts mehr übrig«, sagte er. »Die verwüsten es ja jetzt schon. Eine ganze Reihe von Fenstern sind kaputt, das Außenlicht ist zertrümmert, und es sieht aus, als hätten sie Bodendielen über die Türen genagelt. Im Wohnzimmer sind lauter Rauchspuren an den Wänden, weil sie dort ein Feuer angezündet ham.«

»Verdammte Wilde.«

»Also wie kriege ich einen Gerichtsbeschluß?«

»Sie müssen einen Antrag stellen, dann gibt es eine Anhörung vor dem Zivilgericht.«

»Scheiß der Hund drauf! Wieviel wird das alles kosten?«

»Rechtsanwälte, Gerichtskosten – Hunderte, vielleicht einen Tausender oder noch mehr.«

»Scheiße!«

»Wenn alles gut läuft, gibt es einen Räumungsbefehl. Dann schließt sich eine komplizierte bürokratische Prozedur an: Du mußt dich genau an die Regeln halten, die im sogenannten *Weißen Buch* stehen. Du mußt alles richtig und in der richtigen Reihenfolge machen, sonst fängt alles wieder von vorne an. Die Polizei geht rein, und in der Theorie müssen die Besetzer dann rausgehen und still von dannen ziehen. Das ist die Theorie. Wenn sie sich widersetzen, dann . . . naja, darüber sollte man besser nicht nachdenken.«

»Verflucht noch mal« Sheepshanks Stimme wurde lauter. Er klang panisch. »Ich kann nicht monatelang rumhängen, bevor ich das Ding verkaufe. Ich muß es schnell verkaufen. Ich kann mir nicht leisten, den Kredit länger laufen zu lassen. Du hast gesagt, wir würden es schnell verkaufen können.«

»Es tut mir leid, alter Nörgelfritze, aber der Markt ist zusammengebrochen. In den letzten paar Wochen hat sich alles verändert. Die Leute kaufen im Moment einfach nicht.«

Sheepshank explodierte. »Aber wenn das so weitergeht, geht unser ganzer Gewinn bei diesem Haus flöten. Was ist bloß mit den verdammten Gesetzen los, he? Es handelt sich doch um ein Vergehen, oder nicht? Einfach in die Immobilie von jemand anderem reinspazieren und sie sich unter den Nagel reißen? Das ist doch schlicht und einfach

Diebstahl, oder etwa nicht? Warum läßt man sie damit durchkommen?«

»Überall Halunken«, sagte Yeomans. »Es ist schockierend.«

»Wie können Leute einfach das Gesetz brechen und damit durchkommen?«

»Frag mich was Leichteres. Passiert ständig. Überall krumme Gestalten.«

»Was die Sache noch schlimmer macht, einer von ihnen ist Hallams Sohn.«

»Was?«

»Hallam. Der Opa, von dem wir das Haus gekauft haben. Sein Sohn ist einer der Besetzer.«

»Nein!«

»Doch: häßlicher Typ, schwer behaart. Trägt einen Pelzmantel und einen Gardinenring im Ohr. Sollte einen Knochen durch die Nase tragen. Ich habe ihn erkannt, als ich durchs Fenster geschaut habe. Und schmutzig ist es! Es riecht jetzt schon wie bei einem Stinktier auf dem Scheißhaus. Bis wir die da raushaben, müssen wir das Haus reparieren und neu anmalen und ausräuchern, und wenn wir noch irgendeinen Gewinn erzielen, haben wir Glück gehabt.«

»Hallam!«

»Soviel dazu, daß du gesagt hast, wir verdienen uns daran dumm und dämlich, dieser Gimpel Hallam muß unbedingt verkaufen.«

»Nun, so war es ja auch, oder nicht? Wir haben das Haus zu einem Spottpreis bekommen, oder nicht? Ich wußte doch nicht, daß es so kommen würde.«

»Du hast mir gesagt, Hallam sei ein Trottel!« schnappte Sheepshanks.

»Ja, es ist furchtbar«, sagte Yeomans traurig. »Heutzutage kann man niemandem mehr trauen.«

Matthew Hallam schloß die Tür des besetzen Hauses hinter sich, schrie Ben zu, die Dielen wieder zu verkeilen, und nahm einen Bus in die Stadt, um sich beim Arbeitsamt zu melden. Es war fast wie in einem Club dort: Alle waren da, die üblichen Leute, die von F bis J, standen wie immer vor den acht Schaltern Schlange und schlurften alle ein bis zwei Minuten ein Stück nach vorne, um die Formulare zu unterschreiben, in denen sie behaupteten, sie seien arbeitslos, sie hätten in den vergangenen zwei Wochen nichts verdient und hätten täglich mehrere Stunden damit zugebracht, sich nach Arbeit umzusehen und sich zu bewerben. Es war natürlich alles gelogen, und jeder wußte das, von den Angestellten hinter den Schaltern bis zu den Leitern in den kleinen Büros dahinter. Joe Greenfield dort drüben führte als Fensterputzer einen sehr erfolgreichen kleinen Betrieb, aber ging seit Jahren stempeln. Fred Iliffe war ein freiberuflicher Klempner, Mike Johnson ein Zimmermann, Rachel Henton eine Teilzeit-Hure in einem Massage-Salon. Die kürzeste Schlange war am neunten Schalter, ganz rechts, wo ein paar ehrliche Seelen erklärten, daß sie in den vergangenen vierzehn Tagen doch etwas verdient hätten und daß ihnen deshalb kein Arbeitslosengeld zustehe. Alle anderen im Raum hielten sie für Idioten.

Ein kleines Stück vor Matthew in der gleichen Reihe stand Sharon Jennings, die Angestellte des Arbeitsamts. Er stutzte. Sharon? Stand für Arbeitslosengeld an? Was um alles in der Welt tat sie hier? Normalerweise war sie vorne hinter einem der Schalter und bellte die Arbeitslosen an. Nun schlurfte sie mit ihnen langsam nach vorne, stämmig und verstimmt, in einem Anorak, der mit einer roten Aids-Schleife verziert war. Sie trug ein T-Shirt mit dem irgendwie verwirrenden Slogan FUCK MEN und ein tödlich aussehendes Paar schwarzer Rocker-Stiefel.

Kraß. Sharon, die Sachbearbeiterin des Arbeitsamts, stand selbst in der Schlange für Arbeitslosengeld.

»Na, Shar«, sagte Matthew.

Sie drehte sich um und schaute ihn böse an. »Was willste?« sagte sie.

»Was machst du denn hier? In der Schlange?«

»Kümmer dich um deinen eignen Scheißdreck.«

»Biste denn selbst arbeitslos, Shar?«

»Un wenn schon, he? Was gehts dich an?«

»Hast du denn deine Stelle verloren?«

Sie machte ein Geräusch, das an das Knurren eines Rottweiler erinnerte. Sie drehte sich weg.

»Aber sie entlassen Beamte doch nie«, sagte Matt. »Beamte haben eine Stelle auf Lebenszeit.«

Sie drehte sich zu ihm nach hinten und fletschte die Zähne. »Das war ma«, fauchte sie. »Sie ham das wohl geändert.«

»Das heißt, du bist entlassen worden?«

Sie schaute weg. »Diese alte Hexe Monica Partridge kam hier gestern rein un sagte, sie wolle einen Antrag auf Arbeitslosengeld stelln ...«

Monica! Ging stempeln!

»... und als se sagte, se is zweiunsiebzig, hab ich gesagt, sie is zu beschissn alt für Arbeitslosengeld und soll sich zur Sozialhilfe verpissn. Dann hat sie gesagt: ›Reden Sie nicht in diesem Ton mit mir, junge Dame.‹ Sag ich: »Nennense mich nich Dame, Sie alte Schachtel, un ich sprech mit Ihnen in sonem beschissnen Ton, wies mir paßt.‹ Also hat sie sich bei der Leiterin beschwert, und die Leiterin sagte, ich wär einmal zu oft grob zu den Kunden gewesn und ich flieg raus. Ich war nie zu irgend jemand grob, schon gar nich zu dieser Partridge-Hexe, der alten Schachtel. Wenn ich die jemals nochma treffe ...«

398

Monica!

»Sie ist meine Oma«, sagte Matthew, »und eine alte Hexe ist sie allerdings.«

»Ich genieße diesen Rache-Ulk ziemlich«, sagte Monica heiter. »Ich denke, ich könnte einen Beruf daraus machen. Ich könnte mich an allen möglichen Leuten rächen – Politessen, Leute, die auf dem Bürgersteig radfahren oder Müll auf die Straße werfen oder ihre Hunde überall hinscheißen lassen. Das wäre eine gute Sache: Du könntest ihnen die Hundehaufen durch die Briefkästen zustellen. Oder Kids mit Ghettoblaster. Oder Autofahrer, die mit diesen gräßlichen »Ein Herz für Kinder«-Aufklebern rumfahren. Bettler, die es gar nicht nötig haben zu betteln. Alarmanlagen an Autos, die die ganze Nacht aufjaulen. Leute, die in Restaurants Mobiltelefone benutzen. Hast du eine Vorstellung, was all die Strahlen mit dem Essen der anderen Besucher anstellen? Und über Raucher beschweren sie sich. Graue Rache an die Macht! Was meinst du, Hank?«

Der Kaktus schien darüber nachzudenken, aber er gab keine Antwort.

»Dad«, sagte Susie, »jetzt, wo du zwei Schlafzimmer hast, kann ich wieder zu dir ziehen? So richtig dauerhaft? Ich hasse es, bei Mum und ihm zu leben. Ich hasse die Atmosphäre dort.«

Ihre Augen sind so klar und eifrig, ihre Liebe zum Leben ist so offen, ihre Liebe zu mir so echt. Wie kann ein Mann seine Tochter nicht lieben? Aber wie kann ein Mann auch seinen Sohn nicht lieben? Diese Dinge sind voller Mysterien. Aber ich muß mich mit Matt versöhnen, eines Tages, irgendwie. All das wird vorübergehen, und Matt und ich werden eines Tages wieder Freunde sein. Er umarmte sie. »Natürlich«, sagte er.

»Sie sind ganz klar der richtige Mann, Peter«, sagte Mulliken. »Sie sind weit und breit der beste Kandidat, um Skudders Saustall wieder auszumisten.«

Hallam schaute über Mullikens Schulter hinweg. Es war ein lieblicher Sommertag. Hier oben im achtundvierzigsten Stock, hinter den dicken Spiegelglasfenstern war der Himmel von einem tiefen Blau mit Wolken wie Baumwollfetzen und Vögeln, die frei dahinglitten. Dort draußen ging das Leben weiter, als wäre absolut nichts passiert. Was hier drin geschah, hatte mit dem Leben wenig zu tun.

»Wenn irgend jemand den Negativtrend beim Absatz umkehren kann, sind Sie das«, sagte Mulliken. »Sie waren immer ein brillanter Verkaufsleiter.«

Also warum haben Sie zugelassen, daß Skudder mich rauswirft? Wo waren Sie, als wir Sie alle gebraucht hätten?

»Ich muß um Verzeihung bitten«, sagte Mulliken. Er sah demütig aus. »Ich habe Sie abscheulich behandelt, als Sie hierherkamen, um mich wegen Skudder zu warnen. Ich war unverzeihlich grob. Es tut mir leid. Bitte vergeben Sie mir.«

Hallam zuckte mit den Schultern. Es schien nicht mehr wichtig zu sein. Irgendwie waren Skudder und Gorman und selbst Mulliken geschrumpft und schienen nur noch von begrenzter Bedeutung zu sein, Mulliken, Skudder und Gorman: Das klang wie eine zweifelhafte Anwaltssozietät.

»Ich hätte auf Sie hören sollen, Peter. Ich bedaure das nun zutiefst. Sie waren der einzige in der ganzen Firma, der den Mumm hatte, sich auf die Hinterbeine zu stellen, und wir haben Sie schändlich behandelt. Ich bin fest entschlossen, das wieder gutzumachen. Aber das ist nicht der Grund, warum ich Ihnen den Top-Job anbiete. Das tue ich, weil Sie zweifellos der beste Mann dafür sind. Außerdem haben Sie das Vertrauen der Mitarbeiter, Peter. Ich habe das sondiert, und die stünden alle voll hinter Ihnen. Mich eingeschlossen. Und auch Aufsichtsrat und Geschäftsleitung. Wir würden tun, was wir können, um Ihnen alles zu geben, was Sie brauchen, um die Firma wieder auf den Weg zu bringen.«

Geschäftsführer. Der Top-Job. Ein protziges Gehalt. Ein protziges Auto. Die Herausforderung, die Spannung, das Gefühl des Erfolgs. Das war etwas, wovon er oft geträumt hatte, als er noch jünger gewesen war, als er sich noch erlaubt hatte zu träumen. Aber jetzt?

Will ich das alles wirklich? Ja. Nein. Vielleicht.

»Wir müßten dringend den Bankkredit neu verhandeln«, sagte er.

»Ja«, sagte Mulliken, »daran arbeite ich bereits. Die Millenium ist äußerst hilfsbereit. Es ist ihnen zutiefst peinlich, was passiert ist. Dean Carsh ist in die Wildnis von Zaire verbannt worden. Hoffentlich wird er von den Pygmäen gefressen.«

Hallam lächelte. »Wir müßten mehrere Abteilungen umstrukturieren. Zwei oder drei unserer bisheriger Zulieferer austauschen – einige haben uns immer zuviel berechnet, selbst zu den Zeiten von Andy Unwin.«

»Was immer Sie für nötig halten.«

»Wir müßten in der Produktion einiges verschlanken. Es geht dort zu schwerfällig zu. Und es tut mir leid, sagen zu müssen, daß ich ein paar Leute loswerden muß.«

»Aber selbstverständlich.«

»Einige nutzlose Esser, die Skudder mitgebracht hat. Da gibt es einen Kerl namens Gorman, der Verkaufsleiter…«

»Was immer Sie meinen, Peter. Sie sind der Chef.«

»Und ich möchte, daß George Pringle und Elsie Benson an ihre Arbeitsplätze zurückkehren können.«

»Wer?«

»Zwei ausgezeichnete frühere Kollegen aus der Verkaufsabteilung. Skudder hat sie völlig grundlos entlassen.«

»Sie können jeden haben, den Sie wollen.«

Jeden, den Sie wollen. Endlich der Top-Job, nach all diesen Jahren, und freie Hand, und nun bin ich überhaupt nicht sicher, ob ich ihn tatsächlich haben will.

»Ich brauch achtundvierzig Stunden, um mich zu entscheiden.«

»Wenn es ums Geld geht, Peter...«

»Es geht nicht ums Geld.«

»Wir haben Skudder hundertfünfundsiebzigtausend im Jahr bezahlt.«

Hölle noch mal. Heilige Kuh.

»Wir könnten, wenn nötig, etwas höher gehen.«

Was hätte das für einen Sinn? Das meiste würde wahrscheinlich nach der Scheidung in Jennys Portemonnaie landen. Und was noch schlimmer war, vielleicht in Donaldsons Portemonnaie.

»Es geht mir nicht ums Geld. Ich muß zurückgehen, um wieder ein Verhältnis dazu zu gewinnen. Ich muß in die Bücher gucken, mit den Mitarbeitern sprechen und einige der neuen Leute kennenlernen. Skudders neue Leute. Mal auf den Zahn fühlen.«

»Natürlich. Gute Idee. Morgen?«

»Gut.«

»Um neun?«

»Das paßt mir.«

Ich rufe Rosie im Hotel an und sage ihr, daß ich einen Tag freinehmen muß und sage ihr auch, warum. Ich werde Rosie alles erzählen. Sie wird es verstehen. Sie wird vielleicht sogar stolz auf mich sein.

»Phantastisch«, sagte Mulliken. »Mein Fahrer wird Sie um neun Uhr abholen. Prendergast hält zur Zeit die Stellung im Büro. Ich werde ihm sagen, daß Sie kommen.«

»Okay.«

Aber will ich diese Stelle wirklich haben? Ich könnte Shane

Gorman feuern. Und diese hochnäsige kleine Kuh Melody Canter. Und diese Hexe in der Personalabteilung, Skudders ekelhafte Geliebte Schlag-mich-tot, die Fionas Platz eingenommen hat. Und ich könnte Keith Smith zum Verkaufsleiter machen. Und einige der besten unter den Jungen befördern – Mary Flanagan, Harry Forbes, Jemima Richards. Es ist schön und gut, die Uhr zurückzudrehen und einige der alten Mitarbeiter wieder einzustellen, aber man muß auch nach vorne schauen. Am Ende hängt die Zukunft von den Jungen ab. Und indem ich dieses Angebot annehme, kann ich zeigen, daß auch die netten Kerle manchmal die Gewinner sind, daß nicht immer die Arschlöcher am Schluß auf dem Treppchen stehen. Aber will ich es wirklich noch? Hallam stand auf, um zu gehen.

»Wir brauchen Sie«, sagte Mulliken.

»Ich weiß«, sagte Hallam. *Aber brauche ich euch noch?*

Mullikens Chauffeur kam eine Minute vor neun, um Hallam ins Büro zu fahren. Es war ein sonderbares Gefühl, lautlos und luxuriös auf dem weichen Rücksitz einer Limousine durch die Straßen zu schweben, nachdem er sich so viele Monate zu Fuß und mit öffentlichen Verkehrsmitteln fortbewegt hatte. Die Wirklichkeit schien auf Distanz gehalten, als wäre er durch eine unsichtbare Mauer von ihr getrennt. Liegt es daran, daß Präsidenten und Premierminister und Vorstandsvorsitzende großer Unternehmen so oft den Kontakt zur Realität verlieren? Wenn er zustimmen würde, die Stelle anzunehmen, würde er sich wohl andauernd so fortbewegen. Es gäbe keine Stoßzeiten mehr, kein Drängeln und Schubsen in Bussen und Zügen, er würde sich nicht mehr mit dem Ellbogen einen Weg durch die Menge auf dem Bürgersteig bahnen, anonym in Gewühl. Er würde jeden Morgen zur Arbeit schweben, vom eigenen Chauffeur im eigenen Firmenwagen gefahren, und wenn er das Büro erreichte, würde er rasch emporgetragen werden, zu seinem Adlerhorst in der obersten Etage mit Blick auf den Flur, dem weichen Teppich und der lächelnden Sekretärin. Er würde den Hörer abheben, und die Leute würden loshasten, um seine Befehle auszuführen. Er würde lächeln, und sie lächelten, er würde die Stirn runzeln, und sie runzelten die Stirn. Früher, vor langer Zeit, hatte er davon geträumt, es nach ganz oben zu schaffen, doch wollte er das noch? Wollte er wirklich diese Trennung von der Realität? Wie dumm, wenn man sich überlegte, daß der Top-Job nun endlich in Reichweite war, aber er ihn vielleicht nicht mehr wollte.

Es war sonderbar, das Gebäude nach so vielen Monaten wieder zu betreten. Es wirkte so heimisch und doch auch ganz anders, als hätte die Zeit sich seitlich bewegt. Billy Prendergast war in der Lobby, um ihn zu begrüßen, als er die Eingangshalle betrat.

»Billy.«

»Peter.«

Sie schüttelten sich die Hand.

»Schön, Sie wiederzusehen.«

»Sie auch. Herzlich willkommen in der alten Wirkungsstätte. Wir haben Sie vermißt.«

Sie nahmen den Fahrstuhl nach ganz oben, zu Skudders Büro, Andy Unwins Büro – sein Büro, wenn er wollte.

Melody Canter und die kremige Rothaarige saßen noch immer in ihrem kleinen Vorzimmer. Melody stand von ihrem Stuhl auf und schenkte ihm ein hinreißendes Lächeln. Zum ersten Mal überhaupt sah sie ihn richtig an, tief in die Augen. Er hatte vergessen, wie unglaublich gut sie aussah, mit was für blauen Augen. Sie sah frisch und neckisch aus. Die winzige blaue Delphin-Tätowierung tanzte auf ihrem schmalen Handgelenk.

»Herzlich willkommen, Mr. Hallam«, sagte sie überschwenglich. »Es is wirklich toll, Sie wiederzusehn.«

»Melody«, sagte er.

Wie könnte ich denn ein Mädchen wie sie feuern? Was hätte das für einen Sinn? Es lohnt sich nicht, an den Melodys dieser Welt Rache zu üben.

In Skudders Büro konnte er es nicht über sich bringen, sich in Skudders Stuhl zu setzen. Der Sessel stand verloren und leer hinter dem Schreibtisch, viel kleiner, als er ihn in Erinnerung hatte. Die Sitzfläche hing durch. Das Büro war auffallend schäbiger, der Teppich an manchen Stellen abgetreten, die Wände schrien nach frischer Farbe, über den Fenstern lag ein Hauch von Schmutz. Der Schreibtisch stand noch immer am Fenster, das Sofa an der rechten Wand, die Gemälde und Drucke waren so unattraktiv wie eh und je. Sein eigenes Leben war völlig auf den Kopf gestellt worden, aber hier war sogar der Geruch noch der gleiche: Es roch schwach nach Staub. War es möglich, daß hier einmal die Höhle einer Bestie gewesen war? Warum hatten alle solche Angst vor ihm gehabt? Auf dem Schreibtisch stand die silbergerahmte Fotografie einer jungen Frau mit zwei kleinen Kindern. Hallam nahm sie hoch.

»Skudders Frau und seine Kinder«, sagte Prendergast. »Wir schicken es ihm zu.«

Hallam starrte auf das Foto. Skudder verheiratet? Skudder ein Vater? Irgendwie schien das nicht möglich. Liebten Skudders Kinder ihn? Natürlich taten sie das: Er war ihr Vater. Daran mochte man gar nicht denken.

»Ich mache mal eine kleine Wanderung«, sagte Hallam.

»Wollen Sie, daß ich mitkomme?«

Hallam schüttelte den Kopf. »Ich will nur so ein wenig durchschlendern, einen Eindruck von der Atmosphäre kriegen. Ich will dem Herzschlag des Gebäudes lauschen.«

Prendergast lächelte. »Es ist wirklich sehr gut, daß Sie wieder hier sind«, sagte er.

Er wanderte die Flure entlang, die er seit so vielen Jahren kannte, steckte seinen Kopf mal in dieses, mal in jenes Büro. Er wurde herzlich begrüßt von denen, die er kannte, und denen vorgestellt, die er nicht kannte. Zwei der Sekretärinnen aus der Verkaufsabteilung kamen auf ihn zu und umarmten ihn. Eine von ihnen weinte. Wie konnte ein Mann wie Skudder, ein Mann mit Frau und Kindern, in der Lage sein, so viele Leute so unglücklich zu machen? Wie war es möglich gewesen, daß er damit so lange durchgekommen war? Die Gier in den Spitzenetagen, das war es, und Gefühllosigkeit und das völlige Fehlen von Moral im modernen Geschäftsbetrieb. Der Gewinn war alles heutzutage, Unglück zählte nicht. Wenn Leute Nervenzusammenbrüche hatten, wen scherte das schon? Es gab haufenweise Arbeitslose, die nur zu froh waren, wenn sie sie ersetzen konnten. Früher hatte es einmal starke Gewerkschaften und Berufsverbände gegeben, die die Angestellten vor Chefs wie Skudder beschützt hatten, aber die gab es nicht mehr. Die Gewerkschaften waren in Ketten gelegt worden. Das Pendel der Macht war nun zu stark in die andere Richtung geschwungen.

In Hallams eigenem früheren Büro begrüßte ihn Shane Gorman mit übertriebener Unterwürfigkeit: Finger-Gorman, die Plage der Frauen in der Verkaufsabteilung, war nun nervös und machte zuckende Bewegungen. Er erhob sich rotgesichtig und schwer atmend hinter seinem Schreibtisch und lächelte ölig, als Hallam sein Büro betrat.

»Mr. Hallam, Sir«, quiekte er in seiner hohen Stimme. »Wie gut es tut, Sie wiederzusehen.«

Hallam nickte. »Gorman«, sagte er.

Gorman streckte ihm die Hand entgegen. Fingers Finger. Hallam beachtete sie nicht.

Ich könnte ihn jetzt feuern, in diesem Augenblick, wenn ich wollte. Finger-Gorman: faul, verloren, korrupt, versoffen, gefährlich; ein Mann, der Strafe verdient hatte. Aber irgendwie war er nicht mehr richtig in Rächerstimmung. Monica besäße die Entschlossenheit, damit weiterzumachen. Monica würde Rache üben, ohne zu erlahmen, bis zum Ende, aber mein Rachedurst ist schon befriedigt. Was Haß angeht, bin ich das, was Monica ein Weichei nennen würde.

»Zu viele Gauner verderben den Brei, was Gorman?«« sagte er.

»Wie bitte?«

»Sie haben mich genau gehört.«

Sein altes Büro war kleiner, als er es in Erinnerung hatte, nahezu winzig. Es erschien dunkel und trist. War er wirklich so viele Jahre seines Lebens hier eingepfercht gewesen? Ein Gefühl der Melancholie, der vergeudeten Zeit überwältigte ihn.

Keith Smith stand neben Doreens altem Schreibtisch in der Ecke: Keith, der ihm die Munition gegeben hatte, um Skudder zu stürzen; seine Geheimwaffe.

»Keith«, sagte Hallam und schüttelte ihm warm die Hand.

»Mr. Hallam.«

»Peter bitte.«

»Peter. Herzlich willkommen. Es ist schön, daß Sie wieder da sind.«

»Danke.«

Wie kann ich diese Leute im Stich lassen?

»Ich muß nachher mit Ihnen reden, Keith«, sagte er. »Im Büro des Geschäftsführers. Also gehen Sie nicht zu früh nach Hause. Lassen Sie sich zuerst noch mal dort blicken.«

Gorman stand mit hochrotem Gesicht neben seinem Schreibtisch.

»Sie können heimgehen, wann immer Sie wollen, Gorman«, sagte Hallam. »Sie werde ich nicht brauchen.«

Hallam wanderte mehrere Stunden lang durch das Gebäude, blieb stehen, um mit Leuten zu reden, fragte nach ihren Problemen, den Schwierigkeiten der Firma, ihren Hoffnungen, ihren Verbesserungsvorschlägen. Verzagtheit hing in der Luft, ein unerwartetes Gefühl des Niedergangs. Irgendwie war alles vergiftet worden. Skudders Geist spukte in den Fluren: Nur Erfolg würde es ermöglichen, die Erinnerung an Skudder und sein Regime auszutreiben.

Als der Abend seine weiche Dunkelheit über der City ausbreitete, saß er auf dem Sofa in Skudders Büro, schaute hinaus in die Dämmerung und dachte über seine Möglichkeiten nach. Eine Depression, so düster wie die heraufziehende Nacht, umhüllte sein Haupt.

Ich will diesen Job überhaupt nicht, dachte er. Ich habe die Nase voll. Man sollte nie zurückgehen. Es wäre ein Riesenfehler. Ich habe mich so verändert und die Firma auch. Wir gehören nicht mehr zusammen.

Und doch . . .

Oh, scheiß drauf! Pflicht. Immer dieses Pflichtgefühl, dieses verdammte Gefühl der Verantwortung, das Gefühl, es sei wichtig, das Richtige zu tun. Warum hänge ich so an diesem puritanischen Gefühl, daß jeder Mann, der etwas taugt, unumgängliche Pflichten hat? Einer muß das Format haben, um diese Aufgabe anzunehmen und die Dinge wieder in Ordnung zu bringen, und außer mir gibt es niemanden. Sie sind abhängig von mir: Nicht Willie Mulliken oder der Vorstand oder die Bonzen der City, aber die ganz normalen Mitarbeiter. Wie kann ich mich einfach umdrehen und sie im Stich lassen und weggehen?

Als der Mond bleich über dem Fluß aufging, saß er schließlich doch in Skudders Sessel an Skudders Schreibtisch und rief Monica an, um sie um Rat zu fragen. Monica würde wissen, was er tun sollte. Monica war der weiseste Mensch, den er kannte.

Sie hörte ihm zu, dachte nach und hörte weiter zu.

»Ich finde, du solltest da weggehen«, sagte sie am Ende. »*Nein* ist ein wunderbares Wort. Es ist so klar und unkompliziert. Wir sollten alle lernen, öfters *nein* zu sagen.«

Ja.

»Und wenn du immer noch auf Rache aus bist, dann ist es doch die beste Rache überhaupt, *nein* zu sagen. Gut zu leben soll ja die beste Rache sein, aber noch besser ist die Rache der vollkommenen Unabhängigkeit, die Rache, die sagt: ›Haut ab, mich könnt ihr nicht kaufen.‹ *Nein* sagen bedeutet die höchste Freiheit.«

Ja?

Sie lachte, in ihrer Stimme hörte man ein halbes Jahrhundert Exzentrik. »Und das ist meine eigene kleine Rache an dir«, sagte sie, »daß du nach all den Jahren mich um Rat fragst. Du hast früher über mich gelacht, nicht wahr, Peter? In der guten alten Zeit. Du dachtest, ich wäre eine komische Figur, ein unnötiger Esser. Ich war die verrückte alte Monica, die bekloppte Omi, die übergeschnappte Schwiegermutter. Aber jetzt kommst du zu mir, um zu fragen, was du tun sollst. Ich bin so froh darüber. Und von jetzt ab können wir wirklich Freunde sein.«

»Du bist der weiseste Mensch, den ich kenne, Miss Grütze«, sagte er. »Du scherst dich keinen Deut, was irgend jemand über dich denkt. Es interessiert dich nicht die Bohne. Das bewundere ich wirklich. Aber natürlich bist du trotzdem total verrückt.«

Sie stieß ein knirschendes Gelächter aus. »Weißt du schon das Neuste«, sagte sie. »Matthew hat endlich eine Stelle.«

»Ein Wunder. Halleluja. Preiset den Herrn.«

»Und zwar gar keine schlechte Stelle. In einem Büro, Angestellter mit Aufstiegschancen. Und Susie hat mir erzählt, daß er diese Freundin da heiraten will.«

»Matthew? Heiraten? Welche Freundin?«

»Das Mädchen, das immer zu uns kam.«

»Welches Mädchen? War jemand von denen ein Mädchen?«

»Ja. Es war schwer zu sagen, das gebe ich zu. Das Wesen, das Mickey genannt wurde.«

»Guter Gott! Die Bohnenstange.«

»Ja.«

»Du meine Güte! Nun, Gott sei's gedankt. Ich dachte, Matt wäre homosexuell geworden.«

Sie gackerte. »Ich *fasse* es nicht, daß du so etwas sagst.«

Er lachte.

»Und da ist noch etwas«, sagte sie. »Er hat seine beiden anderen Taugenichts-Freunde aus dem Haus geworfen. Er sagt, sie sind unordentlich, sie helfen nie beim Abwasch.«

Hallam lachte.

Okay, Matt, okay. Jetzt gibt es einen Neuanfang. Willkommen bei der Rückkehr zur menschlichen Rasse.

»Sag mal, Monica: Du hast einmal angefangen, mir einen deiner Limericks zu erzählen, über den Garten Eden, und ich war ziemlich unhöflich und ging einfach weg, so daß ich die letzte Zeile nie gehört habe. Ich wüßte zu gerne, wie der Limerick endet. Es war irgendwas mit Adam, etwas darüber, wie er Eva im Garten Eden streichelt. Wie geht er?«

Sie kicherte.

»Adam lag nackt in dem Garten
und betrachtete andere Arten.
Sein Vergnügen war groß,
denn den feuchtesten Schoß
hatte Eva, sie konnte kaum warten.«

Hallam lachte. »Auf dich kann man sich verlassen«, sagte er. »Schmutz, einfach nur Schmutz. Also welcher ist eigentlich dein Lieblingslimerick? Auch so ein schmuddeliger?«

»Nein überhaupt nicht. Er ist hochanständig: die Herzoginwitwe Line.«

»Ein anständiger Limerick? Von *dir*? Ich muß mir den heutigen Tag im Kalender rot anstreichen, Miss Grütze.«

»Werd nicht frech.«

»Also dann laß sie mal hören, die Herzoginwitwe Line.«

Sie räusperte sich.

»Die Herzoginwitwe Line
stach einmal eine Wespe.
Gefragt nach dem Schmerz,
sagte sie, welch ein Witz,
sie kann es gern wieder tun.«

Sie johlte vor Vergnügen.

»Aber es reimt sich noch nicht ein —«

»Natürlich nicht«, sagte sie. »Das ist es ja gerade.« Sie zögerte. »Peter«, sagte sie. »Ich muß dir etwas beichten.«

»Ja?«

»Diese Limericks. Ich habe ein paar davon aus einem Buch geklaut, aus einer Limerick-Sammlung von einem Typ namens Legman. Einige habe ich mir selbst ausgedacht, aber der Rest ist von ihm.«

»Das habe ich vermutet«, sagte er. »Ich denke auch, du kanntest nicht wirklich all die berühmten Leute, die du ständig erwähnst, oder?«

»Natürlich habe ich sie gekannt. Würde ich dir Lügengeschichten auftischen?«

»Höchstwahrscheinlich ja.«

Sie kicherte. Sie klang wie ein junges Mädchen. Wie kann

eine Frau in ihren Siebzigern wie ein junges Mädchen klingen? »Bitte laß uns in Kontakt bleiben, Peter. Ich fände es furchtbar schade, wenn wir uns aus den Augen verlören. Und bitte such dir eine neue Frau. Du brauchst eine gute Frau. Du gehörst zu der Sorte Männer, die eine brauchen.«

»So leicht findet man keine, Miss Grütze, so einfach ist das nicht.«

»Natürlich ist es einfach«, sagte sie. »Es gibt sie überall, man muß nur genau hingucken.»

Er hatte noch vierundzwanzig Stunden Zeit, sich wegen des Postens zu entscheiden. Er würde Rosie das Problem vorlegen: Sie würde wissen, was zu tun war. Sie war erst neunundzwanzig, aber Rosie war wunderbar vernünftig.

Am folgenden Morgen, kurz bevor er wie immer zur Arbeit im Hotel »Einhorn« gehen wollte, kam ein Brief vom Arbeitsamt. Man teilte ihm mit, daß nun endlich ein Termin für die Anhörung vor dem Tribunal festgelegt sei, das darüber entscheiden würde, ob er berechtigt war, Arbeitslosengeld zu beziehen oder nicht. Typisch, dachte er: Ungefähr sechs Monate zu spät. Er warf den Brief in den Mülleimer.

Im Hotel hinterließ er bei Rosies Sekretärin eine Nachricht, daß er sie gerne sprechen würde, wenn sie Zeit hatte. Es war so erholsam, wieder im Hotel zu sein, eine Oase der Ruhe und des Trostes, weit weg von all den Spannungen und Anforderungen von Mulliken und dem Geschäftsleben und dem Büro. Hier dagegen war die Atmosphäre von ruhiger Zivilisiertheit geprägt. Hier war das Ziel der Arbeit nicht einfach rastloses Gewinnstreben, sondern das Streben nach Bequemlichkeit, Glück und Entspannung. Warum sollte er diese intelligente Lebensform gegen ein Leben voller Stress und Konfrontation eintauschen?

Die Hälfte des Vormittags war vorüber, als Rosie ihn in ihr

Büro bat. Sie sah traurig aus. Ihr Gesicht war abgespannt. Sie sah müde aus. Sein Herz weitete sich. Er haßte es, sie so zu sehen. Er haßte es, sie unglücklich zu sehen. Er wollte, daß sie lächelte. »Ist alles in Ordnung?« sagte er.

»Ich lasse mich scheiden«, sagte sie.

Sein Herz hüpfte. *Mach dich nicht lächerlich. Sie ist erst neunundzwanzig. Du bist sechsundvierzig, du dämlicher alter Sack. Das ist viel zuviel; der Unterschied ist viel zu groß. Du bist ein Grufti, und es wird Zeit, daß du das akzeptierst.* »Das tut mir sehr leid«, sagte er.

Sie zuckte die Schultern. »Mir nicht. Es war eine Zeitlang ziemlich heftig. Wir gehen schon seit ein paar Jahren getrennte Wege.«

»Das tut mir wirklich leid. Das wußte ich gar nicht.«

Eine Strähne ihres Haares hatte sich gelöst und fiel über ihre Wange. Er wollte sie berühren, streicheln, wieder befestigen. »Ihr Mann muß verrückt sein, daß er Sie gehen läßt.«

Sie lächelte ihn liebevoll an. »Lieber Peter«, sagte sie.

Er wollte sie umarmen, küssen. Wenn nur...

Warum war das Leben so verdammt unfair?

»Also was haben Sie vor?« sagte er. »Gibt es irgend etwas, was ich –«

»Ich ziehe mit Johnnie Campbell zusammen«, sagte sie. »Wir sind seit ein paar Monaten zusammen.«

Natürlich: ein anderer Mann. Eine Frau wie sie. Natürlich, unvermeidlich.

Er spürte einen Schmerz, der ihn tief innen traf. »Er hat es gut getroffen«, sagte er.

Sie lächelte. »Danke schön.«

»Glückwünsche.«

»Also gebe ich meine Stelle auf. Wir wollen jetzt gleich eine Familie gründen. Ich bin nicht mehr die Jüngste: Dieses Jahr werde ich dreißig. Dreißig! Die biologische Uhr tickt und tickt. Wenn ich nicht aufpasse, bin ich bald zu alt. Hoffen wir, daß ich nicht schon zu lange gewartet habe.«

Kinder. Natürlich wollte sie Kinder. Die hätte er ihr nie geben können. Er hätte das alles nicht noch einmal durchmachen können. Er war sechsundvierzig, ein Grufti, zu alt für Kinder.

»Sie sollten sich um meine Stelle bewerben«, sagte sie. »Sie würden das sehr gut machen. Sie würden sie auch kriegen, wenn Sie wollen.«

Er sah sie mit schmerzerfüllten Augen an. *Ich will nichts außer...*

Sie stand hinter ihrem Schreibtisch auf und kam auf ihn zu: so jung, so frisch, so *schön.*

Der Schmerz schnürte ihm die Luft ab.

Sie legte ihre Hände leicht auf seine Schultern und küßte ihn auf die Wange. Ihre Lippen waren wie Schmetterlinge. »Ich weiß, Peter«, sagte sie. »Ich weiß. Es tut mir so leid.«

Er würde noch ein paar Stunden brauchen, um eine Entscheidung wegen des Postens zu treffen. Er hatte Willie Mulliken eine Entscheidung innerhalb von achtundvierzig Stunden versprochen, aber er brauchte eine weitere Nacht, um darüber nachzudenken. Entscheidungen werden oft am besten vom leeren Kopf getroffen, im Schlaf. Er mußte darüber schlafen, es im Kompost seines Unterbewußtseins ein wenig gären lassen.

Erst noch die Nacht. Er konnte jetzt keine Entscheidung treffen, nicht einfach so, nach Rosies Neuigkeiten. Er brauchte mehr Zeit, um sich über alles klar zu werden. Mit sechsundvierzig sollte man wissen, wo man hinwill.

Er stöpselte das Telefon aus und ging zu Bett.

Er würde Willie Mulliken am Morgen Bescheid sagen.

Danksagung

Ich möchte Dean Bachelor, Bryan Clough, Nathan Dony und Dick Sargent für ihre wertvollen Ratschläge bezüglich verschiedener ruchloser Finanz- und Geschäftspraktiken danken. Und Belinda Hadden und Amanda Christie für ihre großartigen Geschichten in ihrem Buch *Sweet Revenge: 200 Delicious Ways to Get Your Own Back* (Headline, 1995) und ganz besonders für den Lotterietrick, den ich in Kapitel 11 verwendt habe. Und *The Limerick* (Bell, 1964 und 1969), herausgegeben von G. Legman für einige, aber nicht alle von Monicas gewagten Versen. Die Limericks, die Monica aus Legmans Buch genommen hat, wurden von Legman seinerseits aus zwei unveröffentlichten mündlich tradierten Sammlungen abgeschrieben, die von Studenten an den Universitäten von Ann Arbor (Michigan) in den dreißiger Jahren und in Berkeley (Kalifornien) in den vierziger Jahren informell in Manuskripten, Mimeographen und Karteikästen gesammelt worden waren. Die Studenten selbst schrieben die Limericks von noch älteren Quellen ab, daher kann keiner dieser Limericks einem bestimmten Autor zugeschrieben werden. Sie stammen alle von »Anonymus«. Wie Legman in seiner Einleitung sagt, ist die Urheberschaft von unzüchtigen Limericks etwas, zu dem sich nur sehr wenige ihrer Schöpfer bekennen. Sie sind Teil einer oralen erotischen Folklore, die frei ist und allen gehört.